마태복음강해설교시리즈4

산상설교 1
팔복(상)

정 태 홍

RPTMINISTRIES
http://www.esesang91.com

목 차

서론(3)

개관과 분석(22)

복은 무엇인가? 1(37) 2(51)

심령이 가난한 자

1(66) 2(83) 3(99) 4(113) 5(132) 6(148) 7(164)

애통하는 자

1(180) 2(197) 3(213) 4(229)

온유한 자

1(245) 2(262) 3(278) 4(294) 5(309) 6(326) 7(342)

1 서론

> 1 예수께서 무리를 보시고 산에 올라가 앉으시니 제자들이 나아온지라 2 입을 열어 가르쳐 가라사대 3 심령이 가난한 자는 복이 있나니 천국이 저희 것임이요(마 5:1-3)

오늘부터 마태복음 설교를 다시 시작합니다. 마태복음 4장까지 설교를 하고 5장을 계속해서 설교하기 전에 언약설교를 했습니다. 이제 마태복음 5장부터 설교를 시작하면 언약을 배운 것이 더욱 유익하다는 것을 실감하게 될 것입니다.

첫 번째로 생각할 것은 마태복음 5-7장의 제목입니다. 마태복음 5-7장은 산상설교, 산상수훈이라고 불립니다. 어거스틴이 주후 400년경에 발표한 라틴어 주석에서 '산상에서의 주님의 설교'(De Sermone Dormini in Monte)라는 이름으로 설교를 시작했으며, 종교개혁 시대 이전까지는 그 명칭이 널리 사용되지는 않은 것으로 알려져 있습니다. 영어권에서 16세기 이후부터 '산상설교'라 했습니다. 1535년 커버데일 성경(Coverdale Bible) 주석과 1582년에 나온 로마 가톨릭 신약성경에서 그렇게 말했습니다.[1] 그런 역사적 기원성을 두고 보면 산상수훈이라고 말하기보다는 산상설교가 더 합당하다고 볼 수 있습니다. 산상수훈이라고 하는 이유는 아마도 마태복음 5장 2절에서 "입을 열어 가르쳐 가라사대"라는 말씀에 근거하여 예수님께서 그 제자들에게 가르친 것에 비중을 두고 말한 것으로 보입니다. 산상설교나 산상수훈이

---

[1] Harvey K. McArthur, 산상설교의 이해(Understanding the Sermon on the mount), 김병국 역 (서울: 총신대학출판부, 1992), 9.

나 어느 것으로 말해도 그 자체로 문제 될 것은 없습니다. 저는 전통적인 견해에 근거하여 산상설교라고 하겠습니다.

산상설교에 관한 여러 설교집이 있습니다. 대표적으로 로이드 존스의 『산상설교집』이 있고, 아더 핑크의 『산상수훈강해』, 존 스토트의 『산상수훈』이 있습니다. 그 외에도 존 맥아더의 『팔복』이 있고 여러 설교집이 있습니다. 저는 이 산상설교를 설교해 나갈 때 저보다 더 탁월하신 분들의 설교집과 주석을 참고할 것입니다. 유명한 책을 많이 읽으신 분들은 제가 인용하는 부분이 누구의 말인지를 금방 간파하실 수도 있습니다.

그런 기초 위에서, 마태복음 4장 설교 이후에 배운 언약에 근거하여 언약적 맥락으로 접근하려고 합니다. 그것은 설교자 개인의 주관적인 생각이 아닙니다. 언약 설교에서 살펴보았듯이, 마태복음은 예수 그리스도께서 오신 것은 언약을 성취하기 위하여 오신 분이시기 때문입니다. 마태복음 1장 1절에서 이렇게 말했습니다.

> 아브라함과 다윗의 자손 예수 그리스도의 세계라(마 1:1)

존 칼빈은 이 말씀에 대하여 이렇게 주석했습니다.

> 그리스도를 가리켜 '아브라함과 다윗의 자손'이라고 부르는 것은, 모든 민족에게 축복을 줄 자손이 아브라함에게서부터 일어날 것이라고 한 하나님의 약속을 생각했기 때문이다(창 12:3). 다윗은 자기 집안의 왕국이 이 세상 끝까지 확고하게 존속할 것인데 자기 후손 중에서 태어난 한 왕은 해와 달이 비치는 한 왕좌에 올라 있을 것이라는, 보다 더 분명한 약속을 받았다(시 72:5과 89:29). 그러기에 그리스도를 가리켜 다윗의 자손이라고 부르는 것은 유

대인들 사회에 있어서 상례였다.[2]

　이렇게 저 아브라함으로부터 시작하는 모든 민족에게 주어질 복은 예수 그리스도께서 언약을 총체적으로 성취하심으로 주어졌습니다. 무엇보다 마태복음에서는 '저 유대인들이 다윗의 나라가 회복될 그 간절한 기대와 소망을 이루실 그 메시아는 바로 예수 그리스도시다'라고 증거 했습니다. 그렇게 언약을 이루심으로 복을 주시는 메시아이신 예수 그리스도께서 가르치신 복음은 언약적 맥락 속에서 살피는 것이 당연한 일입니다.

　언약적 맥락이라고 해서 어려운 것이 아닙니다. 오늘날 현대 기독교가 현실의 부조리에 대응하기 위해 산상설교를 말하는 것은 매우 위험합니다. 우리가 현실을 바라보고 해석할 때는 마태가 그러했듯이, '저 아브라함과 다윗에게 주어진 언약이 어떻게 역사 속에서 성취되었는가?'를 보아야 합니다.

　산상설교에 이르기까지 그 앞의 본문이 어떻게 되어 있었습니까? 마태복음 4장에서 예수님께서는 성령님께 이끌리어 시험을 받으셨습니다. 그 시험은 예수님과 예수님께서 오시기 이전, 언약에 실패했던 아담으로부터 저 광야의 이스라엘 백성들과 유대인들과 대조적인 면을 보여주고 있습니다. 그리고 예수님께서 요한이 잡히고 난 이후에 갈릴리에 오신 것을 이사야 선지자의 예언 성취로 말했습니다. 그 성취란 예수 그리스도께서 새 언약을 이루시는 메시아로 오신 것을 말합니다. 그리고 이제 5장에서 그 메시아가 말씀을 가르치십니다. 그러므로 산상설교는 아브라함과

---
2) 존 칼빈, **신약성서주석 1** (서울: 성서교재간행사, 1982), 116-117.

다윗의 자손으로 오신 메시아이신 예수 그리스도의 언약 말씀입니다.

두 번째로는 '왜 산상설교를 설교해야 하는가?' 하는 것입니다. 언약의 관점에서 산상설교를 보려고 할 때, 산상설교를 해야 하고 들어야 하는 이유는 무엇인지 생각해 볼 필요가 있습니다. 로이드 존스 목사는 산상설교에서 다음과 같은 질문을 던졌습니다.

> 도대체 우리는 어떤 이유로 해서 산상설교를 검토해야만 하는 것인가? 어떤 이유로 해서 나는 여러분의 관심을 산상설교의 가르침으로 이끌어야만 하는가?3)

로이드 존스 목사는 이 질문을 하고 그 첫 번째 대답으로, "제가 성령의 타이르심과 명하심과 인도하심을 감지하였기 때문입니다"라고 말했습니다. 설교자로서 얼마나 성령님의 인도하심에 깊이 이끌리고 있는지를 볼 수 있습니다. 어떤 설교자라도 성령 하나님의 역사하심을 구해야 합니다. 우리는 성령님의 역사하심을 말하면 마치 기(氣)를 받는 것처럼 생각하는 습관이 있습니다. 로이드 존스 목사가 성령님의 인도하심을 말하는 이유는 두 번째 대답과 관련 있다고 봅니다. 그 두 번째 대답으로 로이드 존스 목사는 현재의 교회 상태 때문이라고 말했습니다. 그 상태를 '피상성'이라고 진단했습니다. 교회가 어느 시대보다 요란스러우나 얄팍하다고 보았습니다. 그 원인이 성경을 연구하는 방법이 지극

---

3) 로이드 존스, **산상설교집(상)**, 문창수 역 (서울: 정경사, 2004), 11.

히 주관적이기 때문이라고 말했습니다. 성경을 떠나서 신비적이고 체험에 의존하고 있는 시대를 비판했습니다. 로이드 존스 목사는 그런 시대적인 현상을 보면서 성령님의 인도하심을 간절히 구하면서 어떤 성경 말씀으로 설교해야 할지를 기도했던 것 같습니다. 그리고 그렇게 기도할 때에 예수님의 산상설교를 설교할 필요성을 강력하게 느낀 것으로 보입니다.

로이드 존스 목사가 그 시대에 통탄해했던 것들이 오늘 우리에게도 여전히 반복되고 있습니다. 그렇게 반복되는 근본적인 원인은 기독교 신앙이 언약적이지 않고 실존적이기 때문입니다. '성경에서 무엇이라고 말하는가?'에 관심 가 있는 것이 아니라 '나의 문제를 어떻게 해결할 것인가?'에 더 집중되어 있습니다. 성경 전체가 언약의 성취이고 그 성취를 위해 하나님께서 예수 그리스도 안에서 구속의 역사를 이루어가고 계시다는 사실을 생각하지 않습니다. 우리는 너무나도 실존적으로 오염되어 있습니다. 언약적이라야 실존적이지 않습니다. 언약적이라야 구속사적이고, 구속사적이라야 영혼에 관심이 갑니다. 현실을 무시한다는 것이 아니라 하나님께서 궁극적으로 어떻게 역사하시는지를 알게 됩니다.

로이드 존스 목사가 또 한 가지 우려한 것은 사회복음주의[4]입

---

[4] 위키피디아 사전에서; "사회 복음주의(The Social Gospel movement)는 19세기부터 20세기초까지 활발했던 개신교 지식인들의 진보적인 신학운동이다. 사회복음주의자들은 사회적 정의, 범죄, 빈곤, 아동노동, 전쟁등의 사회적 주제들에 대해 기독교 사상으로 접근했다. 리처드 엘리(Richard T. Ely), 워싱턴 글래덴(Washington Gladden), 월터 라우센부시(Walter Rauschenbusch), 찰스 먼로 셸던이 사회복음주의 운동을 주도하였으며, 1960년대 민권운동에 영향을 주었다."
월터 라우셴부시, **사회복음을 위한 신학**, 남병훈 역 (서울; 명동, 2012), '전문개요에서'; 〈라우셴부시는 예수의 구속 사역이 개인구원뿐만 아니라 이와 관련된 조직사회의 집단적 죄에 초점이 맞춰진다고 주장한다. 그가 직면한 것은 개인의 죄가 만들어 낸 악의 총체적 형태들이다. 종교적 편협성, 금권정치와 부정이득, 대중 기만과 선동적 행위, 군사 우선 정책, 인격적 차별대우 등이 이런 죄에 해당된다. 이러한 악의

왕국에 대항하기 위해 하나님 나라의 전략이 필요하다. 악은 종종 사회경제적, 정치적 제도와 같은 초인격적 실체로 등장하기 때문이다. 군국주의, 개인주의, 자본주의, 민족주의 속에서 초인격적 악이 활발히 움직이므로 이에 대항하기 위해 평화주의, 공동체주의, 사회주의, 국제주의를 지향하는 사고와 행동이 필요하다. 그는 당시의 주류 개신교 교회들이 사회적, 정치적 세력들과 결탁하여 벼락부자들이 날뛰고 빈부격차가 발생하고 미성년 노동착취 등이 자행되는 것을 목격하고 목회적 책임 의식을 갖고 기존 신학의 문제점들을 파헤치기 시작했다. 그리고 이러한 사회적 조건들을 개선해나가는 일을 사랑으로 그리스도를 따르는 행동과 결부시켰다.

라우쉔부시는 예수가 늘 설교했던 하나님 나라의 이상을 실현하는 일이 가난한 노동자들의 문제를 해결하는 것이라고 보았다. 그는 그리스도인들이 예수의 재림을 기다리면서 사회개혁을 일구어내야 한다고 생각했다. 현세에서 완성을 이룰 것을 꿈꾸지는 않았지만 하나님 나라를 잠정적으로 만들어가는 일을 최고의 가치 있는 목표로 삼았다. 그래서 1892년에 '하나님 나라 협회'(Brotherhood of the Kingdom)를 조직하여 하나님 나라의 이상을 실현하려는 노력을 기울였다. 그의 이러한 노력은 사회복음주의 운동(Social Gospel Movement)의 흐름 속에서 지금까지 깊은 영향을 미치고 있다. 이 운동은 제1차 세계대전이 일어난 직후에 신정통주의 신학의 발흥으로 잠시 주춤하다가 1960년대의 민권운동의 여파로 재기한 적이 있으며, 지금도 미국 곳곳에 그 꿈을 이어가는 단체들이 존재한다. 1970년대에 남미의 해방신학이 마르크스주의와 더불어 사회복음주의의 영향을 받은 것은 누구나 알고 있는 사실이며, 해방신학의 영향을 받은 우리나라의 민중신학 역시 사회복음주의와 무관하다고 말할 수 없을 만큼 사회복음주의는 수많은 결실들을 이루어왔다.

라우쉔부시의 글을 통해 '사회복음'의 주요 내용을 정리해보자면, 첫째로, 사회복음은 사회적 악의 현실을 직시하여 그리스도인으로서 사회에 대해 책임을 다하려는 노력에서 나온 결과라고 말할 수 있다. 가난하고 착취당하는 노동자들, 특히 미성년 노동자나 여성들의 고통을 비롯한 사회적 문제들을 해결하기 위해 성서와 교리를 재해석하고 구원의 협소한 개념을 확장시킨다. 추상적 교리보다는 하나님이 인간의 역사 속에서 행하시는 일이 무엇인가를 살피고 부당한 피해자들을 구원하시는 하나님의 뜻을 따른다. 그래서 라우쉔부시는 예수의 죽음을 대리적 속죄(substitutionary atonement)의 행동으로 이해하기보다는 인간 사회의 기초에 놓인 이기심을 사랑으로 바꾼 행동으로 받아들였으며, 사변적 원죄의 교리를 거부하고 현실 사회 속에 내재한 죄에 연루될 수밖에 없는 인간의 상황들을 분석하는 등 사회복음의 실천을 위한 신학적 기초의 틀을 마련했다.

둘째로, 사회복음은 개인 구원과 대립 되는 의미에서 사회구원을 주장한다기보다는 하나님 나라의 이상을 실현하기 위해 사회변화의 필요성을 역설한다. 라우쉔부시에 따르면, 개인 구원이 아니라 하나님 나라가 본래 기독교의 포괄적이며 최우선적인 목표다. 사회적 죄와 악을 파악하지 못한다면 그 사람은 구원의 한 면만 보고 있는 것이다. 사회적 혁명이나 개혁을 통한 변화가 없이는 하나님 나라를 성취할 수 없다.

셋째로, 사회복음은 공산주의적 사회주의가 아니라 하나님 나라라고 하는 새로운 사회주의에 대한 비전을 제시한다. 하나님 나라는 예수가 늘 설교하던 것인데 점차 교회가 그 자리를 대신함으로써 그 실체가 그늘 속에 가려져 왔다. 지상의 하나님 나라는 완전하지 못하지만 사회적 죄의 문제를 해결하기 위해 목표로 삼아야 할 잠정적 모델이다. 하나님 나라는 개인들을 하나씩 천국으로 불러들이는 것이 아니라, 이 땅에서의 삶을 조화로운 천국으로 변형시켜가는 것을 중요하게 여긴다. 하나님 나라의 특징은 예언자적이며, 미래지향적이며, 혁명적이며, 사회적이다. 이것은 죄로 얼룩진 사회체제를 변혁한다. 그래서 하나님 나라에 속한 사람들은 개인과 사회제도들 속에 있는 악의 세력들을 물리치기 위해 싸운다. 사회의 총체적니다. 사회복음주의는 사회개혁으로 이루어지는 구원을 말하며, 노동자들과 사회정의에 집중합니다.

> 사람들이 어떤 삶을 살아야 하는가에 대한 여러 원리가 그 속에 깔려있으며 우리가 행해야 할 바의 모든 것은 산상설교를 적용하는 것이라고 말합니다. 이렇게 함으로써 지구상에 하나님의 나라를 건설할 수 있으며 전쟁은 끝장이 나고 우리의 모든 어려운 문제도 끝이 나리라는 것입니다.[5]

이런 글을 보면, 우리가 처해 있는 상황과 너무나 흡사하다는 사실에 놀라게 됩니다. 로이드 존스의 말대로 사회복음주의는 이미 낡은 것입니다. 그런데도 왜 반복되고 있을까요? 인간의 욕망에 지배받고 있기 때문입니다. 그 욕망의 지배를 받고 있으면서도 기독교 신앙이라고 말하기 때문입니다. 세상의 부조리를 보면서 이상적인 나라를 꿈꿉니다. 참된 기독교라면 세상의 부조리를 보면서 인간의 죄인 됨을 말하고 회개하라고 선포해야 합니다. 그러나 오늘날 저 세상의 이데올로기에 오염되어서 이상 국가라고 쓰고 기독교라고 말하고 있습니다. 그런 시대적인 흐름에 수많은 사람이 썰물처럼 밀려가고 있습니다.

왜 기독교인들이 그렇게 휩쓸려 가고 있습니까? 자기도 피해자라고 생각하기 때문입니다. 이 피해자 의식이 무서운 것입니다. 그리고 자기도 이 세상에서 성공하고 싶은 욕망으로 가득 차 있기 때문입니다. 열심히 일해서 성공하는 것이 잘못된 것이 아닙니다. 문제는 세상의 그 부조리 때문에 자기가 성공하지 못한다

악을 제거하기 전에는 개인의 구원이 안전하게 보장될 수 없기 때문이다.〉
[5] 로이드 존스, **산상설교집(상)**, 문창수 역 (서울: 정경사, 2004), 17.

고 생각하고 그 세상과 투쟁해야 한다고 생각하는 것입니다. 어떤 사람들은 다 가지고 있으면서도 사람들에게 그런 마음을 주입하고 선동하기도 합니다. 선동하는 사람들이나 선동을 당하는 사람들이나 복음의 본질에서 벗어나 있다는 사실을 모릅니다. 자신들이 가장 성경적이라고 생각하며 행동으로 옮기고 있습니다.

그러면, 산상설교는 무엇입니까? 산상설교는 성령님으로 거듭난 사람들에게 예수께서 요구하시는 삶의 원리입니다. 김세윤 목사의 주장6)처럼 칭의가 종말까지 유보되어 있고 산상수훈처럼 살

---

6) http://www.christiantoday.co.kr/news/286633/ 최덕성, 김세윤 교수의 '유보적 칭의론' 유감 (2015.10.23.); 〈김세윤에게 칭의는 무죄선언, 곧 죄 용서를 받고 하나님과의 올바른 관계를 회복하는 사건이다. 슈바이처가 "칭의론은 윤리를 낳지 못한다"고 말한 적이 있음을 상기시키면서, 한국교회에 윤리가 결여되어 있는 이유를 전통적 칭의론만 붙든 탓이라고 본다. 전통적 구원론은 칭의의 현재적 의미를 망각하고, 윤리 또는 의로운 삶을 무시하고 만다고 지적한다. 김세윤은 이러한 구도에서 칭의가 종말의 때까지 유보되었다고 강조한다. 칭의는 우리가 하나님께 순종하는 관계로 전이되었음을 뜻한다. 칭의는 우리에게 최후의 심판 때까지 그 관계, 곧 순종 안에 있기를 요구한다. 성화는 칭의 다음에 오는 어떤 것이 아니다. 하나님과의 올바른 관계 회복이라는 의미에서 칭의와 성화는 동의어이다. 성화는 하나님께 바쳐지기, 하나님의 거룩한 백성 되기, 현재 단계에서 하나님의 거룩한 백성으로 살기이다. 김세윤의 유보적 칭의론의 핵심 전제는 예수 믿는 자, 구원받은 자의 탈락 가능성이다. 의롭다고 칭함을 받은 자라도 순종이라는 기본 조건을 충족시키지 않으면 구원에 이르지 못한다고 한다. 칭의의 현재 요소는 성화이다. 이 과정에서 하나님 나라의 백성답지 않거나 하나님의 아들 예수 그리스도의 통치에 순종하는 기본자세를 가지고 살지 않는 사람은 탈락한다. 과거에 믿음으로 예수를 주로 고백하여 칭의 또는 구원을 받았다고 하더라도(롬 10:9-10), 종말의 칭의 또는 구원의 완성에 이르지 못하고 탈락한다고 주장한다(칭의와 성화, 192, 264). 김세윤의 신학에는 성령의 내주동행 역사와 성도의 견인 교리가 들어설 공간이 없다. 하나님께서 구원하기로 작정한 자의 믿음을 끝까지 구원받는 단계까지 유지 시켜 주신다는 진리를 사실상 거부한다. 그리스도인이 윤리적으로 의롭고 거룩한 삶을 살아야 구원을 받을 수 있다는 결론에 이른다. 김세윤에 따르면, 우리가 예수를 믿어도 자신이 구원을 받을지 받지 못할지 알 수 없다. 심판대에 설 때까지는 어느 누구도 구원을 확신할 수 없다. 우리의 구원이 하나님의 심판대에 서는 시점까지 유보되기 때문이다. 하나님 나라 시민에 합당한 의의 열매와 선한 행위를 가진 자만 구원받을 수 있다. 믿음만이 아니라, 의로운 행위를 수반한 믿음으로 구원을 받는다. 김세윤의 칭의론은 로마가톨릭교회의 관점을 향해 문을 활짝 열어 놓는다. 칭의가 단번에 이루어짐을 무시하고 로마가톨릭교회의 의화교리처럼 구원의 전 과정으로 본다(칭의와 성화, 177). 로마가톨릭교회는 구원이 하나님의 은혜와 인간의 믿음의 열매, 곧 행위의 합작품이라고 본다. 종교개혁자들이 반대하던 구교는 칭의와 성화를 구분하지 않는다. 트리엔트 공의회는 칭의를 구원에 합당한 선행을 할 수 있는 능력이 주입되는 어떤 것으로 정의했다. 로마가톨릭교회와 마찬가지로, 김세윤의 칭의론은 종교개혁자들이 외친 '오직 믿음' 구도와 불일치한다. 하나님의 구원이

아야 의롭게 여겨지는 유보적 의의 조건이 아닙니다. 십계명이나 산상수훈이나 그 의미와 본질은 동일한 것입니다. 그것은 하나님의 백성답게 살아가는 것입니다. 애굽에서 구원받았다고 해서 끝나는 것이 아닙니다. 구원을 받아도 가야 할 길이 있고 목표가 있습니다. 애굽에서 구원을 받았다고 해서 완전한 의인이 된 것이 아닙니다. 애굽에서 나와서 가나안에 간다고 해서 그 가나안이 천국이 된 것이 아닙니다. 가나안에 사는 사람들이 죄인이고 거기에도 부조리가 있고 거기에도 범죄가 있습니다. 그 속에서 하나님의 백성답게 살아가야 합니다. 그리고 죄인 됨과 인간의 한계를 직면하면서 오실 메시아를 소망하면서 살아가야 했습니다. 그렇게 부조리하고 죄악 된 세상에서 장차 오실 메시아를 소망하면서도 하나님을 사랑하고 이웃을 사랑하는 삶을 살아야 했습니다.

새 언약의 시대를 살아가는 우리도 구원을 받았으나 완전하게 회복된 자들이 아닙니다. 이 땅에는 여전히 부조리와 범죄가 있습니다. 저 세상도 죄를 짓고 우리도 죄를 짓습니다. 거룩하게 살아가기를 그렇게 간절히 기도하고 성경을 읽고 설교를 듣고 도전을 받아도 실패하고 죄를 짓고 사는 것을 인정하지 않을 수 없습니다. 그런 현실 속에서 우리는 예수 그리스도 앞에 나아가 회개하고 다시 성령님의 역사하심으로 하나님을 사랑하고 이웃을 사랑하는 삶을 살아가는 것이 성도입니다.

그런 까닭에, 우리는 반드시 언약을 배우고 이 산상설교를 시

'오직 은혜로 받은 선물이 아니라, 개인의 성화나 공덕의 결과라는 결론에 이른다.〉

작해야 합니다. 예수 그리스도께서는 이 세상의 부조리를 해결하고 이상 국가를 만들어 주기 위해 오지 않으셨습니다. 예수님께서는 오병이어의 기적 이후에 사람들이 왕으로 삼고자 했을 때도 산으로 떠나가셨습니다.[7] 예수 그리스도께서는 언약을 성취하기 위해 오셨습니다. 예수님께서 언약의 성취자로 오셨다는 것은 우리의 현실과 매우 깊이 연관되어 있습니다. 우리는 하나님의 구원과 언약을 먼저 보고 현실을 해석해 가는 하나님의 백성입니다. 현실의 문제를 고민하면서 성경에서 답을 구할 수도 있지만, 근본적으로 예수 그리스도의 십자가 피로 구원을 얻은 자로서 하나님을 믿고 살아가는 자입니다.

세 번째로 우리가 생각해야 할 것은 신앙과 문화입니다.

우리와 저 유대인과는 신앙과 문화에 있어서 간격이 존재합니다. 유대인들은 그들의 조상 적부터 언약의 성취와 그 언약을 성취하실 메시아를 고대하고 살아왔기 때문에 신앙과 문화를 그렇게 믿고 해석해 가는 일에 있어서 그들 나름의 애씀이 필요하지만, 우리는 그보다 훨씬 더 큰 충격과 간격이 있습니다. 날 때부터 유대인도 아니고 기독교 국가도 아닌 이 나라에서 기독교 신앙으로 살아간다는 것은 매우 어려운 일입니다. 우리는 산상설교를 언약적 차원에서 접근하면서도 이 세상의 문화에 대해서 생각해야 합니다.

문화라는 것은 신앙과 영적인 세계가 인간의 현실에 나타나고

---

[7] 그러므로 예수께서 저희가 와서 자기를 억지로 잡아 임금 삼으려는 줄을 아시고 다시 혼자 산으로 떠나가시니라(요 6:15).

서로 맞물려서 일어난 현상입니다. 문화 자체가 인간에게 어떤 본질적인 깊이와 의미를 제공하는 것은 아닙니다. 많은 사람이 문화 속에서 의미를 찾는 것은 의미를 찾는 시작에 불과합니다. 커피 한 잔의 여유조차도 없이 바쁘게 쫓겨 다니는 것이 오늘날 우리의 삶입니다. 그 속에서 사람들은 나라는 존재로서의 의미를 더욱 찾고자 애씁니다. 커피 한 잔이 밥 한 그릇 값이 나가는 곳도 있지만 그런 곳에서 한 잔 마시면서 흘러가는 시간 속에 정지하고 싶어 합니다. 결국, 그 속에서 고민하고 찾고 싶어 하는 것은 '나는 누구인가?'입니다. 그 질문에 대한 답을 문화 속에서 찾으려고 하면 허탈해서 죽습니다. 문화를 만들어 낸 근본으로 돌아가야 합니다. 그 근본은 성경입니다. 그 근본은 기독교 신앙입니다.

우리는 신앙과 문화가 공존하는 세상을 살고 있습니다. 세상 사람들은 문화가 최상의 빛을 발하기 위해 문화를 명료화(articulate) 하려고 합니다. 정치인이나 예술인이나 소위 사회 주도 그룹이 자기 시대의 문제를 명료화하려고 합니다. 명료화란 뚜렷하고 분명하게 한다는 뜻입니다. '우리가 살아가는 문화에서 중요한 것이 무엇이며, 의미 있는 것이 무엇인가?'를 말해주려고 합니다. 그리고 그것이 명료하게 포착되면 많은 사람에게 공유합니다. 공유를 잘하는 사람이 시대를 주름잡게 됩니다. 그렇게 문화를 분명하게 하고 의미 있는 것이 무엇인지 말해주고 공유되도록 하는 사람을 해설가(articulators)라고 합니다. 해설가는 사람들이 쉽게 이해할 수 있도록 하는 사람입니다.

'세상이 왜 그렇게 문화를 명료화하려고 하는가?' 그것을 잘 보아야 합니다. 그 이유는 그 문화 속에 신성한 것이 있다고 보기 때문입니다. 문화에는 신성한 것이 없습니다. 원래는 없는 것인데도 사람들이 그 문화에 신성한 것이 있다고 말하고 만들어 갑니다. 그렇게 말할 때 또 다른 존재가 등장합니다. 그 문화를 재설정(reconfiguring)하는 재설정가(reconfigurers)입니다. 재설정이란 이전의 낡은 세계를 새로운 세계로 바꾸는 것입니다. 그렇게 만드는 존재를 재설정가라 합니다.

세상은 그런 재설정을 신이나 광인만이 할 수 있다고 말합니다. '왜 재설정인가?'라고 말하면, 재설정이 매우 급진적인 변화이기에 기존에 주어진 개념들과 지적 재산들로는 이해할 수 없기 때문입니다. 그 시대의 문화 속에 살아가는 사람들은 재설정의 본질적인 의미를 이해할 수가 없습니다.[8] 그렇게 재설정을 하는 어떤 특별한 사람이 자기 시대에 말을 해 놓은 것이나 책을 쓴

---

[8] 휴버트 드레이퍼스·숀켈리, 모든 것은 빛난다, 김동규 역 (서울: 사월의 책, 2015), 185-209; "재설정 작업이 새로운 세계를 열기 위해서는 삼중의 구조를 가져야 한다. 첫째, 사물들에 의미를 부여하고 성스러운 것들을 빛나게 만드는 배후의 관례들 내지 실천들이 이미 주어져 있어야 한다. 그런 실천들은 물론 배후에 숨어서 세계를 드러내주는 것들이다. 그것들은 마치 오디세우스와 텔레마코스가 광에 무기를 숨길 때 아테네가 그들에게 비춰준 조명과 같은 것이며, 아이스킬로스의 제우스와 같은 것이다. … 둘째, 어떤 사람 내지 사물, 사건과 같은 재설정자가 나와서 『오레스테이아』 같은 당대의 관례들과 정조의 집약체였기에 분명함과 일관성을 갖추고 있었다. 그 덕분에 사람들은 자신들이 이미 공유하고 있는 문화양식의 찬란한 빛에 대한 찬탄을 보낼 수 있었다. 이와는 대조적으로, 재설정자는 사람들의 자기 이해, 세계 이해를 완전히 바꿔 놓을 수 있는 새로운 관계들 및 정조를 소개해야만 한다. 완전히 새로운 삶의 방식을 보여줄 수 있어야만 한다는 얘기다. 마지막으로, 재설정 작업은 너무나 급진적이어서 사람들은 그 속에서 무엇을 해야 하는지를 이해하기가 어렵다. 즉 재설정자의 일을 이해하고, 그것이 새로운 세계를 구현하는 패러다임이라고 명료하게 설명해주는 어떤 사람 내지 어떤 사물이 필요하다는 얘기다. 서양 역사에서 단 두 명의 인물만이 이런 삼중의 재설정 작업을 해256. 좀 색다른 짝꿍으로 보이겠지만, 예수와 데카르트가 그들이다. 예수는 복음서에서 볼 수 있듯이, 성자와 죄인만 있는 세계에서 구원받는 사람도 함께 있는 세계, 즉 기독교적 세계를 성공적으로 정초한 재설정자였다. 데카르트는 우리 근대 세계를 정초한 사람으로서, 사람과 사물을 각각 주체와 객체로 재설정했다. …"(pp. 188-189).

것들을 그다음 세대의 사람들이 해석하고 설명해 준다고 바쁩니다. 똑똑한 사람들이 많으면 머리가 더 아픕니다. 세상은 학문의 끝이 없습니다. 그 학문이 끝이 나려면 예수 그리스도를 믿어야 합니다. 사도 바울처럼 예수 그리스도를 믿고 나면 이전에 배웠던 것이 다 똥처럼 여겨지게 됩니다. 목회자 중에도 인문학을 좀 안다면서 성경과 인문학을 섞는 사람들이 있습니다. 그것은 똥인지 된장인지 구분을 못 하는 것과 비슷합니다.

휴 드레이퍼스는 서양 역사에 문화를 재설정한 인물이 예수 그리스도와 데카르트라고 말했습니다.[9] 그의 말이 틀린 것은 예수 그리스도께서는 문화에 어떤 신성한 것이 있다고 말한 인간이 아니기 때문입니다. 예수 그리스도는 세계사의 한 인물이 아니라 하나님이십니다. 예수 그리스도께서는 문화를 새롭게 하신 분이 아니라 하나님의 언약을 성취하신 분이십니다. 인간이 애쓰고 노력해서 신성을 감지하고 그 신성에 연결될 수 있는 것이 아닙니다. 세상이 문화에 신성이 있다고 말하는 것은 영원한 의미와 통일성을 원하기 때문입니다. 음악에 신성한 무엇이 있다고 말하고 심지어 스포츠에 신성한 무엇이 있다고 말합니다. 그렇게 말하는 것은 결국 인간 안에서 신성이 있다고 말하기 위함입니다.

문화에 오염이 되면 언약을 벗어나 버립니다. 문화에 오염이 된다는 것은 인간의 욕망을 실현하는 것이 우선이 되는 것입니다. 산상설교는 인간의 문화와 욕망에 오염된 유대민족의 멘탈리티를

---

[9] 같은 책, 189. "예수는 복음서에서 볼 수 있듯이, 성자와 죄인만 있는 세계에서 구원받는 사람도 함께 있는 세계, 즉 기독교 세계를 성공적으로 정초한 재설정자였다. 데카르트는 우리의 근대 세계를 정초한 사람으로서, 사람과 사물을 각각 주제와 객체로 재설정했다."

깨뜨리고 참된 언약 백성으로 회복하는 것입니다. 예수님께서는 그 시대 유대인들의 멘탈리티에 정면으로 대응하시고 그들의 프레임을 깨뜨리셨습니다. 그들의 멘탈리티가 무엇입니까? 자신들의 고난 받는 현실을 해결해 줄 정치적이고 군사적인 메시아를 기다리는 것입니다. 그들이 가진 프레임이 무엇입니까? 자신들은 하나님의 선택받은 백성이며 다윗의 언약을 이상적으로 성취해 줄 메시아가 와서 자신들을 세상의 중심으로 만들어 줄 것이라고 굳게 믿는 것입니다. 그런 오염된 생각을 제거하고 언약 백성답게 살아가도록 하는 것이 산상설교입니다.

네 번째로 생각해야 할 것은 언약에 대한 배타적 충성입니다. 배타적 충성이란 오직 예수 그리스도만이 우리의 주가 되신다는 것을 지켜가는 것입니다. 언약 백성답게 산다는 것은 언약을 지키기 위해 배타적 충성을 요구하는 것입니다. 산상설교는 배타적 충성을 요구합니다. 우리는 언약에 배타적 충성을 다해야 합니다. 예수님께서는 이렇게 말씀하셨습니다.

> 너희는 먼저 그의 나라와 그의 의를 구하라 그리하면 이 모든 것을 너희에게 더하시리라(마 6:33)

예수님께서 "그의 나라와 그의 의를 구하라"고 말씀하신 것은 우리가 이 언약의 말씀을 "마음을 다하고 성품을 다하고 힘을 다하여"[10] 지켜야 한다는 뜻입니다. 예수님께서는 생명을 걸고 지

---

[10] 너는 마음을 다하고 성품을 다하고 힘을 다하여 네 하나님 여호와를 사랑하라(신 6:5) 이스라엘아 네 하나님 여호와께서 네게 요구하시는 것이 무엇이냐 곧 네 하나님 여호와를 경외하여 그 모든 도를 행하고

켜내라고 요구합니다. 하나님의 나라와 하나님의 의를 구하는 것은 언약에 배타적 충성을 할 때만 주어지는 것입니다. 배타적 충성이란 언약의 주님만 섬기는 것입니다. 섬기는 것은 말로만 하는 것도 아니고 종교적 열정을 바치는 것도 아닙니다. 언약의 주님께서 주신 그 규범, 그 말씀에 순종하는 것입니다. 예수님께서 요한복음 14장 15절과 23절에서 이렇게 말씀하셨습니다.

> 너희가 나를 사랑하면 나의 계명을 지키리라(요 14:15)
> 예수께서 대답하여 가라사대 사람이 나를 사랑하면 내 말을 지키리니 내 아버지께서 저를 사랑하실 것이요 우리가 저에게 와서 거처를 저와 함께 하리라(요 14:23)

예수님의 이 말씀은 단순히 계명을 지키라는 것만이 아니라 우리가 언약의 주께 배타적 충성을 다해야 한다는 뜻입니다. 그 충성이 현실 속에서 그 계명에 순종하여 언약의 현재화를 이루어내야 실제적인 충성이 됩니다. 그렇지 않고 말로만 사랑한다고 하고 자기 욕망을 위해서 살아가면 주를 속이는 자가 됩니다.

배타적 충성을 이해하기 위해 예화를 하나 들겠습니다.
중국의 진나라 때에 예양이라는 선비가 있었습니다. 예양은 처음에 범씨와 중행씨를 섬겼으나 말단에서만 맴돌았습니다. 이후에 지백이라는 중신을 만나 높은 자리에 올랐습니다. 그러나 지백은 권력 다툼에서 조양자에게 죽었습니다. 예양은 그런 조양자의 죽음에 복수를 다짐했습니다. 그렇게 복수를 생각하면서 이렇게 말했습니다.

그를 사랑하며 마음을 다하고 성품을 다하여 네 하나님 여호와를 섬기고(신 10:12)

선비는 자신을 알아주는 사람을 위해서 목숨을 바치고(士爲知己者死)
여인은 자신을 사랑해 주는 사람을 위해서 화장을 한다(女爲說己者容)
내가 모시는 사람을 두 마음을 갖고 모셔서는 안 된다(不懷二心事君)

 예양은 이름을 바꾸고 화장실 인부로 변장해 조양자의 집에 숨어들었습니다. 화장실에 가려던 조양자는 왠지 모를 살기를 느꼈습니다. 하도 가슴이 서늘해서 곁에서 일하던 인부를 잡아서 문초했습니다. 그 인부는 다름 아닌 예양이었습니다. 예양은 칼을 품고 있었습니다. 화장실 가던 사람이 살기를 느낄 정도였으니 조양자 역시 보통 사람이 아니었습니다. 예양의 목을 치려는 부하를 말리면서 이렇게 말했습니다. "이 사람은 정의로운 사람이다. 내가 조심해야지"라고 말하면서 자기를 죽이려던 예양을 살려 보내 주었습니다.
 그런데도 예양은 조양자에 대한 복수를 포기하지 않았습니다. 몸에 옻칠하고, 수염과 눈썹을 밀고 숯을 먹어 목소리도 쉬게 하고 자신을 한센병 자로 감쪽같이 변장했습니다. 얼마나 몰라보게 변장을 했는지 그의 아내도 몰라볼 정도였다고 합니다. 하루는 조양자가 외출하는데 다리 위에서 말이 놀라 뛰었습니다. 조양자는 필시 살기 때문이라고 생각하고 부하들을 풀어 주변을 수색했습니다. 역시 예양이었습니다. 나름대로 배포가 컸던 조양자이지만 이번에는 화가 나서 예양을 나무랐습니다.
 "너는 옛날에 다른 중신들을 섬기지 않았느냐? 그들을 죽인 것은 지백이다. 그런데 너는 그들의 원수를 갚기는커녕 그 원수의 신하가 되어 나를 노리다니 이치에 안 맞지 않는가?" 그 말을 듣고 예양은 이렇게 말했습니다. "내가 범씨와 중행씨를 섬기기는 했지만, 그들은 나를 보통 정도로 대했다. 그러나 지백은 나를 선비로 대접해 주었다. 그러므로 나는 선비로서 그 은혜에 보답하려는 것이다."

조양자는 예양의 말을 듣고 탄식하며 이렇게 말했습니다.

"그대 뜻은 가상하지만, 더 이상은 어쩔 수가 없구나!"

예양은 이제 자신의 명줄이 다한 것을 깨닫고 조양자에게 마지막으로 청을 말했습니다.

"당신은 나를 한 번 용서해 줌으로 천하의 인심을 얻었다. 나도 얻을 게 있다. 내가 죽을 때 은혜를 아는 선비로서 당신의 옷이라도 베고 최후를 맞이하고 싶다. 들어주겠는가?"

예양의 의기에 감동한 조양자는 자신이 입고 있던 진포를 벗어 주었습니다. 예양은 그 옷을 받아들고 칼을 뽑아 세 번 베었습니다. 그리고, "이것으로 지백의 은혜에 보답했다."고 외쳤습니다. 그 말을 하고 자결을 했습니다.[11]

우리가 그리스도의 언약에 충성한다는 것은 예양처럼 지백의 원수를 갚는 일이 아닙니다. 세상의 부조리에 저항하려면 예양처럼 저 세상의 권력과 싸워야 합니다. 그렇게 싸우는 것은 사회복음입니다. 사회의 부조리를 외면하라는 말이 아닙니다. 그것을 기독교가 가야 할 길인 것처럼 말해서는 안 됩니다. 우리의 싸움은 혈과 육에 대한 것이 아닙니다. 우리 주님께서는 이 세상의 부조리한 권력과 싸우지 않으셨습니다. 우리의 주는 오직 예수 그리

---

11) 다이애나 홍, *삶의 뿌리 인문학* (서울: 유아이북스, 2016), 28-31.

스도 한 분뿐입니다. 우리 주님께서는 우리의 구원을 위해 고난을 받으시고 십자가에 죽으셨습니다. 우리가 할 일은 원수를 갚는 일이 아니라 주님의 복음을 전하는 것입니다. 생명을 구원하는 일입니다. 언약에 충성하는 것은 우리의 온 생애를 다해 생명을 구원하는 일에 헌신하는 것입니다.

  우리의 삶이 변화되려면, '우리 주 예수 그리스도께서 우리를 어떻게 대접하고 계시는가?'를 알아야 합니다. 그것을 아는데도 변화가 되지 않는 것은 우리 주님의 대접을 가볍게 생각하기 때문입니다. 예양은 지백이 자기를 선비로 대접해 준 것 하나로 지백에게 충성했습니다. 우리는 예수 그리스도 안에서 놀라운 대접을 받고 있습니다. 산상설교를 언약적으로 접근한다는 것은 하나님께서 우리를 어떻게 대접하시는지를 알고 그 대접받은 대로 살아가는 것입니다. 그 대접은 예수 그리스도께서 십자가에 피 흘려 죽으시고 우리를 구원하신 것으로 나타났습니다. 우리보고 다시 그 십자가에 죽으라고 말씀하지 않습니다. 우리가 골백번 죽는다고 해서 죄의 문제가 해결되지 않습니다.

  산상설교를 우리에게 주시는 이유는 예수님께서 십자가에 피 흘려 죽으셔야 했던 그 이유를 알고 새 언약 안에 살라는 것입니다. 구원과 언약을 모르면 산상설교대로 살아갈 수 없습니다. 예수 그리스도께서 하나님의 언약을 저버리고 범죄 한 우리를 위해 십자가에 죽으시고 부활하셨기 때문에 우리는 죄와 싸워가고 하나님의 백성답게 살아갈 수 있는 근거와 능력을 가지게 되었습니다. 성령 하나님께서 우리와 함께하시고 우리 안에 내주하십니다.

그 사실을 알고 우리가 하나님의 백성답게 살아간다면 예양이 풍겼던 살기보다 더 강력한 신앙의 열정이 느껴져야 합니다. 예수 그리스도를 믿는다고 하면서도 자기를 선비로 대접해 준 예양보다 더 못한 삶을 살아가서는 안 됩니다. 우리에게 새 생명을 주시고 하나님의 백성으로 만들어 주신 하나님의 대접을 받고 살아가는 자의 그 열심과 충성이 느껴져야 합니다.

 시대는 저물어 가고 있습니다. 우리는 로이드 존스 목사가 우려했던 그 시대보다 더 어려운 시대를 살아가고 있습니다. 하나님께서 우리에게 허락하신 시간이 얼마일는지 모르지만, 그때까지 그리스도의 복음을 전하고 하나님의 백성답게 살아가기 바랍니다. 우리의 생명이 다할 때까지 우리 주 예수 그리스도께 배타적 충성을 다하며 살아가는 신실한 주의 백성들이 다 되시기 바랍니다.

2 개관과 분석

> 1 예수께서 무리를 보시고 산에 올라가 앉으시니 제자들이 나아온지라 2 입을 열어 가르쳐 가라사대 3 심령이 가난한 자는 복이 있나니 천국이 저희 것임이요(마 5:1-3)

예수님의 산상설교는 마태복음의 신학적 의도성과 매우 깊은 관련이 있습니다. 신학적 의도성이란 언약설교를 통해서 보았듯이 '예수님이 그리스도시다'라는 그 사실을 증거 하는 것이 일차적이고 그 예수 그리스도께서 새 언약을 성취하시고 자기 백성들에게 주시는 말씀 중에 핵심적인 요소가 산상설교입니다. 언약은 언약한 것으로 끝나지 아니하고 그 언약을 유지하는 것이 중요합니다. 언약을 유지하기 위해서는 그 언약의 규범대로 지켜 행하여야 합니다. '새 언약의 백성들이 오신 메시아이신 예수 그리스도의 말씀에 어떻게 순종할 것인가?' 그것을 가르쳐 주는 것이 산상설교입니다.

마태복음 1장부터 마태는 그 당시 유대주의와 엄청난 충돌이 있다는 것을 보여주었습니다. 예수 그리스도께서 성육신하시고 십자가에 피 흘려 죽으시고 부활 승천하심으로 유대인들이 지금까지 목숨처럼 여겨왔던 것들이 깨지고 무너졌습니다. 오순절에 성령님께서 강림하심으로 유대인들이 예수님을 그리스도로 믿기 시작했습니다. 그로 인해서 유대주의자들과 예수님을 그리스도로 영접하고 새로 개종한 사람들 사이에는 엄청난 갈등이 일어났습니다. 유대인들로부터 핍박이 일어났고 교회는 흩어지기 시작했습니다. 마태는 새롭게 형성된 주님의 교회에 대한 정체성을 분명히 하려고 했습니다.

우리는 "아브라함과 다윗의 자손 예수 그리스도의 세계라"고 시작하는 마태복음 1장 1절을 읽어도 별로 놀라지 않습니다. 그러나 유대주의자들이 마태복음 1장 1절을 읽으면 그냥 있을 수가 없습니다. 저 베들레헴에서 태어나신 예수님께서 유대민족이 그렇게 기다리고 기다리던 그리스도라는 말은 유대인으로서는 절대로 받아들일 수가 없습니다. 예수님께서는 유대인들이 기다리던 그런 모습으로 오지 않았습니다. 십자가에 피 흘려 죽으신 예수님을 결코 믿을 수가 없었습니다. 오직 성령님께서 죄인들을 거듭나게 한 그 사람들만이 예수님을 그리스도로 믿을 수 있었습니다. 그렇게 예수님을 그리스도로 먼저 믿게 된 마태가 예수는 그리스도라고 말해주기 위해서 마태복음을 기록했습니다. 또한, '예수는 그리스도다'라고 믿은 사람들이 누구인가? 그들은 무엇을 믿는가? 그들은 무엇을 위해 살아가는가? 그렇게 존재와 사명을 말해주기 위해 마태복음을 기록했습니다.

산상설교는 예수 그리스도를 믿은 유대 기독교인들에게 주어진 말씀입니다. 그것은 기독교인들에게 주어진 명령이요 말씀입니다. 산상설교는 새 언약의 백성들에게 주어진 언약적 규범입니다. 예수 그리스도께서 명령하시고 말씀하신 모든 말씀은 새 언약 백성들의 삶의 원리로 주어진 것입니다. 산상설교는 예수님의 그 명령과 말씀을 전체적으로 보여줍니다. 로이드 존스 목사의 말대로 산상설교는 교향곡과 같습니다. 그런 까닭에, 산상설교를 제대로 알아가기 위해서 산상설교를 개괄적으로 분석해야 합니다.

개관과 분석을 말하는 것은 일반적인 원리입니다. 그 원리란 '숲을 보고 나무를 본다'는 것입니다. 그래야만 핵심이 무엇이고 방향이 무엇인지 분명하게 알고 살아갈 수 있습니다. 나무만 보면 숲을 볼 수가 없습니다. 개론을 알고 각론으로 들어가야 합니다. 나무만 보는 사람들은 눈앞의 현실적인 것만 집중하고 거기에 생명을 거는 사람들입니다. 언약 적이지 않으면 실존적입니다. 이 세상이 전부가 되어버립니다. 언약 적이라야 하나님의 시각으로 과거와 오늘과 내일을 재해석하고 살아갈 수 있습니다. 실존적이면 나무만 봅니다. 내일은 없습니다. 상처와 눈물 속에서 헤어나지를 못합니다. 오늘이 오늘이고 내일도 오늘입니다. 사실은 과거도 과거이고 오늘도 과거이고 내일도 과거입니다. 과거에서 벗어나지를 못합니다. 그러나 영원을 생각하고 하나님의 나라를 생각한다면 숲을 볼 줄 알아야 합니다. 그것은 우리가 고민하고 공부를 해서 답을 찾아내는 것이 아니라 하나님께서 이미 계시하신 성경으로 보아야 합니다.

산상설교를 더 잘 알기 위해서는 무작정 성경 펴고 자기 마음에 와닿는 대로 생각해서는 안 됩니다. 이미 좋은 주석이 있고 설교집이 있습니다. 그런 자료들이 '편견을 주기 때문에 보면 안 된다'고 생각하는 것은 사실 더 교만한 생각입니다. 배울만한 것들을 다 배워야 합니다. 배우지 아니하고 말씀의 깊이로 나아갈 수 없습니다. 혼자서 무엇을 알아낸다고 하는 것은 사실 자기 경험에서 나오는 지극히 주관적인 생각이기 때문입니다. 어떤 분들은 '나는 성령님께서 다 알려 주신다'고 말합니다. 그런 것만큼 위험한 것이 없습니다. 그것은 하나님의 말씀을 욕되게 하는 죄를 짓는 것입니다.

이해를 돕기 위해 여행을 예로 들어 보겠습니다. 여행을 하면 주로 두 가지 스타일이 있습니다. '가서 해결하자'는 '현지형'이 있습니다. '미리 준비해서 가자'는 '준비형'이 있습니다. 현지형 사람은 모험을 즐깁니다. 집에서 출발할 때에는 눈에 보이는 대로 대충 챙겨가고 부족한 것을 현지에서 해결합니다. 돈이 얼마가 들어도 현지에서 해결합니다. 그런 사람은 그것이 여행의 참맛이라고 생각합니다. 그러나 그런 스타일은 자기는 좋을지 모르나 다른 사람들이 힘듭니다. 자신은 모험을 즐기지만 다른 사람들은 피곤합니다. 모든 것이 너무나 즉흥적이기 때문입니다. 그런 즉흥적인 자세는 다른 사람들의 시간과 마음을 빼앗아가 버리고 다른 사람들이 여행을 즐기지 못하게 하기 때문입니다.

준비형의 사람은 여행지를 정하는 것부터 계획적입니다. 그 여행지를 가기 전에 정보를 찾고, 어느 길이 좋은지를 생각해보고 거기서 지내는 동안 필요한 것이 무엇이고 해야 할 것이 무엇인지 미리 철저하게 준비를 하고 갑니다. 그리고 그 주위에서 다른 경험을 하고 볼거리는 없는지 살펴봅니다. 그러니 무슨 특별한 변수가 생기지 않는 이상 여행지에서 알뜰하고 유익하게 시간을 보내고 돌아오게 됩니다. 현지형보다 훨씬 더 재미나게 좋은 여행이 될 수 있습니다. 결국, 우리가 알게 되는 것은 '준비 없이 떠난 여행은 손해 보더라'는 것입니다.

설교는 현지형이 되어서는 안 됩니다. 강단에 서면 성령님께서

다 알려 주신다고 말하는 사람들은 거의 대부분이 가짜입니다. 준비된 원고 없이 말 잘하는 것이 설교가 아닙니다. 마이크만 잡으면 유창하게 말하는 것이 설교가 아닙니다. 설교는 설교자의 말재주로 되는 것이 아닙니다. 설교자는 기도해야 하고 설교자는 성경을 읽어야 하고 설교자는 배워야 합니다. '이것이 그러한가?' 연구하고 고민하고 각고의 노력 끝에 만들어지는 것이 설교입니다. 그런 모든 일 속에 성령 하나님께서 역사해 주시기를 기도하는 것이 설교자의 자세입니다. 그렇게 기도와 연구 속에서 설교를 준비해야 하는 이유는 설교자가 하나님의 말씀을 증거 해야 하기 때문입니다.

모든 설교가 다 준비되어야 합니다. 혹자들은 '성령의 기름 부으심'을 말합니다. 설교를 준비해서 강단에 올라가도 성령님께서 특별하게 역사해 주신다고 말합니다. 그 말이 틀린 것은 아닙니다. 그러나 준비되지 않은 설교에 성령님의 기름 부으심이 있을 수 없습니다. 만일 준비되지 않았는데도 성령님의 역사하심이 있었다면 그것은 설교자에게는 심판입니다. 설교자가 설교를 준비하지도 않았는데 성령님의 역사하심이 있었다면 그것은 그 예배에 참석한 성도들에게 하나님께서 은혜와 긍휼을 베푸셨기 때문에 일어난 것입니다. 설교자에게는 심판이고 성도들에게는 은혜가 되는 것입니다.

산상설교는 전체로 이해하고 파악해야만 합니다. 언약적으로 알아야 합니다. 그렇게 전체로 이해하지 않으면 사실은 어느 부분도 이해하지 못하는 것입니다. 우리가 나중에 알아가게 되겠지만, 산상설교는 마태복음 7장 12절의 '대접의 원리'에 기초하여 마 6장 33절에서 하나님의 나라와 의를 구하라는 예수님의 말씀 안에서 이해하고 살아가게 됩니다. 그렇게 되지 않으면 오류가 발생합니다.

로이드 존스 목사가 지적하는 그 대표적인 오류는 '현대적 요구에 부응한 산성설교의 사회적 적용'입니다. '다른 편 뺨을 돌려 대는 문제'를 말하면서 '모든 형태의 전쟁은 비기독교적인 것이다' 그렇게 나가버리더라는 것입니다. 그렇게 결론을 내리고 사는 것은 산상설교의 어떤 특정한 것만을 논리로 삼아서 자신의 모든 사고와 행동의 지침으로 만들어 버리기 때문입니다. 우리가 그렇게 전체로 보기로 결정한 것이 아니라 예수님께서 말씀하신 산상설교를 전체로 받아들이고 살아야 하는 말씀이기 때문입니다.

우리가 먼저 명심해야 할 것은 이 산상설교는 우리 구주 예수 그리스도를 믿는 성도들에게 주신 말씀이라는 것입니다. 이 산상설교를 세상 사람들에게 적용하려고 하면 매우 큰 혼란이 일어나게 됩니다. 세상 사람들도 성경을 읽습니다. 그들은 예수 그리스도를 4대 성자 중 한 사람으로만 압니다. 그리고 성경을 읽으면서 윤리적으로 도덕적으로 본받으려고 합니다.

그러나 주를 믿는 성도는 예수 그리스도께서 우리 죄를 위해 십자가에 피 흘려 죽으시고 부활하셨다는 것을 믿어 새로운 존재적 관점을 가진 사람들입니다. 자신의 존재적 관점이 예수 그리스도 안에서 확보되지 않은 사람들에게 산상설교는 의미가 없습니다. 자유주의 신학자들도 산상설교를 말합니다. 그들 중에 어떤 목사들은 마태복음 5장 3절을 해석하면서 물질적으로 가난해야 천국을 간다고 말합니다.

신비적 성향을 가진 오스왈드 챔버스는 산상설교를 이해하기 위한 마음가짐으로 "성령만이 예수 그리스도의 가르침을 상세히 설명할 수 있"다고 말하면서, 그의 책 『산상수훈』에서 이렇게 말했습니다.

> 사람의 마음은 의식의 영역과 무의식의 영역이 있다. 우리는 우리가 듣고 읽은 것이 기억에서 사라진다고 말하지만 그렇지 않다. 우리 마음의 무의식의 영역에 들어갈 뿐이다. 성령의 역사는 우리의 무의식 영역에 저장된 것들을 의식의 영역으로 옮겨놓으신다. 성경을 묵상하면서 당신이 당장 이해하지 못한다고 해서 아무 소용이 없다고 생각하지 말라. 지금은 당신에게 이해가 가지 않더라도 그 진리가 필요한 어떤 상황이 발생하면 성령께서 그 진리를 기억나게 하시며 깨닫게 하실 것이다.[12]

오스왈드 챔버스가 이런 말을 하고 있다는 것을 보면 정말 놀라게 됩니다. 말씀을 들은 것이나 읽은 것이 무의식에 저장된다고 말합니다. 그리고 성령께서 우리에게 어떤 진리가 필요할 때 무의식에서 끄집어내고 기억나게 하여 깨닫게 해주신다고 말합니다. 의식이다, 무의식이다라는 것은 프로이드가 만들어 낸 것입니다. 그것을 옳다고 인정하는 학자들도 있지만 부정하는 학자들도 있습니다.

독일의 심리학 전문 잡지 『게히른 운트 가이스트』의 편집장인 스티브 아얀(Steve Ayan)은 이런 이론이 증명될 수 없다면서 이렇게 말했습니다.

---

12) 오스왈드 챔버스, **오스왈드 챔버스의 산상수훈**, 스데반 황 역 (서울: 토기장이, 2009), 19-20.

> 프로이트의 이론이 우리에게 말하는 것은 심리학은 지금껏 잘못된 길을 걸어 왔을 뿐만 아니라 이제는 명망 높은 신화 앞에서 뽐내고 있다는 사실이다.13)

의식과 무의식이 가짜로 판명 난 것이 소위 모차르트 효과라는 것입니다. 심리학자 프랜시스 라우셔(Frances Rausher)와 그의 연구진들은 36명의 대학생을 무작위로 세 집단으로 나누고 정해진 시간에 주어진 재료를 이용해서 자신들에게 제시된 모형과 똑같이 만들어 보라고 말했습니다. 그 실험을 시작하기 전에 한 집단의 참가자들에게 10분 동안 마음을 편안하게 해주는 음악과 모차르트의 '2대의 피아노를 위한 소나타 D 단조(k448)' 중 한 곡을 들려주었습니다. 나머지 집단은 음악을 안 듣거나 현대음악을 들었습니다. 결과는 어떻게 나왔을까요? 모차르트 음악을 들었던 집단의 학생들이 IQ가 좋아 선두를 차지했다고 말했습니다.14)

이것이 1993년 그 유명한 『네이쳐』(nature)지에 발표가 되고 모차르트 효과로 세계가 관심을 가지기 시작했습니다. 그로 인해서 모차르트 음악 CD가 불티나게 팔렸습니다. 학교와 체육관, 지하철역, 공공시설, 태교프로그램에 모차르트 음악을 틀어주었습니다.

1998년 라우셔의 연구진은 모차르트 효과를 쥐의 태아에서도 증명할 수 있다고 주장했습니다. 태아 때부터 지속해서 모차르트 음악을 들은 쥐는 꾸준히 음악을 안 들은 쥐보다 더 빨리 미로를 빠져나왔다고 말했습니다. 그러나 쥐의 청각이 성숙하는 데는 사

---
13) 스티브 아얀, **심리학에 속지 마라**, 손희주 역 (서울: 부·키, 2014), 124.
14) 같은 책, 125-126.

람보다 더 긴 시간이 필요하다는 사실이 이후에 밝혀졌습니다. 그 말은 "태아 상태의 쥐새끼 귀는 아예 아무것도 듣지 못한 셈" 입니다. 모차르트 음악이 아니라 아무 음악을 들려주어도 아무것도 못 듣는다는 뜻입니다.15)

무의식 이론이 틀렸다는 것도 중요하지만, 더 중요한 것은 의식과 무의식으로 말하게 되니 인간이나 쥐새끼나 똑같은 취급을 받는다는 것입니다. 사람들이 이 점을 간과하고 있습니다. 의식과 무의식은 진화론에 기초하고 있다는 뜻입니다. 실제로 그렇게 보고 있습니다.

그런데도 오스왈드 챔버스는 "의식의 영역에서 이해한 것만으로 상황을 평가하려는 것은 어리석은 것이다"16)라고 말했습니다. 우리가 하나님의 말씀을 배워간다고 해서 그것이 무의식에 쌓이는 것이 아닙니다. 우리는 모릅니다. 프로이트의 무의식이 칼 융에게 오면 그 무의식 안으로 뛰어듭니다. 무의식 안에 있는 신성을 체험하기 위해서입니다. 그것은 접신을 하는 것입니다. 오스왈드 챔버스의 책을 읽는 사람들은 이런 위험성을 알고 있을까요?

'누가 산상설교를 설교하느냐?'에 따라 산상설교를 여러 가지로 재해석될 수 있습니다. 산상설교를 전체적으로 파악하고 이해하는 것이 왜 중요한지 우리는 분명하고 확실하게 인식해야 합니다. 산상설교를 배워가면서 세상의 지식과 관점이 섞여서는 안 됩니다. 우리가 인간이기 때문에 백 퍼센트 완벽할 수는 없습니다. 그러나 우리는 우리 주님의 말씀 그대로 알아가기 위해 기도하고

---

15) 같은 책, 126-128.
16) 오스왈드 챔버스, **오스왈드 챔버스의 산상수훈**, 스데반 황 역 (서울: 토기장이, 2009), 21.

준비하고 연구해야 합니다.

산상설교의 일반적 구분에 대해 웨렌 카터는 여러 학자의 견해를 말하면서 람브레크트의 개요가 좋다고 보며 서론, 본론, 결론으로 나누어 말했습니다.17) 서론은 5장 3-16절이며, 본론은 5장 17에서 7장 12절까지이며, 결론은 7장 13-17입니다. 로이드 존스는 이 서론에 해당하는 부분을 산상설교의 일반 부분이라고 말했습니다.

로이드 존스는 산상설교의 총괄적 분류를 일반적인 것과 특수적인 것으로 분류했습니다. 일반 부분은 5장 3-16절입니다. 그 나머지 부분은 특수적인 것, 다시 말해서 5장 3-16절에서 말한 그 일반적인 것의 구체적 예증이라고 보았습니다.

그 일반적 부분이란 의미와 통일성의 관점에서 보면 먼저 '존재적 관점'을 말합니다. '기독교인이란 어떤 사람들인가?' 그것을 먼저 말합니다. '새 언약이 한 개인에게 적용될 때 무슨 일이 일어나는가?' 그것을 먼저 말합니다. 그리고 그 언약 백성의 관계적 관점과 사명적 관점(상황적 관점)을 말합니다. '기독교인의 삶이 무엇인가?'를 말합니다. 언제나 존재적 관점에서 사명적 관점이 나옵니다.

로이드 존스는 '전반적 주제가 나오고 그 주제의 구체적 예증이 나온다'고 말합니다. 그 말도 일리가 있으나, 그러나, 의미와 통일성의 관점에서 더 분명하게 말하기 위해, 존재적 관점에서

---

17) 웨렌 카터, **최근 마태의 산상수훈 연구 동향**, 김세현 역 (서울: CLC, 2016), 73; "그리고 본론은 세 개의 단위로 나눠져 있다. ① 반제들(5:17-48) ② 사람 앞에서가 아니라(6:1-18) ③ 무관심과 헌신 (6:19-7:12)."

사명적 관점이 나온다고 말하는 것이 더 확실합니다.

로이드 존스처럼, 3-10절까지 기독교인의 일반적인 성격이고 11-12절은 세상의 반응에 의해 증명된 기독교인의 성격이라고 볼 수 있습니다.18) "기독교인의 일반적인 성격"이라고 말하기보다는

'기독교인의 존재적 관점이 무엇인가?'라고 정확하게 말하는 것이 더 유익합니다. 우리를 움직이는 힘은 우리의 정체성에서 나옵니다. '우리가 누구인가?'라는 것으로부터 시작합니다. 그렇게 되지 않으면 결국 나중에 가서 후회합니다.

로이드 존스가 말하는 '일반적인 성격' 혹은 '본질적인 성격'이란 '예수 그리스도를 구주로 믿은 성도들의 존재적 관점이 무엇이냐?' 그것을 말합니다. 우리의 존재적 관점이 분명하면 세상에서 반응이 일어나게 됩니다. 그것이 마태복음 5장 11-12입니다.

> 11 나를 인하여 너희를 욕하고 핍박하고 거짓으로 너희를 거스려 모든 악한 말을 할 때에는 너희에게 복이 있나니 12 기뻐하고 즐거워하라 하늘에서 너희의 상이 큼이라 너희 전에 있던 선지자들을 이같이 핍박하였느니라(마 5:11-12)

---

18) 로이드 존스, **산상설교집(상)**, 문창수 역 (서울, 정경사, 2004), 32-33; "이제 산상설교의 내용에 대한 일종의 총괄적 분류를 제시하겠습니다. … 제게는 다음의 것이 제일 좋게 보입니다. 저는 본 설교를 일반적인 것과 특수적인 것으로 분류하고자 합니다. 본 설교의 일반 부분은 5장 3절에서 16절까지입니다. 이 부분에서 여러분들은 기독교인에 대한 어떤 광범위한 진술을 봅니다. 그다음 본 설교의 나머지는 기독교인의 생활과 행위에 관한 특정 국면과 관련되어 있습니다. 먼저 전반적 주제가 나오고, 그다음에 이 주제의 구체적 예증이 나옵니다. 그러나 우리는 이것을 편의상 좀 더 자세히 세분할 수 있습니다. 5장 3절로부터 10절에서 여러분은 기독교인의 본질적 성격이 서술되어 있음을 봅니다. 이것은 기독교인의 일반적인 성격의 서술입니다. 그런 다음 11, 12절에서는 그에 대한 세상의 반응에 의해 증명된 기독교인의 성격을 보게 됩니다. …"

마태복음은 신학적 의도성을 가지고 있습니다. 저 유대주의와 정면으로 맞서고 있습니다. 참된 믿음을 가진 자들이라면 저 유대주의자들과 충돌할 수밖에 없습니다. 저 세상의 반응을 보면, '내가 누구인가?'를 알 수 있다는 말이기도 합니다. 유대주의와 기독교가 함께 갈 수 없기 때문입니다. 유대주의가 무엇입니까? 장차 그리스도가 오면 유대인들이 세상의 중심이 된다는 것입니다. 마태는 그 유대주의를 향해 '그것은 너희들의 이상 국가야. 너희들이 기다리던 그리스도 그 메시아는 예수님이야. 그 예수 그리스도는 자기 백성들을 죄에서 구원하기 위해 오셨다' 그렇게 선포했습니다.

그런 까닭에, 산상설교는 먼저 '예수 그리스도를 구주로 믿은 기독교인들은 누구인가?'를 말합니다. 그 존재적 관점에서 다른 사람과의 관계가 나오고, '저 세상 속에서 기독교인으로 어떻게 살아가야 하는가?' 그 사명이 나옵니다. 그 사명이란 '율법을 어떻게 순종해 갈 것인가?'의 문제입니다. 5장 17절에서 48절까지 기독교인으로서 하나님의 율법을 어떻게 순종해 갈 것인가? 를 다룹니다. 예수님께서는 21절부터 48절에서 여섯 가지를 구체적으로 말씀하셨습니다.

그 여섯 가지를 통해서 '저 바리새인과 서기관과 기독교인이 무엇이 다른가?'를 말해주셨습니다. 바리새인과 서기관은 유대주의자들의 대표입니다. 그들은 율법이 원래 의도한 영적인 것으로부터 멀어졌습니다. 그리하여 그들은 성경이 말하는 그 언약의 의로부터 멀어지고 인간의 의로 가게 되었습니다. 하나님의 의,

언약의 의로 가기 위해 주기도문을 가르치셨습니다.

6장 19절부터 7장 12절까지 기독교인은 사람 앞에서가 아니라 하나님 앞에서 율법을 순종하며 살아가야 한다고 말합니다. 그것은 하나님과의 관계적 관점을 말합니다. 우리에게 주어진 상황에서 행하는 모든 일이 하나님의 존전에서 이루어지고 있다는 것을 말해줍니다.

기독교인은 '사람들이 자기를 어떻게 평가해 주는가?'에 관심을 가지는 것이 아닙니다. 왜냐하면, 자신의 정체성이 사람들에게서 온 것이 아니기 때문입니다. '내가 누구인가?'라는 그 존재적 관점이 하나님에게서 왔기 때문에 하나님 앞에서 자기 삶을 생각합니다. 사람들의 평가에 관심을 가지는 것은 사람들로부터 지지를 받고 싶기 때문입니다. 사람들로부터 삶의 에너지를 얻고 싶기 때문입니다.

그것은 기독교 신앙이 근본적으로 저 세상 사람들이 살아가는 것과 무엇이 다른지를 모르는 것입니다. 우리는 예수 그리스도의 십자가 피 흘림으로 구원을 받고 영생을 받았습니다. 예수 그리스도 안에서 우리가 새로운 존재가 되었습니다. 성경은 우리를 "새로운 피조물"이라고 말했습니다. 우리는 예수 그리스도로부터 지지를 받고 사는 존재입니다. 예수 그리스도께서 우리의 주가 되시기 때문입니다.

기독교인은 매일의 삶에서 하나님 앞에서 살아가는 자입니다. 그렇게 하나님 앞에서 살아가는 코람데오 정신은 '하나님께서 우리와 함께 하신다'는 임마누엘로부터 주어집니다. 임마누엘은 새 언약의 성취 결과입니다. 예수 그리스도께서 동정녀 마리아에게 나시고 저 십자가에 피 흘려 죽으시고 부활 승천하시고 성령님께서 오심으로 이루어졌습니다.

7장 13-29절은 결론 부분이며, 18-27절은 기독교인들의 윤리학과 종말론을 말합니다. 산상설교의 마지막 부분은 매우 엄중하며 우리로 하여금 참된 기독교인으로 살아갈 것을 말해주고 있습니다. 기독교인들은 하나님께서 구원하시고 심판하실 그때까지 하나님께서 자신에게 부여하신 그 사명을 따라 살아가야 합니다.[19] 하나님의 임재와 통치하심을 믿고 하나님의 뜻에 맞추어 살아가야 합니다.

산상설교뿐만이 아니라 성경 어디를 읽고 배워가더라도 우리는 '예수 그리스도 안에서 우리가 누구이며 어떻게 살아가야 하는가?'를 대하게 됩니다. 산상설교를 생각할 때 '무엇을 해야 하는가?', '무엇을 하지 말아야 하는가?'를 생각하는 것보다 더 중요한 것은 '우리가 어떤 자가 되었는가?'를 아는 것입니다. 우리의 존재적 관점을 모른 채 그 어떤 일을 한다고 해도 아무런 소용이 없습니다. 내가 누구인지 모르고 살아가면 살아갈수록 더 허탈합니다.

내가 누구인지 내 안에서 확보하려고 하면 할수록 허탈합니다. 자기 상처와 자기 연민으로 절망하든지, 자기 자랑과 자기 의에 빠져서 교만하고 허탈한 인생이 되고 맙니다. 이 세상의 것으로 확인하려고 하면 영원성이 확보가 안 되기 때문에 그 영원성을

---

[19] 웨렌 카터, **최근 마태의 산상수훈 연구 동향**, 김세현 역 (서울: CLC, 2016), 133.

확보하기 위해 영성으로 가게 됩니다. 영성으로 가면 접신이 일어나고 자기 영혼을 귀신에게 팔아먹습니다.

삶의 의미와 통일성은 오직 하나님께로부터 옵니다. 하나님께서 그 은혜로 예수 그리스도의 십자가 피 흘림으로 우리를 구원하셨습니다. 성령님께서 우리를 거듭나게 하셔서 예수 그리스도를 구주로 믿게 하셨습니다. 우리 주님께서 다시 오실 그때까지 우리와 함께하시고 우리를 인도하고 계십니다.

우리가 하나님을 만날 그때까지 우리는 이 산상설교를 따라 살아가야 합니다. 예수 그리스도의 십자가 피 흘림으로 우리를 죄와 사망에서 구원하신 하나님을 찬송하며 예수 그리스도 안에서 하나님의 백성 된 것을 기뻐하며 이 산상설교대로 순종하며 살아가는 주의 백성들이 되시기 바랍니다.

3 복은 무엇인가? 1

> 1 예수께서 무리를 보시고 산에 올라가 앉으시니 제자들이 나아온지라 2 입을 열어 가르쳐 가라사대 3 심령이 가난한 자는 복이 있나니 천국이 저희 것임이요(마 5:1-3)

산상설교 세 번째 시간입니다. 오늘부터 예수님의 산상설교 중에서 팔 복을 설교하려고 합니다. 마태복음 5장 3절에서 "심령이 가난한 자는 복이 있나니"라고 말합니다. 이 말씀은 '예수 그리스도께서 십자가에 피 흘려 죽으시고 성령님께서 오셔서 그리스도의 피 흘림을 우리에게 적용하심으로 우리에게 새 언약이 성취되었을 때 일어나는 반응이 무엇인가?'를 말해주고 있습니다. 그 반응이 바로 심령이 가난해지는 것입니다. '심령이 가난한 자'는 아무에게나 일어나는 것이 아닙니다. 그것은 오직 성령 하나님께서 죄인들의 심령에 역사하실 때에만 일어나는 반응입니다. 그런 반응이 일어나는 자가 복 있는 자입니다. 예수님께서는 팔 복을 통해 '새 언약이 우리 개인에게 효과적으로 적용될 때 일어나는 그 시작이 무엇인가?'를 말씀하시고, 계속해서 주어지는 복에 대하여 말해주고 있습니다.

그런 까닭에 우리는 먼저 '이 복이 무엇인가?'를 생각해야 합니다. 헤르만 리델보스는 예수님께서 말씀하신 이 복은 구원을 가리키는 것이라고 말했습니다.[20] 리델보스의 이 말은 매우 지당한 말입니다. 산상설교의 팔 복은 구원의 복입니다. 예수 그리스도께

---

[20] 헤르만 리델보스, **마태복음(상)**, 오광만 역 (서울: 여수룬, 1999), 147; "가장 안전하고 탁월한 의미에서 구원을 가리키는 '복'이라는 단어가 첫 번째로 '심령이 가난한 자'에게 선포되었다."

서는 자기 백성을 그 죄에서 구원하기 위해 오셨습니다.21) 그렇게 죄에서 구원받아 하나님의 백성이 되는 것이 복입니다. 인간이 조건을 갖추어서 하나님의 백성이 되는 것이 아닙니다. 성부 하나님께서 택하신 자가 하나님의 백성이 됩니다. 예수 그리스도께서 십자가에 피 흘려 죽으심으로 죄 사함을 받고 의롭다 함을 받은 자들이 하나님의 백성이 됩니다. 성령 하나님께서 예수 그리스도의 속죄를 적용하신 자들이 하나님의 백성이 됩니다. 그렇게 삼위 하나님의 구원을 받은 자가 하나님의 백성입니다. 팔 복은 그렇게 죄에서 구원을 받고 하나님의 백성이 된 자의 상태가 무엇인지를 말해주고 있습니다.

한글 성경에 복이라고 사용된 헬라어 단어는 '마카리오스'입니다. 헬라적 의미로 '마카리오스'는 '최고의 행복', '최상의 복'을 말합니다. 복이 최상이다 최고다라는 것은 일상의 염려와 걱정으로부터 놓여 자유로운 상태를 말하며 신들의 상태 혹은 신들의 행복한 상태를 의미했습니다. 헬라인들은 인생의 고난을 겪을 때 그런 사람들을 축복하는 습관을 지니고 있었습니다. 그 축복이란 우리 식으로 말하면 죽은 사람의 가족을 위로하면서 '좋은 곳에 갔을 거다' 그런 것입니다. 왜 그렇게 축복을 했느냐 하면 인간에 대한 존재 규정이 그렇기 때문입니다. 플라톤의 『대화편』에 보면 「파이돈」에서 인간의 존재를 말합니다. 인간의 영혼과 육체를 말하면서 인간이 출생할 때에 인간의 영혼이 육체에 들어오게 됩니다. 문제는 이 육체를 감옥이라고 보는 것입니다. 헬라 세계

---

21) 아들을 낳으리니 이름을 예수라 하라 이는 그가 자기 백성을 저희 죄에서 구원할 자이심이라 하니라 (마 1:21)

에서는 이 육체라는 감옥을 벗어나서 다시 이데아의 세계로 돌아가는 것이 인간의 진정한 복이 됩니다.

헬라의 복이라는 개념 자체가 세상 고생 안 하는 것으로 출발합니다. 플라톤이나 아리스토텔레스가 아무리 철학을 펼쳐가도 결국은 그 신들의 상태로 가기 위해서는 그 신들과 합일을 이루기 위해 명상을 해야만 했습니다. 그것이 신플라톤주의가 되고 영지주의가 되고, 교회 안으로 들어왔을 때는 교회를 심각하게 위협하는 사상이 되었기 때문에 성경은 주저하지 않고 '적그리스도'라고 딱 잘라 말했습니다.

신약 성경에서 이 복은 예수 그리스도를 구주로 믿고 하나님의 나라에 참여할 때 오는 상태를 말합니다. 하나님 나라의 시민이 어떤 자들인가를 말해주는 것입니다. 다시 말해서, 성경이 복을 말할 때, 그 복은 조건이 아니라 상태를 말합니다. 이 산상설교에서도 예수님께서 말씀하신 복은 조건이 아니라 상태를 말합니다. 복이 조건이라는 것은 복을 얻기 위해 이러저러한 조건을 갖추어야 한다는 뜻입니다. 인간이 노력해서 어떠한 자리에 이르러야 하고 어떤 경지에 가야 합니다. 저 헬라세계에서 복이라고 말하는 것은 그런 조건을 갖추어야 하는 것입니다. 인간이 자기 열심을 바쳐서 만들어 내는 복입니다.

성경이 말하는 복은 그렇게 인간이 조건을 갖추어서 만들어 낼 수 있는 복이 아닙니다. 왜 조건이 아니라 상태입니까? 성경이 말하는 복은 구원의 복이고 언약의 복이기 때문입니다. 인간이 구원에 들어갈 조건을 만들 수 없습니다. 인간이 스스로 언약을 맺을 수 없습니다. 성경이 말하는 구원과 언약은 오직 예수 그리스도를 믿어야만 주어지기 때문입니다. 인간이 아무리 노력하고 애쓸지라도 구원과 언약의 은혜를 조금도 누릴 수가 없습니다. 오직 성령님께서 죄인의 심령에 역사하셔서 거듭나게 하시고 하나님의 자녀로 만들어 주셔야만 합니다. 조건은 우리가 만드는 것이 아니라 하나님께서 만드십니다. 그 결과도 하나님께서 만드십니다. 하나님께서 구원에 합당한 조건으로 만드시고 우리를 하나님의 백성이 누리는 상태를 경험하게 하십니다. 하나님께서 언약에 합당한 조건을 베풀어 주시고 우리를 하나님의 언약 백성으로 누리는 상태를 경험하게 하십니다.

조건을 갖추어서 구원에 들어가는 것은 인본적인 구원입니다. 그것이 휴머니즘입니다. 그것이 인본주의입니다. 인본주의로 가려고 하니 인간이 하는 모든 것은 정당하다고 말하게 되고 인간이 법이 되고 인간이 중심이 됩니다. 인간보다 높은 것은 다 제거되어야 할 대상이라고 봅니다. '인간을 인간답게 하는 것이 무엇이냐?'고 말하게 되면 인간의 욕망을 실현하는 것입니다. 인간의 욕망이란 기본적으로 잘 먹고 잘사는 것입니다. 먹고살 것이 없는데 대의를 부르짖으면 미쳤다고 말하게 됩니다. 인간이 조건을 갖추어서 인간의 욕망이 실현되는 이상적인 국가를 만드는 것입니다. 인간이 그렇게 노력을 해서 만들었기 때문에 인간이 존중을 받고 인간이 주인이 되는 그런 것이 휴머니즘의 실체입니다. 그렇게 가기 위해서 '인간이 본(本)이다' 그렇게 말합니다.

본(本)이라는 것에 대해 묵자는 '물들임'이라고 말합니다. 마치

실을 물감에 물들이듯이 물들여지는 그것이 본입니다. 노란 실은 노란 물감이 근본이고 빨간 실은 빨간 물감이 근본입니다. 실에 색이 물들여지는 것은 외부에서 색소가 들어갔기 때문에 일어난 결과입니다. 그 색이 본입니다. 그것을 말하는 것이 「소염」 편입니다.22) '왜 본을 말하느냐?'고 하면 인간의 변화를 말하기 위해서입니다. 영향을 주는 존재와 영향을 받는 존재에 대해서 말합니다. 왕이 간신에게 잘못 물들게 되면 나라를 망치고 역사에 두고두고 사람들의 조롱과 비난을 받는 왕이 된다고 말했습니다. 왕은 올바르게 물들여져야 하고 잘 물들여져야 한다고 말했습니다. 왕이나 선비나 좋게 물들여져야 하는데, 가만히 보면 이 사람이 저 사람에게 물들여지고 저 사람은 또 다른 사람으로부터 물들여지게 됩니다. '그러면 어떻게 해야 하느냐?'고 물으면 묵자는 그 물 들여지는 본이 하늘이라고 말했습니다.

공자와 맹자는 인간에 대해 긍정적이지만 묵자는 인간에 대해 부정적입니다. 공자와 맹자는 인간이 타고난 감정과 이성을 잘 닦으면 된다고 말합니다. 묵자는 인간이 수양해서 되는 존재가 아니라고 봅니다. 그래서 인간 밖에 것을 본으로 삼아야 한다고

---

22) http://blog.naver.com/quercetin/220939570370 (2017.2.20.); 子墨子見染絲者而歎曰 染於蒼則蒼 染於黃則黃 所入者變其色亦變 五入畢則爲五色 故染不可不愼也 묵자가 실 염색하는 것을 보고 탄식하며 말하기를, "푸른 염료로 물들이면 푸른색이 되고, 노란 염료로 물들이면 노란색이 된다. 넣는 염료가 변하면 그 색 또한 변한다. 다섯 가지 염료에 넣으면 마침내 다섯 가지 색이 된다. 따라서 염색은 조심하지 않으면 안 된다."라고 하였다. 非獨染絲然也 國亦有染 舜染於許由伯陽 禹染於皐陶伯益 湯染於伊尹仲虺 武王染於太公周公 此四王者 所染當 故王天下 功名蔽天地 擧天下之仁義顯人 必稱此四王者 "오직 실을 염색하는 것만이 아니라 나라도 역시 물든다. 순임금은 허유와 백양에게 물들었고, 우임금은 고요와 백익에게 물들었고 탕임금은 이윤과 중훼에게 물들었고 무왕은 태공망과 주공단에게 물들었다. 이 네 사람의 임금은 바르게 물들었기에 천하의 왕이 되었고 그 공명이 천지를 가릴만 했다. 천하의 어질고 의로운 사람을 말할 때는 반드시 이 네 사람의 임금을 칭하게 되었다."

말하면서 하늘을 본으로 삼아야 한다고 말했습니다. 인본이라 하면 공자와 맹자를 말하는 것이고 천본(天本)으로 가는 것이 묵자의 사상입니다. 묵자가 말하는 하늘은 의로움이라는 하늘입니다. 그러니 묵자의 하늘은 플라톤의 이데아나 별다른 것이 없습니다. 하늘이나 이데아나 그렇게 인간이 조건을 만들어서 인간을 변화시키는 것은 똑같은 것입니다.

기독교 신앙은 그런 인간의 사상과는 완전히 반대입니다. 성경의 복은 하나님께서 죄인에게 은혜를 베풀어 주셔서 조건을 만들어 주시고 이미 만들어진 그 조건 안에서 누리는 상태를 복이라고 합니다. 성경의 복은 구원과 언약의 풀(pool)에 들어온 자들의 상태를 말해줍니다. 창세기 2장 2-3에 보면 이런 말씀이 있습니다.

> 2 하나님의 지으시던 일이 일곱째 날이 이를 때에 마치니 그 지으시던 일이 다하므로 일곱째 날에 안식하시니라 3 하나님이 일곱째 날을 복 주사 거룩하게 하셨으니 이는 하나님이 그 창조하시며 만드시던 모든 일을 마치시고 이 날에 안식하셨음이더라(창 2:2-3)

우리는 성경을 읽어도 놀라지 않습니다. 무엇을 놀래야 한다는 말입니까? 하나님께서 일을 다 끝내시고 안식하셨다는 것에 놀라야 합니다. 그리고 하나님께서 일곱째 날에 복을 주셨다는 것에 놀라야 합니다. 하나님께서 안식하시고 일곱째 날에 복을 주셨다는 것은 우리가 생각하는 일반적인 상식을 벗어나는 일이기 때문입니다. 일반적인 상식을 벗어나는 일인데도 성경을 읽어도 아무런 충격이 되지 않습니다. 하나님의 말씀이 우리에게 충격이 되지 않으면 그 말씀이 우리에게 변화를 일으키지 못합니다.

우리가 일반적으로 쉰다는 것은 피곤해서 쉬는 것입니다. 고단하고 힘드니까 좀 쉬었다가 일하자는 것입니다. 그런데 하나님께서 일을 다 마치고 쉬셨다는 것은 하나님께서도 피곤하셨다는 말입니까? 하나님께서 안식하셨다는 말씀은 하나님께서 어떤 상태를 누리고 계신다는 뜻입니다. 하나님께서는 그 원래 계획하셨던 대로 창조를 다 이루셨습니다. 그렇게 창조된 피조물들이 하나님의 영광을 드러내고 있었습니다. 하나님께서는 그렇게 계획되고 창조되고 세상이 경영되고 있는 그 상태를 즐거워하고 기뻐하셨기 때문에 안식하셨습니다. 일곱째 날에 복을 주신 것은 그렇게 복된 상태가 일곱째 날에 충만하게 나타나고 있는 상태를 의미합니다.

성경이 말하는 복이란 그렇게 상태를 나타냅니다. 그 상태를 만드는 조건은 하나님께서 다 만드셨습니다. 안식만 그런 것이 아니라 성경이 말하는 복도 상태를 말합니다. 그 복은 구원과 언약 안에 있는 상태입니다. 구원과 언약 안에 들어가는 조건을 만드는 것은 오직 하나님만이 하실 수 있습니다. 인간이 구원과 언약의 조건을 만들 수 없습니다. 오직 예수 그리스도의 십자가 피 흘림만으로 이루어집니다. 오늘은 그 무엇보다 '산상설교의 복은 구원이며, 그 복은 조건이 아니라 상태다'라는 것을 분명히 아는 것이 중요합니다.

구약과 신약, 옛 언약과 새 언약에서 그런 복된 상태에 이른 자들을 어떻게 불렀을까요? 복 있는 사람이라고 곧바로 말한 경우도 있지만, 구약에서는 의인이라고 말하고 신약에서는 성도라고 불렀습니다. 신약에서도 의인이라고 말합니다. 그러나 전반적으로 옛 언약과 새 언약에서 하나님의 구원과 언약의 복을 받고 그 상태를 누리고 있는 사람들을 말할 때 구약에서는 의인으로 신약에서는 성도라고 불렀습니다.

구약 성경에서 가장 먼저 의인이라고 불린 사람이 노아입니다.

> 노아의 사적은 이러하니라 노아는 의인이요 당세에 완전한 자라 그가 하나님과 동행하였으며(창 6:9)

성경은 노아를 "의인"이라 말하고 "당세에 완전한 자라"고 말했습니다. 그리고 "그가 하나님과 동행하였"다고 말했습니다. 이렇게 말한다고 해서 '노아는 완전히 순결한 사람이었다'는 뜻이 아닙니다. 노아는 노아 시대의 사람이었습니다. 그 시대의 멘탈리티가 무엇인지 알고 있는 사람입니다. 그러나 그 시대의 멘탈리티에 지배받지 않았습니다. 노아는 하나님의 백성으로 살았기 때문에 의인이라고 불렸습니다. 노아는 그 시대의 욕망의 종이 되지 않았기 때문에 완전한 자라고 불렸습니다. 노아는 하나님의 구원과 언약 안에 살아가는 일에 배타적 충성을 다했기 때문에 하나님과 동행한 자라고 불렸습니다. 이것이 노아에게 복이었습니다.

창세기 18장에 가면 아브라함이 그 조카 롯을 위해 기도하면서 이렇게 기도했습니다.

> 23 가까이 나아가 가로되 주께서 의인을 악인과 함께 멸하시려나이까 24 그 성중에 의인 오십이 있을지라도 주께서 그곳을 멸하시고 그 오십 의인을 위하여 용서치 아니하시리이까(창 18:23-24)

사도 베드로도 롯을 의인이라고 불렀습니다.

> 무법한 자의 음란한 행실을 인하여 고통하는 의로운 롯을 건지셨으니(벧후 2:7)

롯이 완전한 사람이 아닙니다. 아브라함과 헤어질 때 롯은 좋은 땅을 선택하고 아브라함을 떠나온 사람입니다. 아브라함에게 남은 것은 광야이고 산이었습니다. 그렇게 자기 잘살자고 가 버린 롯이지만 그런 롯을 의인이라고 불러주었습니다. 베드로 사도의 말씀을 보면 롯은 그 소돔에 가서야 자기가 선택한 곳이 빛 좋은 개살구라는 것을 알게 되었고 그 속에서 다시 하나님을 찾게 되는 경험을 하고 하나님의 백성답게 살아가려고 했다는 것을 알 수 있습니다.

시편 1편에 보면 복 있는 사람이 누구인지 이렇게 말했습니다. 시편 1편은 다 읽어야 합니다.

> 1 복 있는 사람은 악인의 꾀를 좇지 아니하며 죄인의 길에 서지 아니하며 오만한 자의 자리에 앉지 아니하고 2 오직 여호와의 율법을 즐거워하여 그 율법을 주야로 묵상하는 자로다 3 저는 시냇가에 심은 나무가 시절을 좇아 과실을 맺으며 그 잎사귀가 마르지 아니함 같으니 그 행사가 다 형통하리로다 4 악인은 그렇지 않음이여 오직 바람에 나는 겨와 같도다 5 그러므로 악인이 심판을 견디지 못하며 죄인이 의인의 회중에 들지 못하리로다 6 대저 의인의 길은 여호와께서 인정하시나 악인의 길은 망하리로다(시 1:1-6)

시편 1편에서 '복 있는 사람이 누구냐?'라는 것은 지난 설교에서 말했듯이, 시내산 언약대로 언약에 신실하게 살아가는 것입니다. 그렇게 시내산 언약대로 누가 살아갈 수 있습니까? 여호와 하나님의 은혜로 저 애굽에서 구원을 받은 사람들입니다. 여호와 하나님께서 그 구원을 위해 애굽에 재앙을 내리시고 바로와 그 백성들의 장자와 모든 짐승의 첫 새끼까지 다 죽였습니다. 그렇게 죽음의 재앙을 통과하고 저 홍해를 지나온 백성들, 여호와의 구원 은혜를 경험한 그 사람들만이 시내산 언약대로 살아갈 수 있습니다.

애굽에서 나온 사람들이 다 언약대로 살지 않았습니다. 출애굽 1세대 중에서 저 가나안에 들어간 사람은 여호수아와 갈렙 뿐이었습니다. 여호수아와 갈렙은 광야에서 죽은 그 수많은 사람보다 잘난 것이 있어서 가나안에 들어갔습니까? 아닙니다. 여호와 하나님을 분명하게 믿었기 때문에 들어갔습니다. 자기들을 구원한 여호와 하나님을 믿었기 때문에 들어갔습니다. 자기들과 맺은 언약대로 여호와께서 이루어주실 것을 믿었기 때문에 들어갔습니다. 그 언약의 말씀에 순종했기 때문에 들어갔습니다. 그들이 복 있는 자들입니다. 여호와를 거역한 사람들, 여호와의 언약에 불순종한 사람들은 광야의 모래 속에 묻혀 바람과 함께 사라져버렸습니다. 바람에 날리는 겨와 같이 쭉정이같이 비참하게 죽었습니다. 누가 그 이름들을 기억해 주겠습니까? 누가 그들을 위해 울어주겠습니까? 아무도 그들을 생각해 줄 사람이 없습니다. 왜냐하면, 그들은 여호와께서 인정하는 의인의 길로 가지 않았기 때문입니다. 의인은 여호와의 율법을 즐거워하며 그 율법을 주야로 묵상하는 자들이기 때문입니다.

시편 2편에 가면, 그 메시아 시편에서 어떤 사람이 복 있는 사람인지를 이렇게 말합니다.

> 그 아들에게 입맞추라 그렇지 아니하면 진노하심으로 너희가 길에서 망하리니 그 진노가 급하심이라 여호와를 의지하는 자는 다 복이 있도다(시 2:12)

다윗 언약을 성취하실 그 메시아에게 복종하지 않으면 하나님의 진노로 멸망합니다. 그러나 여호와 하나님을 의지하는 자는 복이 있습니다. 저세상이 여호와와 그 기름 부음 받은 아들에게 도전하고 반역하는 것처럼 살지 않고 오직 여호와의 언약에 복종하며 그 말씀에 충성하며 살아가는 자가 복이 있습니다. 그래서 의인이라 합니다. 여호와를 의지한다는 것은 여호와께 피하는 것입니다. 피한다는 것은 전쟁할 때에 안전하게 숨을 수 있는 안전한 고지나 강한 바위로 숨는 것입니다. 그 안전한 고지는 여호와 하나님이십니다. 여호와 하나님을 안전한 피난처로 삼는 그 사람이 복 있는 사람입니다. 히브리서는 이렇게 말했습니다.

> 9 사랑하는 자들아 우리가 이같이 말하나 너희에게는 이보다 나은 것과 구원에 가까운 것을 확신하노라 10 하나님이 불의치 아니하사 너희 행위와 그의 이름을 위하여 나타낸 사랑으로 이미 성도를 섬긴 것과 이제도 섬기는 것을 잊어버리지 아니하시느니라(히 6:9-10)

히브리서는 고난받는 유대인 기독교인들을 향하여 말하고 있습니다. 6장 1-6절까지의 말씀을 두고 칼빈은 "독자들의 간담을 서

늘하게 할 수 있을 만큼 벼락 치는 소리와도 같은 것이었다"[23]고 말했습니다. '그리스도를 믿은 사람이 타락할 수 있는가?'에 대한 답변을 했기 때문입니다. 사도는 회개가 우리 손에 달린 것이 아니며 하나님께서 우리를 타락으로부터 지켜내신다고 말했습니다. 참된 성도는 믿음의 시련과 핍박을 당하는 시대를 살아가면서도 자신들이 가진 믿음이 자신들의 노력으로 만들어 낸 것이 아니라 하나님께서 그의 성령님으로 역사하셔서 그 은혜로 주신 선물임을 기억하면서 성도들을 사랑하고 섬기고 살아가는 자들이라고 말했습니다.

   유대인들이 죽이려고 살벌하게 달려드는데 어떻게 그렇게 살아갈 수 있습니까? 자신들이 생명 같이 지켜왔던 그 언약이 예수 그리스도 안에서 성취되었기 때문입니다. 예수 그리스도께서 십자가에 피 흘려 죽으신 것을 믿음으로 이제는 옛 언약하에 있지 않고 새 언약의 백성이 되었기에, 성도가 되었기에 그렇게 살아갈 수 있습니다. 그 관계적 관점, 그 존재적 관점이 완전히 새로워졌기 때문에 그렇게 살아갈 수 있습니다. 히브리서가 결국 무엇을 말하려고 하는지 그것을 보아야 합니다. 새 언약 안에서 '너는 누구냐?' 그것을 알려주고, '너는 어떻게 살다가 주님 앞에 갈 것인가?' 그것을 말해주려고 합니다. 그것을 알고 나면 고난을 이겨갑니다. 아무리 유대인들이 죽이고 핍박하고, 또는 헐벗고 굶주리더라도 믿음의 길을 갑니다. 그들이 바로 성도입니다.

---

[23] 존 칼빈, **신약성서주석 10** (서울: 성서교재간행사, 1982), 139.

우리는 최종적으로 복 있는 사람이 어떤 사람들인지, 요한계시록에서 알 수 있습니다. 사도 요한은 먼저 1장 3절에서 "이 예언의 말씀을 읽는 자와 듣는 자들과 그 가운데 기록한 것을 지키는 자들이 복이 있나니 …"(계 1:3)라고 말했습니다. 14장 13절에서는 "주 안에서 죽는 자들은 복이 있도다"(계 14:13)라고 말했습니다. 16장 15절에 가면 자기 믿음을 지킨 자들이 복이 있다고 말했습니다(계 16:15). 19장 9절에서는 "어린 양의 혼인 잔치에 청함을 입은 자들이 복이 있도다"(계 19:9)라고 말했습니다. 20장 6절에서는 "첫째 부활에 참예하는 자들은 복이 있고 거룩하도다"라고 말했습니다. 왜냐하면, 이제는 "둘째 사망이 그들을 다스리는 권세가 없고 도리어 그들이 하나님과 그리스도의 제사장이 되어 천 년 동안 그리스도로 더불어 왕 노릇"(계 20:6)하기 때문입니다. 22장 7절에서는 "이 책의 예언의 말씀을 지키는 자가 복이 있"(계 22:7)다고 말했습니다.

그리고 마지막으로 22장 14절에서 이렇게 말했습니다.

> 그 두루마기를 빠는 자들은 복이 있으니 이는 저희가 생명나무에 나아가며 문들을 통하여 성에 들어갈 권세를 얻으려 함이로다(계 22:14)

두루마기는 겉옷을 말합니다. 겉옷을 빠는 자들은 자신을 거룩하게 하는 자들입니다. 왜냐하면, 그들은 이미 하나님의 백성이 되었고 예수 그리스도의 거룩한 교회에 소속된 자들이 되었기 때문입니다.[24] 하나님의 거룩한 백성 된 자로서 거룩하고 경건하게

---

[24] 이필찬, **내가 속히 오리라** (서울: 이레서원, 2008), 958.

살아가는 그들에게 복이 있습니다. 그렇게 예수 그리스도를 구주로 믿은 성도들이 가는 길은 거룩과 경건의 길입니다. 그 길을 가는 그 자체가 복입니다. 예수 그리스도의 구원과 언약 안에 있는 것 자체가 복입니다. 그 복된 길에서 믿음의 선한 싸움을 하고 살아가는 것이 복입니다. 그렇게 복으로 살아가도록 성부 하나님께서 창세 전에 택정하시고, 우리 죄를 위하여 예수 그리스도께서 십자가에 피 흘려 죽으시고, 성령 하나님께서 그 대속의 은혜를 우리에게 적용시켜 주셨습니다. 우리 주 예수 그리스도께서는 지금도 우리를 위하여 중보하고 계시면서 이 놀라운 복을 누리고 지켜가기를 원하십니다. 거룩과 경건은 '이 길이 아니면 안 되나?' 싶은 마음으로 힘들어하면서 가는 길입니다. 곱게 가는 길, 비단길을 바라는 것은 이상(理想)입니다. 우리 주님 오실 그 때까지 '예수 그리스도가 주시다'라고 고백하며 그 말씀에 순종하면서 아버지께서 주신 이 복을 누리면서 살아가는 주의 백성들이 다 되시기 바랍니다.

4 복은 무엇인가? 2

> 1 예수께서 무리를 보시고 산에 올라가 앉으시니 제자들이 나아온지라 2 입을 열어 가르쳐 가라사대 3 심령이 가난한 자는 복이 있나니 천국이 저희 것임이요 (마 5:1-3)

산상설교 네 번째 시간입니다. 예수님께서 말씀하신 복이 무엇인지 지난 시간에 살펴보았습니다. 복에 대해서 조금 더 살펴보고 심령이 가난한 자에 대해서 설교하겠습니다. 히브리어로 복이란 '아쉐르'입니다. 이 복은 물질의 복이 아니라 사람이 삶에서 얻어야 하는 가장 중요한 가치를 말합니다. 가장 중요한 가치란 명예로운 것을 말합니다. 복이란 '무엇을 얻는 것이 아니라 어떤 상태에 있느냐?'를 의미했습니다. '사람에게 가장 가치 있는 것은 무엇인가?', '인생에게 가장 명예로운 것은 무엇인가?'를 말합니다. 그것은 시편 144편 15절에서 이렇게 말합니다.

> 이러한 백성은 복이 있나니 여호와를 자기 하나님으로 삼는 백성은 복이 있도다 (시 144:15)

시편 140편부터는 다윗이 고난을 당하면서 지었던 시들입니다. 142편까지는 다윗이 사울에게서 쫓겨 다니면서 여러 어려움을 겪으면서 지은 시이고, 143편은 다윗이 범죄 하였을 때 그 아들 압살롬이 반란을 일으켰습니다. 압살롬을 피해 가면서 고초를 겪습니다. 다윗은 자신이 지은 죄를 알기에 그 어려움 속에서도 회개하며 하나님께 기도했습니다. 다윗은 144편에 와서 '복이 무엇인가?'를 말했습니다. 1절부터 4절에서는 지난날에 하나님이 주셨던 은혜를 생각하며 하나님께 찬양했습니다. 5절에서 8절까지 자신이 지금 당하는 어려운 상황을 기도했습니다. 3절과 4절을 보면 다윗이 얼마나 하나님께 간절히 매달려 기도했는지 그 마음을 알 수 있습니다.

> 3 여호와여 사람이 무엇이관대 주께서 저를 알아주시며 인생이 무엇이관대 주께서 저를 생각하시나이까 4 사람은 헛것 같고 그의 날은 지나가는 그림자 같으니이다(시 144:3-4)

여호와 하나님께서 아무것도 아닌 인생을 알아주시고 생각해 주시는 것을 너무나도 감사하고 감사했습니다. 지나간 세월 속에 이 이스라엘 백성들 속에 자신이 감당해 왔던 모든 것이 오로지 하나님의 은혜였다는 것을 고백했습니다. 순간순간의 모든 것이 자기 능력으로 이겨내고 승리한 것이 아니라 하나님께서 부르시고 하나님께서 사용하셨다고 찬송했습니다. 그리고 12절부터 재화가 풍요롭고 적들로부터 안전한 상태에 있는 모습을 그리면서, 15절에 와서, 그런 상태로 사는 백성들이 복이 있으며, "여호와를 자기 하나님으로 삼는 백성은 복이 있도다"라고 말했습니다.

학자들은 144편 15절에서 이렇게 말한 것은 포로 시대 이후에 백성들이 하나님께 소망을 두고 살아가게 하기 위함이었다고 말합니다. 포로에서 돌아온 백성들이 저 옛날 다윗이 얼마나 하나님을 의지하고 살았는지 생각하면서 하나님께서 돌보시고 역사하심으로 풍요로움을 누렸던 그 상태를 복이라고 말했습니다. 여호와를 하나님으로 삼아야 하며, 헛것이고 그림자 같은 인생에게 여호와께서 은혜와 긍휼을 베풀어 주셔야만 복된 상태가 된다는 것을 말해주기 위함이었습니다. 참된 복은 여호와의 구원과 언약 안에 신실하게 살아가는 것입니다. 그것이 명예로운 것입니다. 명예롭다는 것은 그것이 인생에게 가장 가치 있다는 뜻입니다. 그렇게 살아갈 때 임마누엘을 누려가는 것입니다.

이렇게 말하면 '다윗은 참 복도 많았나 보다' 그렇게 생각할 수 있습니다. 사람이란 언제나 자기 고생은 태산같이 많아 보이고 다른 사람들의 어려움은 별로 마음에 와닿지를 않습니다. 그렇게 되면 삶의 기준이 모호해집니다. 자기 마음에 새겨진 기준대로만 살아가게 됩니다. 부정적인 의미와 통일성으로 살아가게 됩니다. 자기 상처 속에 살아가면 자기중심적으로 되고 상처에 지배를 받고 살아서 자기로 인해 다른 사람들이 얼마나 힘들게 살아가는지를 모릅니다.

다윗은 살기 편해서 "나의 반석 여호와를 찬송하리로다"(1절), "여호와를 자기 하나님으로 삼는 백성은 복이 있도다"(15절) 그렇게 찬송한 것이 아닙니다. 살기 어려운 것은 다윗이나 우리나 매 한 가지였습니다. 고생하고 살면 고생 없이 쉽게 살아가는 인생들만 있는 것 같지만 그렇지 않습니다. 다윗이 살아간 그 삶에서도 그러했듯이 한 가지 어려움이 지나가면 또 한 가지 어려움이 오고 그 어려움이 지나가면 또 다른 어려움이 왔습니다. 다윗이 누렸던 여호와의 은혜와 긍휼로 말미암은 복은 아무 걱정근심이 없는 복이 아니었습니다. 늘 부족했고 늘 어려웠습니다. 한시도 편안할 날이 없었습니다. 그런데 어떻게 찬송이 나오고 '복이란 이런 거다'라고 말할 수 있겠습니까?

그것이 가능한 것은 그 어려움 가운데서 '여호와가 주시다'라고 고백하면서 하나님의 역사하심을 경험해갔기 때문입니다. 모든 것들이 다 채워져야 복된 것이 아니라 부족하고 어려운 가운데서 여호와를 의지하고 그 말씀에 복종하면서 하나님의 임재하심을 경험해가는 것이 복이기 때문입니다. 누가 그것을 경험합니까? 오직 여호와의 백성들만이 경험합니다. 여호와의 구원과 언약 안에서 자기가 존재하게 되었다는 그 사실을 믿는 여호와의 백성들만이 여호와께서 자기 인생 위에 역사하고 계시다는 것을 경험합니다. 현실을 살아가는 다윗의 삶은 힘들고 어렵습니다. 그 고난 속에서 '여호와가 주시다'라고 고백하고 찬송하며 살아갔습니다. 그것이 언약 백성으로서 가장 가치 있는 일이기 때문입니다.

우리는 기도를 할 때 다윗처럼 바울처럼 살게 해달라고 합니다. 그렇게 기도하면서도 다윗의 영광, 바울의 영광만 생각합니다. '다윗이 이런 고생 했는데 다윗처럼 되고 싶어?', '바울이 이렇게 고생했는데 바울처럼 되고 싶어?' 그렇게 물으면 무슨 말인지 이해를 못 합니다. '우리는 무엇을 못 가르치느냐?' 하면 신앙을 위해 생명을 걸어야 한다는 것을 못 가르칩니다. 안 가르치는 것도 있지만 못 가르칩니다. 자기가 그렇게 안 살아가기 때문입니다. 너무 기복신앙에 빠져 있고 너무 종교성에 오염되어 있기 때문입니다. '우리는 신앙을 어디로 몰아가느냐?' 하면 종교적 열심으로 몰아갑니다. '자식이 애먹인다' 그러면 '40일 새벽기도 해라', '일주일 금식해라', '일천번제 드려라' 그럽니다. 그런 거는 무당 데려다가 굿판을 벌이는 것과 같고 대웅전에 등 다는 거와 같은 겁니다. 회개하는 의미에서 새벽기도 갈 수도 있습니다. 그러나 너무나 종교적입니다. 열심이 앞서는 것이 현실입니다.

예를 들어, 저세상 사람들은 어떻게 할까요? 아들 성적이 오르지 않습니다. 무당에게 데려가면 무당이 뭘 하라고 할까요? 굿을 하고 부적을 사라고 합니다. 또, 어디 가서 말하면, 40일 제(祭)를 바치라고 합니다. 아들 성적이 안 오르면 공부할 수 있는 동기를 부여하고 책을 사주고 학원을 보내든지 좋은 선생님을 붙여 주어야 합니다. 굿을 하고 부적을 붙이고 다닌다고 해서 성적이 오르지 않습니다. 예수님을 믿는 사람도 그 하는 것을 보면 세상과 다를 바 없습니다. 자기 삶에 문제가 있다고 해서 종교적 열심을 바친다고 해결되지 않습니다.

기독교 신앙은 그런 것이 아닙니다. 평상시에 안 하는 것을 하면 하나님께서 응답해 주시는 것이 아닙니다. 그러면 무엇을 해야 합니까? 하나님께서 말씀하신 대로, 그 원하시는 대로 하면 됩니다. 사람이 살아가는 패턴은 크게 두 가지입니다. '하나님의 말씀대로 사느냐?', '자기 생각대로 사느냐?'입니다. 자기 생각대로 사는 것은 죄악 된 욕망대로 사는 것이고 자기 상처의 지배를 받고 사는 것입니다. 자기 상처에 지배를 받고 살면 타인의 애정에 목마르고 사람들의 지지에 목마릅니다. 다른 사람들이 나에게 잘 해주면 거기에 넘어가고 다른 사람들이 나에게 조금만 푸대접하면 성질이 납니다. 혹여 다른 사람들이 나의 존재감을 건드리면 더 폭발하게 됩니다. 자기 상처에서 벗어나려면 예수 그리스도께서 나를 위해 베풀어 주신 속죄의 은혜를 믿고 그 안에서 의미와 통일성을 확보해야 합니다.

하나님의 말씀대로 살아가려면, 먼저는 하나님과의 구원과 언약 관계 속에 자기 존재가 확보되어야 합니다. 예수 그리스도께서 내 죄를 위해 십자가에 피 흘려 죽으신 것을 믿고 나를 하나님의 백성으로 삼으시고 이 자리에 두셔서 구원받았듯이 또 한 영혼에게 복음을 전하여 구원받게 하십니다. 그것이 나의 사명입니다. 관계, 존재, 사명에 관한 성경 구절을 붙여놓고 외워야 합니다. 인간은 그냥 순종이 나오지 않습니다. 죄와 싸워야 하고 죄악 된 생각, 죄악 된 습관들과 싸워야 하기 때문입니다. 눈에 가장 잘 보이는 곳에 관계, 존재, 사명에 관한 말씀을 붙이고 외워야 합니다.

그 말씀에 기초하여 살아가면서 죄가 있으면 회개하고 다시 그런 죄를 짓지 않도록 기도하면서 자기를 점검해야 합니다. 실패했다면 실패의 원인을 살피고 다시는 그런 실패를 하지 않도록 주의해야 합니다. '내가 얼마나 지혜로워졌느냐?', '내가 얼마나 따뜻한 사람이 되었느냐?', '내가 얼마나 주님의 성품을 닮았느냐?'로 자기를 판단해야 합니다. '내가 얼마나 종교적 열심을 바쳤느냐?'로 나를 판단해서는 안 됩니다.

의미와 통일성의 세 관점, 관계, 존재, 사명 이 세 가지가 분명해야 합니다. 예수 그리스도의 십자가 은혜를 알고 예수 그리스도의 진리의 말씀을 알아야 합니다. 은혜만 생각하고 십자가 아래서 울고만 있을 수는 없는 겁니다. 그 말씀이 나를 지배하는 원리가 되어야 합니다. 내가 하는 말이 예수님의 말씀이 되어야 합니다. 내가 생각하는 생각이 예수님의 생각이 되어야 합니다. 찬송도 그렇게 하잖아요. '나의 입술의 모든 말과 나의 마음의 묵상이 주께 열납 되기를 원하네' 그 찬송은 다만 '내 소원을 이루어주세요'가 아니라, '나의 말과 마음에 생각하는 것들이 주 하나님의 말씀과 생각과 일치되기를 원합니다'라고 간구하는 것입니다.

'하나님께서는 왜 이것도 안 주시고 저것도 안 주시는가?'라고 불평불만을 하면서 상처 속에 살아가고 그 상처로 인해 자기도 죽고 다른 사람들도 죽여 가는 그런 인생이 아니라 그 안 주시는 것 때문에 하나님께 예배하고 하나님을 찾고 하나님께 엎드리고 살아갑니다. 그 안 주시는 것 때문에 사람이 겸손해지고 사람다워지고 따뜻해집니다. 그 안 주시는 것 때문에 더 주님을 의지하고 이 세상을 살아가고 무엇을 가지더라도 내가 잘나서 남들 안 가진 것 가지게 된 것이 아니라는 것을 알게 됩니다. 저 인간들은 저렇게 살아도 나는 부지런하고 성실해서 이 자리에 온 것이 아니라, 내가 무엇이라고, 하나님께서 나를 이렇게 사랑하셔서 이만큼 이 자리에 오게 된 것이라고 찬송을 합니다. 그 안 주신 것 때문에 저 어려운 사람들, 저 갑갑한 인생들을 품고 살고 기도하고 살아가게 됩니다. 세월이 지나서 알고 보면 안 주신 것이 아니라 한 걸음씩 인도해 가고 계시다는 것을 알게 됩니다.

하나님께서는 우리에게 은혜를 주시나 그날 그 날 필요한 만큼의 은혜를 주십니다. 오늘 충만한 은혜를 받았다고 해서 그것이 평생에 지속되지 않습니다. 만나를 매일 주셨듯이 매일의 은혜를 주십니다. 왜 매일의 은혜, 그날의 은혜를 주실까요? 우리는 매일 매일 하나님께 엎드리지 않으면 살아가지 못하기 때문입니다. 우리는 매일 매 순간 죄악 된 것이 우리 속에서 일어나고 매일 매 순간 우리의 원수들이 우리 밖에서 우리를 미혹하기 때문입니다. 우리에게 주실 은혜는 영원히 보장되어 있지만, 우리에게 주시는 은혜는 매일 매일 필요한 만큼의 은혜를 주십니다. 그렇게 매일 매일 주시는 은혜 속에 살아가야 복 있는 인생으로 살아가게 됩니다. '무엇이 가장 가치 있는 일인가?'를 알게 하십니다.

 그런 것이 어디에서 표가 날까요? '나이 들어갈수록 무엇이 차이 나는가?'를 보면 알 수 있습니다. 교회 안에서도 그렇고 교회 밖에서도 여전히 소리를 지릅니다. 교회 안에서도 그렇게 생각하고 교회 밖에서도 그렇게 생각합니다. 마음을 먹는 것이나 생각하고 행동하는 것이 달라지지 않습니다. 왜 소리를 지릅니까? 어리기 때문입니다. 무엇이 어립니까? 자기가 주목을 받아야 한다고 생각하기 때문에 어린 것입니다. 자기가 생각하는 대로 안 되면 끝까지 소리를 지릅니다. 그것이 생각의 자유이고 표현의 자유라고 아무리 포장을 해도 자기가 원하는 대로 해달라고 교회 안에서도 소리를 지르고 저세상에 가서도 소리를 지릅니다. 나이가 들어가면 모난 것들이 다듬어지고 다듬어진 것들이 작품이 되고 그 작품에서 감동이 느껴져야 합니다. 사람이 따뜻한 느낌이 들어야 합니다. 나이 오십이 지나고 육십이 지났는데도 예수 그리스도 안에서 자기 마음 안이 정리가 안 되는 사람들이 많습니다. 그러니 자기도 괴롭고 자기 옆에 있는 사람들도 괴롭습니다.

교회가 축복받으라고 말하고 성도들을 종교성으로만 몰아가니 변화가 안 됩니다.

　어렵고 힘들지 않은 사람은 아무도 없습니다. 아무도 내 어려움을 대신해 줄 수 없습니다. 그런 어려운 세월을 지나면서 어떤 사람들은 독하게 변질이 되고 어떤 사람들은 따뜻하게 변화가 됩니다. 저 사람은 돈이 많아서 그런 것이 아닙니다. 저 사람은 가방끈이 길어서 그런 것이 아닙니다. 저 사람은 말주변이 좋아서 그런 것이 아닙니다. 저 사람이 변화된 것은 오직 예수 그리스도를 믿어 새 생명을 얻었기 때문에 변화가 된 것입니다. 예수님이 아니면 안 되는 것이 변화입니다. 성령님께서 그리로 우리를 이끌어 가십니다. '네가 내 속을 알겠나?' 그 마음으로는 안됩니다. 하나님께서 아시면 됩니다. 내가 가야 할 길, 내가 지켜야 할 원리, 그 말씀, 그 길 대로 가면 변화가 됩니다. 원통함으로 가면 나도 죽고, 분노로 가면 내 앞에 있는 영혼도 죽습니다.

　인생 수업은 연습이 없습니다. 인생 수업은 환상이 아닙니다. 마태복음을 설교할 때부터 하나님의 나라는 이 땅에서 이상 국가가 이루어지는 것이 아니라고 했습니다. 그러면, '이상 국가가 아니면 무엇인가?' 거기에 대한 답이 있어야 합니다. 그것은 이 부조리하고 죄악 된 현실 속에서 하나님 의존적인 삶을 살아가는 것입니다. 예수 그리스도의 구원과 언약에 신실한 삶을 살아가는 것입니다. 그렇게 살아가는 자들이 복 있는 자들입니다. 그것이 가장 가치 있고 가장 명예로운 것입니다. 자신이 처한 어려운 환경과 삶속에서 믿음으로 살아가려면 언제나 심령이 가난한 자가 될 수밖에 없습니다.

　여호와 하나님의 주되심이 가장 먼저 고백되어야 하고 여호와의 계명대로 살아가야 합니다. 하나님과의 관계적 관점이 우선이 됩니다. 우리의 현실이 우선이 되면 실존주의가 되고 인본주의가 됩니다. 여호와 하나님의 구원의 언약 안에서 자기 존재가 확보되어야 합니다. 그렇게 자기 존재가 확보되어야 하나님의 영광을 나타내는 것이 자기 사명이 됩니다. 그렇게 살아가는 것이 언약 백성에게 가장 명예로운 것입니다. 언약의 명예, 언약의 가치는 임마누엘에 있습니다. 언약 백성의 명예, 언약 백성의 가치는 그 임마누엘을 누려가는 것입니다. 복은 언약이 성취되어 나타난 임마누엘이며 복 있는 사람은 그 임마누엘의 복을 누려가는 사람들입니다. 그 마음의 시작이 심령이 가난한 자이고, 심령이 가난한 자가 된다는 것은 그렇게 구원과 언약 안에서만 확보되는 것입니다.

　히브리어로 보면 또 놀라운 면이 있습니다. 시편 1편을 비롯한 시편 전체에 보면 복이 있는, 있다는 표현이 많이 나옵니다(시 34:8, 40:4, 84:12, 106:3, 112:1). 한글로는 '… 하는 자는 복이 있으리라'입니다. 히브리어로 보면, '아쉬레이 하이쉬 아쉐르' 그렇게 말합니다. 이 문구는 여호와의 이름을 직접 표현하는 것을 두려워하는 히브리인들이 여호와를 직접 언급하지 않으면서도 그 말 안에 여호와가 포함되도록 하는 관용적 표현입니다.[25] 관용적 표현이라는 것은 습관화되었다는 뜻입니다.

---

25) 장재일, 히브리적 관점으로 다시 보는 마태복음 (서울: 쿰란출판사, 2013), 170.

'… 하는 자는 복이 있으리라'라고 관용적으로 습관적으로 말하는 것은 '여호와께서 함께 하시는 사람은 복이 있다'는 말을 습관적으로 사용했다는 것입니다. '여호와 하나님과 함께 살아가는 그 사람이 가장 명예로운 사람이고 그렇게 살아가는 것이 가장 가치 있는 삶이다'라고 말하는 것입니다. 그래서 임마누엘이 언약 백성의 복입니다. 그 임마누엘은 예수 그리스도께서 십자가에 피 흘려 죽으시고 성령님께서 오심으로 주어진 성도들의 복이기 때문입니다. 예수님께서 옛 언약을 총체적으로 성취한 결과로 주어진 것이 임마누엘입니다. 그렇게 임마누엘의 복을 누리는 자들의 영적인 상태는 그 시작이 영적으로 가난한 상태가 됩니다.

세상은 어떻게 살아갈까요? 세상은 그렇게 살아가는 것을 복이라고 말하지 않습니다. 요즘에 유행하는 말 중의 하나가 '욜로 라이프'입니다. 욜로(YOLO)란 'You Only Live Once'라는 말입니다. 쉽게 말해 '한 번뿐인 인생'이라는 뜻입니다. 자기 시간을 자신이 만족할 만한 장소와 음식에 투자하고 거기서 오는 행복과 만족을 즐기는 것입니다. 요즘은 돈을 아끼고 미래를 생각하지 않으려고 합니다. 아끼고 돈을 모으고 적금을 드는 것이 아니라 돈이 아무리 들어도 어디 고급 리조트나 휴양지에 가서 자기만족을 누립니다. 얼마 전까지만 해도 돈을 열심히 벌고 아껴서 집을 사고 자녀들을 양육했습니다. 물론 지금도 많이 그렇게 하고 있습니다. 그러나 점점 더 그런 경향에서 탈피하고 한 번뿐인 인생을 누리고 살다가 죽자 그런 마음으로 살아가는 흐름이 많아지고 있습니다. 지금의 젊은 세대 중에 많은 사람이 내일을 위해 준비하고 돈을 아끼는 것이 아니라 '오늘, 지금 이 순간을 행복하고 즐겁게 살아가자' 그런 마음으로 살아가고 있습니다. 한 마디로 열심히 살기는 살아가지만, 욕망을 절제하지 않고 지금 이 순간의 욕망을 즐기는 것입니다.

진중권 씨는 이렇게 말합니다.

> 욜로라는 말은 카르페 디엠(Carpe diem)의 자본주의 버전인 것 같은데, 두 가지 의미가 있는 것 같아요. 부정적 의미와 긍정적 의미가 있는 거죠. 그야말로 마시멜로의 예에요. 꼬마들에게 마시멜로를 주고 '네가 바라보고만 있어. 5분 동안 참고 안 먹으면 두 개를 줄게'라고 했을 때, 대부분의 아이들은 그 유혹을 못 이기고 먹어버리죠. 그런데 어떤 애들은 독하게 참고 견뎌서 두 개를 얻는단 말이죠. 대개 견디는 애들이 나중에 공부도 잘하고 성적도 좋고 돈도 잘 번다는 신화잖아요. 그런데 '꼭 그렇게 살아야 하나' 얼마 전에도 보니까 그런 이야기가 나오더라고요. 스타벅스 커피가 있는데 이것을 안 먹고 저축을 하면 10년 지나면 얼마가 된다고 계산한 거죠. 그 기사를 딱 읽고 피식 웃으면서 (든 생각이) '그 돈 모아서 뭐할 건데'라고 물어보면 그 돈으로 아마 스타벅스 커피 사먹는다고 하지 않을까.[26]

---

26) https://www.facebook.com/grandmasterclass/videos/1663975563663478/
[GMC2018] 진중권 - 우리가 욜로 라이프를 꿈꾸는 이유(2018.1.18.); "그때 먹을 거 지금 먹으면 왜 안 되는데' 이런 생각을 하는 거죠. 오히려 지금 이 순간을 즐기는 것, 행복이라는 게 욕망을 유예해서 미래로 미래로 미래로 나아가는 것이 아니라 내가 지금 이 순간을 이렇게 즐기면 이게 다 남는 거 아니에요. 쌓이는 거, 이게 바로 행복이 아니냐. 이런 아주 긍정적인 삶의 태도들이 아마 욜로가 아닌가 싶어요. 부정적인 것은 바로 뭐냐면, 옛날에는 욕망을 유예하게 되면 잘 살게 됐어요 정말로, 그런데 이제는 그 공식이 통하지 않는다는 거에요. 왜? 지금 젊은이들이 그렇게 살아가거든요. 그것도 유치원 때부터 했어요. 유치원 때 놀지 못하고 영어, 초등학교 때도 온갖 과외 공부 다 해 가지고 모든 욕망을 유예하는 법들만 배우면서 자랐단 말이죠. 그러면 마시멜로우 두 개를 줘야할 거 아니에요. 그런데 마시멜로우 하나도 못 먹는다는 말이죠. 그러니깐 애들이 '아이씨, 이렇게 안 살래. 어차피 이건 거짓말인 거 같애.' 이제 포기하게 되고 그럴 바에는 차라리 지금 이 순간, 조그만한 거라도 일단 즐기고 살자. 이건 사실은 내가 적극적으로 그렇게 살고 싶다고 해서 사는 게 아니라 강요된 거죠. 원래 다르게 살고 싶었는데 다른 약속에 따라 살았는데 약속이 안 지켜지다 보니까, 에이 그것마저도 포기해 버리는 그러면서 자연스럽게 이렇게 된 거죠."

진중권 씨의 말에 나타난 근본적인 문제는 마시멜로 이야기를 신화로 말한 것입니다. 참고 인내해서 다음의 결과를 기다리는 것을 신화라고 말함으로써 아주 허무맹랑한 이야기로 짓밟아 버린 것입니다. 그리고 스타벅스 커피 이야기를 통해서 자신의 주관적인 생각을 일반화시켰습니다. 스타벅스 커피값을 10년 모아서 무엇을 할지는 진중권 씨 자신도 모르는 것입니다. 진중권 씨는 욕망을 유예하지 말고 지금 욕망을 즐기라고 합니다. 어릴 때부터 과외공부 한다고 먹지도 못했는데 그러지 말라는 겁니다. 지금 즐기고 살자는 겁니다. 과외공부가 다 좋은 것은 아니지만 그렇다고 공부 안 하고 놀고 먹자로 가서는 안 되는 일입니다.
　　진중권 씨는 이어서 이렇게 말했습니다.

> 현 사회에 던지는 질문, '이게 삶인가?'
> 우리가 사는 것이 약속의 문제거든요. 작년의 모토가 이런 거였잖아요. '이게 나라인가?' 저는 그것보다 더 중요한 것이 두 번째 질문이라고 생각하거든요. '이게 삶인가?' 어떤 정권이 등장한다고 할지라도 정말 어려운 문제가, '이게 사는 건가?'라는 문제, 이건 쉽지 않을 거라고 생각합니다. 우리나라가 반도이다 보니까 비교할 수 있는 대상이 없는 것 같아요. 기껏해야 어디랑 비교하냐면 과거랑 비교하는 거에요. 옛날에 보릿고개 넘던 시절, 그 때에 비하면 지금 잘 살잖아요. 또 하나는 휴전선 너머의 북한이라는 거에요. 북한보다 잘 살면 되고 이러니까 정치적 상상력이 완전히 제한되어 버리는 거에요. 도대체 삶을 조직하는 방식이 이것 밖에 안 되는가? 아니거든요. 굉장히 우리의 삶을 다르게 조직할 수 있는 굉장히 많은 다양한 가능성들이 있고 거기서 우리가 창의적으로 많은 것들을 취할 수 있다고 생각해요. 그래서 삶을 다르게 조직할 수 있는 굉장히 많은 실험과 창안들 이런 것들을 과감하게 도입해 봐야 될 것 같애요.[27]

---

[27] https://www.facebook.com/grandmasterclass/videos/1663975563663478/
[GMC2018] 진중권 - 우리가 욜로 라이프를 꿈꾸는 이유(2018.1.18.).

이런 생각으로 TV에 출연하고 강의를 한다는 것이 정말 어이가 없습니다. '이게 사는 건가?'라는 문제를 말하면서 비교 대상이 북한과 비교하고 그래서 상상력이 완전히 제한되어 버렸다고 말합니다. 그 말이 맞을까요? 요즘 젊은이들이 그렇게 생각할까요? 인터넷으로 전 세계를 자기 방에서 들락날락하는 시대에 살고 있는데 겨우 비교하는 것이 북한과 비교하고 살아갈까요? 그렇지 않습니다. 이런 식으로 말하는 사람이 소위 지식인이라는 것이 놀라운 일입니다.

문제는 이 시대가 욜로 라이프로 가는 것입니다. '한 번뿐인 인생 즐기고 살자' 이것이 문제입니다. 프란시스 쉐퍼가 말하듯이 이런 결과가 오는 것은 하나님 없이 의미와 통일성을 찾으려고 하기 때문입니다. '한 번뿐인 인생 즐기고 살자'로 가게 되면 윤리적, 도덕적 타락이 오게 되고 스스로 자멸하게 됩니다. 역사가 그래왔다는 것을 누구나 다 압니다. 알아도 '한 번뿐인 인생 즐기고 살자'라고 말합니다. 왜 그렇게 살아갈까요? 모든 것이 다 무너졌기 때문입니다. 하나님도 없다고 만들어 놓았고 천국도 없고 죽음 이후에는 아무것도 없다고 만들어 놓았습니다. 세상은 부조리하고 부패하고 썩었고 억압과 착취뿐이라고 만들어 놓았습니다. 인간의 삶에 근거가 될 만한 것이 아무것도 없습니다. 결국, 어떻게 되었습니까? 그 말에 놀아난 사람들만 허탈하게 되었습니다.

우리는 누구이고 우리는 어떻게 살아가야 합니까? 세상은 갈수록 허탈해하지만 우리는 갈수록 충만해져 갑니다. 우리는 예수 그리스도를 믿어 영생을 얻었고 삼위일체 하나님 안에서 의미와 통일성을 누리고 살아가기 때문입니다. 저 세상도 고생하고 우리도 고생합니다. 하루도 편안할 날이 없고 오늘 이 고생으로 끝나지 않고 오늘이 그날 같고 그날이 그날 같은 그날이 계속됩니다. 우리는 그 속에서 하나님의 일하심을 봅니다. 하나님께서 얼마나 놀랍게 역사해 가시는지 봅니다. 다른데 마음을 두지 마세요. 우리 하나님 외에 다른 데서 무엇이 주어질 것처럼 기웃거릴 필요가 없습니다.

똑같이 고생하지만 예수 그리스도의 십자가 피 흘림으로 주어진 임마누엘을 누리는 성도들이 복 있는 사람들입니다. 똑같이 힘들지만 예수 그리스도 안에서 따뜻한 인격으로 변해가는 그 사람이 복 있는 사람입니다. 가장 가치 있고 가장 명예로운 사람입니다. '내가 세상에서 제일 고생합니다' 세상 사람들도 그 말을 합니다. 우리도 그 말을 합니다. 누가 그 말에 이의를 제기하겠습니까? 그러나 우리는 그 말만 하는 사람들이 아닙니다. '내가 세상에서 제일 복 있는 사람이다' 그 말은요, '내가 세상에서 죄인 중에 괴수다' 그걸 아는 사람만이 나옵니다. '이 고생 중에도 하나님께서 나와 함께 하시더라' 그 고백을 하는 그 사람만이 그 말을 할 수 있습니다. 심령이 가난한 자만이 그 고백을 할 수 있습니다. 주님 앞에 설 때까지 이 믿음의 길을 걸어가면서 가장 가치 있고 가장 명예로운 임마누엘의 복을 누려가는 믿음의 성도들이 다 되시기 바랍니다.

5 심령이 가난한 자 1

1 예수께서 무리를 보시고 산에 올라가 앉으시니 제자들이 나아온지라 2 입을 열어 가르쳐 가라사대 3 심령이 가난한 자는 복이 있나니 천국이 저희 것임이요(마 5:1-3)

예수님께서는 '하나님 나라의 백성들이 가지는 복이 무엇인가?'를 말씀하셨습니다. 그 복은 하나님의 구원과 언약 안에 있는 복된 상태입니다. 그 첫 번째가 심령이 가난한 것입니다. "심령이 가난한 자"라고 하면 묘한 뉘앙스가 있습니다. '신령과 진정으로 예배를 드린다'고 할 때도 '새 영과 진리로 예배를 드린다'가 맞습니다.28) '새 영'이라 하지 않고 '신령'이라고 하니 무슨 신비한 영험이 있는 것처럼 여겨지는 겁니다. 영적으로 가난한 자라고 해야 하는데, 심령이라고 하니 그것도 역시 무슨 신비한 영험이 있는 것처럼 여겨집니다.

우리는 깨져야 할 것이 너무 많습니다. 우리가 다 잘 할 수 있

---

28) 박윤선, **요한복음** (서울: 영음사, 1988), 160-161; 〈"신령으로 예배함"은 무엇을 의미하는가? 이것은 위의 21절에 벌써 말한 "아버지께 예배함"을 가리킨다. … 거듭난 자만이 하나님을 아버지라고 할 수 있다. 성령으로 거듭남은 하나님의 말씀으로 이루어진다(벧전 1:23). 사람의 거듭난 표는 무엇인가? 그것은 그가 성경 말씀을 듣기 좋아하며, 읽기 좋아하며, 순종하기 좋아함이다. 이렇게 그가 성령에 의하여 하나님의 아들이 되었다. 그가 영적인 자녀로서 영적인 아버지에게 예배하게 되는데, 그것이 신령한 예배이다. … "진정으로 예배함"은 무엇인가? "진정"이란 것은, 예수님이 22절에 말씀하신 내용의 성취 형태이다. 이스라엘의 "아는 것"(22절 하반), 곧, 구약적 계시가 신약 시대에 성취된 형태이다. 이것이 유대인에게서 난 구원사건(예수 그리스도)이다. 이에 근거한 예배가 "진정"으로(진리로) 예배함이다. 그것은, 실상 아브라함의 자손 중에서 메시아가 나시리라는 약속의 성취를 내포한 구원사적 진리에 순종하고 드리는 예배이다. 참된 예배는, 결코 사람들의 추측이나 깨달음에 근거한 것이 아니고, 하나님의 계시에 근거한 것이다. 다시 말하면, "참"이란 말은 "진리"를 의미하는데, 구약에 기록된 하나님의 모든 약속들(메시아 약속)이 성취된 사실, 곧, 그리스도를 말한다. 하나님의 약속은 얼마든지 그리스도 안에서 예가 되었다(고후 1:20). 그러므로 우리의 예배는, 신앙적 예배가 될 수밖에 없다. 신앙적 예배만이 하나님을 기쁘시게 한다(히 11:6).〉

는 것은 아니지만 그럼에도 불구하고 계속해서 개혁되어 가야 합니다. 지식으로만 쌓여갈 것이 아니라 그 지식이 경건에 이르는 지식이 되어야 합니다. 경건이라고 해서 신앙적인 면으로만 성장해야 하는 것이 아니라 삶으로 그리스도의 성품이 드러나기를 힘써야 합니다. 우리나라의 종교적 정서로 성경을 이해하려는 것에서 벗어나야 합니다. 언약 설교를 통해서 보았듯이, 구약 시대 이스라엘에게 약속하신 옛 언약을 메시아가 오셔서 새 언약을 성취하신 관점으로 성경을 보아야 합니다.29) 그래야만 성령 하나님께서 부르신 종들에게 말씀하신 것을 제대로 알 수 있습니다.

팔 복의 시작인 심령이 가난한 자를 생각할 때, 그것은 언약적 관점에서 '우리가 여호와의 기업이 되었다'는 것입니다. 하나님과의 관계적 관점에서 '우리가 어떻게 변화가 되었느냐?'를 말하며, 존재적 관점에서 '우리가 누구냐?' 그것을 말해줍니다. 이 두 가지를 생각할 때 심령이 가난한 자가 무엇인지 제대로 알 수 있습니다.

윌리엄 퍼킨스는 산상설교를 가장 신성하고 조예 깊은 설교이며, 신구약 성경의 대의(the sum of the Old and New Testament)라고 말했습니다.30) 그렇게 중요한 설교의 처음 시작

---

29) 아더 핑크, **산상수훈강해**, 지상우 역 (서울: 크리스챤다이제스트, 2011), 9; "마태복음의 첫 번째 목적은, 이스라엘에게 하신 약속들을 성취하고 메시아와 관련된 예언들을 성취시키는 자로 그리스도를 소개하는 것이었다. 이것이 마태복음에서 '성취하다'라는 말이 15차례나 나타나게 된 이유이며, 나머지 세 개의 복음을 합친 것보다도 그의 복음에서 구약 성경을 더 많이 인용하고 있는 이유이기도 하다."

30) William Perkins, Commentary on the Sermon on the Mount; "In this chapter and the two next, is contained Christ's Sermon in the Mount, preached to His disciples, and others that were converted unto Him among the multitude. Hereof I have chosen to entreat, because it is a most divine and learned sermon, and may not unfitly be called the key to the whole Bible; for here Christ openeth the sum of the Old and New Testament."

은 심령이 가난한 것입니다. 먼저 히브리적인 의미에서 가난하다는 것은 '정상적인 상태에서 벗어난 모든 상태' 혹은 '정상 수준에서 무엇인가 결여되어 있는 모든 상태'를 의미했습니다.[31] '그렇게 정상적인 상태에서 벗어난 사람들이 누구냐?'라고 할 때 그 대표적인 사람들이 고아와 과부입니다. 히브리인들의 마음에 가난한 자라고 하면 고아와 과부가 자동적으로 연결됩니다.

고아와 과부는 관계가 깨어진 사람들입니다. 부모와의 관계가 깨어진 사람들이고 남편과의 관계가 깨어진 사람들입니다. 성경을 읽으면 하나님과의 관계를 부모와 자녀와의 관계, 부부 관계로 비유하는 것을 볼 수 있습니다. 여기서 중요한 것은 그렇게 관계가 깨어졌을 때 회복하는 제도가 있다는 것입니다. 그 제도는 '고엘'입니다. '고엘'의 사전적인 의미는 '친족', '친족으로서의 역할을 하다'입니다. 고엘 제도는 기업을 무르는 제도입니다. 기업을 무른다는 것은 가족이나 친족이 어려움에 빠졌을 때 대신 감당하는 것입니다. 그렇게 해서 기업을 계속 이어가도록 하는 제도입니다.

고엘 제도는 다섯 가지 경우를 말합니다. 첫 번째는 형제가 자신의 토지를 팔았을 경우입니다. 그 형제와 가까운 친척이 일정 기간 후에 그 값을 치르고 그 토지를 돌려받았습니다(레 25:23-28). 두 번째는 가난한 형제가 빚 때문에 종으로 팔려가게 되었을 경우입니다. 그 형제와 가까운 친척이 그 빚을 갚아주고 그를 종의 굴레에서 해방시켜 주었습니다(레 25:47-55). 세 번째

---

[31] 장재일, 히브리적 관점으로 다시 보는 마태복음 (서울: 쿰란출판사, 2013), 171.

는 자기 형제가 죄를 지었을 경우입니다. 그 형제와 가까운 친족은 그 형제의 죗값을 무를 의무를 졌습니다(민 5:8). 네 번째는, 친족 중 한 사람이 누군가에 의해 살해되었을 경우입니다. 그의 가까운 친척이 그를 위해 피의 보수자가 됩니다(민 35:19). 다섯 번째는 형제가 자식 없이 죽었을 경우입니다. 그렇게 되면 공동체를 존속시킬 수 없게 됩니다. 그것을 방지하기 위해 가까운 형제 순으로 남겨진 미망인과 결혼하여 기업을 이어가게 했습니다. '역사 속에서 그 회복이 어떻게 이루어졌는가?'를 말해주는 것이 '룻기'입니다. 룻기를 통해서 죄로 타락하여 여호와 하나님의 기업을 다시 이어갈 수 없게 된 인간들에게 그 기업을 계속 이어가도록 해 주는 자, 기업 무를 자인 예수 그리스도께서 오셔서 죄인들을 구원하시어 여호와의 기업을 이어가게 하신다는 것을 말해줍니다. 여호와의 기업을 이어간다는 것은 여호와가 기업32)이 된다는 뜻입니다. 하나님께서는 '여호와가 너희들의 기업이다'라는 것을 명확하게 하기 위해 이스라엘의 열두 지파 중에서 레위 지파를 구별하여 그들에게는 땅을 분배해 주지 않았습니다.

> 그러므로 레위는 그 형제 중에 분깃이 없으며 기업이 없고 네 하나님 여호와께서 그에게 말씀하심 같이 여호와가 그의 기업이시니라(신 10:9)

여호와가 기업이 되시기 때문에 레위 지파는 생계를 위한 토지와 물질적인 몫을 분배받지 못했습니다. 레위 지파는 오직 여호와 하나님을 섬기는 일에만 전념했습니다. 레위 지파는 이스라엘

---

32) 기업이란 '붙잡다', '취하다', '차지하다'라는 뜻이며, 단어를 보면 알 수 있듯이 매우 투쟁적인 단어들이다.

백성들의 십일조를 받아서 생활을 유지했습니다. 만일 이스라엘 백성들의 신앙이 무너지면 레위 지파도 동시에 무너지게 되어있는 구조였습니다. 이것은 레위 지파만이 여호와가 기업이 되신다는 것이 아니라 이스라엘 12지파 모두가 여호와의 기업이 된다는 것을 의미합니다.

새 언약의 백성들도 여호와의 기업이 되었습니다. 예수 그리스도께서 새 언약을 성취하시고 성령님께서 오셔서 택한 백성들에게 새 언약을 적용하심으로 여호와가 기업이 되었습니다. 성령 하나님께서는 우리 기업의 보증이 되셨습니다.

> 13 그 안에서 너희도 진리의 말씀 곧 너희의 구원의 복음을 듣고 그 안에서 또한 믿어 약속의 성령으로 인치심을 받았으니 14 이는 우리의 기업에 보증이 되사 그 얻으신 것을 구속하시고 그의 영광을 찬미하게 하려 하심이라(엡 1:13-14)

매튜 풀은 13-14절을 주석하면서 두 가지로 읽을 수 있다고 말했습니다. 첫 번째는 12절의 주동사인 "기업이 되었다"를 가져와서, "너희도 진리의 말씀 곧 너희의 구원의 복음을 듣고 그 안에서 기업이 되었고"로 읽을 수 있다고 말했습니다. 두 번째로, 12절에 나오는 "믿다" 또는 "소망을 두다"를 가져와서 보충하여 "너희도 진리의 말씀 곧 너희의 구원의 복음을 듣고 그 안에서 믿었고"로 읽을 수 있다고 말했습니다. 그러면서 매튜 풀은 "어느 쪽으로 읽어도 의미상의 차이는 나지 않는다"라고 말했습니다.[33]

이 말이 무슨 말입니까? 매튜 풀이 말하는 그 두 가지를 잘 보면 기업이 되는 것과 믿는다는 것이 하나를 말하고 있다는 것을

---

33) 매튜 풀, **청교도 성경주석 19**, 박문재 역 (파주: 크리스찬다이제스트, 2015), 19.

알 수 있습니다. 에베소의 이방인들이 예수 그리스도를 믿어서 여호와의 기업이 되었다는 뜻입니다. 심령이 가난하다는 것은 언약적 관점에서 우리가 여호와의 기업이 되었다는 것이고 '여호와의 기업이 된 사람의 상태가 어떤 상태이냐?' '그 존재가 어떤 상태이냐?'를 말하는 것으로 보아야 합니다. '그렇게 된 것을 누가 어떻게 확증했느냐?'라고 할 때 '성령 하나님께서 인치셨다', '도장을 찍었다'고 말했습니다. 매튜 풀은 이렇게 주석했습니다.

> 성령은 직접적으로는 우리의 영혼에 강력한 빛을 비추어서 우리가 그리스도와 천국에 분깃이 있다는 확신을 주는 방식으로, 간접적으로는 우리로 하여금 우리의 영혼 속에 있는 하나님의 형상을 분별할 수 있게 하여, 우리가 하나님이 약속하신 기업에 장차 참여하게 될 것임을 확신하게 하는 방식으로, 우리가 하나님의 자녀이자 기업을 이을 상속자라는 것을 증언한다(엡 4:30; 롬 8:16; 갈 4:6).[34]

이렇게 성령님께서 우리가 하나님의 자녀이며 하나님의 기업 이을 자들이라는 것을 증거 해주십니다. 이렇게 보면 옛 언약에서는 이스라엘 백성들이 하나님의 자녀이며 하나님의 기업을 이을 자들이라는 것을 가시적으로 말해 준 것이 레위 지파이고 옛 언약에 속한 예식들과 제사들이었으나 새 언약에서는 하나님의 백성이 된 자들의 모임이 교회이고 그 교회가 하나님의 기업이라는 것을 성자 하나님이신 예수 그리스도[35]와 성령 하나님께서 증거 하신다는 것을 알 수 있습니다.[36]

---

[34] 같은 책, 20.
[35] 이는 그리스도께서 내 안에서 말씀하시는 증거를 너희가 구함이니 저가 너희를 향하여 약하지 않고 도리어 너희 안에서 강하시니라(고후 13:3)
[36] 이는 우리의 기업에 보증이 되사 그 얻으신 것을 구속하시고 그의 영광을 찬미하게 하려 하심이라(엡 1:14)

'그렇게 삼위 하나님께서 구속과 섭리 속에서 자기 백성을 구원하여 인도하여 가실 때 그 은혜를 받는 우리의 상태가 어떻게 되느냐?' 그것이 매우 중요합니다. 왜냐하면, 그 은혜를 받는 것은 자동적으로 기계적으로 되는 일이 아니기 때문입니다. 성령 하나님께서 우리를 거듭나게 하시나 인격적으로 항복하게 하십니다. 아무 생각 없이 예수님을 믿게 하는 것이 아니라 우리의 죄인 됨을 알게 하시고 예수 그리스도를 믿게 하십니다. 마음에 항복이 일어나게 하시고 예수 그리스도를 구주로 영접하게 하십니다. '그 항복 된 마음의 처음 상태가 무엇이냐?'라고 할 때 영적으로 가난한 상태입니다. 세상의 것이 없어서 힘들고 어려운 것을 통해서 하나님께로 이끌림을 받는 수단이 될 수도 있습니다.

그러나 그것이 가난한 것의 본래의 상태는 아닙니다. 돈이 없어서 가난해지고 질병에 걸려서 가난해지고 자식들이 애먹여서 가난해질 수 있습니다. 그러나 그 가난은 예비적인 것이고 진정한 가난은 자신의 죄악 된 본성을 보는 것입니다. 그래서 자신의 영이 괴로운 상태가 되는 것입니다. 그런 괴로운 상태가 되기 때문에 자연히 자기 죄를 회개하게 됩니다. 회개하지 않고 예수님을 믿었다는 것은 말이 안 되는 것입니다. 예수님께서 말씀하시는 심령이 가난한 자, 곧 영적으로 가난한 자는 하나님의 나라의 관점에서 가난한 자들입니다. 그들은 성령님께서 자신들의 죄악 된 본성을 알게 하실 때 고통을 느끼는 자들입니다.

예수님 당시로 돌아가면 그 당시 그런 고통을 느끼는 사람들이 누구라고 말할까요? 그들은 세리와 창기들이었습니다.

> 그 둘 중에 누가 아비의 뜻대로 하였느뇨 가로되 둘째 아들이니이다 예수께서 저희에게 이르시되 내가 진실로 너희에게 이르노니 세리들과 창기들이 너희보다 먼저 하나님의 나라에 들어가리라(마 21:31)

이런 말씀은 매우 무시무시한 말씀입니다. 예수님께서는 바리새인들과 서기관들이 사람 취급도 안 해주었던 세리와 창기들이 그들보다 먼저 하나님의 나라에 들어갈 것이라고 말씀하셨습니다. 세리와 창기들은 세례 요한이 와서 회개의 세례를 전파할 때부터 믿고 회개를 했지만, 바리새인들과 서기관들은 회개하지 않았고 믿지 않았기 때문입니다.37) 그들은 왜 회개하지도 않았고 믿지도 않았습니까? 자신들은 의인이라고 여겼기 때문입니다. 자기 의로 가득한 사람들이었기 때문에 회개할 이유도 없고 자신들을 구원할 메시아가 필요하지도 않았습니다.

오늘날은 어떠할까요? 이 시대 자신의 죄악 된 본성을 깨닫고 회개하며 예수 그리스도를 영접하는 사람들은 누구일까요? 우리는 우리 스스로 자신을 진지하게 돌아보아야 합니다. 자신이 세상에서 어떤 일을 하고 살든지 간에 그것이 중요한 것이 아닙니다. 우리는 두 가지를 생각해 보아야 합니다. 첫째는, '자신의 죄악 된 본성을 보고 괴로워하고 회개하고 있는가?'이고, 둘째는, '그런 죄악에서 자신을 구원하실 분이 오직 예수 그리스도뿐이시라는 것을 믿는가?' 하는 것입니다. 그 두 가지가 다 일어난 사람이 회개하고 거듭난 사람입니다. 거듭났다는 것은 예수 그리스도

---

37) 요한이 의의 도로 너희에게 왔거늘 너희는 저를 믿지 아니하였으되 세리와 창기는 믿었으며 너희는 이것을 보고도 종시 뉘우쳐 믿지 아니하였도다(마 21:32)

를 믿는 순간에 자신의 죄악 된 마음과 본성이 변화되는 것입니다.

라일 목사는 이렇게 말했습니다.

> 신앙을 고백하고 그리스도인을 자처한다고 해서 모두 똑같지는 않다. 교회 안에는 항상 두 종류의 그리스도인이 존재한다. 하나는 이름과 형식만을 갖춘 그리스도인이고, 다른 하나는 신앙과 행위가 일치하는 참 그리스도인이다. 이스라엘 사람이라고 해서 다 참 이스라엘 사람이 아니었듯이 그리스도인이라고 해서 다 참 그리스도인은 아니다.[38]

누구를 정죄하고 누구를 겁주기 위해 이런 말을 하는 것이 아닙니다. 지나간 교회사에서도 그러하였거니와 지금도 교회 안에서는 이름만의 성도가 있고 참된 성도가 있습니다. 알곡과 가라지가 섞여 있습니다. 참으로 예수 그리스도를 믿은 사람이 있고 형식상으로만 교회에 오는 사람이 있습니다. 거듭남에 대하여 물으면 무슨 말인지를 모르는 사람이 있습니다. 인간의 죄와 상관없이 '예수 믿으면 복을 받는다'고 해서 교회에 오는 사람들이 있습니다.

참된 성도가 아니라는 것은 무슨 말입니까? 참된 성도라고 해서 늘 완벽해야 한다는 뜻이 아닙니다. 예수님께서 그런 뜻으로 말씀하지 않으셨습니다. 예수님께서는 '도덕적으로 흠이 없고 완벽한 사람은 복이 있나니'라고 말씀하지 않으셨습니다. 참된 성도가 아니라는 것은 영적으로 거듭나지 않은 것입니다. 영적으로 가난하지 않은 사람입니다. 결코, 영적으로 가난한 마음이 된 적

---

[38] J. C. 라일, **거듭났는가**, 조계광 역 (서울: 규장, 2009), 21.

이 없는 사람입니다. 자신들의 죄악 된 본성에 대해 고통스러워하지 않기 때문입니다. 그것은 단순히 죄를 의식하고 깊이 뉘우치는 것만을 말하는 것이 아닙니다. 세상 사람들도 자기 죄를 생각하고 인간이 이래서는 안 되겠다고 생각하고 자기 죄를 뉘우치기도 합니다. 그러나 성경이 말하는 죄와 회개는 거듭난 자들에게 일어나는 반응입니다. 성령 하나님의 역사로 새로운 마음이 되었기 때문에 자기 죄가 보이고 회개가 일어납니다.

나카무라 미츠루가 이런 말을 했습니다. "인생은 곱셈이다. 어떤 찬스가 와도 네가 제로면 아무런 의미가 없다." 세상을 사는 방식은 그렇습니다. 내가 빈털터리면 기회가 와도 소용이 없습니다. 그러나 우리가 거듭나고 예수님을 믿는다는 것은 내가 제로가 되지 않으면 안 됩니다. 이 말은 누구처럼 '나를 비워야 된다'는 그런 비채 명상을 말하는 것이 아닙니다. 그때에 제로라는 것은 내가 지옥으로 직행하는 죄인이라는 것을 알게 된 그 비참한 상태를 말합니다.

우리는 회개를 말하고 거듭남을 말해도 언약적이지 않습니다. 언약적이지 않으면 실존적이라 했습니다. 자기 선택이고 자기 결단입니다. '너는 안 믿었고 나는 믿었다'로 갑니다. 저기 예수님을 믿으면 구원을 얻는다는 깃발이 있는데 그 깃발을 잡은 사람들만이 구원을 얻는 것으로 오해를 합니다. 그 깃발을 잡기 위해서 수많은 사람이 달려가고 애쓰는데, 너는 실패했지만 나는 성공했다는 겁니다. 그러니 예수님을 믿어도 마음속에는 '나는 남다르다'는 마음이 은근히 올라오게 됩니다.

거듭남이 언약 적이라는 것을 마음에 새기고 또 새겨야 합니다. 안 그러면 언제든지 자기 자랑으로 갈 수 있습니다. 산상설교를 하기 전에 굳이 언약설교를 해야만 하는 이유가 거기에 있습니다. 언약을 모르니까, 성경의 대의를 모르니까 우리식으로 예수님을 믿고 우리식으로 신앙생활을 하게 됩니다. 나는 예수님을 잘 믿는다고 생각하지만 내 방식대로 믿는 것이고 나는 신앙생활을 잘 한다고 생각하지만 내 방식대로 신앙생활을 하는 겁니다. '예수 잘 믿고 교회 잘 다니면 되지 그게 무슨 소용이 있나?' 그렇게 생각하면 안 됩니다.

예수님께서 언약적 회개가 무엇인지 가장 잘 말씀해 주셨습니다. 그것은 누가복음 15장에 나오는 탕자의 비유입니다. 탕자가 아버지 집으로 돌아올 때 이렇게 말합니다.

17 이에 스스로 돌이켜 가로되 내 아버지에게는 양식이 풍족한 품꾼이 얼마나 많은고 나는 여기서 주려 죽는구나 18 내가 일어나 아버지께 가서 이르기를 아버지여 내가 하늘과 아버지께 죄를 얻었사오니 19 지금부터는 아버지의 아들이라 일컬음을 감당치 못하겠나이다 나를 품꾼의 하나로 보소서 하리라 하고 20 이에 일어나서 아버지께 돌아 가니라 아직도 상거가 먼데 아버지가 저를 보고 측은히 여겨 달려가 목을 안고 입을 맞추니 (눅 15:17-20)

아버지를 떠나갔던 아들이 아버지께 돌아오는 것이 회개입니다. 탕자의 비유는 언약적 회개를 말합니다. 아버지를 떠나가는 것은 언약을 벗어나는 것입니다. 우리 방식대로 성경을 읽으면 오해가 되는 것이 이런 경우입니다. 우리는 아들이 집 나가도 그것이 언약을 깨는 것이라고 생각이 들지 않습니다. 언약이 없는 삶을 살아가기 때문입니다. 기독교 신앙은 언약 안에서 존재의 가치, 하나님 안에서 생명이 있다는 것으로 보고 '우리의 존재적 관점이 무엇이냐?'로 파악해야 합니다.

우리는 언약이 아니라 정입니다. 우리는 뭘 말해도, '그놈의 정 때문에'라고 말합니다. 우리는 '그 언약 때문에'라고 말하고 살아온 적이 없습니다. '예수님을 믿으면 무엇이 바뀌느냐?' 하면, 정(情)으로 사는 것이 아니라 언약으로 사는 것을 배우는 겁니다. 정에 목숨을 거는 것이 아니라 언약에 목숨 거는 것을 배우는 겁니다. 그것이 기독교 신앙입니다.

구약 성경, 옛 언약에는 회개에 대한 두 가지 표현이 있습니다. 첫째는 마음의 할례이고,[39] 둘째는, 묵은 땅을 기경하는 것입니다.[40] 마음의 할례라는 것이 무엇입니까? 할례는 이스라엘 백성이 여호와의 백성임을 나타내는 외적인 표시였습니다(창 17:1-14). 외적인 표식이 의미하는 내적인 내용은 무엇입니까? 그것은 '여호와가 주시다' 입니다. 왜냐하면, 여호와와 언약을 했기 때문입니다. 할례는 언약의 외적인 증거이고 그 언약의 핵심은 '여호와가 우리 하나님이시고 우리는 그의 백성이다'입니다. 그것을 고백하고 찬송할 때, '여호와가 주시다'라고 증거 합니다. '여호와가 주시다'라는 것은 여호와와 맺은 언약에 순종하겠다는 뜻입니다. 정으로 사는 것이 아니라 언약으로 사는 것이 언약 백성들의 삶입니다. 그러나 이스라엘 백성들이 '여호와가 주시다'라

---

[39] 유다인과 예루살렘 거민들아 너희는 스스로 할례를 행하여 너희 마음 가죽을 베고 나 여호와께 속하라 그렇지 아니하면 너희 행악을 인하여 나의 분노가 불 같이 발하여 사르리니 그것을 끌 자가 없으리라 (렘 4:4)
[40] 너희가 자기를 위하여 의를 심고 긍휼을 거두라 지금이 곧 여호와를 찾을 때니 너희 묵은 땅을 기경하라 마침내 여호와께서 임하사 의를 비처럼 너희에게 내리시리라(호 10:12)

는 것을 고백하며 살지 아니하고 여호와를 떠나갈 때 마음의 할례를 하라고 말했습니다. 이 세상의 욕망을 따라 살아가는 것을 버리고 오직 여호와 하나님만을 기뻐하고 의지하고 살아가겠다는 그 마음으로 살아가라는 뜻입니다.

이렇게 언약을 말할 때 우리의 삶으로도 연결되어야 합니다. 회개, 거듭남, 언약적 회개, 언약적 삶을 말할 때 구름 위에 붕 떠서 '여기가 무릉도원인가?' 그러면 안 됩니다. 교회 오면 위로가 되기는 되는데 그 위로가 분명하지 않으면 신앙이 신비적인 것으로 가게 됩니다. 현실과는 너무 동떨어지게 됩니다. 세상에서 어떻게 살아야 하는지가 분명하지 않으면 '마음의 할례를 해라'는 그 말씀을 듣게 됩니다.

의미와 통일성의 세 관점에서 상황적 관점, 사명적 관점에서 무엇이라고 말해야 할까요? 삶의 내용이 기독교 신앙이라야 합니다. 오늘날 우리 기독교인들은 공산화의 위협 앞에 처해 있습니다. 기독교가 사회주의 노선에 합류하여 가는 것은 분명히 성경적이지 않습니다. 사회주의는 이 현실에서 일어나는 노동계급의 물질적 결핍 문제에 대해 이의를 제기합니다. 기독교도 그 문제를 말할 수 있습니다. 기독교가 약한 자들의 아픔에 대해 말할 수 있어야 합니다. 그러나 우리는 기독교인이면서도 사회주의자가 될 수는 없습니다. 사회주의는 오늘은 대단한 희망을 줄 수 있는 것처럼 보이지만 사실은 끊임없이 투쟁만 하다 보니 인생에 남겨지는 것이 없습니다.[41]

---

41) 레프 니콜라예비치 톨스토이, **마음을 따뜻하게 하는 말 한마디 12 : 톨스토이와 함께 보내는 365**, 자작나무숲 역, ; "기독교와 사회주의 중에서 어느 것을 선택하느냐가 문제가 아니다. 그것은 본질을 달리

레닌은 톨스토이를 가리켜 '혁명의 거울'이라고 불렀습니다. 많은 사람이 톨스토이의 사상이 공산주의에 가깝다고 생각하거나 공산주의 그 자체라고 생각하는 오류를 범했습니다. 러시아 혁명이 일어났을 때 일부의 서구인들조차도 '톨스토이 혁명'이라고 불렀습니다. 왜냐하면, 톨스토이는 빈부의 차이에 대한 격심한 분노, 노동계급에 대한 애정 어린 시선, 노동 자체에 대한 존경심을 나타냈기 때문에 톨스토이를 말하면 공산주의를 연상시키게 되었기 때문입니다. 실제로 톨스토이는 다른 어떤 공산주의 사상가보다도 더 기득권 계층과 정부와 교회와 체제의 해악을 폭로했습니다. 놀랍게도 톨스토이 자신은 공산주의도 사회주의도 자본주의도 모두 거부했습니다. 처음에는 톨스토이를 우호적으로 생각했던 사회개혁가들도 톨스토이에게 짜증을 냈습니다. '그러면 톨스토이는 뭐냐?'라고 할 때 사람들은 톨스토이가 말하는 것을 두고 '톨스토이주의'라 했습니다. 『톨스토이, 도덕에 미치다』라는 책을 쓴 석영중 교수는 다음과 같이 말했습니다.

> 톨스토이는 이론적으로나 실천적으로나 공산주의를 인정하지 않았다. 첫째 이유는 공산주의가 추구하는 부의 재분배는 '강제'에 의한 것인데, 강조로는 어떤 것도 이룰 할 수 없기 때문이다. "역사로부터 그가 배운 것은, 정부 형태를 강제로 교체할 때 고통을 당하는 사람은 민중이라는 것, 그리고 새로운 정부 아래에서 압제는 조금도 줄어들지 않고 어떤 때는 오히려 더 심해지기

하기 때문에 비교조차 할 수 없다. 기독교는 이 세계와 영원한 의의에 대하여, 신에게 귀속하는 문제에 대하여, 영혼의 본질적 불멸에 대하여, 인간의 사명에 대하여, 그 사명으로 인하여 발생하는 물질적 결핍을 만족시키기 위한 가장 올바른 방법에 대하여 가르친다. 사회주의는 기독교에 비하여 제2의적인 문제, 즉 노동계급의 물질적 결핍 문제에 대하여 부르짖는 것이다. 기독교와 사회주의에 공통된 문제를 제기할 수는 있다. 즉 기독교도인 나도 사회주의 이론에 흥미를 가지고 따를 수 있다. 그러나 오늘 기독교도이면서 동시에 사회주의자일 수는 없다. 왜냐하면 내일이면 벌써 사회주의에 흥미를 잃어버릴 것이기 때문이다. - 스트라호프 -"

까지 한다는 것이었다." 톨스토이에게 모든 제도는 폭력이었다. 공산주의든 자본주의든 다 마찬가지였다.

둘째 톨스토이는 노동을 중요시했지만 공산주의가 말하는 노동의 공유는 또 다른 노예 상태일 뿐이라고 못 박았다. 1896년의 일기를 보자. "마르크스가 말한 것처럼 자본주의가 사회주의로 발전해 나가지는 않을 것이다 … 톨스토이는 오로지 모든 사람들이 그리스도의 가르침에 따라 선하게 살고, 타인을 위해 자기 옷을 벗어주고, 또 그렇게 함으로써 도덕적인 자기완성의 경지에 오름으로써만 지상의 낙원이 가능하다고 믿었다. "정의와 평등은 그리스도교 정신 이외의 것으로는 결코 취득될 수 없다. 즉 스스로를 부정하고 타인을 위한 봉사에서 인생의 의미를 찾는 것만이 답이다."

톨스토이는 이렇게 그리스도의 가르침에 따라 사는 길만이 유일하게 사회의 부조리를 뿌리 뽑는 길이라고 끈질기게 강조했다. 그런데 나중에 다시 말하겠지만 이때 그리스도의 가르침이라는 것은 교회에서 가르치는 그리스도의 가르침과 많이 달랐다. 그것은 톨스토이 식으로 변경된, 따라서 때론 매우 비그리스도교적인 그리스도의 가르침이었다. 그래서 결국 톨스토이는 제정러시아 정부의 심한 눈총을 받았고, 궁극적으로는 사회혁명 당원들에게도 미움을 받았으며, 러시아 정교회에서도 쫓겨났다.

톨스토이는 공산주의자들이 말하는 것처럼 자본주의가 사회주의로 발전해 갈 것이라고 생각하지도 않았지만 모든 사람이 그리스도의 말씀을 따라 도덕적인 삶을 살아서 자기완성의 경지로 갈 것이라고 믿었습니다. 이것은 인간이 언제나 역사 속에서 그려왔던 이상사회입니다. 이상사회는 경제적인 이상사회, 도덕적인 이상사회로 연결됩니다. 그런 것들은 인간의 욕망을 가장 잘 반영하는 것입니다. 인간의 죄악 된 본성을 무시하고 모든 사람이 선하게 살 수 있다는 것은 근본적으로 잘못된 것입니다.

저 이스라엘 백성들이 언약을 저버리고 인간의 욕망을 위해 살아갔던 것이나 톨스토이가 말하는 도덕적 이상사회나 사실은 똑같은 것입니다. 톨스토이만 그런 것이 아니라 이 나라 기독교인들이 얼마나 많이 그렇게 외치고 있는지 모릅니다. 요즘도 빈부

차이, 노동문제, 부조리…, 그런 것들을 말하는 정치인들, 목회자들이 많습니다. 예수 그리스도를 믿는 우리도 살아내지 못하는 것을 하나님을 모르는 저 세상 사람들과 함께 부조리를 없애고 공의가 하수같이 흐르는 세상을 만들어 보겠다고 하는 것은 잘못된 것입니다. 그것이 바로 마음의 할례를 받아야 하는 실제적인 내용입니다.

자기 죄를 회개하고 거듭난 성도일지라도, 예수 그리스도를 바르게 믿고 중생의 확신이 있는 자라고 할지라도 그 마음에 '여호와가 주시다'라는 길에서 벗어나고 그 삶으로도 '예수 그리스도가 주시다'라는 본질에서 벗어나면 마음의 할례를 받아야만 합니다. 진정으로 '예수 그리스도가 주시다'라고 고백한다면 이 땅에서 인간의 욕망을 실현할 새로운 이상사회, 그런 사회를 만들어 줄 정도령을 추종해서는 안 되기 때문입니다. 지상낙원은 이루어질 수 없습니다. 인간은 죄인이기 때문입니다. 죄인들에게 지상낙원은 하나님 없이 사는 것입니다. 그래야 힘 있는 자가 자기 욕망을 이루기 위해 어떤 폭력을 행사해도 어떤 억압을 가해도 정당하다고 여길 수 있기 때문입니다.

세상의 불의를 보면서 우리 자신을 보아야 합니다. 우리 자신의 죄악을 보고 우리 자신의 죄악 된 본성을 보아야 합니다. 그런 죄악에서 십자가의 피로써 구원하신 예수 그리스도께 감사해야 합니다. 우리 앞에 있는 영혼들에게 예수 그리스도의 복음을 전해야 합니다. 우리가 예수 그리스도 안에서 생명을 얻고 의미와 통일성을 누리듯이 그들도 그렇게 되기를 기도하며 사랑하며 살아가는 것이 기독교 신앙입니다.

우리가 참된 성도라면 세상의 불의를 보면서 언약적 회개, 언약적 돌이킴으로 가는 자라야 합니다. 세상의 불의를 보면서 실존적 결단, 이상사회, 지상낙원을 말하고 있다면 마음의 할례를 받아야 합니다. 예수 그리스도를 믿고 난 뒤에 우리는 이 땅을 기업으로 받은 자들이 아닙니다. 우리의 기업은 하나님이십니다. 우리 기업을 보증으로 성령님께서 우리 안에 내주하십니다. 우리가 붙들어야 하는 것은 '예수 그리스도만이 우리의 구원이시다'는 것이고, 우리가 지켜가야 하는 것은 '예수 그리스도가 주시다'라는 언약적 고백입니다. 우리가 싸워야 할 것은 이 세상의 부조리가 아니라 저 악한 마귀들과의 영적인 싸움입니다. 정치를 모른 체하라는 것이 아닙니다. 정치, 경제, 사회, 문화에 관심을 가지고 그 속에 복음을 심어가야 합니다. 우리가 생명을 바쳐 달려가야 할 것은 우리에게 맡겨 주시는 영혼들에게 복음을 전하는 것입니다.

그렇게 달려가는 모든 성도들은 가난한 심령, 영적으로 가난한 상태로 살아가는 자들입니다. 우리가 처음 믿게 되었을 때도 영적으로 가난한 자였듯이, '예수 그리스도가 주시다', '예수 그리스도만이 구원이시다'라고 고백하고 증거 하고 살아가는 언약적 삶에서도 영적으로 가난한 자로 살아야 합니다. 세상 끝날까지 이 세상에 마음을 빼앗기지 아니하고 오직 이 새 언약에 충성하며 믿음으로 살아가는 성도들이 다 되시기 바랍니다.

6 심령이 가난한 자 2

> 1 예수께서 무리를 보시고 산에 올라가 앉으시니 제자들이 나아온지라 2 입을 열어 가르쳐 가라사대 3 심령이 가난한 자는 복이 있나니 천국이 저희 것임이요(마 5:1-3)

산상설교 여섯 번째입니다. 예수님의 산상설교를 배워가고 있습니다. 오늘은 거듭남을 영원성의 관점으로 살펴보겠습니다. 거듭남이란 이 세상이 전부가 아니라는 것입니다. 거듭남이란 이 세상에서 살아보겠다고 죽으라고 고생하면서도 사는 낙이 없는 인생이고 죄인이었으나 하나님께서 살려주셔서 영원하신 하나님과 영원히 사는 것입니다.

하나님께서 자기 백성들에게 주시는 복을 받은 자는 먼저 심령이 가난한 상태가 됩니다. 영적으로 가난한 자입니다. 그것은 거듭난 자의 상태를 말합니다. 거듭남은 기독교 교리의 가장 중요한 교리 가운데 하나입니다. 거듭남이 중요한 이유는 "사람이 거듭나지 아니하면 하나님의 나라를 볼 수 없"기 때문입니다.[42] 거듭나지 않고는 천국에 갈 수 없습니다. 사람이 태어나야 이 세상에 살 수 있듯이, 성령님께서 우리를 거듭나게 하셔야 천국에서 살 수 있습니다. 거듭나야 구원받습니다. 천국에는 거듭난 사람들만 있습니다.

거듭남을 한문으로 중생(重生)이라 합니다. 기독교의 중생은 죄로 죽은 인간이 예수 그리스도를 믿음으로 하나님의 백성으로 새

---

[42] 예수께서 대답하여 가라사대 진실로 진실로 네게 이르노니 사람이 거듭나지 아니하면 하나님 나라를 볼 수 없느니라(요 3:3)

롭게 태어나는 것입니다. 오직 성령 하나님께서 우리를 거듭나게 하실 수 있습니다. 이것은 저 세상이 이 땅을 살아가면서 열심히 수양하고 도를 닦아서 만들어 새롭게 된다는 것과는 완전히 차원이 다릅니다.

왜 사람이 거듭나야만 합니까? 인간이 죄로 말미암아 전적으로 부패했고 죽은 상태이기 때문입니다. 그 말은 우리가 하나님의 의와 무관한 상태가 되어있다는 뜻입니다. 우리 스스로가 하나님의 의를 이룰 수 없다는 뜻입니다. 하나님의 의와 아무런 상관없이 살아가는 자를 가리켜 죽은 자라고 말합니다. 우리의 존재로도 그렇고 우리의 삶으로도 그렇습니다. 거듭나지 않으면 모든 인간은 허물과 죄로 죽은 상태에서 지옥에 갈 수밖에 없습니다. 이것은 인간의 존재적 관점을 말하는 것입니다.

그것은 영적으로 무감각한 상태가 되었다는 것입니다. 자기를 죄에서 구원해 줄 메시아가 필요하다는 것을 모르고 영혼의 눈이 닫혀 있고 귀가 막혀 있어서 주님을 보지 못하고 주님께서 부르시는 소리를 듣지 못합니다. 영혼의 감각이 마비되어 있어서 하나님의 진노가 얼마나 무서운지를 인식하지 못합니다. 마치 의원이 병든 환자에게 약을 주어도 자신이 죽을병에 걸렸다는 것을 모르고 '왜 약을 주냐고?' 따지는 것과 같습니다.

우리는 거듭남에 대해 생명같이 생각하지 않습니다. 자본주의 사회에서 살아가다 보니 돈에 물들어져서 아이들이 공부 잘 하고 남편이 돈 잘 벌어 오면 걱정이 없는 그런 마음으로 삽니다. 꼭 공부와 돈에만 그런 것이 아니라 인생이 힘들다 보니 거듭남에 대해 그렇게 마음을 쓰지 못하고 살 때가 많습니다. 살아보면 돈이 중요하기는 해도 신앙이 없으니 돈이 아무것도 아니라는 것을 알게 됩니다. 신앙이 없으니 다 무너지는 것을 보기 때문입니다. 교회의 책임도 큽니다. 기복신앙으로 가르쳐 놓으니 마음에 생각하는 것이 하나님께 많이 바치면 복 많이 받는 것으로 생각합니다.

하나님께 드리는 것이야 많을수록 좋은 일입니다. 그러나 그것이 무슨 방법이 되고 기술이 되고 능력이 되어 버리니까 말만 기독교이지 의미가 없습니다. 큰 교회가 다 나쁜 것은 아니지만 큰 교회 병에 걸려 있는 것이 문제입니다. 작은 교회 목사는 말이 목사이지 목사로 쳐주지 않습니다. 시골교회 목사는 개 값도 안 됩니다. 그런 것을 분간 못 하는 성도들도 책임이 있습니다. 우리 교회는 깜냥이 되는 목사가 담임목사가 되어야 한다고 생각합니다.

세상을 탓할 것이 없고 세상을 욕할 것도 없습니다. 우리 자신과 자녀들이 거듭남이 있는지 돌아보고 점검하여 진실로 거듭났는지 깊이 생각해 보아야 합니다. 이렇게 말하면, '뭘 새삼스럽게 그런 걸 말합니까? 우리가 무슨 주일 학생도 아니고 그런 거로 설교합니까?' 그럽니다. 진정으로 거듭난 사람들은 그런 소리 하지 않습니다. 진정으로 거듭난 사람들은 '거듭남을 확신하십니까?'라고 물으면 겸손하게 하나님의 말씀 앞에 엎드리게 됩니다.

설교를 아무리 많이 할지라도 거듭남이 없는 사람들로 교회가 가득 차 있으면 아무 소용이 없습니다. 아무리 교회가 클지라도 거듭남이 무엇인지 모르는 사람들로 가득 차 있으면 아무 소용이 없습니다. 여러분이 평생에 설교를 들었을지라도 거듭남에 대해 설교를 듣지 못했다면 매우 심각한 일입니다. '예배를 얼마나 거룩하게 드리느냐?', '얼마나 헌신을 하느냐?'는 부차적인 문제입니다. 그런 것들은 거듭남이 있고 난 뒤에 생각해야 하는 일입니다. 거듭남이 없는데 거룩을 말하는 것은 시체를 치장하는 것과 같습니다. 거듭남이 없는데 헌신을 말하는 것은 헛발질하는 것입니다.

이 시간이라도 우리 각자가 깊이 생각해 보아야 합니다. '나는 정말로 거듭났는가?' 이 질문에 대해 가볍게 즉시로 답하지 말고 진지하게 고민하고 진지하게 숙고해 보아야 합니다. 시국도 어수선한데 무슨 이런 질문에 진지하게 생각해 보아야 할까요? 거듭남이야말로 우리가 가장 중요하게 생각해야 할 일이기 때문입니다. 거듭남이 없으면 삶이 무너지고 천국은 없습니다. 유럽의 국가 교회들이나 미국의 교회들이 무너진 것은 거듭남에 대한 확신이 없는 사람들이 교회 안에 점점 많아졌기 때문입니다. 그것이 교회 안의 일로만 끝나지 않고 사회가 부패해져 갔습니다. 거듭남의 확신이 없어도 세례를 받고 집사가 되고 장로가 되고 목사가 되었습니다. 그런 것은 기독교 문화 속에 사는 것이지 기독교인이 된 것은 아닙니다.[43]

---

[43] 켄트 필풋, **진실로 회심했는가**, 이용복 역 (서울: 규장, 2009), 36-37; 〈나 같은 사람이 나 혼자만은 아니다. 미국에서 태어나는 사람들은 소위 '기독교 문화' 속에서 살아가게 됩니다. 내가 성장기를 보낼 때 사람들은 교회와 하나님과 성경에 대해 무엇인가를 배우며 자랐다. 적어도 당시 분위기에 의해 간접적으로라도 배웠다. 당시 많은 사람들이 세례를 받았고, 교회의 교인이 되었으며, 주일학교에도 다녔다. 특히 어린 시절에 그랬다. 그러므로 우리가 그리스도인이라는 것이 어떤 의미에서는 맞는 말이었다. 그러나 현재는 상황이 바뀌어서 과거 같지 않다. 많은 젊은이들이 교회와 기독교에 전혀(또는, 거의) 모른다. 그들은 자기가 그리스도인이 아니라고 생각하는 경향이 더 강하다. 회심에 대한 그리스도인들의 일반적인 통

영국으로부터 신앙의 자유를 누리고 살기 위해 미국으로 건너간 청교도들은 회중 교회입니다. 그들은 국가적 교회와 질서보다 순수한 교회를 만들려고 했습니다. 그들은 교회의 순수성과 하나님의 언약을 지켜가려고 했습니다. 그들에게 중요한 것은 '교회의 회원들이 정말로 거듭난 하나님의 자녀인가?' 하는 것이었습니다. 자신들이 회심하여 구원받았다는 그 증거들이 가시적으로 나타나야 한다고 생각했기 때문에 공적으로 자신의 회심에 대해 증거하고 객관적으로 판명되어야 했습니다. 그렇게 하기 위해 회중 교회 안에는 교회언약이 도입되었습니다.44) 문제는 한 세대가 지난 후에 그 교회언약이 무너지게 되었습니다.

안상혁 교수는 절반 언약(The Half-way Covenant)에 대해 다음과 같이 말했습니다.

> 회중교회 안에서 아직 정회원의 자격을 얻지 못한 유아세례 교인의 자녀들에게도 유아세례를 받도록 하여 그들에게 일종의 준회원권을 부여하자는 취지로 도입된 제도이다. 회중 앞에서 신앙고백을 한 후 교회의 정회원권을 얻기까지 이들에게는 성찬참여와 투표권 등이 제한되었다. 절반언약의 원칙은 1657년과 1662년의 교회회의에서 공식화되었다. 하지만, 로버트 포프에 따르면 "절반언약"이라는 용어 자체가 처음 쓰이기 시작한 것은 1760년대에

념(通念)은, 예배 중에 설교단 앞으로 나오고 영접 기도를 드리고 세례를 받고 교인으로 등록하고 사도신경을 암송하고 예수를 믿거나 그리스도인처럼 행동하겠다고 결심하면 회심이 일어난다는 것이다. 그러나 이런 것들은 회심을 일으키기보다는 기독교회의 표시일 뿐이다. 물론, 예외적인 경우들이 있을 수 있다. 하나님은 그분이 원하시는 방법을 통해 얼마든지 일하실 수 있기 때문에 어떤 방법을 동원해서라도 회심시키실 수 있다. 그러나 우리는 말씀을 전하고 전도할 때 전통이나 소위 '그럴듯한 방법'에 의존하지 말고 건전한 성경적 방법을 사용해야 한다.〉
44) 원종천, **청교도 언약사상: 개혁운동의 힘** (서울: 대한기독교서회, 2002), 188; "교회언약이란 하나님께서 아브라함의 가족과 그리고 이스라엘 백성들과 맺으셨던 언약과 근본적으로 같은 것으로 보며, 이 언약은 '가시적인 언약'(Visible Covenant)임을 명시하면서 그것의 자발성을 강조한다는 것이다. 그리고 이렇게 하는 것은 성도들의 상호적 의무를 그들 마음 가운데 일깨우며 자극시키는 데 목적이 있음을 명시하고 있다."(p. 183).

이르러서였다. 당시 조나단 에드워즈의 추종자들은 아직 정회원의 자격을 얻지 못한 부모의 자녀들에게 유아세례를 베푸는 문제에 대한 논쟁을 재개하면서 이 용어를 처음 사용하였다.45)

자신이 거듭났다고 교회 앞에서 증거 하고 인정을 받아야 교회의 정회원이 되는데, 한 세대가 지나자 그렇게 고백하는 사람들이 점점 줄어들게 되었고 정회원이 되지 못한 사람의 자녀들에게 유아세례를 받도록 허락하기 위하여 준 회원권을 부여해 주게 되었습니다. 이런 엄청난 일이 교회 안에서 일어나게 되었습니다. 그렇게 열렬히 신앙의 자유와 언약의 자발적 순종을 강조했던 회중 교회가 한 세대가 지나자 무너지기 시작했습니다. 그것이 역사 속에서 일어났습니다. 신앙을 위해 생명을 내걸었던 그 청교도들이 그런 일을 겪었습니다.

우리도 그렇게 되어가고 있고 이미 그렇게 되었습니다. 교회가 이제는 옛날 같지 않습니다. 청교도들은 언약신앙이었고 언약을 가르쳤고 언약대로 살려고 노력하다가 그렇게 어려움을 만났지만 우리는 언약이 무엇인지도 잘 모릅니다. 우리는 신앙의 뿌리가 될 만한 것이 별로 없습니다. 일제시대 순교자들의 신앙, 평양 대부흥 그런 거 외에는 별로 할 말도 없습니다. 조금 세월이 지나자 자유주의 신학으로 변질된 프리스턴 신학교에서 배운 것들로 한국의 교회가 점령을 당했고, 이제는 영성이라는 이름으로 교회 안으로 밀려오는 세력들을 감당할 수가 없습니다.

교회 안의 성도들만 불쌍합니다. 목회자들이 어디서 배워 와서 가르치는지 분별이 되지 않습니다. 본인은 뭐가 될 것처럼 감격

---

45) 안상혁, **언약신학 쟁점으로 읽는다** (수원: 영음사, 2016), 320. 각주 4번.

해서 교회에 광고를 하고 성도들에게 가르치지만, 정통 교리에 맞지도 않는 것을 가져와서 가르칩니다. 그것이 왜 문제가 되는지 설명해 주면, 유명한 사람들이 하는 것이라고 말하고, 그런 복잡한 것은 모른다고 말합니다. 모르면서 왜 가르칩니까? 결국, 누구만 손해 보겠습니까? 성도들만 손해를 보게 됩니다. 돌이켜 보면 제일 마음이 아픈 것은 목회자들이 강단에서 복음을 제대로 설교하지 않은 것입니다. 그것이 꼭 목회자들 탓만도 아닙니다. 쉽게 쉽게 설교하라고 하고 재미있게 설교하라고 한 것도 책임이 있습니다. 누구를 탓하고 누구를 원망하겠습니까?

오늘날 교회가 교회 됨을 상실해 가는 가장 큰 이유 중 하나는 자신이 거듭났는지 분명하게 확신하지 않기 때문입니다. 놀랍게도 교회 안에서는 두 종류의 기독교인이 있습니다. 하나는 이름과 형식만의 기독교인으로 살아가는 사람이 있고, 또 하나는 참으로 거듭나고 믿음과 삶이 일치되는 기독교인으로 살아가는 사람입니다.[46] 우리가 완벽하게 살아야 한다는 뜻이 아닙니다. 믿음과 삶이 일치한다는 것은 자기를 구원하신 예수 그리스도를 믿고 그 말씀에 순종하는 삶을 살아가는 것입니다. 믿음과 순종이 별개의 것으로 이해되어서는 안 됩니다. 믿음이 있으면 순종이 일어나고 믿음이 있으면 언약의 주가 말씀하실 때 아멘으로 즐거이 순종하게 됩니다. 그러기 전에 먼저는 거듭남이 있어야 합니다.

거듭남은 성령 하나님의 역사로 예수 그리스도를 믿을 때 죄인의 마음과 본성이 새롭게 변화되는 것입니다. 그것은 예레미야와

---

[46] J. C. 라일, **거듭났는가**, 조계광 역 (서울: 규장, 2009), 21.

에스겔 선지자가 말한 새 언약의 성취입니다.

> 내가 그들에게 일치한 마음을 주고 그 속에 새 신을 주며 그 몸에서 굳은 마음을 제하고 부드러운 마음을 주어서(겔 11:19)
> 또 새 영을 너희 속에 두고 새 마음을 너희에게 주되 너희 육신에서 굳은 마음을 제하고 부드러운 마음을 줄 것이며(겔 36:26)

우리가 구약에서 새 언약을 읽으면 '이게 무슨 뜻인가?'라는 생각이 듭니다. 언약이 어려운 것이 아닌데 어렵게 만들어 놓았고 우리와 별 상관이 없는 것처럼 만들어 놓아서 그런 일이 생겨났습니다. 언약을 말한다는 것은 '성경이 말하는 인간 됨이 무엇이냐?'를 말하는 것입니다. '하나님의 창조로부터 시작해서 타락한 인간의 구원이 어떻게 이루어지는가?'를 말하는 것입니다. 역사는 '그 언약에 신실한 사람들과 그 언약에 반역한 사람들이 어떻게 살았는가?'에 대한 서술입니다.

언약 안에 살아가면 '여호와가 누구시냐?'를 올바르게 아는 것으로 기뻐하고 십자가에 피 흘려 죽으심으로 우리를 구원하신 예수 그리스도 안에서 의미와 통일성을 누리며 살아가기를 성령님 안에서 구하며 살아가게 됩니다. 언약을 벗어나서 살아가면 인간의 죄악 된 욕망을 이루기 위해 우상을 숭배하며 죄악을 옳다 하고 인간을 신성하게 여기고 영성으로 도약하게 됩니다.

새 언약이 우리 안에 성취되면, 우리에게 예수 그리스도를 구주로 믿는 거듭남의 역사가 일어나게 되면 가장 먼저 자기 죄를 깨닫고 회개하게 됩니다. 성령님께서 한 사람을 거듭나게 하실 때, 그 사람은 자신의 죄악을 깨닫게 되고 그 비참함으로 인해 회개하게 됩니다. 예수 그리스도를 구주로 믿은 사람들은 다 이런 과정을 경험하게 됩니다. 그 정도에 있어서 차이가 있을 수는 있지만 자기 죄를 깨닫고 회개하는 과정을 모두가 다 경험하게 됩니다. 만일 그런 일이 없이 예수 그리스도를 믿는다고 한다면 돌이켜 죄를 깨닫고 회개해야 합니다.

무슨 죄를 회개해야 합니까? 첫째는 하나님 없이 살아왔던 삶을 회개해야 합니다. 둘째는 매일의 삶에서 죄를 짓고 살아왔던 것을 회개해야 합니다. '내가 언제 매일 죄를 지었습니까?'라고 생각하면서 항변할지 모르지만, 하나님 없이 살아가는 모든 죄인은 매일 매 순간 죄를 짓고 살아갑니다. 그렇게 원죄와 자범죄를 회개하고 예수 그리스도를 구주로 믿어야 구원을 얻고 천국에 들어갈 수 있습니다. 그렇게 되어야 하나님께서 창조한 인간 본래의 모습으로 살아갈 수 있습니다. 그래야만 삶의 근거를 올바르게 하고 허탈한 마음 없이 끝까지 충만하게 살아갈 수 있습니다.

우리는 살아가는 삶의 근거를 올바르게 하고 싶어 합니다. 삶의 근거가 확실하지 않으면 멘탈이 붕괴되기 때문입니다. 이 자본주의 사회에서 먹고사는 일에 돈이 있어야 하지만 그 돈이 내 영혼을 올바르게 세워주지 않습니다. 우리의 영혼은 언제나 안정감을 누리기 위해 지지를 받고 싶어 합니다. 나를 바라봐주는 사람이 있어야 하고 내가 헌신해야 할 대상이 있어야 합니다. 사랑을 받아야 하지만 사랑을 해주어야 살아나게 됩니다. 받기만 하는 사랑은 자기가 건강하지 못하다는 신호입니다. 그만큼 관계가 좋지 않다는 것을 말해줍니다.

우리 영혼이 받는 안정감과 지지는 우리 영혼이 거듭남으로 시작합니다. 거듭나지 않으면 아무리 사람들로부터 사랑을 받고 또 다른 사람들을 사랑하고 살아도 왠지 허탈해 오는 자기 자신을 발견하게 됩니다. 자기 수양을 말하는 세상의 그 어떤 종교, 영성, 철학, 사상이라도 자기가 만들어 내는 것으로는 목마름을 해결할 수 없다는 한계에 직면하게 됩니다. 인간은 언제나 영원성에 갈급하기 때문입니다. 이 영원성으로 사랑과 지지가 공급되어야만 합니다. 그것은 오직 살아계시고 영원하신 언약의 하나님으로부터만 주어집니다. 그렇게 되기 위해서는 반드시 거듭나야 합니다.

사도 요한은 거듭남을 이렇게 말했습니다.

> 12 영접하는 자 곧 그 이름을 믿는 자들에게는 하나님의 자녀가 되는 권세를 주셨으니 13 이는 혈통으로나 육정으로나 사람의 뜻으로 나지 아니하고 오직 하나님께로서 난 자들이니라(요 1:12-13)

성경이 하나님의 구속 역사를 말할 때 '어디에 초점을 두고 말하는가?'를 잘 보아야 합니다. 그것은 언제나 '우리의 존재적 관점이 어떻게 확보되고 있는가?' 하는 것입니다. '예수님을 믿는다'는 것은 '내가 예수님을 믿어 천국에 간다'는 것 이상입니다. 그 이상이라는 것은 우리가 예수님을 믿게 된 것으로 가지는 은혜와 복이 우리가 생각하는 것 이상으로 놀랍게 주어진 것입니다. 너무 놀랍기 때문에 우리가 다 경험하지 못하고 누리지 못하고 살 때가 많습니다.

'놀랍다 놀랍다'라고 말하는 것은 우리가 "하나님께로서 난 자들"이기 때문입니다. 하나님께서 각 사람을 거듭나게 하시는 그 시기도 다르기 때문에 놀랍습니다. 어떤 사람은 모태로부터 거듭남을 경험하고 성령이 충만한 사람들이 있습니다. '어떻게 그런 일이 있을까?' 생각이 들지만, 예레미야나 세례 요한이 그런 사람이었습니다. 어떤 사람은 임종하기 직전에 거듭나는 사람들도 있습니다. 어떤 사람들은 질병 때문에 예수님을 믿고, 어떤 사람들은 애먹이는 인간들 때문에 예수님을 믿게 되기도 합니다. 어떤 사람들은 거듭남이 무엇인지 갈급해 하면서도 그 실체를 경험하지 못해 애가 타는 사람들도 있습니다. 단번에 탁 믿은 사람들은 그 안타까움을 이해하기 어렵습니다. 그렇게 다양하게 거듭남이 일어나기 때문에 하나님께서 인생에게 행하시는 일이 놀랍습니다. 그래서 찬송이 나오지 않을 수 없습니다.

새 언약, 거듭남, 놀라움, 찬송, 이런 핵심단어들이 왜 중요할까요? 영혼이 거듭나면 그 사람의 의지가 변화되기 때문입니다. 의지가 변화된다는 것은 그의 경향성이 변화되는 것입니다. 그 경향성의 변화는 '그 사람이 어디에서 즐거움을 발견하는가?', '그 사람이 어디에 적극성을 드러내고 사는가?', '그 사람이 무엇을 단절하고 살아가는가?'에 나타납니다.

우리 존재의 근본적인 변화가 없으면 인생을 헛되게 살아가기 때문입니다. 자기가 어디에 지배를 받고 무엇을 위해 사는지를 모릅니다. 사람이 거듭나야 생각하는 것이 다르고 먹고 살아가는 내용이 다릅니다. 하나님께서 우리를 거듭나게 하신 것을 은혜로 감사하며 사는 자들은 영혼의 안식처가 이 땅이 아니라 아버지 하나님께 있음을 알고 영원한 것을 위해 살아갑니다. 그 영원한 것이란 그리스도의 복음으로 우리의 영혼이 즐거워하며, 그리스도의 복음을 전함으로 우리 앞에 있는 영혼들이 거듭나는 것입니다. 그 영원한 것이란 이 땅이 아니라 저 영원한 하나님의 나라와 그 나라의 영광된 것들입니다. 영원하신 하나님께 연결되어 살아가기 때문에 영광이 됩니다.

  거듭난 성도들은 자기 영혼의 상태를 귀중하게 생각합니다. 이 인생을 살아가는 동안에 지치고 피곤할 때가 많으나 그럼에도 불구하고 예수 그리스도 안에서 영생의 말씀을 받아먹고 예수 그리스도께서 허락하신 은혜의 방편들을 통해 계속해서 그 은혜를 공급받기를 사모합니다. 거듭나지 않은 자들은 그 은혜의 방편들을 비웃습니다. 예배와 성찬과 세례를 우습게 여깁니다. 자기 삶에 일어나는 일에 대해서도 불평불만 합니다. 영원성이 없기 때문입니다. 하나님의 세심한 배려가 우리 속에 일어나고 있다는 것을 생각하지 않습니다. 모든 것이 자기 뜻대로 되어야 하고 그중 하나라도 자기 마음대로 안 되면 하나님을 향해 불만의 화살을 쏘아댑니다.

  영원성이 없으면, 고생하고 살면서도 자기를 어찌하지 못합니다. 말이 거칠어지고 얼굴이 어두워집니다. 고생하고 사는 것으로 자기 입에서 고운 말이 나오지 않는 것을 정당화해서는 안 됩니다. 내가 살아가는 것이 힘드니까 인상을 찡그리고 살아도 되고, 내가 너보다 더 고생하니까 아무렇게나 살아도 된다고 합리화해서는 안 됩니다. 그런 정당화, 그런 합리화가 사실은 자기를 더 이롭게 하는 것이 아니기 때문입니다. '고생하고 사는 내 입에서 무슨 소리가 나오나?' 그것을 쉽게 생각해서는 안 됩니다. 입에서 나오는 그 말이 내 인격입니다. 내 입에서 나오는 그 말이 거듭났는지 아닌지를 말해줍니다.

인격은 어디서부터 시작합니까? 거듭남으로부터 시작합니다. 영원한 실재, 영원하신 하나님과 하나가 되어 사는 것입니다. 이 세상의 것, 이 한계만으로는 인생에 답이 없는 것을 아는 것입니다. 그것을 알고 그것을 고백하는 사람이 성도입니다. 세상은 인격이 인간 안에 하늘의 본성이 있고 신성한 것이 있다는 것으로 시작하고 자기 수양으로 만들어진다고 말합니다. 인격이 거듭남과 무관하면 무엇이 잘못되어도 크게 잘못된 것입니다. 원 바탕이 잘못되어 있는데 잘못된 바탕 위에 아무리 수양을 한다고 해도 사상누각이 되어버리고 말기 때문입니다. 자기 본성이 이미 악한 본성인데 수양해서 선한 본성으로 만들 수 있다면 어떤 특정한 사람들의 전유물이 되어버립니다.

성경대로 가야 성경적인 인격이 있습니다. 사람이 거듭나야 하고 거듭난 존재로서의 인격으로 살아가게 됩니다. '거듭남은 있는데 인격은 없다'로 가서도 안 되고 '인격은 있는데 거듭남이 없다'는 것은 더더욱 잘못된 것입니다. 거듭남이 우리의 삶에 핵심적인 원리가 되어야 합니다. 거듭남이 우리 삶의 원리를 변화시키고, 우리의 부정적인 의미와 통일성을 변화시킵니다. 그렇게 되어야 그것이 진정한 거듭남입니다.

사람이 거듭나는 것이 놀랍다는 것은 하나님께서 주신 모든 것이 고맙고 감사하다는 것으로 이어지는 것입니다. '내가 예수님을 믿었다'는 것으로만 기뻐하고 좋은 것이 아니라 '오늘 내게 주신 모든 것이 다 은혜로구나'라고 믿어지고 감사한 것입니다. 내 인생에 허락해 주신 것이 영원하고 영원하다는 것이 감사한 것입니다. 이것은 이래서 좋고 저것은 저래서 좋은 것이 거듭남으로 주어지는 은혜입니다. 그것이 심령이 가난한 상태에 있는 자들의 모습입니다.

아픔이 있고 눈물이 있어도 거듭난 것으로 인해서 아픔도 감사하고 눈물도 감사합니다. '그 아픔이 없으면 내가 어찌 예수님을 믿었을까?'하고 감사하고 '그 눈물이 없으면 내가 어찌 하나님을 의지하고 살 수 있을까?'하고 감사합니다. 힘들어도 감사하고 좋아도 감사합니다. 영혼이 거듭났다는 것이 내 인격을 지배해야 하고 내 옆에 있는 사람들의 못난 것까지도 품어갈 수 있어야 합니다. 우리는 거듭남과 우리의 인격과 삶이 서로 다른 것으로 생각하는 것이 문제입니다. 거듭남이란 예수님을 믿었다는 것만이 아닙니다. 예수님을 믿었으면 예수님처럼 사는 것입니다. 예수 그리스도와 함께 영원성 속에 살아가기 때문입니다.

성경이 말하는 거듭남이란 마음의 변화입니다. 마음의 변화라는 것은 성향이 달라진 것입니다. 성향이 어떻게 달라집니까? 하나님이 좋고 예배드리기가 좋은 것입니다. 영원성, 무한함과 연결되는 삶이 되었기 때문입니다. 오늘 하루로 그만이고 눈에 보이는 것이 전부이면 이웃을 사랑할 이유가 없습니다. 하나님을 사랑하고 이웃을 사랑하는 것입니다. 이웃을 사랑하되 "네 몸과 같이" 사랑하라고 합니다. 성경은 얼마나 놀랍습니까?

> 37 예수께서 가라사대 네 마음을 다하고 목숨을 다하고 뜻을 다하여 주 너의 하나님을 사랑하라 하셨으니 38 이것이 크고 첫째 되는 계명이요 39 둘째는 그와 같으니 네 이웃을 네 몸과 같이 사랑하라 하셨으니(마 22:37-39)

우리는 예수님을 믿어왔지만, 하나님을 사랑하는 일에만 최선을 다해 온 경향이 많습니다. 그것을 증명하는 것이 무엇입니까? 종교적인 일에는 열심을 내는 것입니다. 무엇을 해도 하나님께 드리는 것은 열심히 합니다. 그러나 이웃을 위해서는 별 관심이 없습니다. '내가 내는 헌금으로 교회에서 구제 사업하고 선교하고 다 해요' 그러는 것으로 만족하면 안됩니다. 나와 관계되어있는 사람들에게 관심이 가야 합니다. 그 사람들과 영원히 함께할 것이기 때문입니다. 그것이 새 언약입니다. 그것이 거듭남입니다.

내가 아무리 열심을 내어도 거듭나지 않으면 아무 소용이 없습니다. 내가 아무리 공부를 많이 했어도 거듭나지 않으면 아무 소용이 없습니다. 내가 아무리 돈을 많이 모았어도 거듭나지 않으면 아무 소용이 없습니다. 내가 아무리 의롭게 살아도 거듭나지 않으면 아무 소용이 없습니다. 내가 거듭났다면 오늘의 이 고난도 예수 그리스도 안에서 새롭게 해석이 되고 양약이 됩니다. 내가 거듭났다면 삼수갑산47)에 살아도 예수 그리스도의 십자가 보

---

47) 나무위키에서; 조선 시대 귀양지로써 가장 험한 산골이었던 삼수와 갑산을 일컫는 말이다. "고려 ~ 조선시 대에 생긴 고사성어로 삼수와 갑산은 개마고원 중심부에 위치한 산골 마을로, 중죄를 지어 유배되는 단골 지역이었다. 지금의 삼수군과 갑산군으로 험한 오지(奧地)에다가 극도의 추위가 몰아치는 지역이다. 어느 정도냐면 1월 평균기온이 −18℃에 달할 정도다! 이렇게 추운 데다 지리도 험해 경작지가 적어서

혈 때문에 덩실덩실 춤을 추고 살아갈 수 있습니다. 내가 거듭났다면 믿음을 지키기 위해 안디바48)처럼 살아갈 수 있습니다. 성부 하나님의 택하심을 따라 성령 하나님께서 죄인 된 우리에게 역사하사 예수 그리스도를 구주로 믿게 하셨습니다. 이 거듭남의 은혜 속에서, 하나님께서 주신 영원성 속에서 '예수 그리스도가 주시다'라고 고백하며 언약에 죽도록 충성하며 살아가는 믿음의 성도들이 다 되시기 바랍니다.

지금 북한에서도 인구가 적은 곳이다. 그러다 보니 과거 유배자들도 대다수 그곳에서 살아서 나오지 못해 대표적인 유배 기피 지역이었다. 여기에 유래 되는 속담이 있는데 "삼수갑산을 가더라도 먹고나 보자."에서 한자로 표현된 것이다. 산이나 강이 아름답거나 그런 의미로 사용된 것이 아니다."
48) 네가 어디 사는 것을 내가 아노니 거기는 사단의 위가 있는 데라 네가 내 이름을 굳게 잡아서 내 충성 된 증인 안디바가 너희 가운데 곧 사단의 거하는 곳에서 죽임을 당할 때에도 나를 믿는 믿음을 저버리지 아니하였도다(계 2:13)

7 심령이 가난한 자 3

> 1 예수께서 무리를 보시고 산에 올라가 앉으시니 제자들이 나아온지라 2 입을 열어 가르쳐 가라사대 3 심령이 가난한 자는 복이 있나니 천국이 저희 것임이요(마 5:1-3)

예수님의 산상설교 일곱 번째 시간입니다. 심령이 가난한 자에 대해서 말씀을 증거 하고 있습니다. 심령이 가난한 자는 새 언약이 우리 안에 성취되었을 때 일어난 우리의 영적인 상태를 말합니다. 그것은 우리가 예수 그리스도를 믿고 거듭난 상태를 말합니다. 그러면 우리가 과연 예수 그리스도를 믿어 거듭난 자들인지 어떻게 알 수 있을까요?

이렇게 질문하면, 어떤 사람들은 우리는 그것을 알 수 없다고 말합니다. 그러나, 우리 자신이 어떤 상태인지 아는 것은 어렵지 않습니다. 우리 마음의 상태를 알려면 우리 마음의 활동을 보면 알 수 있습니다. 마음의 활동이라는 것이 무엇일까요? 그것은 우리 자신의 생각을 먼저 살펴보면 됩니다. 우리의 생각이 어디에 이끌리고 있는지를 보면 알 수 있습니다. 또한, 우리의 감정이 무엇을 열망하는지, 무엇을 사랑하고 미워하는지, 혹은 탄식하며 애타 하는지를 보면 됩니다.

이것은 우리의 도덕적인 상태를 두고 하는 말이 아닙니다. 도덕적인 상태를 무시하라는 뜻이 결코 아닙니다. 지금은 다만 '거듭났느냐 아니냐?'를 말하고 있습니다. 거듭난 사람이라면 반드시 어떤 상태가 되어있다는 뜻입니다. 그 상태라는 것이 왜 만들어질까요? 내가 거듭났다는 것은 영적으로 변화되었다는 뜻이기 때문입니다. 영적인 변화라는 것이 무엇일까요? 그것은 예수 그리스도를 믿음으로 영적인 생명을 얻었다는 뜻입니다. 영적인 생명이 있다면 반드시 영적인 작용이 있습니다. 죽었다가 살았으니까 살아난 증거가 있습니다. 우리가 그 증거를 말하겠지만 결국, 우리에게 그 증거라는 것은 '예수 그리스도 외에 귀한 것은 아무것도 없다' 입니다.

우리는 그 증거를 말할 때, 스테판 차녹의 『거듭남의 본질』에서 말하는 일곱 가지 증거를 확인해 보고 점검해 볼 수 있습니다. 그 일곱 가지는, 1) 하나님과 닮아 가기를 바라는 뜨거운 열망이 있습니까? 2) 하나님의 통치의 기쁨을 느끼십니까? 3) 하나님을 향한 당신의 사랑은 어떠합니까? 4) 내적이며 영적인 의무들에 대한 자세는 어떠합니까? 5) 말씀에 대한 반응이 달라졌습니까? 6) 당신의 마음과 생활에 어떠한 거룩함이 있습니까? 7) 신적인 성품에 반대하는 것들에 대하여 어떻게 반응합니까? 입니다.

이런 증거들을 말할 때 너무 고차원적이라고 생각하지 말아야 합니다. 이런 일곱 가지 증거들이 매시간 매우 충만한 상태가 되어야 한다는 것이 아닙니다. 이 일곱 가지가 희미하게 자기에게 있을 수도 있고 어떤 것들은 아주 강하게 있을 수도 있습니다. 그러나 그중에 아무것도 없다면 자신을 진지하게 돌아보아야만 합니다. 이것은 괜히 겁을 주려는 것이 아니라 우리 자신이 하나님 앞에서 참으로 거듭났는지 돌아보려고 하는 것입니다. 거듭나야만 하나님의 나라에 들어갈 수 있기 때문입니다.

우리가 거듭났다면 우리의 상태가 어떠할까요? 스테판 차녹이 말한 그런 일곱 가지 증거들은 한 가지 안에 다 들어 있습니다. 그것은 '하나님과 닮아 가기를 바라는 뜨거운 열망이 있는가?' 하는 것입니다. 그것은 '기독교 신앙이란 무엇을 말하느냐?'와 같은 것입니다. '예수님을 믿었다', '새 언약이 성취되었다'는 것은 우리의 마음이 하나님께로 향하는 것입니다. 하나님께로 향한다는 것은 방향만 바뀌었다는 것이 아니라 하나님을 닮기 위한 열망이 우리 영혼 속에 있다는 것을 말합니다.

그렇게 되는 이유는 무엇일까요? 그것은 성령 하나님께서 우리에게 역사하셔서 하나님의 형상이 회복되었기 때문입니다. 심령이 가난하다는 것은 그렇게 하나님을 닮기 위한 탄식과 신음이 우리 영혼 속에 있다는 것을 말합니다. 그것은 거듭난 이후에 한 번만 그렇게 되는 것이 아니라 평생토록 그렇게 됩니다. 거듭난 영혼 안에 있는 새 생명의 원리가 하나님을 바라보고 하나님을 닮아 가는 것이기 때문입니다. 다윗은 이렇게 고백했습니다.

> 하나님이여 사슴이 시냇물을 찾기에 갈급함 같이 내 영혼이 주를 찾기에 갈급하니이다 2 내 영혼이 하나님 곧 생존하시는 하나님을 갈망하나니 내가 어느 때에 나아가서 하나님 앞에 뵈올꼬(시 42:1-2)

다윗은 자신이 처한 어려움 속에서도 하나님을 바라보고 의지했습니다. 2절에 보면 "생존하시는 하나님을 갈망"한다고 했습니다. 히브리어 성경에는 '갈망한다'는 동사가 먼저 나와서 강조되어 있습니다. 사슴이 시냇물을 찾기에 갈급해 하듯이 다윗은 하나님을 간절히 찾았습니다. 그 이유는 하나님께서 살아계시기 때문입니다. 다윗의 하나님은 저세상의 우상들처럼 종교적 열심으로 만들어낸 헛된 것이 아니라 살아계신 하나님이십니다. 하나님께서 살아계시다는 것은 하나님의 구원과 언약 속에서 알게 된 것입니다. 다윗을 구원하신 하나님께서 다윗 속에 하나님을 향한 마음을 주시고 영적인 원리를 심어놓으셨기 때문에 살아계신 하나님을 알 수 있었습니다. 그런 까닭에, 다윗은 하나님을 향한 갈망이 일어났습니다. 거듭난 상태가 삶으로 나타난 것입니다.

 자기 삶이 어려움을 만났을 때 더욱 그런 갈망이 일어났습니다. 이것이 거듭난 자들의 윤곽선입니다. 거듭난 자들은 어려움을 만났을 때 하나님을 간절하게 찾게 됩니다. 왜 그렇게 간절히 찾게 될까요? 거듭난 우리의 영혼은 어려움을 해결하는 것만으로 만족할 수 없기 때문입니다.

 세상은 자기 문제를 해결하는 것으로 만족하고 살아갑니다. 그러니 여기다 빌고 저기다 빌어도 상관이 없습니다. 그저 고통당하는 그 문제가 해결되면 됩니다. 아무리 애써도 문제가 해결이 안 되니까, 종교적으로 해결하려고 합니다. 소위 문명국이라 하는 나라에 가도 자기 집안에 신당을 모시고 살고 그 집안에는 여러 신이 있습니다. 사도 바울이 아테네에서 복음을 증거 할 때도 "아덴 사람들아 너희를 보니 범사에 종교성이 많도다"(행 17:22)라고 말했습니다. 그 도시의 사람들이 여러 수많은 우상을 섬기고 있었기 때문입니다.

 내로라하게 철학을 가르치고 배우는 사람들이라 하면서도 결국은 그 종교성이 깊이 지배하고 있었습니다. 굉장히 지성적인 사람들인데 속내를 들여다보면 굉장히 종교적인 사람들입니다. 세상은 언제나 그래왔습니다. 이성을 무지무지 강조하는데 사실은 가만히 관찰해보면 종교성으로 가득 차 있습니다. 이성의 목소리를 높일 때 사실은 더 종교적입니다. 철학을 말하는 듯한데 종교적 수행을 가르칩니다.

예수님을 믿었다는 것은 현실의 어려움으로 인해 종교성으로 가지 않는 것입니다. 저 사람들도 기도하는 것 같고 우리도 기도하니까 다 같은 기도인 것 같지만 차원이 전혀 다른 기도입니다. 저 사람들은 기도해서 자기 문제를 해결하는 것이 전부이고 '세상은 아무것도 아닌 것이여' 그러면서 '공이로세 공이로세'라고 말하는 사람들입니다. 말을 들어보면, '만사가 다 공인데 뭐 하러 기도하나?' 그런 생각이 듭니다. 기도할 필요가 없는 건데 기도를 하는 겁니다. 그러니 그것은 기도가 아니라 인생을 그냥 흘려보내기 아깝다는 것입니다. 그래도 그걸 그렇게 말할 수는 없으니 '수양한다' 그럽니다. 그게 수양이 되나요? 수양이 안 되는 것을 세상이 더 잘 압니다.

우리도 이 현실의 어려움으로 인해 하나님께 나아갑니다. 중요한 것은 우리가 부르짖는 그 소리는 산 중에 외치는 소리도 아니고 그 소리가 다시 메아리가 되는 것도 아닙니다. 우리는 살아계신 하나님께 우리의 형편을 아뢰는 것입니다. 마치 그 자녀들이 부모에게 와서 지금 일어난 일이 무엇인지 소상하게 말하는 것입니다. 그것은 부모와 자녀가 사랑의 관계이고 인격적인 관계이기 때문에 가능한 것입니다. 부모님께서 자녀들의 문제를 도와주거나 해결해 주지만 더 중요한 것은 그 부모로부터 사랑의 지지를 받고 더 아름다운 관계가 된다는 것입니다.

하나님께서 우리의 기도를 들으시고 우리의 어려움을 해결해 주실 때도 있지만 그렇지 않을 때도 있습니다. 어떤 경우에라도 우리는 살아계신 하나님께 나아가 기도함으로 하나님을 만나고 하나님으로부터 영원한 의미와 통일성을 공급받습니다. 하나님으로부터 영원한 사랑의 지지를 받습니다. 그것이 우리 영혼의 양식이 됩니다. 우리 영혼은 영적인 양식으로 채움을 받아야 합니다. 왜냐하면, 우리는 거듭난 주의 백성들이기 때문입니다. 거듭난 성도들은 하나님을 향한 갈망이 있습니다. 성도들은 하나님을 향한 거룩한 갈망이 없이는 살아갈 수 없습니다. 그 갈망이라는 것은 예수 그리스도의 십자가 대속으로 이룬 구원을 더 알아가고, 그 사랑을 더 알아감으로써 하나님을 닮아 가는 것입니다.

'예수님을 믿었다', '구원을 받았다', '기도를 한다', '응답을 받았다' 그래서 무엇이 달라졌습니까? 하나님을 닮아 가는 모습이 있어야 합니다. 그렇게까지 가는 것이 신앙입니다. 그래서 신앙이 언약신앙입니다. 언약을 지킴으로 하나님의 모습을 닮아 가는 것이 신앙입니다. 우리는 신앙을 배워도 '예수님을 내가 붙잡았고 어려운 일을 만나서 부르짖었더니 응답을 받았다 하나님이 내 편이시더라 할렐루야 아멘' 이렇게 배웠습니다. 예수님을 믿는 저 사람은 어려움이 있고 형편이 달라지는 것도 없이 어려움 속에 살아가는 것을 보면 '저 사람은 필시 무슨 이유가 있을 거야. 믿음이 부족하거나, 기도를 적게 하거나 죄를 지었거나 뭔가 하나님께 밉보인 것이 있으니 저렇게 살겠지.' 그렇게 생각합니다.

그 사람이 정말로 믿음이 부족할 수도 있을 거고, 기도를 적게 했을 수도 있습니다. 죄를 지었을 수도 있고 하나님께 밉보일만 한 그런 일을 저질렀을 수도 있습니다. 그래서 '기도해서 응답받고 할렐루야 아멘'한 그분이 무엇을 해주었을까요? 그 사람을 위해서 울면서 밤새워 기도해 주었습니까? 아니면, 그 사람과 조용히 만나 위로해 주면서 밥을 한 끼 사 주었습니까? 그런 거는 하나도 없고 '나는 기도해서 응답받았고 너는 그리 살아서 맨날 그 모양으로 살지'라고 생각합니다. 그렇게 사는 거는 신앙의 윤곽선이 없는 겁니다. 신앙의 그림이 안 그려지는 겁니다.

그런 모습을 보고 누가 거듭난 사람이라 할 것이며 그런 모습을 보고 누가 하나님을 닮았다고 할 수 있겠습니까? 신앙이 기독교 신앙이라면 하나님을 닮아 가기를 바라는 열망이 있어야 하고, 그 열망이 현실화되어야 올바른 것입니다. 언약의 현재화가 있어야 합니다. 우리는 전에 다 죄인이었습니다. 하나님께서는 예수 그리스도를 십자가에 피 흘려 죽게 하심으로 그 죄에서 우리를 구원하셨습니다. 그렇게 구원을 받은 성도라면, 하나님께서 죄인된 우리를 불러 구원하시고 우리를 어떻게 대접해 가시는지 그것을 배워가야 합니다. 거듭난 사람이라면 그런 모습, 그런 상태가 됩니다. 배워서 배우고, 배워가야 배워가는 것이 아니라 예수님께서 십자가에 피 흘려 죽으시고 나를 구원하셨는데, 그 사랑을 받은 나는 꿀 먹은 벙어리 같이 살아갈 수는 없는 것입니다. 붕어빵 틀에서 나온 붕어빵이라면 붕어빵이라야 하는데 붕어빵이 붕어빵이 아니면 왜 붕어빵이냐 이거에요.

　신앙이 죄에서 해방되는 것만이 아니라 하나님의 사랑 같은 사랑이 되고 하나님의 의같이 의로워지기를 갈망하며 살아가는 것이 신앙입니다. 그래서 예수님께서 성육신하여 오셔야만 하는 이유입니다. 요한복음 1장 14절에서 이렇게 말합니다.

> 말씀이 육신이 되어 우리 가운데 거하시매 우리가 그 영광을 보니 아버지의 독생자의 영광이요 은혜와 진리가 충만하더라(요 1:14)

　예수님께서 인간이 되어 오셔서 우리 가운데 거하셨습니다. 예수님께서 구원하실 때, 우리를 이 지상에서 빼내어 가지 않으시고 여기 이 땅에, 우리가 사는 곳에 오셔서 함께 살아가셨습니다. 고난을 받으시고 멸시 천대를 받으시고 십자가에 못 박혀 죽으시고 부활 승천하셨습니다. 예수님께서 구원을 이루어 가시는 것이 그냥 이루어 가시는 것이 아니라 그렇게 하심으로 구원을 이루셨습니다. 이것이 무슨 말일까요? 우리가 무엇을 해서 구원에 기여하는 것은 아니지만 구원과 삶이 분리된 것이 아니라는 것을 아는 것이 중요합니다.

　거한다는 것, 텐트를 치고 산다는 것, 함께 살아가는 것입니다. 텐트를 치고 산다는 것은 하나님의 언약 안에 살아가는 것입니다. 구원받아서 살아가는 내용이 있어야 합니다. 텐트 안에 산다는 그 의미를 제대로 알아야 합니다. 구원해서 이 텐트 안에 살게 하신 것이 언약신앙입니다. '텐트 안에서 살아가는 삶이 무엇이냐?' 할 때 하나님을 알아가고 하나님을 닮아 가는 것입니다. 거듭난 사람은 그런 갈망이 있어야 맞습니다. 그것이 심령이 가난하다는 뜻입니다.

그런 영적인 상태가 되었기 때문에 하나님의 거룩한 성품에 반대하는 것들에 대해서는 적대 감정을 가지게 됩니다. 자기 죄를 슬퍼하고 회개하면서 하나님의 거룩한 성품을 닮아 가려는 것, 그 두 가지가 동시에 일어나게 됩니다. 하나님의 은혜가 임하려면 부패한 죄성을 제거해야 합니다. 죄의 권세에서 벗어나게 해야 하고 은혜의 지배가 이루어져야 합니다. 그것은 하나님께서 우리에게 은혜로 주셨습니다. 저 사탄의 권세에서 벗어났고 죄의 종노릇하는 것으로부터 해방이 되었습니다. 이제는 은혜의 지배 속에 살게 되었습니다.

우리가 해야 하는 일은 그 은혜의 지배로부터 멀어지게 하려는 옛사람과 싸워가는 것입니다. 우리가 구원을 받았어도 완전하게 된 자들이 아닙니다. 우리는 죄의 권세에서 벗어난 것이지 죄 안 짓는 상태가 된 것이 아닙니다. 거룩함과 죄와의 갈등이 있고 그것이 너무 힘들다는 것을 아는 것이 거듭난 성도들입니다. 그런 것들이 바로 거듭난 자들의 영적인 감각입니다. 그런 영적인 감각은 영적인 생명의 표지입니다.

생명의 표지라는 것은 생명의 삶이 있어야 합니다. 우리의 영이, 우리의 생명이 하나님의 성품을 닮아 가려고 할 때 죄악이 다시 우리를 힘들게 하는 그 싸움이 있더라는 것을 경험하는 것입니다. 그 싸움을 하지 않고 한 번 기도하면 해결되고, 음성을 들으면 되는 식으로 가서는 안 됩니다. 왜냐하면, 우리가 살아 있는 동안에는 그 싸움이 끝나지 않기 때문입니다. 하나님의 은혜가 우리 안에 증가하면 할수록 우리는 더 죄와 부패와의 싸움에 직면하게 됩니다. 내가 더 여유 있을수록, 내가 더 지식이 있을수록 그렇게 됩니다. 우리는 더 가지고 있으면 주를 더 잘 섬길 것으로 생각하지만 그렇게 쉬운 일이 아닙니다.

사실은 그런 것들이 우리의 영혼을 갉아먹고 있다는 사실을 인식하지 못합니다. 영혼을 갉아먹는다는 것이 꼭 사악한 죄를 지어야만 하고 나쁜 사람이라는 소리를 들어야만 하는 것이 아닙니다. 개념 없이 여유로워지는 것입니다. 생각 없이 잘 사는 것입니다. 개념 없는 여유, 생각 없는 풍요가 되면 드러나는 증상이 불안입니다. 왜냐하면, 관심을 두어야 할 대상이 사라지기 때문입니다. 인격적인 교제가 아니기 때문이고 영원성이 아니기 때문입니다. 사람에게 불안이라는 것이 없을 수는 없습니다. 불안도 여러 종류의 불안이 있습니다. 고민이 없었으면 좋겠지만, 더 여유로워지면 신앙이 좋아지는 것이 아니라 더 불안해집니다. 아무도 그렇게 살아간 적이 없기 때문입니다.

성령 하나님께서 우리를 거듭나게 하시고 하나님의 성품을 닮아 가는 갈망을 주시는 것은 거듭난 성도들의 성향입니다. 쥐어짠 거룩(strained holiness)이 아니라 자연스러운 거룩입니다. 새로워진 영혼, 거듭난 영혼의 본성은 마치 해바라기가 태양을 바라보듯이 하나님의 거룩함을 닮아 가기를 열망하게 됩니다. 그렇게 하기 위해 굳은 마음을 부드럽게 하고 하나님의 법을 그 마음에 심어주셨습니다. 그것이 바로 거듭남입니다. 거듭난 사람은 영적인 방식이 있습니다. 그 영적인 방식이 계속 행사되면 은혜의 습관이 형성되고 영적인 힘을 발휘하게 됩니다. 만일, 죄가 우리 안에 계속 영향력을 행사하면 죄악 된 습관을 만들게 되고 그것이 죄악 된 힘을 발휘해서 우리를 망하게 합니다. 그러나 은혜의 방식은 새 생명이 자라고 발휘되어서 열매를 맺도록 역사합니다.

많은 사람은 기독교가 거듭남을 말하는 것에 의아해합니다. 거듭남이라는 이 특별한 것에 대해 동의할 수 없어 합니다. 세상은 인간의 본성이 거룩하다고 말하나 성경은 인간의 본성이 죄악 되다고 말하기 때문입니다. 그것은 단순히 성선설, 성악설을 말하는 것이 아닙니다. 성경은 인간의 본성이 새로워져야 한다고 말합니다. 본성이 새로워져야 그 본성에서 변화가 일어납니다.

어떤 것이 발휘되는 방식은 본성에서 나옵니다. 본성이 행동을 결정합니다. 본성이 죄악 되면 그 본성은 죄악 된 방식으로 작동하고 작동된 결과로 죄악 된 습관을 만들어냅니다. 그 결과는 살리는 것이 아니라 죽이는 것이기에 성경은 사망이라 합니다. 본성이 거룩하면 그 본성이 거룩한 방식으로 작동하고 그 작동 된 결과로 거룩한 습관을 만들어냅니다. 그 결과가 살리는 것이기 때문에 성경은 영이라 말합니다. 그런 까닭에, 우리의 본성이 거룩하게 거듭나야만 합니다. 그것은 초자연적인 일입니다. 오직 하나님만이 우리를 거듭나게 하실 수 있습니다.

거듭난 본성이 우리에게 작용하게 되면 어떻게 될까요? 우리의 영혼이 거듭났다면 더 고상한 목적을 향해서 나아가게 됩니다. 고상한 목적이라는 것은 하나님의 성품을 닮아가는 것입니다. 신앙이 애매해지면 안 됩니다. 성경이 한결같이 말하는 하나님의 성품은 '의와 인애와 공평'입니다.

> 자랑하는 자는 이것으로 자랑할지니 곧 명철하여 나를 아는 것과 나 여호와는 인애와 공평과 정직을 땅에 행하는 자인 줄 깨닫는 것이라 나는 이 일을 기뻐하노라 여호와의 말이니라(렘 9:24)

여호와 하나님께서는 '하나님의 백성이라면 무엇을 자랑하고 살아야 하는가?'를 말씀해 주셨습니다. 첫째는 여호와를 아는 것이고 그다음으로는 여호와의 성품대로 인애, 공평, 정직으로 사는 것입니다. 여호와를 안다는 것은 여호와의 인애, 공평, 정직으로 사는 것을 내포하고 있는 것입니다. 별개의 것이 아닙니다. 그것이 성경이 말하는 고상함입니다. 언약 백성의 고상함입니다. 인애, 공평, 정직이 살아 있는 가정, 사회, 국가가 되라고 언약했습니다.

거듭나기 이전의 상태나 그보다 더 낮은 것에 이끌리고 있다면 그것은 거듭남이라고 할 수 없습니다. 인간이 저급한 것으로 자기 영혼을 몰아가고 있다면, 그것은 거듭난 것이라고 여길 수 없습니다. 들고양이는 주린 배를 채우기 위해 쓰레기통을 뒤지며 길거리에 먹을 것이 떨어져 있으면 아무것이라도 먹습니다. 만일, 거듭난 영혼이라고 하면서도 자신의 욕망을 위해 고상함을 버리고, 인애, 공평, 정직이 없이 저급하게 살아가도록 만들고 있다면 그것은 거듭남의 표지가 될 수 없습니다.

우리에게 거듭남의 표지가 있다면, 고상한 목적에 자기 영혼이 지배를 받아야 하고 고상한 것을 이루어내면서 살아가야 합니다.

만일, 그렇게 되지 않으면 자기 영혼을 퇴보시키는 일이 됩니다. 거듭난 영혼은 거듭난 영혼의 성격에 맞지 않는 것들이 자기에게 맞지 않다는 것을 느끼게 됩니다. 영혼이 고상한 것에 이끌리지 않으면 변화가 일어나지 않고 그 영혼은 더 부패하게 됩니다. 영혼이 은혜로 변화된 것으로 나아가지 않으면 자기 안에서 만들어지는 것들이 부패하고 썩어서 쓰레기만 만들어집니다.

내가 거듭났다면 내가 어떻게 변화되어가고 있는가를 보아야 합니다. 내가 거듭났다면 하나님의 성품을 닮아가고 있는가를 보아야 합니다. 세상도 착하게 살려고 하는데 기독교인이라 하면서도 그 착한 것보다 못하다면 그 믿음이 무엇인가를 생각해 보아야 합니다. '예수님을 안 믿어도 너처럼은 안 살겠다', '어떻게 믿는 사람이 안 믿는 사람보다 더 악하게 살아?' 그러면 이상한 겁니다. 세상 사람들이 예수님을 믿는 사람들을 보고 사는 것이 다른 것을 느끼게 해야 합니다.

거듭난 성도로서의 명예로움이 있어야 합니다. 하나님의 백성들은 새로워진 본성으로 죄와 싸워가는 것이 명예스러운 일입니다. 그렇게 살아가야 덕이 되고 하나님께 영광이 됩니다. 그렇게 살아가는 것이 거듭난 성도의 즐거움입니다. 왕자가 누더기를 걸쳐 입고 쓰레기통을 뒤지면서 살아가는 것은 치욕스러운 것입니다. 말은 예수님을 믿는다고 하면서도 저세상이 가는 길보다 못하면 치욕이 되는 것입니다. 성도는 명예롭게 살기를 기도해야 합니다. 명예롭게 살아가는 것은 오직 여호와의 명령을 즐겁게 순종하며 살아가는 것입니다. 인애, 공평, 정직이 있어야 합니다.

여호와의 언약을 즐겁게 순종하는 것은 오직 거듭난 자만이 누리는 복입니다. '나는 상처가 있어서 그리 못 산다', '나는 사는 것이 어려워서 그리 못 산다'고 말할 것이 아닙니다. 상처를 이기려면 거듭남의 가치를 알면 됩니다. 거듭남의 확신을 가지면 상처를 이깁니다. 어려운 삶을 이기려면 거듭남의 은혜를 누려가면 됩니다. 거듭남의 능력으로 어려운 삶을 감당해 갈 수가 있습니다. 언제나 우리가 기억하고 명심해야 할 것이 있습니다. 우리 안에는 선한 것이 없습니다. 아무것도 선한 것이 없습니다. 거듭난 것도 은혜요 살게 되는 것도 은혜입니다. 그 은혜를 헛되이 해서는 안 됩니다. 그 은혜를 명예롭게 해야 합니다. 그것이 거듭난 성도로서 살아가는 전부입니다. 그것이 심령이 가난한 자의 상태이고, 영적으로 가난한 자의 갈망입니다. 그 갈망대로 잘 살아갈 수도 있고 실패할 수도 있습니다. 죄를 지을 때도 있고 그래서 절망할 때도 있습니다. 다시 힘을 얻어 싸워가는 것은 예수 그리스도의 십자가 사랑입니다. 저 영광스러운 천국의 소망입니다. 그 싸움을 해가는 것이 성도입니다. 그것을 위해 기도하고 그렇게 살아가면서 우리 주 예수 그리스도를 명예롭게 하며 살아가는 주의 백성들이 다 되시기 바랍니다.

8 심령이 가난한 자 4

> 1 예수께서 무리를 보시고 산에 올라가 앉으시니 제자들이 나아온지라 2 입을 열어 가르쳐 가라사대 3 심령이 가난한 자는 복이 있나니 천국이 저희 것임이요(마 5:1-3)

예수님의 산상설교 여덟 번째 시간입니다. 오늘은 거듭남에 관련된 용어들을 살펴보고, 거듭남의 표지에 대해 로이드 존스가 말하는 일곱 가지 표지로 자기점검을 해보려고 합니다. 심령이 가난한 자란 예수 그리스도를 구주로 믿고 거듭난 자들의 상태를 말합니다. 우리 편에서 조건과 능력을 발휘해서 결과된 것이 아니라 하나님께서 전적으로 은혜를 베풀어 주심으로 거저 받은 것입니다. 산상설교 여섯 번째 설교에서 말했듯이 교회 안에 거듭남이 없는 사람이 많아지기 때문에 문제입니다. 거듭남, 중생, 회개, 회심이라는 말이 무슨 말인지를 모르는 사람이 많습니다.

우리는 거듭남에 대해서 계속해서 설교를 들어야 합니다. 평생을 가도 거듭남에 대해서 설교를 들어보지도 못하고 그리스도인으로 살아간다는 것은 매우 불행한 일입니다. 우리는 예수님의 산상설교를 시작하면서 거듭남에 대해서 많이 살펴보아야 합니다. 꼭 그렇게 해야만 합니다. 우리가 예수 그리스도를 믿는다고 할 때 우리 자신들을 점검해 보아야 하고 참된 신앙으로 가고 있는지 확인해야 하기 때문입니다.

거듭남에 대해서 계속해서 설교 되어야 하고 거듭남의 역사가 일어나기를 기도해야 합니다. 우리 존재의 새로운 시작이 무엇인지를 계속 확인하고 또 확인해야 합니다. 우리의 의미와 통일성이 어떻게 공급되는지를 지속해서 알아가야 합니다. 우리는 하나님의 말씀 안에서 확인받고 공급받습니다. 성령 하나님께서는 하나님의 말씀으로 모든 것을 우리에게 공급해 주십니다. 그것이 가장 귀하고 복된 것입니다. 가장 근본적인 것입니다. 가장 근본적이라는 것은 우리 영혼의 상태가 똑바르게 되는 참된 비결을 말합니다. 다른 비결은 없습니다.

영혼의 상태가 흐트러짐이 없어지려면 선악에 대한 분별이 선명해야 합니다. 선악이 불분명하면 멘탈이 비정상적이 됩니다. 이것은 이 세상 모든 사람이 가지는 영혼에 대한 근본적인 규칙입니다. 이 규칙이 무너지면 살아가는 삶이 무너지게 됩니다. 오늘날 사회에서 일어나는 여러 가지 정신적인 문제의 원인은 선악에 대한 근본적인 분별이 안 되는 것입니다. 특히 어렸을 때부터 선악에 대한 선명한 기준이 없으면 자라나면서 영혼이 중심을 잡지 못합니다.

선악이 선명하지 않으면 무슨 문제가 발생할까요? 선악이 분명하지 않으면 순간적인 필요에 의해 지배를 받고 행동하게 됩니다. '궁극적으로 선한 것이 무엇이냐?'에 따라 행동하지 않으면 자기 욕망을 따라 살아가게 됩니다. 그렇게 살아가는 것이 익숙해지면 그것이 자기 영혼과 삶에 하나의 습관을 형성합니다. 그 습관은 생각의 습관을 말하고 행동의 습관을 말합니다. 생각과 행동의 습관이 모호한 기준에 의해 만들어졌기 때문에 자기 혼자 살아가는 것은 괜찮을지 모르지만 다른 사람과는 소통이 되지 않습니다. 소통이 안 되면 함께 살아갈 수가 없습니다. 그러면 분열이 일어납니다.

　거듭남을 말하는데 왜 선악이 선명해야 하고 소통과 삶을 말해야 할까요? 선악이 분명하고 소통을 하고 살아야 인간답게 살 수 있기 때문입니다. 그렇게 선악이 선명하고 소통이 있는 삶이 되기 위해서는 '인간이 무엇인가?', '내가 누구인가?'에 대한 관점이 궁극적인 실재로부터 나와야 하기 때문입니다. 세상은 궁극적인 실재가 기(氣)라고 하고 막연히 '어떤 정신이다', '신이다' 혹은 '물질이다' 그렇게 말합니다. 그런 것은 비인격적입니다. 사람이 인격체인데, 비인격체인 것에 의해서 인간이라는 존재를 규정하게 되니 인간이 자기가 어떤 존재인지도 모르게 되고 인격에 관해서 설명하지 못합니다. 인격에 관해 설명하지 못한다는 것은 인격을 가진 실체, 인격체가 원하는 의미와 통일성에 관해 설명할 수 없습니다. 그렇게 되면 도약이 일어나게 됩니다.

　도약이 일어나지 않고 올바르게 인간이 자기 존재를 알고 선악이 분명하려면 영원하시고 인격적이신 하나님을 믿고 알아야 합니다. 선악이 분명하지 않으면 인간이 구원을 받아야 한다는 필요성이 없어집니다. 메시아가 필요 없습니다. 그래서 거듭남이 중요합니다. 예수 그리스도를 믿어야만 내가 누구인지 올바르게 알 수 있습니다. 예수 그리스도를 믿어야만 선악이 선명해지고 다른 사람들과 소통이 되고 삶이 풍성해집니다. 예를 들어서, 어떤 사람처럼 '사람은 우주의 기(氣)에 의해서 만들어졌다'고 말하게 되면 기(氣)가 센 사람이 지배하게 되고 힘 있고 능력 있는 사람이 되기 위해 노력하게 됩니다. 투쟁이 삶의 원리가 됩니다. '자기 존재를 어떻게 규정하느냐?'가 자기 삶을 좌우하게 됩니다. 역으로 보아도 알 수가 있습니다. 삶의 내용을 보면, '자기 존재를 어떻게 규정하고 있느냐?'를 알 수 있습니다. 자기 삶과 자기 존재가 서로 맞물려 있고 연결되어 있습니다.

언약 55번째 설교 다윗언약 여덟 번째 설교에서 말했듯이, 어렸을 때부터 예수 그리스도를 믿고 성경을 읽어야 멘탈이 올바르고 깨끗해집니다. 그래서 어려서부터 예수님을 믿는 것이 중요합니다. 어려서부터 성경을 많이 읽어야 합니다. 요즘은 인문학 때문에 문제입니다. 예수 그리스도를 믿는 집안이라고 하면서도 어려서부터 성경을 읽히지 않고 그리스 로마 신화나 저세상의 책들을 읽히니까 문제가 심각합니다. 어느 정도 아이들이 자라면 성경과 세상의 사상이 무엇이 틀리는지 비교해 가면서 가르쳐 주어야 합니다. 예수 그리스도를 믿고 자라면서 계속해서 성경을 읽고 암송해야 합니다. 그리고 중요한 것은 부모의 사랑과 지지와 모범이 있어야 합니다. 부모로부터 따뜻한 사랑과 지지와 모범이 없으면 신앙의 훈련이 억압으로 느껴지게 되고 신앙교육이 실패할 수도 있습니다. 예수님을 믿고 성경을 읽으며 하나님의 사람으로 훈련받으며 살아가는 것이 가장 큰 은혜입니다.

거듭남, 중생, 회개, 회심이라는 말이 무슨 말인지 알아야 한다고 했습니다. 그런 말들을 지식적으로 안다고 구원이 주어지는 것이 아닙니다. 이런 말들을 안다는 것은 '예수님을 믿는다는 것이 무엇인가?'를 정확하게 아는 것이고 제대로 예수님을 믿어야 하고 참으로 거듭난 성도가 되어야 합니다. 거듭남이란 다시 태어난다는 뜻입니다. 중생이란 그 거듭남을 한문으로 표현한 것입니다. 중생의 '중'(重)자는 '거듭 중' 자이고 '생'(生)자는 '날 생' 자입니다. '거듭난다', '중생한다'는 말은 마음을 새롭게 고쳐먹는 것이 아닙니다. 내가 살아가는 중에 어느 한 부분만 바꾸는 것이 아닙니다. 거듭난다는 것은 예수님의 생명으로 다시 태어나는 것입니다.

어떻게 예수님의 생명으로 다시 태어날 수 있을까요? 그것은 요한복음 3장에서 예수님과 니고데모와의 대화에서 알 수 있습니다. 요한복음 3장을 보겠습니다.

> 1 바리새인 중에 니고데모라 하는 사람이 있으니 유대인의 관원이라 2 그가 밤에 예수께 와서 가로되 랍비여 우리가 당신은 하나님께로서 오신 선생인 줄 아나이다 하나님이 함께 하시지 아니하시면 당신의 행하시는 이 표적을 아무도 할 수 없음이니이다 3 예수께서 대답하여 가라사대 진실로 진실로 네게 이르노니 사람이 거듭나지 아니하면 하나님 나라를 볼 수 없느니라 4 니고데모가 가로되 사람이 늙으면 어떻게 날 수 있삽나이까 두 번째 모태에 들어갔다가 날 수 있삽나이까 5 예수께서 대답하시되 진실로 진실로 네게 이르노니 사람이 물과 성령으로 나지 아니하면 하나님 나라에 들어갈 수 없느니라 6 육으로 난 것은 육이요 성령으로 난 것은 영이니 7 내가 네게 거듭나야 하겠다 하는 말을 기이히 여기지 말라 8 바람이 임의로 불매 네가 그 소리를 들어도 어디서 오며 어디로 가는지 알지 못하나니 성령으로 난 사람은 다 이러하니라(요 3:1-8)

밤중에 예수님께 찾아온 사람은 바리새인 니고데모입니다. 니고데모라는 이름의 뜻은 '백성의 정복자'입니다. 그의 부모가 이름을 지어주어도 매우 의미심장하게 지어주었습니다. 그 바리새인이 와서 예수님께 다른 것을 묻지 않았습니다. 바리새인은 먼저 예수님의 표적에 관해 관심을 보였습니다. 니고데모가 볼 때 예수님께서 행하시는 기사와 이적들을 볼 때 일반적인 사람으로서는 도저히 행할 수 있는 것이 아니었습니다. 니고데모 자신이 말했듯이, "하나님이 함께 하시지 아니하시면" 그런 표적들은 아무라도 할 수 없었습니다. '하나님이 함께하지 않으시면 할 수 없는 가장 핵심적인 것이 무엇인가?'라고 할 때, 그것이 중생입니다. 사람의 병을 고치고 기적을 행하는 것보다 더 본질적인 것이 중생입니다. 거듭남의 의미를 그런 관점에서 보아야 합니다. 거듭남은 오직 하나님만이 하실 수 있는 것입니다.

예수님께서는 니고데모에게 거듭남에 대해 말씀하셨습니다.[49] 하나님의 나라에 들어가는 근본적인 진리를 모르고서는 예수님의 표적을 보고 놀라거나 예수님을 선생으로 부르는 일이 의미가 없기 때문입니다.[50] 하나님의 나라에 들어간다는 것은 하나님의 백성이 된다는 것입니다. 예수님께서는 하나님의 백성이 되려면 가장 먼저 거듭나야만 한다고 말씀해 주셨습니다.

예수님께서 거듭나야 한다고 말씀하셨을 때 거듭난다는 것은 '위로부터'를 의미하기도 하고, '거듭', '다시'를 의미하기도 합니다. 매튜 풀은 거듭난다는 것이 "우리의 심령 속에서 하나님의 권능에 의하여 위로부터 이루어져야 한다는 것"이라고 말했습니다.[51] 이것은 유대주의가 말하는 구원 개념과는 완전히 충돌되는 것이었습니다. 이미 혈통적으로 하나님의 백성이라고 생각하고 있는 유대인들에게 예수님의 말씀은 그야말로 핵폭탄이었습니다. 사람이 부모로부터 태어나면서 하나님의 백성이 되는 것이 아니라

---

[49] 매튜 풀, **요한복음**, 박문재 역 (파주: 크리스챤다이제스트, 2015), 64.
[50] 존 칼빈, **요한복음1** (서울: 성서교재간행사, 1982), 313.
[51] 매튜 풀, **요한복음**, 박문재 역 (파주: 크리스챤다이제스트, 2015), 65.

하나님께서 죄로 죽은 영혼을 살려내셔야만 구원을 받을 수 있습니다. 이것이 거듭남이고 중생입니다.

회개는 단순히 잘못을 뉘우치는 것이 아닙니다. 물론 죄를 짓지 않고 돌아서는 것도 포함되어 있습니다. 그러나 회개는 하나님께로 돌아오는 것입니다. 탕자가 아버지께 돌아오듯이 생명의 근원으로 돌아오는 것입니다. 언약 안으로 다시 돌아오는 것입니다. 자기 죄를 회개한다는 것은 자기가 주인이고 자기 생명인 것처럼 살아가던 길을 버리고 하나님이 주인이시고 하나님만이 생명이라는 것을 믿는 것입니다. 그래서 마음의 변화입니다.

회심이란 거듭난 자의 삶에서 일어나는 변화를 말합니다. 중생은 즉각적인 변화입니다. 중생은 하나님의 역사입니다. 회심은 중생 이후에 일어나는 우리 편에서 하는 일을 말합니다. 우리 편에서 해야 하는 일이라고 해서 '중생은 하나님의 일이고 회심은 우리의 일이다'라고 이분법적으로 생각하는 것이 아닙니다. 하나님께서 우리를 성령님으로 거듭나게 하시고 우리가 하나님의 자녀가 되었기 때문에 우리의 삶에 변화가 일어나는 것이 회심입니다. 회심은 중생 없이 일어나는 것이 아닙니다. 중생 없는 회심은 없습니다. 회심은 중생으로부터 변화된 삶까지를 다 포함하고 있습니다.

로이드 존스 목사는 그것을 씨를 뿌리는 일과 그 씨뿌림의 결과로 말했습니다. 사람이 거듭나는 것은 전적으로 하나님의 일입니다. 인간이 기여할 수 없습니다. 거듭난 사람은 하나님의 백성으로 살아가야 하는 책임과 의무가 있습니다. 그래서 언약적입니다. 새 생명이 심기워진 사람은 새 생명의 원리를 따라 살아가야 합니다. 그것이 강요와 억압으로 이루어지지 않고 감사와 기쁨으로 이루어집니다.

그러면, 내가 중생했다는 증거, 거듭났다는 표지가 무엇입니까? 로이드 존스 목사는 일곱 가지로 말했습니다. 첫 번째는, 예수께서 그리스도이심을 믿는 것입니다. 예수 그리스도께서 나를 죄와 사망에서 구원하시는 구주가 되시는 것을 믿는 것입니다.[52] 두 번째는, 계명을 지키는 것입니다.[53] '하나님의 자녀와 마귀의 자녀를 어떻게 구분하느냐?'고 할 때 사도 요한은 하나님의 자녀는 하나님의 계명을 지키고 살아가는 것을 즐거워하는 자들입니다.[54] 놀랍게도 성경은 '그의 계명은 무거운 것이 아니로다'라고 말합니다. 거듭난 사람들은 하나님의 계명이 억압으로 느껴지지 않습니다. 오히려 즐거워합니다. 예수 그리스도의 구원과 언약 안에서 새 생명을 얻었기 때문입니다. 그 계명대로 살아갈 때만 하나님께서 주신 생명을 풍성하게 누려 갈 수 있기 때문입니다. 그것이 성도 된 우리에게 가장 큰 기쁨이요 즐거움입니다.

세 번째는, 주님께서 성령님을 우리에게 주셨다는 것입니다. 요한 일서 3장 24절에서 이렇게 말합니다.

---

[52] 그러므로 내가 너희에게 알게 하노니 하나님의 영으로 말하는 자는 누구든지 예수를 저주할 자라 하지 않고 또 성령으로 아니하고는 누구든지 예수를 주시라 할 수 없느니라(고전 12:3)
[53] 우리가 그의 계명을 지키면 이로써 우리가 그를 아는 줄로 알 것이요(요일 2:3) 하나님을 사랑하는 것은 이것이니 우리가 그의 계명들을 지키는 것이라 그의 계명들은 무거운 것이 아니로다(요일 5:3).
[54] 로이드 존스, **로이드 존스 성경교리강해 시리즈 2 성령 하나님**, 이순택 역 (서울: 기독교문서선교회, 2000), 138.

> 그의 계명들을 지키는 자는 주 안에 거하고 주는 저 안에 거하시나니 우리에게 주신 성령으로 말미암아 그가 우리 안에 거하시는 줄을 우리가 아느니라(요일 3:24)

그러면, 우리가 성령님을 받은 것을 어떻게 알 수 있습니까? 누구처럼 하나님의 음성을 들어야 하는 것일까요? 성경이 우리에게 말해 주는 것은 분명합니다. 로마서 8장 15절과 갈라디아서 4장 6절에서 이렇게 말합니다.

> 너희는 다시 무서워하는 종의 영을 받지 아니하였고 양자의 영을 받았으므로 아바 아버지라 부르짖느니라(롬 8:15)
> 너희가 아들인 고로 하나님이 그 아들의 영을 우리 마음 가운데 보내사 아바 아버지라 부르게 하셨느니라(갈 4:6)

우리가 성령님을 받았고 그 성령님께서 우리 안에 계신다는 증거는 우리가 하나님을 아버지라 부르고 느끼고 인식하는 것입니다. 성령님으로 거듭나고 성령님을 받은 사람들은 나의 하나님이라고 고백하고 나의 아버지라고 고백합니다. 그래서 믿는 성도들은 기도할 때 '하나님 아버지'라고 부르기를 좋아합니다.

네 번째는 형제를 사랑하는 것입니다. 세 번째가 하나님과의 관계적 관점이라면, 네 번째는 우리 이웃들과의 관계적 관점입니다. 세 번째는 수직적 관점이고 네 번째는 수평적 관점입니다. 요한 일서 3장 14절에서 이렇게 말합니다.

> 우리가 형제를 사랑함으로 사망에서 옮겨 생명으로 들어간 줄을 알거니와 사랑치 아니하는 자는 사망에 거하느니라(요일 3:14)

'왜 형제를 사랑하느냐?'고 할 때, 우리는 예수 그리스도와 함께 신비적으로 연합되어 있는 존재들이기 때문입니다. 우리는 언약 안에서 그렇게 연합되어 있습니다. 그래서 언약 안에 하나 되어 있기 때문에 사랑하고 살아야 합니다.

다섯 번째는, 거듭난 성도라면 자기 안에 영과 육의 대립과 싸움이 있는 사람입니다. 갈라디아서 5장 17절에서 이렇게 말합니다.

> 육체의 소욕은 성령을 거스리고 성령의 소욕은 육체를 거스리나니 이 둘이 서로 대적함으로 너희의 원하는 것을 하지 못하게 하려 함이니라(갈 5:17)

이 말씀에서 육이라는 것은 예수 그리스도를 믿기 전의 옛사람을 가리키며, 영이라는 것은 성령님으로 거듭나서 갱신된 성질 혹은 중생의 은혜를 말합니다.55) 다시 말해서, 우리는 거듭나기 전의 본성도 있고 거듭난 이후의 본성도 있습니다. 매튜 헨리는 이렇게 주석했습니다.

> 우리 안에 있는 은혜의 본질이 우리의 타락된 본성이 우리를 이끌어 가려고 하는 모든 악을 행하지 못하도록 저지하는 것처럼 또한 부패하고 육적인 본질로부터의 도전에 의하여 우리가 하기를 원하는 모든 선을 행할 수도 없게 된다. 자연인에게도 일종의 이러한 투쟁이 있다(그의 양심의 소리와 마음의

---

55) 존 칼빈, **갈라디아서** (서울: 성서교재간행사, 1982), 634; "육체라는 말은 로마서에서 이미 서술한 대로 인간의 본성을 의미한다. … 여기서 말하는 영은 갱신된 성질 혹은 중생의 의미하기 때문이다. 그러므로 육이라는 것은 다만 옛사람을 가리키는 것이다. 인간성 전체가 하나님의 영에 대하여 완고하게 반역하고 있기 때문에, 성령께 순종하려면 분투노력하며 전심전력을 다하지 않으면 안 된다. 그러기 위해서는 먼저 우리 자신을 부인하는 일부터 시작하여야 한다. 그런데 여기서 우리는 하나님께서 우리 본성을 얼마나 우대하여 주시는가 하는 사실을 알 수 있다. 우리 인간의 본성과 의는 물과 불이 화합하지 않는 것 같이 더 일치되지 않는다. …"

부패된 성품이 서로 투쟁한다. 그의 양심의 소리는 자신의 악성을 정복하려고 하며 또 그의 악성은 양심의 소리를 침묵시키려고 한다). 마찬가지로 일종의 선한 본질이 형성된, 다시 새로워진 사람에게도 옛 성품과 새 성품 사이에 투쟁이 있고 잔존한 죄의 세력과 시작된 은혜 사이에 투쟁이 있는 것이다. 기독교인들은 그들이 이 세상에 있는 동안은 이 양자의 작용이 끊임없이 존재할 것을 각오해야 할 것이다.56)

이 본성에 대한 논쟁이 있습니다. 두 본성주의와 한 본성주의입니다. 데이빗 던랩(David Dunlap)은 이 두 가지 흐름을 말하면서 두 본성주의를 말했습니다.57) 두 본성주의를 지지하는 사람들은 존 칼빈(John Calvin)이나 헤르만 바빙크(Herman Bavinck), 찰스 핫지(Charles Hodge), 그리고 윌리엄 헨드릭슨(William Hendriksen)과 같은 사람들입니다. 한 본성주의를 말하는 사람은 대표적으로 존 맥아더이고 그 기원을 존 머레이(John Murray) 교수로 봅니다. 안토니 후크마(Anthony Hoekema), 로버트 다브니(Robert Dabney), 벤자민 워필드(B.B. Warfield)도 한 본성주의를 견지했습니다. 존 맥아더의 에베소서 강해에서 다음과 같이 말했습니다.

거듭나게 될 때, 사람은 새로운 피조물이 된다. "옛것은 지나가고 보라 새것이 되었도다"(고후 5:17). 이 구절은 단순히 신자가 새로운 무언가를 받았다는 것이 아니라, 그 사람 자체가 새롭게 되었다는 뜻이다. 새로운 본성이 옛 본성 위에 더해진 것이 아니라, 아예 옛 본성을 대체한 것이다. 거듭난 사람은 완전히 새롭게 된 "나"이다. 따라서 그리스도인이 두 가지 서로 다른 본성을 가지고 있다고 말하는 것은 성경적인 표현이 아니다. 그리스도인은 오직

---

56) 매튜 헨리, **갈라디아서**, 남준희 역 (서울: 기독교문사, 1985), 123-124; "… 본문에 영이란 성령 자신을 말하는 것으로 그는 강림하셔서 그가 새롭게 하고 거룩하게 한 자들의 심령 속에 거하시며 그들이 의무를 소행하는 데 있어서 그들을 인도하시고 도우시며 아직 부패한 본질이 그들 안에 나아서 선을 거스림으로 은혜로운 본질을 백성들의 마음에 심어 이 은혜를 사모하는 마음이 육체에 항거하게 하신다. …"
57) 던랩의 신학적 관점에 다 동의하는 것은 아니지만, 본성에 대한 정리는 잘 되어 있다.

그리스도 안에서 새롭게 된 본성, 곧 이 한 가지 본성만을 가지고 있다. 옛 자아는 죽었고, 새로운 자아는 살았다. 그 둘은 동시에 존재하지 않는다.

존 맥아더의 이런 한 본성주의는 우리가 거듭나는 순간에 옛 본성을 의미하는 "옛 자아"(old self), "옛사람"(old man), "육신"(flesh)은 성도의 몸속에 더 이상 존재하지 않는다고 봅니다. 성도는 옛날의 죄악 된 본성과 새로운 신의 성품, 이 두 가지 본성을 소유하고 있는 것이 아니라, 거듭날 때 받은 한 본성만을 가지고 있다고 생각합니다. 이중 본성, 다시 말해서, 옛 본성과 새로운 본성을 함께 가지고 있는 것이 아니라 더 이상 성도 안에는 옛 본성이 없다는 것입니다. 존 맥아더는 고린도후서 5장 17절에서, "옛것은 지나가고 보라 새것이 되었도다"라고 말하기 때문에, 이제 성도에게는 한 가지 본성만 가지고 있다고 주장합니다.

한 본성론을 주장하는 분들은 로마서 6장 1-12절을 근거로 주장합니다.

> 우리가 알거니와 우리 옛 사람이 예수와 함께 십자가에 못 박힌 것은 죄의 몸이 멸하여 다시는 우리가 죄에게 종노릇하지 아니하려 함이니(롬 6:6)

죄의 종노릇하였던 우리가 이제는 예수 그리스도와 함께 십자가에 못 박혀 옛사람에게는 죽음이 내려졌기 때문에 더 이상 옛 자아가 존재하지 않는다고 봅니다. 이것이 존 머레이의 주장입니다.

문제는 '왜 성도가 죄를 짓느냐?' 하는 것입니다. 한 본성론자들은 "비록 옛 죄악 된 본성은 그리스도인 속에 더 이상 존재하지 않지만, 몸에 밴 옛 삶의 방식과 죄악 된 습관이 우리 생각과 사고 속에 깊이 새겨져 있기 때문이다"라고 말합니다. 성도 안에 잔재하는 그 죄악 된 습성들이 성도로 하여금 죄를 짓게 한다고 봅니다. 닐 앤더슨은 그의 책 『내가 누구인지 이제야 알았습니다』에서 다음과 같이 말했습니다.

> 내가 정말 원하는 바를 하지 못하도록 방해하는 죄가 거하는 곳은 어디일까? 하나님과 상관없이 살아오는데 익숙해져 있는 당신의 일부분인 육신 속에 기억들, 습관들, 조건적인 반응들과 사고방식이 당신 속에 깊이 배어 있는 것이다. 마음을 새롭게 함으로 변화를 받아서(롬 12:2), 옛 생각들을 다시금 형성시키는 그 육신을 십자가에 못 박는 것은 바로 당신의 책임이다.

닐 앤더슨의 책을 보면, 영에는 문제가 없고 육과 혼에 문제가 있다고 봅니다. 닐 앤더슨은 인간을 영, 혼, 육 세 가지로 구성되어 있다는 삼분설로 설명하기 때문입니다. 옛 자아는 죽고 새로운 자아가 살게 되었기 때문에 이제 그리스도의 거룩한 성품에 참여하게 되었지만, 문제는 육체에 하나님을 떠나 자기중심적으로 살 때 형성되었던 사고방식이나 생활양식이 그대로 있다고 말합니다. 그 설명 바로 앞에서 "육신이란 어떻게 이해되나?"라고 하면서, 새 선장으로 바뀌었다고 말하면서 옛날 선장은 이제 완전히 우리의 시야에서 사라졌다고 말했습니다. 그런데 바로 이어서 육체에 옛날 사고방식이 남아 있어서 그것이 죄를 짓게 만드니 그것과 싸워가야 한다고 봅니다.[58] 너무 헷갈립니다. 거듭난 성도가 죄를 짓는 이유에 대해서 명확한 설명이 안 됩니다.

로마서 7장 17-18절에 보면 이렇게 말합니다.

> 17 이제는 이것을 행하는 자가 내가 아니요 내 속에 거하는 죄니라 18 내 속 곧 내 육신에 선한 것이 거하지 아니하는 줄을 아노니 원함은 내게 있으나 선을 행하는 것은 없노라(롬 7:17-18)

매튜 풀은 새 사람 안에 두 사람이 있다고 보았습니다.59) 거듭난 사람 안에 두 가지 싸움이 일어나는 것을 강렬하게 느끼는 것입니다. 그것을 입증하는 것이 갈라디아서 5장 17절입니다.

> 육체의 소욕은 성령을 거스리고 성령의 소욕은 육체를 거스리나니 이 둘이 서로 대적함으로 너희의 원하는 것을 하지 못하게 하려 함이니라(갈 5:17)

거듭난 성도 안에 육체의 소욕이 있고 성령의 소욕이 있습니다. 매튜 풀은 육체의 소욕을 "하나님의 통치 및 성령의 지시나 역사와 반대"60)되는 것으로 말했습니다. 이렇게 육체의 소욕과 성령의 소욕이라는 두 본성으로 보면 우리가 죄를 짓는 이유가 우리 안에 죄악 된 성향이 있기 때문이라는 것을 알 수 있습니다. 우리 속에 죄악 된 본성이 있기 때문에 죄를 짓습니다. 우리는 여전히 죄의 본성을 가지고 있는 죄인들이기 때문입니다. 우리가 죄를 지으면서도 내 몸에 습관이 배어있고 사고방식이 배여

---

58) 닐 앤더슨, **내가 누구인지 이제 알았습니다**, 유화자 역 (서울: 죠이선교회, 1997), 79-83.
59) 매튜 풀, **로마서**, 정충하 역 (경기: 크리스챤다이제스트, 2015), 423.
60) 매튜 풀, **요한복음**, 박문재 역 (파주: 크리스챤다이제스트, 2015), 555; 〈여기에서 "육체"는 인간의 거듭나지 않은 부분이나, 우리가 아담으로부터 물려받아서 우리의 감각적인 욕구만이 아니라 우리의 이성적인 욕구에도 자리 잡게 된 저 육체인 욕망이나 욕심을 가리키는 것으로 이해하여야 한다. 이러한 의미에서의 "육체" 또는 "육체의 소욕"은 하나님의 통치 및 성령의 지시나 역사와 반대된다.〉

있어서 죄를 짓는다고 말하면 자기 합리화로 자기를 속이는 것이 되고 맙니다.

주로, 우리가 그리스도 안에서 성숙해지면 육신적인 습관의 지배력이 점차 약해진다고 가르쳐 왔습니다. 그러나 로마서 7장 18-19절을 보면, "죄악 된 본성의 능력이 약해지거나 없어져 가는 것이 아니라, 그 죄악 된 본성의 힘이 자신 속에 여전히 있다"는 것을 고백했습니다. 데이빗 던랩은 "사도 바울이 '원죄의 잔재'인 옛 습관, 사고방식이 성숙한 성도 속에서 점차로 약해지면서 단순히 역사하고 있다고 말한 것이 아니라, 오히려 자신을 죄로 끌어당기며, 사로잡아 가려고 애쓰는 강력한 힘이 있다"고 말했습니다.

그러면 '성도로서 삶을 어떻게 살아야 승리할 수 있느냐?'고 하면, 성도들은 우리 안에 내주하시는 성령 하나님께 굴복하고 말씀과 기도로 옛 본성의 소욕을 억제하고 제어하는 싸움을 감당함으로써 승리할 수 있습니다.

두 본성이라고 해서 우리가 오해하면 안 되는 것이 있습니다. 우리는 중립에 있고 어떤 때는 착한 본성의 지배를 받고 어떤 때는 악한 본성의 지배를 받는 것이 아닙니다. 한쪽에서는 선한 천사가 당기고 한쪽에서는 악한 귀신이 당기는데, 내가 이쪽으로 가기도 하고 저쪽으로 가기도 한다는 설명은 성경이 말하는 것이 아닙니다.

두 본성을 잘 이해하기 위해서는 라은성 교수의 『이것이 개혁신앙이다』라는 책을 참고해 볼 필요가 있습니다. 라은성 교수는 중생은 의지의 전환이라고 보면서 다음과 같이 정리했습니다.

① 마음이 하나님의 것을 이해하도록 영적으로 또 구원적으로 계몽하고,
② 돌과 같은 심정을 제거하고,
③ 부드러운 심정을 주시고,
④ 의지를 갱생하고,
⑤ 하나님의 전능하신 권능으로 선한 것을 결정하도록 하고,
⑥ 그들을 예수 그리스도에게 효과적으로 이끕니다(웨스트민스터 신앙고백서, 10장 1항).61)

언약설교 25번째 아브라함 언약 첫 번째 설교에서 이 부분을 말했습니다. 라은성 교수는 "죄의 지배는 없어졌지만 죄성이 살아 있다."62)고 말했습니다. 하나님께서 우리를 새롭게 하신다고 할 때 우리의 의지가 변화됩니다. 나머지는 부패한 가운데 있습니다. 의지가 하나님께로 향하도록 변화시키십니다. 마음의 다른 부분들은 하나님께로 향해지지 않습니다. 그 변화된 의지로 다른 부분들을 굴복시켜 가야 합니다. 성령님께서 역사하셔서 하나님의 말씀과 기도로 싸워가게 하십니다. 의지가 하나님을 향해 나아가려

---

61) 라은성, **이것이 개혁신앙이다** (서울: PTL, 2017), 306-307.
62) 같은 책, 371-372; "죄 죽이기: 그리스도의 보혈로 덮인 죄들의 잔재는 우리를 괴롭힙니다. 죄의 지배는 없어졌지만 죄성이 살아 있다는 것입니다. 우리를 괴롭히는 육체의 영속적인 욕심들은 여기에 기인합니다(웨스트민스터 대교리문답서 78문). 지속적이고 진정한 하나님과 화해를, 그분의 자녀로서의 숨낳은 혜택을, 의롭다 여겨진 자가 받는 그분과의 교제를, 또는 언약백성이 받는 엄청난 복들을 지상에서 누리지 못하게 합니다. 또 영적투쟁에서 죄의 세력이 우세한 척하지만 성도는 하나님을 두려워하는 가운데 성령의 지속적인 도움으로 성화되어 가야 합니다(웨스트민스터 신앙고백서 13장 2-3항, 돌드레히트 신조 5당 3장). 육체적 본성이 여전히 살아 있어 경건한 삶을 살지 못하도록 중생된 자를 괴롭힙니다. 물론 지상에 사는 동안 이러한 투쟁을 멈출 수 없지만 우리는 지속적으로 죄와 싸우며 삽니다. "그러므로 내가 한 법을 깨달았노니 곧 선을 행하기 원하는 나에게 악이 함께 있는 것이로다"(롬 7:21) 말씀에 어긋나는 옛 관행을 벗어버리지 않으면 선행의 열매를 결코 맺을 수 없습니다. 벗어버리는 과정을 가리켜 "마음의 할례"(신 10:16, 30:6)라고 부르는데 그만큼 고통이 따른다는 것을 의미합니다. 하지만 이 싸움을 결코 멈춰선 안 됩니다. 이미 승리한 싸움이기 때문입니다(돌드레히트 신조 5장 10항).

고 하면 지성, 오성, 감성, 이성이 의지를 방해합니다. 거기에 싸움이 일어나게 됩니다.[63] 그 싸움이 일어날 때, 자기 부인이 있어야 합니다. 하나님께로 나아가려는 그 의지로 자기중심적인 이기주의, 교만한 마음을 굴복시키는 것이 자기 부인입니다.[64]

라은성 교수는 중생한 자가 왜 죄를 짓는지 다음과 같이 말했습니다.

> 그러면 중생 되었는데도 왜 계명을 따라 살지 못할까요? "죄의 잔재들과 그 영에 대적하는 육체의 영속적인 욕심들" 때문입니다(「웨스트민스터 대교리문답서」 78문; 「웨스트민스터 신앙고백서」 13장 2항; 「돌드레히트 신조」 5장 3항). 다시 말해 중생된 자가 성화의 삶을 살지 못하는 이유는 죄의 잔재들 때문입니다. 좀 더 구체적으로 살펴봅시다. "우리는 항상 싸워야 한다!"(ergo semper pugnandum est)고 아우구스티누스는 말했습니다. 중생 되었어도 남아 있는 육체의 잔재들에 대한 전투를 실행한다는 의미입니다. 회개의 두 가지 측면 중 하나가 '죄 죽이기'입니다. 회개를 설명하면서 자세히 다루겠지만 우리는 자신의 부패성, 즉 죄성과 늘 싸워야 합니다. 중생 되었다는 것은 죄의 지배에서 벗어난 것입니다. 죄의 통치를 벗어났어도 여전히 불씨가 남아 있기 때문에 언제든 발화할 수 있습니다. 중생 후에도 우리의 인간성은 타락 후의 그것과 다를 바 없습니다. 차이점이 있다면 죄의 지배로부터 벗어났느냐 여전히 그 지배하에 있느냐 하는 것입니다.[65]

---

[63] 같은 책, 312-313; "좀 구체적으로 설명하겠습니다. 우리는 영을 볼 수 없습니다. 그 기능을 통해서만 인식할 뿐입니다. 성령 하나님은 영의 기능 중 의지를 전환시켜 중생케 하셨습니다. 하지만 의지 외의 다른 영의 기능들은 여전히 타락한 가운데 있어 의지가 하나님의 선을 향하여 진행하려고 하더라도 그것을 방해할 것입니다. 지성, 오성, 감성 및 이성이 의지를 방해합니다. 이런 가운데 투쟁이 일어납니다. 다른 말로 하면 불신앙인 부패성이 선한 의지를 공격하고 방해한다는 것입니다. 이럴 때 중생된 자의 마음(mind)에 담겨 있는 순전한 말씀을 통해 성령 하나님은 지성을 조명시킵니다. 그리고 성령 하나님께서, 조명된 마음으로 깨달은 말씀을 심정(heart)에 붓습니다(「기독교강요」 3권 2장 34항). 감동시킵니다. 우리의 의지와 감정이 성령의 소욕을 따라 그 심정에 부어진 말씀에 순종하게 됩니다. 성령의 감동으로 심정이 말씀에 순종하게 된다는 것입니다(3권 2장 18항 참고)."

[64] 라은성, 중생이란 무엇인가?(2016.7.6.)
https://www.youtube.com/watch?v=qAXmCd5Xpks/

[65] 라은성, **이것이 개혁신앙이다** (서울: PTL, 2017), 311-312; 〈의지의 전환이 일어났다 하더라도 성령 하나님의 말씀이나 계명에 불순종하려는 심정은 여전히 남아 있습니다. 성경은 이런 심정을 "육체의 소욕"이라고 말합니다(갈 5:17). 이 소욕은 옛 사람, 부패성이기에 성령 하나님의 말씀에 순종하지 않으

그러니 우리는 하나님께서 새롭게 하신 그 의지로 성령님께 의지하면서 죄악 된 잔재들과 싸워가야 합니다. 그 싸움이 있는 사람이 성도입니다. 그것이 거듭난 자, 중생한 자의 표지입니다. 그 싸움에 승리하도록 성령님께서 우리를 이끌어 가시고 역사하고 계시는 성령님의 작용이 있다는 것을 알게 됩니다.

여섯 번째로, 그런 까닭에 성도는 사단이 더 자기에게 접근하여 오고 공격한다는 것을 압니다. 그래서 성령님의 역사를 방해하고 더 죄악 된 것으로 이끌어서 실패케 하고 절망케 하여서 예수 그리스도 안에서 부요함을 누려가지 못하게 합니다. 자기에게 일어나는 일이 단순히 우연히 그렇게 되는 일이 아니라는 것을 알게 됩니다.

일곱 번째로, 그런 싸움 속에서 더욱 하나님을 의지하고 하나님을 알려고 하는 갈망이 일어나게 됩니다. 철저하게 하나님 의존적인 삶을 살게 하시고 철저하게 하나님 안에 살게 하십니다. 이것은 오직 거듭난 자들만이 경험하게 되는 것입니다. 우리가 하나님을 의지하고 기도하며 엎드리는 것은 우연히 그렇게 되는 것이 아닙니다. 날마다 자기의 연약함과 비참한 상태를 보면서

려는 데 익숙합니다. 부패성에 종노릇 하고 육체의 소욕을 가진 인간이 죄성과의 싸움에서 승리하기 위해선 "성령을 따라" 행해야 합니다(갈 5:16). 중생 된 자들은 율법 준수로부터 자유롭습니다. 하지만 그 자유를 자신의 "육체의 기회"로 삼을 수 있습니다(갈 5:13). 자유를 악용하여 방종할 수 있습니다. 이것을 이기는 길은 "성령을 따라" 행하는 길뿐입니다. 성령을 따라 행할 때야 비로소 자유가 방종이 되지 않고 참된 자유를 누릴 수 있게 되고 경건의 삶을 살게 됩니다. 성령의 지배하에 있든지 죄의 지배하에 있든지 둘 중 하나에 우리는 속하게 됩니다. 성령의 지배를 떠나 죄의 지배하에 있게 되면 "하나님의 나라를 유업으로 받지 못할" 겁니다(갈 5:21). 이 말씀은 중생된 자라면 누구나 성령의 인도, 즉 그분의 말씀에 순종한다는 사실을 강조하는 경고입니다.〉

하나님의 은혜가 아니면 한순간도 살아갈 수 없다는 것을 알게 됩니다. 그래서 오직 예수 그리스도의 십자가 은혜를 의지하는 심령이 가난한 상태를 유지하도록 하십니다. 그것이 성도에게 주어지는 첫 번째 복된 상태입니다.

　오늘은 로이드 존스가 말하는 거듭난 자의 7가지 표지를 살펴보았습니다. 그 표지들은, 첫 번째로, 예수께서 그리스도이심을 믿는 것입니다. 두 번째로, 계명을 지키는 것입니다. 세 번째로, 주님께서 성령님을 우리에게 주셨다는 것을 믿고 고백하고 확인하는 것입니다. 네 번째로, 형제를 사랑하는 것입니다. 다섯 번째로, 거듭난 성도라면 자기 안에 영과 육의 대립과 싸움이 있는 사람입니다. 여섯 번째로, 그런 까닭에 성도는 사단이 더 자기에게 접근하여 오고 공격한다는 것을 아는 사람입니다. 일곱 번째로, 그런 싸움 속에서 더욱 하나님을 의지하고 하나님을 알려고 하는 갈망이 일어나는 사람입니다. 이 표지들을 생각하면서 '참으로 우리가 거듭난 자들인가? 아닌가?'를 깊이 돌아보고 점검하는 성도들이 다 되시기 바랍니다.

9 심령이 가난한 자 5

1 예수께서 무리를 보시고 산에 올라가 앉으시니 제자들이 나아온지라 2 입을 열어 가르쳐 가라사대 3 심령이 가난한 자는 복이 있나니 천국이 저희 것임이요(마 5:1-3)

　예수님의 산상설교 아홉 번째 시간입니다. 오늘은 거듭난 자의 반응에 대해 생각해 보겠습니다. 심령이 가난한 자, 영적으로 가난한 자가 복이 있습니다. 영적으로 가난한 상태가 된 사람입니다. 영적으로 가난해지는 것은 오로지 성령 하나님의 역사로 거듭난 사람들만이 가질 수 있는 심정(heart)입니다. 거듭난 사람만이 하나님의 백성이 되고 거듭난 사람만이 하나님의 나라에 들어갑니다. 내가 교회에 출석한다고 해서, 내가 도덕적으로 의롭다고 해서 하나님의 백성이 되는 것이 아닙니다. 종교적인 모습을 아무리 많이 갖추고 있다고 할지라도 거듭나지 않았다면 아무 소용이 없습니다. 아무리 오래 기도하고, 자주 금식하고, 설교를 많이 듣고, 헌신을 많이 하고, 경건의 모양이 있을지라도 거듭나지 않으면 아무 소용이 없습니다.

　기독교 신앙은 분명합니다. '거듭났느냐? 아니냐?'로 확실하게 구분됩니다. 아직 거듭남에 대한 분명한 확신이 없는 사람들도 있습니다. 하나님께서 한 영혼을 거듭나게 하기까지 긴 시간이 필요한 사람도 있기 때문입니다. 사람마다 똑같은 과정을 거치는 것이 아니기 때문에 사람마다 조금씩 차이가 있습니다. 그럼에도 불구하고 우리의 신앙은 참으로 거듭나고 예수 그리스도를 구주로 믿는 분명한 신앙고백이 있어야 합니다. 경건의 겉모습이 중요한 것이 아니라 '중생했느냐? 안 했느냐?'가 중요합니다.

이것은 '우리가 진정으로 의지하는 것이 무엇인가?'를 말해 줍니다. '하나님의 백성이 되고 하나님의 나라에 들어가는 것을 무엇으로 근거하고 있느냐?'는 것입니다. 오랫동안 신앙생활 한 것이나, 남다른 봉사를 하는 것이나, 직분을 가지고 있는 것이나, 예의 바르고 칭찬받고 존경받는 것으로, 심지어 죄를 짓고 양심의 가책을 받는 것으로도 하나님의 나라에 들어갈 수 없습니다. 오직 거듭난 사람만이 하나님의 나라에 들어갈 수 있습니다.

그런 까닭에, 기독교는 '선한 사람이 되면 천국에 들어간다'고 말하지 않습니다. 기독교는 수행의 종교가 아니기 때문입니다. 수행으로 시작하면 수행하는 매일의 삶이 자기를 만족하게 합니다. 자기보다 수행을 안 하는 사람들을 보면 더욱 기분이 좋습니다. 수행은커녕 죄를 짓고 살아가는 사람들을 보면 매우 흡족합니다. 수행은 자기 의를 만들어 가고 쌓아가는 것이기 때문에 더 열심을 가지고 노력하게 됩니다.

우리나라의 초기 기독교에서 길선주 목사는 그런 수행으로서의 기독교를 많이 강조했습니다. 길선주 목사는 『해타론』을 통해 신앙의 진리를 깨우쳐 주려고 했습니다. '해타'(懈惰)란 '나태', '게으름'이라는 뜻입니다. '해타'는 성취국(成就國)으로, 천국으로 가는 길을 막아서는 흉측한 짐승이고 게으름을 상징적으로 표현한 것입니다.[66] 게으름의 마귀가 신앙생활을 저해한다고 보고 사

---

[66] 길선주 목사의 **해타론**에서; "이 즘생이 이 길에 항상 잇서 성취 국으로 드러가는 사람마다 잡아 먹는고로 성취 국으로 드러가는 사람이 적으매 그 나라에 직분을 맛허 누리는 이가 별노 업는고로 하나님꺼서 소원성 사람들을 심이 어엿비 넉이사 일천구백사 년 전에 예수을 이 소원 성에 강생 식히사 예수를 밋는 사람들은 인긔를 주어 성취국으로 드러가게 하시대 그 나라에 드러가서 그 직분을 다한 후에 그 나

람들을 계몽하려고 했습니다. 그 당시 선비들은 거의 일을 하지 않았습니다. 손에 물을 묻혀서는 안 된다고 배웠습니다. 그 바쁜 농번기에도 도와주지 않았습니다. 그런 게으름을 이겨야만 한다고 했습니다. 『해타론』은 그런 게으름을 버리는 수행을 강조했습니다. 『해타론』에 보면 게으른 여인에 대해 이렇게 말합니다.

> 이때로부터 모안로 지경 안에 해타 즘생이 생겨 성취국으로 행하는 사람들을 매양 해하는지라 이 지경에서 해타 즘생의 게상한 사람의 사적을 대강 말하노니 유로바에 한 녀인이 잇스니 이 녀인이 세수를 부즈런이 할 때에는 일 년에 두 번 하고 일즉이 니러날 때에는 상오 열두 시에 니러나고 한 평상에 담배나 먹으며 이 집 저 집 마음이나 단니며 놀기를 조화하는고로 부모가 모아 준 세간을 다 허비하고 류리 개걸하야 엇어 먹으며 단니니 람루한 의복은 살을 가리우지 못 하고 추추한 형상은 사람 보기에 더러온지라 하로는 이 녀인이 길을 가다가 길 가에서 은전 한푼을 엇은고로 마음에 생각하대 이 돈 한 푼으로 무삼 장사를 하여야 리를 만이 엇을고 하더니 한 생각을 어더 갈아대 적은 미천 가지고 만흔 리 엇는 거슨 술장사 밧긔 업다 하고 그 은전 한 푼을 가지고 술 집에 가서 모주를 사다가 랭수를 타서 저자에 놋코 오며 가는 사람에게 팔새 지나가는 사람들이 술이 조코 나즌거슨 아지 못하고 목마른것 만 생각하야 돈을 주고 사먹으니 술을 다 판 후에 회계하여 본즉 은전 삼 사 푼이 남은지라 심중에 크게 깃버 말하기를 한 푼 어치로 삼사푼리가 남앗스니 이 삼사 푼으로 술을 사다가 팔면 몃 십 원이 되리로다 하고 그 돈을 가족 부대에 넛코 술 집으로 모주를 사러 가다가 한 강 가흘 당하니 모래 밧치 심이 조코 날이 양긔가 도타온지라 생각하대 이런 조흔 날 이런 모래 밧틀 당하여 육신을 편안케 낫잠이나 한잠자자 하고 가족 부대를 압혜 놋코 잠을 깁히 드럿더니 홀연이 청천에 뜬 소리개 한 놈이 살 갓치 다라나려 부대를 것어 차고 공중으로 다라나니 그 날개 바람 소리에 자던 낫잠을 문득 깨여 공중을 처다 보니 소리개가 가족 부대를 먹을 고기 만침 알고 두발노 뭇잡고 강을 건너 날아가며 강 가온대 놉히 떠서 부대를 무러 뜻으니 부대가 찌어지며 속에 잇는 사 오 품 은전이 모도 깁흔 물노 나려지니 이 녀인이 탄식하야 갈아대 물노 엇은 돈이 물노 드러가는고나 하고 전전 걸식하엿스니 이 갓흔 사람의 모양은 이 모안로 지경 안에 잇는 해타 즘생의 해를 밧은 사람이라

라에서 떠나서 영생 국 가지 드라가 영원한 안락을 누리게 하시매 …"

이렇게 여인이 게으르다고 말하면서 그렇게 게으른 것은 해타 짐승의 해를 받은 까닭이라고 말했습니다. '그런 게으름을 벗어버리고 수행을 잘한 사람이 누구냐?' 하면, 동양의 공자가 수행을 잘 한 사람이고 바울이고 예수님이고 그 제자들이라고 말했습니다. 길선주 목사는 이전에 도교를 연구하고 도교에 깊이 빠져 도를 연마하기 위해 한적한 산속에서 수도에 전념했던 분입니다. 그런 도교적 수행이 『해타론』에도 영향을 준 것을 알 수가 있습니다. 이렇게 수행으로 말하면 기독교가 이상해지는 것입니다. 길선주 목사가 한국 기독교에 큰 영향을 준 것이 사실이지만 이런 부분은 주의가 필요합니다.

모든 성도는 거듭난 성도들입니다. 수행의 결과가 아니라 성령님께서 새롭게 한 사람입니다. 거듭남은 죄로 죽은 영혼이 살아나서 생명을 얻는 것입니다. 그래서 거듭남은 새 창조라고 말합니다. 성령으로 거듭난 사람은 반드시 회개와 구원 얻는 믿음에 이르게 됩니다.[67] 예수 그리스도를 구주로 믿게 되고 자기 죄에 대한 회개가 일어납니다. 예수님을 믿을 당시에는 우리가 잘 인식하지 못하지만, 그 회개는 성령님께서 우리 마음에 율법과 복

---

[67] 폴 헬름, 회심, 손성은 역 (서울: SFC, 2005), 17; "회심의 초기에는 영혼이 수동적이지만, 그렇다고 해서 계속 수동적으로 남아 있는 것은 아니다. 하나님께서 영혼 속에 역사하시는 데에는 영혼의 여러 능력들을 간과하거나 무시하는 것이 아니라 그것들에게 생명을 주고 깨어나서 활동하도록 하신다. 성령님께서는 회개와 믿음을 주신다(딤후 2:25; 엡 2:8). 그렇다고 해서 성령님께서 회개하고 성령님께서 믿는다는 말이 아니다. 믿음과 회개는 성령의 역사로 말미암아 죄인 속에서 형성되는, 죄인의 결정에 달려 있다. 이런 결정권을 주실 때에 성령님께서는 그 죄인의 의지를 거스리거나 비합리적이라고 여겨지는 것에 대해서 강제적으로 무엇인가를 하게 하시지는 않는다. 전적으로 그들과 조화를 이루어 그들의 의지가 자원이 되며, 그들의 행동이 합당하다는 것을 깨닫게 하는 식으로 역사하신다. 이러한 영적 생명의 주입(중생)은 반드시 회개와 구원받는 믿음에 이르게 된다. 이 전체의 과정을 하나님의 효과적인 부르심이라 할 수 있다."

음을 적용하셨기 때문에 일어난 결과입니다. 율법은 우리를 진단하는 수단이고 복음은 우리를 치료하는 해결책입니다.

율법과 복음이 우리 영혼에 역사하면 하나님과 우리 사이에 생긴 영적이고 도덕적인 비참함에 대해 자각하기 시작합니다. 영적인 면에서나 도덕적인 면에서나 파산된 자신의 모습을 보게 됩니다. 악하게 살아온 사람이든지 착하게 살아온 사람이든지 자신의 곤고하고 가련한 모습으로 인해 회개가 일어나게 됩니다. 자신의 그런 비참한 죄에서 구원해 주실 분은 오직 예수 그리스도 한 분뿐이심을 알고, 자기 죄를 위해 십자가에 피 흘려 죽으신 예수 그리스도께 구원해 주실 것을 간구하고 예수 그리스도를 믿게 됩니다.

그렇게 사람이 거듭나는 것은 하나님 은혜의 선물입니다. 영적인 생명은 선물로 주어지는 것이지 내가 수행한 결과로 받을 수 있는 것이 아닙니다. 영적으로나 도덕적으로나 파산한 상태라는 것을 알게 되는 것은 성령님께서 자기 영혼을 거듭나게 했기 때문에 일어난 결과입니다. 그런 일들은 하나님의 말씀을 들을 때 일어납니다. 가족이나 친구가 자신에게 하나님의 말씀으로 권면했을 때나, 예배에 참석해서 설교를 들을 때에나, 어떤 형태로든지 하나님의 말씀을 들었을 때, 성령님의 역사로 마음이 감동되고 자신의 죄책을 깨닫게 됩니다. 하나님의 기준에서 자신을 바라보게 되고 자신이 죄인이라는 것과 자신이 그 죄의 심판을 받아 멸망 받을 가련한 처지라는 것을 알게 됩니다.

성경은 그렇게 복음을 듣고 죄책감을 느꼈을 때 '마음에 찔림을 받았다'고 말합니다. 이것은 거듭난 자의 반응을 말해 줍니다. 우리의 심정에 일어나는 변화입니다. 성경에 나오는 두 가지 사건을 보면 확실하게 알 수 있습니다. 첫 번째는 사도행전 2장입니다.

> 저희가 이 말을 듣고 마음에 찔려 베드로와 다른 사도들에게 물어 가로되 형제들아 우리가 어찌할꼬 하거늘(행 2:37)

오순절에 수많은 유대인이 예루살렘에 모였습니다. 사도 베드로는 설교를 했습니다. 세계 각처에 흩어져 있던 유대인들은 세계 각국의 언어로 하나님의 큰일을 듣게 되었습니다. 그렇게 말씀을 들었을 때 사람들은 마음이 찔렸습니다. "찔려"라는 헬라어는 "때리다', '격하게 찔러 관통하다', '실신시키다'라는 뜻입니다. 그것은 단순한 감정적 충동이 아니라 지은 죄에 대한 절망과 양심의 고발이 함께 느껴진 것입니다. 사도 베드로의 설교를 들었을 때, 사람들은 격심한 마음의 고통을 느꼈으며 그 양심에 내려치는 죄책으로 인해 심히 괴로운 상태가 되었습니다. 사도의 설교를 듣게 되는 것, 그 설교를 듣고 마음이 찔리는 것은 성령님께서 그들의 마음에 역사하셨기 때문입니다. 이것이 중요합니다.

성령 하나님께서 듣는 사람들의 마음에 역사하여 자신들이 그렇게 소망했던 그 메시야를 배척하고 십자가에 못 박아 죽였다는 사실을 깨닫게 되었습니다. 그로 인해서 자기들의 마음이 고통스러운 상태가 되었습니다. 마음이 고통스럽다는 것은 자신들의 죄, 예수께서 그리스도이심을 부인하고 배척하고 죽인 그 죄로 인해

필사적으로 부르짖는 상태가 된 것입니다. 그것은 사도 베드로의 설교를 들은 사람들의 영혼이 가장 겸손한 자세로 낮아져서 심령이 가난한 자, 영적으로 가난한 상태가 된 것입니다. 그렇게 된 사람들이 복 있는 사람들입니다. 예루살렘의 모든 사람이 예수 그리스도를 믿은 것이 아닙니다.

예수 그리스도의 복음을 들었을 때, 그 복음이 자기 영혼을 두드리고 걸음을 멈추고 돌이키게 된 것이 복입니다. 그것은 성령 하나님께서 그 영혼에 역사하셔서 일어난 변화입니다. 그것이 은혜이고 그것이 복입니다. 어떤 사람은 복음이 들리는데 어떤 사람은 들리지 않습니다. 어떤 사람은 회개하고 돌이키는데 어떤 사람은 여전히 자기 길로 갑니다. 왜 그렇게 되는지 우리는 모릅니다. 하나님께서 하시고자 하시는 대로 각 사람에게 역사하여 마음이 찔리게 하십니다. 그렇게 말씀이 자기 마음에 찔려서 예수 그리스도를 믿도록 하나님께서 구원하실 자를 구원하시는 것이 하나님의 주권입니다.68)

두 번째는 누가복음 19장입니다. 이것은 우리의 삶으로의 변화를 말해 줍니다. 예수님께서 여리고를 지나가실 때 세리장이었던

---

68) 참고로, 하나님의 주권을 너무 극단적으로 강조하여 곁길로 나간 것이 하이퍼 칼빈주의이다. 1689년부터 알미니안주의에 대한 극단의 반대로서 일어난 것이 영국의 하이퍼-칼빈주의다. 하나님의 주권을 너무 강조하여 인간의 책임을 상대적으로 떨어뜨렸다. 이런 하이퍼 칼빈주의는 역사적 칼빈주의를 거부하는 것이다. 하나님의 주권을 지나치게 강조하고 죄인의 영적 도덕적 책임을 최소화시켰으며, 하나님의 저항할 수 없는 은혜를 강조하고 인간 편에서의 복음 전도의 필요성은 부정한다. 하이퍼 칼빈주의는 1707년 존 훗시(John Hussey)의 영향을 받은 존 스켑(John Skepp)에 의해서 형성되었다. 1735년에 침례교도인(Particular Baptist) 존 길이 조직적으로 체계화 하였다. 존 길은 원래 이단적인 알미니안주의를 제거하려고 했지만 극단으로 치우쳐 버렸다. 앤드류 풀러(Andrew Fuller)는 그 신학적 오류를 밝히면서 '하이퍼 칼빈주의'라고 불렀다.

삭개오가 예수님을 더 잘 보기 위해서 나무 위로 올라갔습니다. 예수님을 더 잘 보기 위해서 나무 위로 올라간 것은 성령님께서 삭개오의 마음에 역사하신 결과입니다. 이것이 중요합니다. 삭개오는 괜히 나무에 올라간 것이 아닙니다. 예수님을 보고 싶은 마음이 일어났기 때문입니다. 예수님을 보고 싶은 그 마음은 그냥 일어난 것이 아닙니다. 성령님께서 그 마음에 역사하셔서, '예수님을 보아야 하겠다, 오늘은 그냥 지나칠 수가 없다'는 마음을 주신 것입니다. 이것이 중요한 것입니다. 예수님께서 삭개오의 집에 오셨을 때 이렇게 말했습니다.

> 삭개오가 서서 주께 여짜오되 주여 보시옵소서 내 소유의 절반을 가난한 자들에게 주겠사오며 만일 뉘 것을 토색한 일이 있으면 사 배나 갚겠나이다(눅 19:8)

삭개오의 이 말은 자기 죄를 깨닫고 회개한 결과를 말한 것입니다. 삭개오의 이 고백은 '한 영혼이 그리스도를 만났을 때 나타나는 첫 번째 효과가 무엇인가?'를 말해 주는 것입니다. 그 효과는 무엇입니까? 한 영혼이 그리스도를 쳐다보았을 때 자기에게 있는 추악한 죄악을 발견하고 자기 삶을 고치기로 결심하는 것입니다. 예수 그리스도의 은혜와 사랑을 인격적으로 만나고 경험했을 때 삭개오는 그리스도의 은혜와 사랑으로 돌려주겠다고 말했습니다. 이것은 성경이 말하는 회심이 거듭남과 죄로부터의 돌이킨 삶의 변화까지 다 포함되고 있다는 것을 알려주는 사건입니다.

매튜 풀은 이렇게 주석했습니다.

> 어떤 영혼이 그리스도를 참되게 사랑하게 되면, 그 사람은 죄를 미워하거나, 하나님 앞에서 열납 될 일들을 행함에 있어서 제한을 두지 않기 때문에, 아무리 많이 죄를 미워하고 선한 일을 할지라도, 그것을 결코 많다고 생각하지 않는다.69)

삭개오의 회개는 입술로만 '잘못했습니다'라는 것이 아니라 하나님의 말씀대로 자신이 잘못한 죄를 회개하고 사람들에게 되돌려 주려고 했습니다. 삭개오가 그렇게 율법대로 갚겠다고 말한 것은 예수 그리스도를 영접하고 예수 그리스도의 사랑을 받았기 때문입니다. 언약의 의무를 행하는 것은 언약의 주를 사랑하는 결과로 나오는 것입니다. 탕자가 아버지께 돌아온 것이 언약 안으로 들어온 것이듯이, 삭개오가 그리스도를 영접한 것이 언약 안으로 들어온 것입니다. 탕자가 아버지 안에서 언약의 의무를 다하고 살아야 하듯이, 삭개오가 그리스도 안에서 언약의 의무를 다하고 살아야 합니다. 그것이 언약적 회개입니다.

우리는 믿음도 회개도 언약적으로 안 배우니 '나는 예수 믿었다'는 것 하나로 전부인 것처럼 생각합니다. 내가 결단하고 내가 선택한 결과로 받은 구원이라고 오해하는 경우가 너무 많습니다. 모든 것을 언약 안에서 생각해야 합니다. 인간은 여호와의 언약 안에서 의미와 통일성을 받습니다. 언약을 벗어나면 심판과 멸망이 있고 생명이 없습니다. 육신으로는 살아 있어도 영으로는 죽어 있습니다. 하나님과의 관계가 끊어진 상태이기 때문입니다. 죄를 회개하고 율법에 순종한다는 것은 여호와의 언약 안에서 생명이 살아나고 자기 존재를 확인받게 되었을 때 나오는 결과입니다.

---

69) 매튜 풀, **마가복음 누가복음**, 박문재 역 (파주: 크리스찬다이제스트, 2015), 435.

거듭난 사람이 '자기 죄를 회개한다', '구원 얻는 믿음이 생겨난다'는 것은 예수 그리스도를 믿은 것으로 끝이 아니라 언약에 순종하는 것까지 포함되는 것입니다. 그것은 회심을 체험한 것만으로 끝난 것이 아니라 회심한 사람으로서의 증거, 영적인 생명의 증거를 보여주는 것입니다.[70]

세상은 언약을 말하지 않습니다. 세상은 언약을 거부합니다. 언약을 말하면 통일성을 생각해야 하기 때문에 통일성을 말하면 줄 세우기라면서 비판합니다. 통일성이란 하나로 연결되는 끈입니다. 부모와 자식 간에 보이지 않는 끈이 있듯이, 하나님과 우리 사이에 보이지 않는 끈이 있습니다. 그 끈이 생명입니다. 그것이 통일성입니다. 구원은 그 보이지 않는 끈, 생명, 생명줄, 통일성이 생겨나는 것입니다. 그 끈은 우리가 만들어내는 것이 아니라 성령 하나님께서 만드십니다. 그 끈으로 옛 언약이나 새 언약이나 여호와가 우리 하나님이 되시고 우리는 여호와의 백성이 됩니다. 그것이 언약의 공식입니다. 그 생명줄로 여호와와 연결된 그 백성들은 여호와의 율법을 지켜 행합니다. 강요와 억압으로 마지못해 행하는 것이 아니라 구원의 감격과 기쁨으로 즐거이 순종합니다.

우리는 심령이 가난한 자를 살피면서, 무엇이 진정한 복인가를 보아야 합니다. 영적으로 가난한 자가 복이 있습니다. 영적으로

---

[70] 폴 헬름, **회심**, 손성은 역 (서울: SFC, 2005), 47; "어떤 사람 안에 영적인 활동이 실재하는가 하는 문제에 있어서 신약성경이 강조하는 바는, 그 사람이 이미 회심을 체험했는가 하는 것만이 아니라 그가 회심한 사람인가 하는 데 있다. 만일 어떤 사람이 회심한 사람이라면, 그래서 이제 중생의 은혜를 받은 증거를 보여 준다면 그는 결론적으로 이미 회심을 체험한 사람이다. 하지만 그 사람이 '회심'했다고 고백하면서도 현재의 영적 생명에 대한 아무런 증거도 보여 주지 못한다면 그 고백은 거짓이다."

가난한 자는 거듭난 사람입니다. 거듭남이란 예수 그리스도를 구주로 믿고 새 생명을 얻은 것입니다. 자기 죄를 회개하고 예수 그리스도를 믿었습니다. '예수님께서 그리스도시다'는 것을 믿습니다. '예수님께서 나를 구원하시려고 십자가에 피 흘려 죽으심으로 나를 구원하신 그리스도시다. 메시아시다'라고 믿습니다. 우리는 '그리스도', '메시아' 이 말을 어려워합니다. 그냥 예수님을 믿으면 되지 왜 '예수 그리스도'를 믿는지를 모릅니다. 누가복음 2장 11절에 이렇게 말합니다.

> 오늘날 다윗의 동네에 너희를 위하여 구주가 나셨으니 곧 그리스도 주시니라(눅 2:11)

"구주"라 하고 "그리스도"라고 말했습니다. 구주란 구원자입니다. '죄와 사망에 빠진 우리를 구원하시는 분이시다'는 뜻입니다. 그리스도는 '기름 부음을 받은 자'라는 뜻입니다. 직분을 위해 기름 부음을 받습니다. 구약에서 왕, 제사장, 선지자에게 기름을 부어 일하게 했습니다. 예수님은 우리의 왕이시고 제사장이시고 선지자이십니다. 그 세 직분은 우리의 구원을 위해 행한 직분입니다. 예수님의 3중직은 우리를 죄에서 구원하여 언약을 신실하게 지켜 행하도록 하는 직분입니다. 예수님은 우리의 구주이십니다. 그 직분상으로 헬라어로 그리스도이고, 히브리어로 메시아입니다.

그런 까닭에, '예수님을 우리의 구주로 믿는다'는 것은 예수님께서 우리를 죄와 사망에서 구원하기 위해 십자가에 피 흘려 죽으시고 부활하신 구원의 주님으로 믿는 것입니다. 그래서 예수 그리스도를 믿는다고 말합니다. '예수님께서 그리스도시다'는 것을 믿음으로 영생을 얻었고 언약 안으로 들어오게 된 것입니다. 언약 백성이 된 것이고 '하나님께서 우리와 함께 하신다'는 임마누엘이 이루어진 것입니다. 우리를 구원하여 언약 안에 살게 하셨습니다. 텐트를 치고 예수 그리스도와 함께 사는 것입니다. 언약적 구원이고 언약적 신앙입니다. 구원, 회개, 믿음을 언약적 구원, 언약적 회개, 언약적 믿음으로 배우고 알아가야 합니다.

우리는 여기서 '한 영혼이 진정으로 필요로 하는 것이 무엇인가?'를 보아야 합니다. 삭개오라 하면 매우 무시하는 경향이 있습니다. 삭개오는 다른 무엇이 필요한 사람이 아니었습니다. 부정한 방법이지만 돈을 충분히 가지고 있는 사람이었습니다. 삭개오가 원했던 것은 돈이 전부가 아니었습니다. 살아가는 일에 돈이 필요 없다는 말이 아닙니다. 돈이 아무리 많이 있을지라도 삭개오의 영혼은 불안했고 자기 영혼을 구원해 줄 사람이 아무도 없었습니다. 삭개오는 주머니에 돈이 채워지는 것으로 영혼의 만족을 누리지 못했습니다. 사람은 먹고사는 것으로 영혼의 안식을 누릴 수가 없습니다.

부정한 방법으로 돈을 버는 사람이라고 삭개오가 욕을 들어먹을지라도 사실은 그렇지 않은 사람은 별로 없습니다. 그 시대, 세리장을 할 정도이면 그 시대 돌아가는 형편을 훤하게 아는 사람입니다. 세리장이라고 무작정 비난만 할 일이 아닙니다. 삭개오는 세상 살아가는 일에서는 뒤처지는 사람이 아니었습니다. 세리장 정도이면 삭개오 자신을 비롯해서 세상의 부조리와 부패의 고리와 관계를 다 알게 됩니다. 문제는 무엇입니까? 삭개오는 자신이 처해 있는 이 현실의 한계를 어쩔 수가 없습니다. 자기만 그런 것이 아니라 그 시대를 살아가는 사람들 누구라도 그 한계와 절망에서 벗어날 수 없습니다. 그런 속에서 스스로를 자유케 할 수 없습니다. 자유케 되었더라면 예수님을 만나려고 애쓸 필요도 없었을 것입니다.

'성경이 삭개오를 어디에 배치해 두고 있는가?'를 잘 보아야 합니다. 삭개오가 예수님을 영접한 사건 바로 앞에 보면 영생에 대한 말씀입니다. 삭개오가 예수님을 만난 것은 예수 그리스도께서 영생을 주시는 메시아로 들었기 때문이며 자신도 그렇게 영생을 얻기를 갈망했기 때문입니다. 삭개오는 예수 그리스도를 영접했고 영생을 얻었고 비로소 참된 언약 백성으로 살았습니다. 그리하여 영혼의 참된 안식과 평안을 얻었습니다.

삭개오는 예수님 시대에 살았던 사람이지만 우리는 예수님을 볼 수 없는 시대의 사람들입니다. 그러나 삭개오가 예수님을 믿게 된 것이나 우리가 예수님을 믿게 된 것이나 다를 것이 없습니다. 삭개오도 예수님에 관해서 듣고 예수님의 말씀을 믿은 사람입니다. 우리도 예수님의 복음을 듣고 예수님을 믿은 사람들입니다. 본질에 있어서 차이가 난 것은 없습니다. 예수 그리스도를 믿고 언약 백성으로 신실하게 사는 것이 본질입니다. 믿음의 본질이 중요한 것이지 '어느 시대, 어느 사람이냐?'가 중요한 것이 아닙니다.

'영혼이 진정으로 필요로 하는 것이 무엇인가?'를 생각해야 합니다. 영적인 진단과 처방이 있어야 합니다. 영적인 진단과 처방은 우리가 할 수 있는 것이 아닙니다. 영적인 해결책도 우리 안에서 나오지 않습니다. 우리 영혼의 문제와 해결책은 오직 예수 그리스도를 믿고 그 안에서 의미와 통일성을 공급받아야만 합니다. 그렇게 되기까지 한 사람이 참된 회개와 믿음에 이르는 과정은 특별하고 섬세한 과정이 있습니다. 하나님께서 한 사람 한 사람을 이끌어 예수 그리스도를 믿게 하는 모습을 보면 놀랍습니다. 그 수많은 모습에서 우리가 알게 되는 것이 무엇입니까? 우리 자신에게도 그러하거니와 다른 사람에게는 어떻습니까? 우리의 아픔과 절망과 고통과 한계에 직면함으로 하나님 아버지를 부르고 예수 그리스도를 믿게 되었다는 것입니다.

예수님을 믿고 난 뒤에도 또 경험하게 됩니다. 매일 매 순간 하나님만 의지하도록 만들어 가십니다. 매일 매 순간 예수 그리스도를 찾게 하십니다. 그 사람이 심령이 가난한 자, 영적으로 가난한 자입니다. '왜 이런 고통이 나에게 있습니까?', '왜 나만 이래야 하나요?'라고 구시렁대지만, 사실은 그런 것들이 없으면 영적으로 교만한 자가 되고 멸망 길로 가게 됩니다. 사람은 별수 없습니다. 살만하면 다른 길로 가게 됩니다. 우리는 매일매일 걸어가는 걸음이 내 뜻대로 되면 하나님 앞에 신앙생활 잘한 것으로 생각합니다. 믿음으로 사는 것, 언약대로 사는 것은 그렇게 되는 것이 아니라는 것을 배우는 사람이 심령이 가난한 사람입니다. 그 사람이 복 있는 사람입니다.

욥이 이렇게 고백했습니다.

> 17 사람이 무엇이관대 주께서 크게 여기사 그에게 마음을 두시고 18 아침마다 권장하시며 분초마다 시험하시나이까(욥 7:17-18)

순간마다 고통을 겪어야 하는 욥의 절규를 생생하게 그려낸 말입니다. 20절에 보면, 하나님께서 자기를 과녁으로 삼으셨다고 말했습니다.71) 욥은 자신에게 일어나는 고난을 원망하면서도 하나님께서 섭리하고 있다는 사실을 인정했습니다.72) 욥이 나중에 가서 하나님의 그 섭리와 은혜를 온전하게 시인하고 고백하지만, 그 과정에서는 원망이 있고 고백이 있습니다. 우리 각자는 욥보다 더한 고통을 당하고 산다고 생각합니다. 고생을 더 하든 덜하든, 하나님께서는 우리를 하나님의 마음에 두고 계십니다. 우리는 그 고생으로 인해 하나님 앞으로 이끌려 가고 있습니다. 그런 이끌림을 통해 하나님의 백성다워지고 있고 우리의 인격이 하나님의 성품을 닮아 가고 있습니다.

오늘, 우리는 참으로 거듭났는지 다시 진지하게 생각해 보아야 합니다. 거듭남이 우리의 존재를 새롭게 합니다. 중생이 삶의 내용을 결정합니다. 회심이 삶의 방식을 결정합니다. 심령이 가난한 자, 영적으로 복 있는 자는 거듭남으로 인해 삶의 내용과 목적이 변화된 사람입니다. 중생이 내 인생의 가장 중대한 변화입니다. 무슨 일을 하든지 무슨 말을 하든지 '너 예수 믿는 사람이잖아' 그 말 한마디에 꼼짝 못 하는 사람이 예수 그리스도를 믿은 사람

---

71) 사람을 감찰하시는 자여 내가 범죄하였은들 주께 무슨 해가 되오리이까 어찌하여 나로 과녁을 삼으셔서 스스로 무거운 짐이 되게 하셨나이까(욥 7:20)
72) 매튜 헨리, 욥기(상), 서기산 역 (서울: 기독교문사, 1984), 184.

입니다. 신앙이 실패할 수도 있고 승리할 수도 있고 말씀대로 살아낼 때도 있고 죄를 지을 때도 있습니다. 그 실패한 자리, 그 죄지은 자리에서도 '너 예수 믿는 사람이잖아' 그 말을 들었을 때 두말없이 돌이키는 그 사람이 중생한 사람입니다. 내 인생의 갈함도 오직 예수 그리스도 안에서만 해결되고, 나의 존재도 의미도 예수 그리스도 안에서만 주어집니다.

 우리 머릿속에 확실히 기억해야 합니다. 구원론이 삶을 지배합니다. 구원론은 우리의 존재적 관점입니다. 예수님을 믿고 새사람이 된 것입니다. 믿음이 우리 삶을 지배하는 사람이 회심한 사람입니다. 그 사람이 심령이 가난한 사람이고, 영적으로 가난한 사람이고 여호와의 언약 안에 신실하게 살아가는 복 있는 사람입니다. 평생토록, 하나님께서 그 은혜로 주신 믿음 안에 온전히 붙들려 사나 죽으나 주님의 것이라고 고백하면서 죽도록 충성하는 주의 백성들이 다 되시기 바랍니다.

10 심령이 가난한 자 6

1 예수께서 무리를 보시고 산에 올라가 앉으시니 제자들이 나아온지라 2 입을 열어 가르쳐 가라사대 3 심령이 가난한 자는 복이 있나니 천국이 저희 것임이요(마 5:1-3)

예수님의 산상설교 열 번째 시간입니다. '심령이 가난한 자' 여섯 번째 시간입니다. 예수님의 말씀대로 심령이 가난한 자가 복이 있고 천국이 그런 자들의 것입니다. 예수님께서 천국을 비유하여 말씀하시면서 가장 먼저 하신 말씀이 씨 뿌리는 비유입니다. 씨 뿌리는 비유를 아는 것이 천국을 이해하는 근간이 되기 때문입니다. 인간이 노력해서 좋은 밭이 될 수 있다는 뜻이 결코 아닙니다.

내 마음이 길가에서 벗어나면 내 마음에서 돌을 치우고 내 마음에서 가시를 뽑아내면 내가 옥토가 되는 것이 아닙니다. 옥토는 무엇입니까? 옥토는 성령님께서 변화시킨 밭입니다. 성령님께서 거듭나게 한 밭입니다. 다 길가에, 다 돌밭에, 다 가시떨기에 뿌려진 밭과 같았습니다. 그런 밭들은 결과가 없는 밭입니다. 그런 소망이 없는 밭, 생명이 없는 밭이었는데, 성령님께서 거듭나게 하시고 생명을 주셨습니다. 그래서 백 배, 육십 배, 삼십 배의 결실을 거두게 되었습니다.

청교도 신학자요 목사인 매튜 풀(1624-1679)은 좋은 땅은 "하나님의 성령으로 새롭게 되고 거룩하게 된 마음이다"[73]라고 말했

---

[73] 매튜 풀, **마태복음**, 박문재 역 (파주: 크리스챤다이제스트, 2015), 264; "다음과 같은 것들이 모두 다 합작될 때, 좋은 그리스도인이 탄생한다. (1) 말씀을 들음. (2) 말씀을 깨닫거나 믿음. (3) 말씀을 지킴. (4) 결실함. (5) 인내로 결실함."

습니다. 사람의 죄악 된 본성은 이런 말씀이 싫습니다. '사람이 거듭나는 것이 전적으로 성령 하나님의 역사이다'는 말을 싫어합니다. 교회사에서 언제나 등장해 온 것이 신단동설과 신인협동설입니다. 신단동설이란 영어로 monergism 라고 해서, 인간의 의지와 상관없이 성령 하나님의 단독으로 거듭나게 하신다는 것입니다.

칼빈은 인간은 완전히 타락했으며 전적으로 부패하고 무능하기 때문에 자신의 구원을 위해 아무것도 할 수 없다고 말했습니다.[74] 그렇다고 하나님의 형상이 다 사라진 것은 아니라고 보았습니다. 타락으로 인해 초자연적인 은사는 상실되었지만, 자연적인 은사는 부패하게 되었습니다. 초자연적인 은사란 영원한 복을 받는데 필요한 신앙과 본래적 의의 완전한 모습입니다. 자연적 은사는 지성과 의지입니다. 인간이 타락했을지라도 지성과 의지가 있습니다. 그러나 죄로 인해서 너무나도 심하게 부패했습니다. 인간의 지성과 의지가 죄에 이끌리고 지배를 받아 죄의 종노릇을 합니다. 점점 더 악으로 가고 점점 더 심판의 길로 나아가는 것 밖에는 없습니다. 그러니 오직 하나님의 은혜와 전적인 사역으로 구원이 주어집니다. 이것이 신단동설입니다.

그렇게 하나님께서 전적으로 구원하신다는 것이 아니라 인간이

---

[74] 존 칼빈 **기독교강요**에서; "아담이 그 지으신 분과 연합하여 있고 또한 그에게 매여 있는 것이 그의 영적 생명이었던 것처럼, 하나님께로부터 멀어지는 것은 곧 그의 영혼의 죽음이었다. 그가 하늘과 땅의 자연 질서 전체를 부패시켰으니, 자신의 반역으로 자기의 모든 후손을 멸망에 몰아넣었다는 것이 전혀 이상한 일이 아닌 것이다"(**기독교강요** 2.1.5. p. 301). "우리의 본성의 각 부분이 다 타락하고 부패하여 있으므로, 이런 크나큰 부패로 말미암아 우리가 하나님 앞에서 당연히 정죄를 받고 유죄를 선고받은 상태에 있으니, 이는 그 하나님에게는 오직 의와 무죄와 순결 이외에는 그 어떠한 것도 용납되지 않기 때문이라는 사실이다."(**기독교강요** 2.1.8. p. 306).

협력해야 한다는 것이 신인협동설(synergism)입니다. 대표적으로 반 펠라기우스주의와 아르미니우스주의가 있습니다. 하나님께서 구원을 주셔도 인간이 그 구원을 받아들여야만 한다는 것입니다. 인간이 구원받는 것은 하나님의 은혜이지만 그럼에도 불구하고 사람들이 구원을 받지 못하는 것은 인간의 책임이라는 것입니다. 하나님의 은혜와 인간의 책임이 조화를 이루어야 한다고 말하지만 실제로는 인간이 구원의 주도권을 가지고 있게 됩니다.

거듭남을 말하면서 왜 이런 것을 말해야 할까요? 오직 성령 하나님의 역사로 거듭나야 천국이 우리의 것이 되기 때문입니다. 그렇게 거듭나기 위해 먼저는 예수 그리스도의 복음을 들어야 합니다. 그 무엇보다도 우리가 지금 이 자리에서 예수 그리스도의 복음을 듣는 그 자체가 복입니다. 이 자리에 와 있다는 것이 복입니다. 지금, 이 시간에 수많은 일을 할 수 있지만 예수 그리스도 구원의 복음을 듣고 그 말씀이 내 심령에 역사하는 것이 복입니다.

죄인이 복음을 들을 때에 거듭남의 역사가 일어납니다. 나에게 무슨 거룩한 마음이 일어나고, 경건한 생각에 잠겨 하나님을 위해 무엇을 행한다면 그것은 거듭났기 때문에 일어난 결과입니다. 내가 그런 마음을 먹었고 어떤 선한 행동을 했기 때문에 거듭난 것이 아닙니다. 거듭남과 회심에 대해 생각했듯이, 거듭남은 영적인 변화입니다. 회심은 영적인 활동입니다. 거듭남이 있어야 회심이 있습니다. 영적인 변화가 있어야 영적인 활동이 있습니다. 스테판 차녹(1627-1680)은 이렇게 말했습니다.

거듭남은 하나의 힘을 부여하는 것이며, 회심은 이 힘을 행사하는 것입니다. 거듭남을 통하여 우리에게 전환할 수 있는 원리가 주어지고, 회심은 바로 그 전환하는 것 자체를 말합니다. 그 원리로써 우리는 자연의 상태에서 은혜의 상태로 들어오게 되며, 회심은 하나님에게 실제로 고정되는, '최종단계'(terminus ad quem)로서의 우리의 행동입니다. 거듭남은 '행할 수 있는 능력'(posse agere)을 제공하고, 회심은 그렇게 주어진 능력으로 '실제로 행하는 것'(actu agere)입니다.[75]

성령 하나님의 역사로 은혜의 상태가 되었기 때문에 하나님께서 기뻐하시는 일을 할 수 있게 된 것입니다. 이렇게 말하면 '그러면 우리는 허수아비이에요?'라고 말하는 사람들이 있습니다. 전혀 그렇지 않습니다. 그러나 우리가 무슨 경건한 일을 할 수 있는 것은 하나님 은혜의 결과입니다. 사람들이 오해하는 것이 무엇입니까? 인간이 무슨 대단한 능력이 있는 것처럼 생각하는 것입니다. 예전에는 인간이 상상도 못 할 초고층 건물들을 짓고 저 우주를 갔다 오고 하면서 인간의 능력을 과대평가합니다. 그런 것들은 하나님께서 타락 이후에도 일반적인 은사, 자연적인 은사로 남겨주신 것에 불과합니다. 그런 것들이 하나님의 나라, 천국에 들어갈 수 있는 의를 만들어 내지 못합니다.

사람이 뭘 좀 거룩한 것을 만들어 낸다 싶으면 그만 생각이 엉뚱해집니다. '내가 무엇인가 남다른 데가 있나 보다.' 그렇게 생각합니다. 교회에서 능숙해지고 교회에서 사용하는 말을 사용하고 교회의 분위기에 익숙해지면 무엇이 된 줄로 착각합니다. 진정으로 거듭나서 심령이 가난한 자, 영적으로 가난한 자라면, 그래서

---

75) 스테판 차녹, **거듭남의 본질**, 손성은 역 (서울: 지평서원, 2009), 43.

내 안에 하나님의 생명이 심기워졌다면 예수 그리스도를 믿고 회개가 일어나고 죄를 죽이고 죄를 각성하는 것들이 나와야 합니다. 세월이 갈수록 무엇이 된 줄로 생각이 드는 것이 아니라 치열한 싸움 속에 있다는 것을 압니다. 그런 싸움들 속에서 자신을 주님께 드리기 위하여 자발적으로 말씀에 순종하는 삶을 살아갑니다. '하나님께서 이렇게 말씀하셨다'라고 하면 그대로 복종합니다.

성령 하나님께서 우리를 거듭나게 하셔서 하나님의 본성에 어울리는 삶을 살아가도록 경향과 성질을 주셨습니다. 그렇게 주어진 경향의 능력으로써 의지를 하나님께로 향하여 나아가는 것입니다. 그런 경향성이 나에게 있다고 해서 내가 무슨 기여를 한 것처럼 생각해서는 안 됩니다. 인생이 잘 되고 하는 일마다 척척 잘 되는 것이 우리를 거룩하게 만들지 않습니다. 영적으로 가난하게 만드는 것이 세상에서 잘 되는 것과 일치하지 않습니다. 세상에서 무엇이 잘 되는 것으로 영적으로도 그만큼 성장한 것이라고 오해하지 말아야 합니다.

또 어렵고 힘든 인생길을 걸어간다고 해서 '나는 아니야. 나는 인생을 살아갈 의미가 없어.' 그렇게 생각할 일이 전혀 아닙니다. 부자는 고민이 없을까요? 부자는 더 힘들어요. 부자는 뭐 별스럽게 살아갈 거 같으세요. 품위 유지비만 비싸고 나머지는 별다를 게 없습니다. 부하거나 가난하거나, '하나님께서 우리에게 주신 은혜가 무엇인가?' 그것을 보아야 합니다. '오늘 내가 감당해 가야 할 영적인 싸움이 무엇인가?' 그것을 알고 기도하고 그것을 나의 사명으로 알고 이루어가야 합니다.

우리의 문제는 이 세상의 일들로 인해 지금 해야 할 영적인 싸움을 안 하는 것입니다. 나라도 어렵고 살아갈 일도 힘들고 어려워지니까 거기에 우리의 마음이 다 빼앗겨서 영적인 갈급함 때문에 눈물을 흘리는 사람들이 없어져 가는 것이 문제이지 다른 것이 문제가 아닙니다. 나라가 어떠니 정치가 어떠니…, 그것도 중요한 일이지만 정작 말씀대로 살아가기 위해 애쓰고 기도하고 엎드리고 구원의 은혜에 기뻐하고 영혼들을 위해 애타 하는 것이 없는 것이 마음 아픈 일입니다. 요새는 어려워도 기도 안 하고 잘 살아도 기도 안 합니다. '세상 살기도 힘들고 시국도 이런 데 무슨 거듭남을 말하고 그러냐?' 그렇게 생각하도록 만드는 것이 사탄의 궤계입니다. 그런 속임수에 영혼이 비틀거리지 말고, 오늘 살다가 죽어도 언약에 신실하게 응답하고 살아가는 성도로 살아야 합니다.

왜 그렇게 살아가야 할까요? '사람이 무엇을 믿고 살아가느냐?' 그것이 모든 것을 좌우하기 때문입니다. 그 말이 의미하는 바가 무엇일까요? '너를 통치하는 최고의 권위자는 누구인가?'를 뜻합니다. 예수 그리스도를 믿으면 예수 그리스도께서 우리의 지배자가 됩니다. 예수 그리스도의 십자가 피로 거듭난 새로운 본성대로 살아갑니다. 거듭나지 않으면 사탄의 종노릇을 합니다. 사탄이 지배합니다. 마귀의 본성, 죄악 된 본성대로 살아갑니다. 진노의 자식이 되게 하는 본성대로 삽니다(롬 6:15-20). 그것이 현실로는 어떻게 나타날까요? 영적인 것과는 아무런 상관없이 살아갑니다. 하나님 앞에 거룩하게 살기 위해 애쓰고 노력하는 것들이 없어집니다. 그렇게 살지 않으니 기도하고 엎드릴 마음이 없어집니다.

　죄의 종노릇하고 마귀에게 이끌려 살면, 죄짓고 살고 회개할 줄 모르고, 뭐가 좀 되면 자기 잘난 줄 알고 목에 힘주고 삽니다. 살아갈수록 인간이 남다르다고 생각하고 살아갈수록 자기 잘난 맛에 삽니다. 성경은 그것을 '자기의'라고 합니다. 거듭나면 변화된 본성으로 거룩하고 경건하게 살려고 기도하고 엎드리고 살아갑니다. 살다가 실수하고 실패하고 죄지으면 하나님 앞에 다시 엎드리고 용서를 구하고 다시 은혜로 붙잡아 주시기를 구하며 살아갑니다. 살아갈수록 인간의 부패함을 보고 살아갈수록 예수 그리스도의 의를 붙듭니다.

　이것은 무엇을 말할까요? 거듭남이 우리의 삶을 이끌어 갑니다. 거듭남으로 예수 그리스도의 통치를 받습니다. 거듭남이 예수 그리스도의 성품을 닮아가게 합니다. 거듭남이 우리를 거룩으로 의로 나아가게 합니다. 거듭나게 하신 성령님께서 계속해서 우리 안에 거하시고 역사하시기 때문입니다. 거듭남은 우리의 의지를 파괴하고 로봇으로 만든 것이 아니라 의지에 새로운 성향을 불어넣은 것입니다. 거듭남은 높아진 마음을 낮추고 교만한 영혼이 겸비해지고 오직 존귀와 찬양을 예수 그리스도께만 돌리는 것입니다. 거듭난 자들은 살아가는 대상이 다릅니다. 거듭나기 이전에는 나 자신이 전부이고 내가 중심이었습니다. 나를 위해서 돈 벌고 나를 위해서 살았습니다. 거듭난 이후로는 하나님이 전부이고 하나님이 중심입니다. 하나님의 영광을 위해 일하고 하나님의 영광을 위해 살아갑니다. 말로만 '하나님의 영광을 위해 삽니다'라는 것이 아니라 하나님을 위해 전심으로 살아갑니다.

인생을 살아가면서, 성도로 살면서 우리에게 무엇이 경험되어야 할까요? '거듭남이 나를 이끌어 가는구나!' '거듭남이 저 세상과 나를 다르게 만들어 가는구나!' 그것이 경험되어져야 합니다. 실패와 좌절과 성공과 기쁨 속에서 '나를 나 되게 하는 것이 정말 무엇인가?' 그렇게 질문되었을 때, 거듭남이라고 답이 나와야 합니다. '예수 그리스도를 믿었다'는 그 사실이 세상 어떤 것과도 비교할 수 없는 삶의 궁극적인 근거가 되어야 합니다. 하나님께서 우리에게 허락하신 것들이 많이 있습니다. 가정과 직업과 사업과 관계들이 있습니다. 어느 것 하나도 소중하지 않은 것이 없습니다. '그런 것들을 의미 있게 하는 것, 그런 것들을 유기적으로 맞물려 돌아가도록 만드는 근간이 무엇이냐?'고 할 때 거듭남이 되어야 합니다.

우리는 생명과 관련될 때 모든 것을 겁니다. 모든 것을 걸어야 인생이 살맛이 납니다. 여기에도 마음을 주고 저기에도 마음을 빼앗기고 살면 사는 것이 정처 없이 떠도는 구름 같이 됩니다. 마음 줄 사람이 없으면 그것만큼 인생이 괴로운 것이 없습니다. 좋은 일이 있어도 그 좋은 것을 나누고 기뻐해 줄 수 있는 사람이 있어야 합니다. 슬픈 일이 있어도 그 슬픈 것을 알아주고 '힘내라'고 한마디 해 줄 그런 사람이 필요합니다. 같이 살아도 '너는 너, 나는 나' 그렇게 살아가면 내 인생을 걸만한 사람이 안 됩니다. 서로가 서로에게 도움이 안 되니까, "네가 나를 모르는데

난들 너를 알겠느냐" 그러고 살다가 가는 겁니다.

　모든 것을 거는 그 대상이 인격적이어야 하고 영원해야 합니다. 인격적이지 않은 것에 내 인생의 전부를 걸면 '인생은 공이야' 그렇게 됩니다. 인격적이라도 영원해야 내 인생을 걸고 갈 수 있습니다. 안 그러면 허탈해집니다. 인격적이라도 오늘내일 지나가다 끝날 것 같으면 마음 자체가 가지 않습니다. 인격적이고 영원한 분은 오직 삼위일체 하나님밖에 없습니다. '기독교 신앙이 무엇이 다르냐?'라고 물을 때, '너는 어디에 인생을 걸고 사느냐?', '너는 왜 예수 그리스도께 인생을 걸고 사느냐?'라고 묻는 것입니다. 그 물음에 답이 되어야 합니다. 누가 봐도 모든 것을 걸만한 것이 아닌 것에 모든 것을 걸고 살면 미친 사람이 되는 겁니다.

　세상은 목사를 보면 이해가 안 됩니다. '세상에 뭐 할 일이 없어 목사가 되었나?', '얼마나 무능했으면 목사가 되었겠나?' 그렇게 생각합니다. 세상은 예수님을 믿은 성도들을 보면 이해가 안 됩니다. '돈 다 벌어서 교회에 다 바치나?', '어디 세상에 할 일이 없어서 예수를 믿나?' 그렇게 생각합니다. 왜 목사가 되었을까요? 다 죄인이고 내세울 것도 없는 사람인데 왜 목사가 되었을까요? 목사가 되어도 대도시의 큰 교회는 아니라도 뭐 자립이라도 되고 어디 가서 무시당하지 않을 정도가 되는 그런 교회의 목사라도 되면 얼마나 어깨에 힘이 들어가겠습니까?

　무슨 인생의 고민이라는 고민은 다 하고, 배우는 것은 죽으라고 열심히 배우게 해 놓고는 조그마한 상가의 개척교회, 저 시골의 미자립교회, 그런 곳에서 목회합니다. 자립 되는 목사와 자립이 안 되는 목사는 얼굴이 다릅니다. 자립이 안 되는데 저 목사는 왜 얼굴이 살아 있느냐? 그것이 신기한 겁니다. 개척교회 하면, 그 개척교회 해서 몇 명이나 모인다고, 개척교회 목사는 열심히 해도 욕을 듣습니다. 자기를 부르신 그 부르심이 있으니까, 그 소명이 있으니까 그렇게 열심히 사명을 감당하다가 가는 겁니다. 사도 바울이 이렇게 말했습니다.

> 네가 네 자신과 가르침을 삼가 이 일을 계속하라 이것을 행함으로 네 자신과 네게 듣는 자를 구원하리라(딤전 4:16)

사도는 디모데에게 그리스도의 복음을 증거 하고 가르치는 일을 "계속하라"고 명령했습니다. "계속하라"는 '집요하게 계속하라', '계속해서 주장하라', 혹은 '버티어 내라'는 뜻입니다. 그냥 대충 복음을 전하는 것이 아니라 목숨 걸고 전하는 것입니다. 디모데가 목회했던 에베소 교회는 영지주의 거짓 교사들의 잘못된 가르침이 교회 안으로 들어와 있었습니다. 디모데는 거짓된 것들을 방어하고 예수 그리스도 진리의 말씀을 성도들에게 가르치고 선포해야 했습니다. 그 일을 '집요하게', '계속해서' 감당해 가야 했습니다.

디모데전서, 디모데후서를 읽으면 사도 바울의 복음을 향한 열심과 디모데를 아끼고 사랑하는 그 마음이 전율로 다가옵니다. 예수 그리스도의 복음을 증거 하는 그 일로 눈물이 흘러내리게 합니다. 목사가 목회하는데 누가 봐도, '어떻게 저렇게 살아가나?'

그것이 보여야 합니다. 보여주기 위해서가 아니라 그렇게 안 살 수가 없는 겁니다. 내가 복음을 믿었고, 거듭났고, 이 복음을 위해 부름을 받았기 때문에 이 복음을 그냥 대충 생각 없이, 지난 주도 그럭저럭 이번 주도 그럭저럭 그렇게 살아갈 수 없는 겁니다. 내가 이 복음에 내 모든 것을 쏟아붓지 않으면 이 교회가 안 되기 때문에 그냥 살아갈 수 없는 겁니다.

성도는요? 성도는 목사보다 덜 합니까? 성도는 목사보다 믿음이 좋아야 합니다. 성도는 목사보다 더 많이 기도해야 합니다. 목사가 기도하는 것만큼 기도하고, 목사가 살아가는 것만큼 살아가는 것이 아니라 목사보다 더 많이 기도하고 목사보다 더 덕이 있어야 합니다. 그래야 목사가 빛나는 것이 아니라 예수님이 빛납니다. 예수 그리스도의 복음이 나에게 역사해서 나타나는 결과이지, 목사가 설교를 잘하고 목사가 기도를 많이 해주어서 그렇게 된 것이 아니라는 증거가 되어야 하는 겁니다. 예수 그리스도의 말씀이 내 심장을 찌르고 그 말씀이 상처, 눈물, 고통 그런 것에 매여서 자기 연민으로 살지 않게 하는 겁니다.

어떻게 그렇게 됩니까? 저세상 사람들은 오늘 대충 하루를 살아도 저녁에 술 한잔하면서, '이러다 죽는 거지 뭐, 인생 뭐 별거 있어' 그렇게 살아가지만, 예수 그리스도를 믿은 나는 왜 그렇게 안 사느냐? 는 거예요. 인간이 인간을 바라봐서는 안되더라는 걸 알게 되었기 때문입니다. 예수님을 안 믿어도 살만하더라 가 아니라 예수님을 믿고 나니 인생이 비참하더라는 것을 알게 된 겁니다.

인간의 본성이 비참함을 알게 된 겁니다. 내 안에 있는 이 죄악 된 본성으로는 안 되는 겁니다. 이런 죄성으로는 인생이 안 되고 사람답게 못 사는 겁니다. 여태껏, 사람을 보고 살고 저 인간이 내 위로가 되고 저 자식이 기쁨이 될 줄 알았는데, 위로도 기쁨도 그런 데서 오는 것이 아니라는 것을 알게 된 겁니다. 내가 바라보고 사는 것이 저 남편도 아내도 아니고 저 아들딸도 아니라는 것을 알게 된 겁니다.

'나는 내 인생의 모든 것을 어디에 걸어야 하나?' 그걸 알게 된 겁니다. 사람들이 언제 우울해지고 언제 슬퍼집니까? 인생을 걸었는데 그게 꽝이라는 것을 알게 되면 그렇게 됩니다. '아니겠지, 아니겠지, 아닐 거야, 아닐 거야' 그렇게 '거야 거야' 하다가, '아닐 거야'가 아니라는 것을 뒤늦게 알게 되어서 그렇게 됩니다. '맞을 거야, 맞을 거야, 너희들은 아니라도 나는 인생 재미나게 살다가 갈 거야' 그렇게 생각하고 믿고, 소금만 넣을 것을 참기름도 넣고 깨소금도 넣고 그랬는데도 아니라는 것을 알게 된 것입니다. 어느 님들은 아직도 그러고 사니 어디로 날아갈지 모릅니다. 밤비 내리는 영동교를 왜 걸어요. 허구한 날, 왜 헤매고 돌아다녀요. '그 사람은 모를 거야, 모르실 거야' 백날 천날 그래 봐도 아무 소용이 없는데, 왜 미련을 가지느냐는 거예요.

우리의 다름은 무엇입니까? 거듭남, 이 거듭남이 성도들을 예수 그리스도께 모든 것을 걸게 하는 겁니다. 내가 어디에 생명을 걸고 살아야 하는지, 그걸 알게 해 주는 것은 거듭남입니다. 이 인생이 얼마나 더럽고 추한지 얼마나 죄악 된 존재인지를 알게 되고, 그 죄악에서 구원하시려고 예수 그리스도께서 십자가에 피 흘려 죽으셨다는 그 사실에 모든 것을 걸고 믿음으로 사는 것입니다. 이 고달픈 세상살이에 위로가 되고 기쁨이 되어 사는것 같은 인생을 살게 해주셨기 때문에 예수 십자가 거기에 생명을 걸고 가는 겁니다. 여기서 요만큼 살다가 끝나는 것이 아니라 영원히 살 것이기 때문입니다. 영원히 영원히 살고 영원히 살아도 하나님의 영광 속에 찬송과 기쁨 속에 살 것이니까 모든 것을 걸고 삽니다.

그래서 어쩌라고요? '생명을 거는 것이 불에 타서 없어져 버릴 것들인가?' 아니면, '영원하신 하나님과 연결된 것인가?'를 보고 살아야 합니다. '있는 거 없는 거 다 주어서 아껴주고 좋아해 주었더니, 뭐 돌아오는 거는 없고 인생이 뭐 이래?' 그렇게 살아가는 것은 불에 타 없어져 버릴 것에 목숨을 거는 겁니다. '평생을 가도 낙이 없는 인생이고, 예수님을 믿으면 남들은 뭐 복도 많이 받았다 하더니만 나는 이게 뭐예요?' 그러고 살고 있으면 없어져 버릴 것에 인생을 걸고 사는 겁니다. 말은 하나님을 믿는다고 하지만 실제로는 자기 삶의 위로와 소망을 예수 그리스도께 두지 않는 것입니다.

누가 나에게 '뭐가 그리 좋아요?'라고 물으면, '내가 널 위해 기도하잖아.' 그 말이 나와야 영원하신 하나님과 연결이 되는 겁니다. '뭐가 그리 싱글벙글해요?'라고 물으면, '예수님이 너를 사랑하신다잖아. 너 없는 천국 심심해서 어떻게 살아.' 그렇게 말이 나와야 영원하신 하나님과 연결이 되는 겁니다. 그게 어떻게 돼요? '너는 왜 그게 안 되냐? 안 되는 게 이상하다.' 그렇게 되어야 합니다. 같이 성질 안 내도 되는 성도, 같이 인상 안 찡그려도 되는 성도는 어떻게 그렇게 될까요? 그거는요, 이거 한 가지로 되는 거예요. '영원하신 하나님께서 여기 계시다.'

느헤미야 8장에 가면 에스라가 율법을 낭독합니다. 칠월 일 일에 수문 앞 광장에 수많은 사람이 모였습니다. 학사 에스라가 나무 강단에서 율법 책을 펼칠 때 모든 백성이 일어섰습니다. 6절에 보면 이렇게 말합니다.

> 에스라가 광대하신 하나님 여호와를 송축하매 모든 백성이 손을 들고 아멘 아멘 응답하고 몸을 굽혀 얼굴을 땅에 대고 여호와께 경배하였느니라(느 8:6)

이 말이 무슨 말인지 잘 의미가 와닿지 않습니다. 에스라가 위대하신 여호와 하나님을 찬양하면 모든 백성은 모두 손을 들고 '아멘! 아멘!'하고 응답하고 엎드려 얼굴을 땅에 대고 주님께 경배하였습니다. 여호와 하나님을 찬양할 때 자세가 달랐습니다. 그 말씀을 받는 자세가 달랐습니다. 새벽부터 오정까지 그렇게 했습니다.

어떻게 그렇게 됩니까? 하나님의 언약을 저버리고 죄짓고 사니까, 전쟁이 나서 처참하게 죽고 포로로 끌려가서 피눈물을 흘렸습니다. 그제서야 '하나님께서 살아계시구나' 그 사실을 알게 되었습니다. 다시 이 예루살렘에 돌아와서 학사 에스라가 율법을 낭독하고 언약의 여호와 하나님을 찬송하니 '아멘! 아멘!'하고 얼굴을 땅에 대고 주님께 경배하지 않을 수가 없습니다. 학사 에스라가 율법을 낭독할 때, 에스라의 말이 아니라 하나님께서 지금 에스라를 통해 말씀하신다는 것을 알았기 때문입니다.

하나님께서 살아계시는 것을 어찌 압니까? 우리가 예수 그리스도를 믿었다는 것으로 압니다. 저 학사 에스라와 유대 백성들이 전적으로 항복했던 것보다 더 큰 항복이 일어났기 때문입니다. 나 같은 죄인이 예수님을 믿은 것이 더 큰 은혜입니다. 예수님을 믿어도 남들처럼 안 주셔서 풀이 죽어 살고, 남들처럼 살맛 나게 안 해주셔서 대충 살아가는 것은 '내가 어디에 전부를 걸고 있는가?'를 돌아봐야 하는 겁니다.

'하나님께서 여기 계시다'는 하나님의 임재가 무슨 신비한 음성을 들어야 하고, 어떤 신비한 환상을 보아야 하는 것이 아닙니다. 학사 에스라가 두루마리를 펼쳐 읽는 그 자체가 은혜였습니다. 수문 앞 광장에 모여서 새벽부터 그 말씀을 듣는 것이 '하나님께서 여기 계시다'는 증거였습니다. 무엇을 더 바라십니까? 이 자리에서 예배하고 찬송하고 기도하고 말씀을 읽고 설교를 듣는 이 자체가 '하나님께서 여기 계시다'는 증거입니다. 눈물을 흘리고 살아도 하나님을 의지하고 믿음으로 살아가고 있는 것이 성령 하나님께서 역사하는 증거입니다.

거듭남이 내 인생을 180도 달라지게 하고, 거듭남이 저 인생을 바라보는 눈이 180도 달라지게 하는 것이라야 합니다. 거듭남이 나만 좋은 것이 되고 저 인간에게는 아무런 덕이 안 되는 거라면 저 인간이 뭘 보고 예수님을 믿겠습니까? '저 인생이 왜 나를 괴롭게 하나?' 싶으면 저 인생으로부터 복이 오는 줄 아는 겁니다.

그것을 알아가고 변화되어가는 것은 힘든 일입니다. 그러나, 거듭남이 있으면, '하나님께서 여기 계시구나', '하나님께서 나와 함께 하시는구나'라고 항복이 되면 지고 가지 못할 십자가가 없습니다.

사도 바울이 이렇게 말합니다.

> 11 미쁘다 이 말이여, 우리가 주와 함께 죽었으면 또한 함께 살 것이요 12 참으면 또한 함께 왕 노릇 할 것이요 우리가 주를 부인하면 주도 우리를 부인하실 것이라 (딤후 2:11-12)

우리는 우리 주 예수 그리스도와 함께 죽었고, 함께 살았고, 함께 왕 노릇하고 있는 복된 성도들입니다. 이 말씀은 꼭 이런 거예요. 아이가 맞아서 울고 있는데 엄마 아빠가 와서 이렇게 말하는 거예요. '누가 너 때렸어. 어떤 놈이야.' 그러는 거예요. 그게 무슨 말이에요. '나는 네 편이야. 아무 걱정하지 마라' 예수님께서 우리를 그렇게 사랑으로 지지하고 붙들고 계십니다. 아직도 우리는 가야 할 길이 멀지만, 거듭났기에, 예수 그리스도를 믿었기에, 이 세상에서는 환란을 당하나 심령이 가난한 자, 영적으로 가난한 자로 복되게 살아서 이 길을 갈 수 있습니다. 세상 끝날까지 이 거듭남의 은혜, 이 거듭남으로 알게 된 거, '하나님이 여기 계시다!'는 확신 속에서 예수 그리스도께 모든 것을 걸고 그 기쁨과 소망으로 참으로 복된 자로 살아가는 주의 백성들이 다 되시기 바랍니다.

11 심령이 가난한 자 7

1 예수께서 무리를 보시고 산에 올라가 앉으시니 제자들이 나아온지라 2 입을 열어 가르쳐 가라사대 3 심령이 가난한 자는 복이 있나니 천국이 저희 것임이요(마 5:1-3)

예수님의 산상설교 열한 번째 시간입니다. 오늘은 심령이 가난한 자와 천국에 대해 살펴보겠습니다. 예수님께서는 "심령이 가난한 자는 복이 있나니 천국이 저희 것임이요"라고 말씀하셨습니다. 마태복음 3장에 보면 세례 요한이 광야에서 말씀을 전파했습니다. 그 핵심을 3장 2절에서 이렇게 말했습니다.

회개하라 천국이 가까웠느니라 하였으니(마 3:2)

이 말씀과 마태복음 5장 3절 말씀과 같은 맥락 속에 있습니다. "심령이 가난한 자는 복이 있나니 천국이 저희 것임이요"라는 말씀과 그 내용 면에 있어서 같은 말씀을 하고 있다는 뜻입니다. 먼저 '천국이라는 말이 무슨 뜻인가?'를 살펴보아야 합니다. 우리는 천국이라 하면 여기 이 땅 말고 죽어서 가는 하나님의 나라로 생각합니다. 천국이란 '하늘의 왕국'이라는 뜻입니다. '왜 하늘의 왕국이냐?' 하면, 히브리인들은 하나님께서 거하시는 곳이 하늘이라고 생각했기 때문입니다. 이사야 66편 1절에서 이렇게 말합니다.

여호와께서 이같이 말씀하시되 하늘은 나의 보좌요 땅은 나의 발등상이니 너희가 나를 위하여 무슨 집을 지을꼬 나의 안식할 처소가 어디랴(사 66:1)

하늘이 하나님의 보좌이고 땅이 하나님의 발등상이라 합니다. 하늘로부터 땅까지, 온 세계와 우주가 다 하나님의 통치 아래 있다는 뜻입니다. 이사야 선지자는 유대인들을 책망했습니다. 제사와 성전에 대해 헛된 자만심으로 가득하고 쾌락에 탐닉하면서 자신들의 죄에 대해 부끄러워할 줄 몰랐기 때문입니다. 외적으로 보이는 모습, 종교적 형식으로 보이는 모습은 하나님을 섬기지만, 마음으로는 멀어져 있었습니다. 하나님을 섬긴다고 하면서도 우상을 섬겼습니다. 이사야 선지자가 "하늘은 나의 보좌요 땅은 나의 발등상이니"라고 말함으로써 하나님께서 만물을 충만케 하고 그 통치하심이 미치지 않는 곳이 없다는 것을 알려 주려고 했습니다.76) 성전 안에서만 하나님께서 하나님이 되시는 것이 아니라는 뜻입니다.

저 유대인들만 그런 것이 아니라 우리도 별반 다르지 않습니다. 우리는 신앙생활을 오래 하면 자신이 고상해지는 줄로 착각합니다. 헷갈리면 안 됩니다. 신앙생활이 오래되었다면 자신이 더

---

76) 존 칼빈, **구약성서주석 15 이사야 4** (서울: 성서교재간행사, 1983), 403; 〈이사야 선지자는 하나님께 대한 거짓되고 위선적인 예배자들의 자기만족을 떨쳐 버리는 것이 목표였으므로 먼저 하나님의 성품에 대해서 서두를 시작한다. 하나님께서 "하늘"을 자신의 거처로 정하신다는 것은 하나님의 위엄이 만물을 충만케 할 뿐만 아니라 어디에나 확산되리라는 것, 그리고 하나님께서는 결코 성전 내에 갇혀질 수 없는 분이시므로 그 외 어디에서도 걷혀지거나 제한될 수 없다는 것을 의미한다. 성경에서 종종 하나님께서 하늘에 계신 것으로 언급하는데 이것은 그분이 거기에 갇혔다는 뜻이 아니라 우리로 하여금 이 세상 이상의 것을 생각함으로써 그분에 대해서 천하거나 육적이거나 지상적인 관념을 품는 일이 없도록 하려는 뜻에서다. 사실 하늘을 바라보기만 해도 우리의 마음은 더 높은 곳을 향하며 칭송을 금할 수 없게 된다. 그럼에도 불구하고 이사야 선지자는 숱한 구절을 통하여 하나님께서 우리와 함께 계시다는 것과 우리로 하여금 그분이 하늘에 갇혔다고 상상하는 일이 없도록 자신의 능력을 어디에서나 나타나 보이신다고 주장한다.〉

비참한 죄인이라는 것을 알고 더 엎드려야 합니다. 또한, 생각이 바뀌어야 합니다. 이 교회 안에만 하나님이 계신 것이 아닙니다. 하나님께서는 온 세상의 주가 되십니다. 우리 집에서도 하나님은 하나님이십니다. 직장에서도 하나님은 하나님이십니다.

세상에서는 전혀 예수님을 믿는 사람으로 살지 않으면서 교회만 오면 거룩한 사람이 됩니다. 진짜로 거룩한 사람이 된 것이 아니라 거룩한 사람인 것처럼 행세합니다. 세상에서는 아무런 존경도 받지 못하는데 교회 안에서는 직분을 가지고 사람들을 가르치고 어른 노릇을 합니다. 세상에서는 현행법을 위반했는데도 교회 안에서는 버젓이 지도자 노릇을 합니다. 교회 안에서는 자기를 지지하는 그룹이 있기 때문입니다. 죄지은 사람은 교회 오지 말라는 뜻이 결코 아닙니다. 교회는 누구나 올 수 있습니다. 세상에서 하던 그 버릇대로 교회에 와서 행하는 것이 문제입니다. 교회 안에 있다고 해서 사람이 달라지지 않습니다. 체면도 없고 염치도 없습니다. 이런 설교를 하면 그런 사람들은 다른 사람 얘기하고 있는 줄로 압니다. '우리 교회에 그런 사람도 다 있나?' 그렇게 생각합니다.

이사야 선지자가 '하늘'이라고 말한 것은 '하나님의 나라', 혹은 '하나님의 왕국'의 다른 표현입니다. 이사야 선지자가 말하는 하늘이라는 의미는 '여호와가 거하시는 하늘'이라는 의미입니다. 그런 까닭에, '여호와의 왕국'이라 말하지 않고 '여호와의 거하시는 하늘'이라고 말한 것입니다. 왕국이 하늘로 표현된 것입니다. 유대인들은 존귀하신 여호와 하나님의 이름을 잘 표현하지 않으려고 했기 때문에 하늘이라고 말했습니다. 여호와의 나라는 어느 특정한 장소에만 국한되는 것이 아니라 하나님의 통치가 미치는 곳을 말합니다.

이사야 선지자가 "하늘은 나의 보좌요 땅은 나의 발등상"이라고 말한 것은 여호와의 통치가 미치지 않는 곳은 없다는 뜻입니다. 그것이 실제로는 무슨 의미로 말했을까요? 유대인들이 이 성전에만 하나님이 계신 줄로 알고 이 성전에서만 종교적 열심을 바칠 것이 아니라 세상에서 살아가는 모든 일에 있어서 하나님의 언약을 신실하게 지키고 살아가야 한다는 의미로 말한 것입니다.

이것은 무엇을 말해 줄까요? '하나님께서 어떤 분이신가?'를 아는 것이 예배와 삶을 지배한다는 것을 말해 줍니다. 하나님을 바르게 알면 예배와 삶이 따로 갈 수 없습니다. 성전에서만 거룩한 것이 아니라 집에서도 거룩해야 합니다. 거룩이 좋은 옷만 입고 고상한 척하고 살아가라는 것이 아니라, 손에 기름을 묻히고 살고 이런 고생 저런 고생을 하고 살아도 말씀대로 살아가고 서로 사랑하고 따뜻한 사람이 되어가는 것입니다. 언약을 지킬 때 그런 사람이 되어가는 것을 경험해야 합니다.

천국은 하나님의 통치를 인정하고 그 언약을 신실하게 지켜가는 것입니다. 누가 하나님의 통치를 인정합니까? 누가 여호와의 언약을 신실하게 지켜갑니까? 여호와 하나님의 구원을 받은 자가 하나님의 통치를 인정합니다. 여호와 하나님의 구원을 받고 언약을 맺은 자가 언약을 신실하게 지켜갑니다. 우리가 생각하는 천국의 의미가 바뀌어야 합니다. 이 고생 안 하고 살아갈 수 있는 곳이라고 생각하는 그런 천국이 아니라 이 고생을 해도 예수 그리스도를 믿고 그 통치와 섭리를 인정하고 오늘도 말씀에 복종하는 삶을 살아가는 것이 천국입니다. 오늘 내가 고생을 해도 하나님께서 나와 함께 하신다는 것을 믿고 그 말씀대로 살기 위해 달려가면 오늘 나의 삶이 천국입니다. 오늘 내가 아무리 배부르게 살아도 하나님과는 아무런 상관이 없는 삶을 살고 주의 말씀과는 어떤 연관성도 없이 살아가면 천국이 아닙니다.

세례 요한이 광야에서 전한 말씀이, "회개하라 천국이 가까웠느니라"였습니다. '천국이 무엇을 말하는가?'를 바르게 알아야 이 마태복음 5장 3절에서 말하는 천국이 심령이 가난한 자의 것이라는 그 의미를 알 수 있습니다. 천국에 들어가는 조건이 회개입니다. 천국에 들어간다고 해서 죽어서만 가는 천국이 아니라 하나님의 통치가 임한다는 것입니다. 오실 메시아, 예수 그리스도께서 새 언약을 이루심으로 하나님의 통치가 임합니다. 그 통치가 나에게 이루어지기 위해 회개하라는 뜻입니다. 자기들의 욕망을 이루어주는 그런 메시아관을 버려야 합니다.

예수님을 믿으면 집안도 잘 되고 자식도 잘 되는 것으로 천국을 확인하는 것이 아닙니다. 예수님을 믿으면 이 어려운 현실에서도 믿음 하나로 살고 이 고달픔이 있음에도 불구하고 하루하루를 버티어내는데 성질나지 않는 것으로 천국을 확인해야 합니다. 믿음이 세상을 이기는 것으로 천국이 확인되어야 합니다. 세상을 이기는 것과 세상에서 잘 되는 것은 다른 것입니다. 세상을 이기려면 예수 그리스도를 믿는 그 믿음이 나를 변화시키고 붙드는 근본적인 힘이 되어야 합니다. 믿음이 있다 하면서도 살아가는 것은 믿음 없는 사람보다 더 흐지부지하고 인격도 없이 살면 믿음이 나에게 영향력을 미치지 못하는 것입니다.

믿음이 나에게 역사해서 영향력을 발휘하면 너나없이 별반 다를 것 없이 살아가는데 예수님을 믿는 것으로 인해 사람이 따뜻해져 갑니다. 그 믿음으로 살아가니까 집안이 달라지고 자식들도 그리스도를 믿고 변화를 받아서 잘 되는 것입니다. 믿음도 없는데 공부 잘하는 것으로 자식 잘 되었다는 것은 잘 된 것이라 할 수 없는 것입니다. 믿음은 있는데 공부를 못한다? 그러면 불을 붙여 주어야 합니다. 약함이 있는지, 상처가 있는지, 길이 안 보이는지 살펴보고 열정이 생겨나도록 동기를 불러일으켜 주어야 합니다.

옛날에 행한 것들을 잘못했다고 고백하고 돌이키는 것이 회개입니다. 믿음이 역사하면 삶에 회개가 일어납니다. 무엇을 잘못했습니까? 하나님 없이 죄악 된 삶을 살아간 것이 죄입니다. 하나님 없이 내 욕심대로 살아간 것이 죄입니다. 하나님과는 아무런 상관없는 삶을 산 것이 죄입니다. 내 욕심을 버리고 하나님의 명령대로 살아가는 것이 회개입니다. 인간의 본성이 죄악 되다는 것을 알고 예수 그리스도를 믿고 영생을 얻어 그 말씀대로 순종하며 사는 것이 천국입니다. 회개와 천국이 긴밀하게 맞물려 있습니다.

세례 요한이나 예수 그리스도께서 하나님의 나라라고 말한 것은 예수 그리스도를 믿는 공동체를 말합니다.[77] 율법을 지켜서,

자기 준비를 해서 천국에 들어가는 것이 아니라 예수 그리스도를 믿음으로 천국에 들어갑니다. 천국에 들어간다는 것은 하나님의 통치에 들어가는 것입니다. 하나님의 지배를 받는 것입니다. 살아 있는 동안 여기도 천국이고 죽어서도 천국입니다. 살아서도 하나님의 통치를 받고 죽어서도 하나님의 통치를 받습니다. 사나 죽으나 하나님의 지배 속에 있습니다. 그 지배 속에 사는 것이 천국입니다. 하나님의 지배를 받으려면 하나님의 백성이 되어야 합니다. 성령님의 역사로 거듭나야 하나님의 백성이 됩니다.

세례 요한이 '회개하라 천국이 가까웠느니라'고 전파한 것은 '하나님의 통치하심을 받으라'는 뜻입니다. 이미 하나님의 나라가 곁에 왔기 때문입니다. 회개가 일어나야 하고 거듭나야 합니다. 동시에 일어나게 됩니다. 심령이 가난한 자가 되는 것, 영적으로 가난한 자가 됩니다. 말씀을 들을 때에 성령님께서 그 말씀을 통해 역사하십니다. 내가 주인이 되어 내 욕심대로 살아가던 죄악된 자리에서 하나님께서 중심이 되고 하나님의 통치를 받는 천국에서 살아갑니다.

지금의 우리나라는 하나님의 나라를 말하면서 여기 이 땅에 천국을 만들려고 하니까 문제입니다. 세상의 부조리를 타파하고 부당한 인권을 말하면서 하나님의 정의를 이 땅에 실현하려고 합니

---

77) 장재일, **히브리적 관점으로 다시 보는 마태복음** (서울: 쿰란출판사, 2013), 92; "그렇게 모인 공동체를 세례 요한과 예수는 하나님 나라라고 표현했다. 예수께서는 이표현을 세상과 반대되는 개념으로 주로 사용하고 계신다." "죄를 자기고 있는 사람은 하나님 나라에 들어갈 수 없다. 그러므로 히브리인들은 하나님 나라에 들어가기 위하여 자신을 준비시키는 삶을 지속적으로 노력하며 살아간다 해도 과언이 아니다. 결국 '자신의 죄를 회개한다'는 것은 곧 하나님 나라에 들어갈 수 있도록 자신을 준비시키는 것이다."(93-94).

다. 천국은 우리가 만드는 곳이 아닙니다. 우리가 만들어 내는 천국은 우리의 의로 세워지는 나라입니다. 우리가 잘난 구석이 있어야 만들어 낼 거 아니겠어요? 그 잘난 것이 의가 됩니다. 우리의 잘난 것으로 하나님의 나라를 세우면 보상을 요구합니다. 이 땅에서 지분을 내놓으라고 합니다. 다른 사람이 가지고 있는 것을 뺏어 와야 하고 다른 사람이 고통을 받아야 합니다. 말은 기독교이고 손에는 성경을 들고 있지만, 그 하는 것은 실존주의 방식입니다. 나와 다른 길을 가는 사람들은 타도해야 할 대상이 되어버립니다. 은혜와 긍휼이 없습니다.

이 땅에는 예수 그리스도를 믿지 않는 사람들이 더 많습니다. 세상 사람들은 하나님을 경외하거나 예수 그리스도를 믿지 않습니다. 세상의 대부분의 사람들은 성령님의 역사로 경건하게 살아가는 자들이 아닙니다. 그들은 하나님의 통치를 받지 않습니다. 인간이 주인이고 인간의 욕망을 위해 살아가는 사람들입니다. 실존주의라는 것이 다른 것이 아닙니다. 나의 행복을 위해 나의 선택이 중요할 뿐입니다. 다른 사람의 행복은 중요하지 않습니다. 다른 사람의 선택은 중요하지 않습니다. 다른 사람의 행복과 선택이 나의 행복과 선택에 걸림돌이 되면 투쟁의 대상이고 타도의 대상입니다. 그것이 실존주의가 강조하는 것이 무(無)이고 무화작용이라는 것입니다.[78] 나 아닌 존재들은 존재 자체가 의미 없는

---

[78] https://blog.naver.com/123789159753/221140976484/(2017.11.16.) 사르트르의 의식은 전반성적인 의식이다. 인간이 대상과 맺는 관계는 인식 관계가 아닌 존재 관계이며, 그의 존재론은 인식 이전의 단계를 문제 삼는다. "실존이 존재에 선행한다"는 사르트르의 유명한 명제는 이러한 사유에서 도출된다. 또한 모든 의식은 무엇인가에 관한 의식이기 때문에 관계성을 기반으로 구조를 정립한다. 이 과정에서 의식은 관심 대상과 배경을 구분하는 '무화작용'을 일으킨다. 무화작용은 어떤 것을 배경으로 만드는 것을

것입니다.

우리는 우리의 존재가 하나님께서 창조하신 존재라고 믿기 때문에 인간이 고귀한 존재라고 믿습니다. 나만 고귀한 존재가 아니라 다른 사람들도 고귀한 존재입니다. 나와 이웃들의 존재 가치가 하나님에 의해서 매겨지기 때문입니다. 우리가 우리의 존재를 가치 있게 해 줄 수 없습니다. 사람이 간사해서 나에게 조금만 방해가 되어도 불평하고 욕하는 것이 인간이기 때문입니다. 내 차가 고급 차일수록 다른 차를 무시합니다. 내 집이 좋은 집일수록 다른 집을 무시합니다. 학교에도 가면 부잣집 동네 아이들, 그보다 못 사는 아이들, 또 그보다 더 못 사는 아이들끼리 그룹이 정해져 있습니다.

그 벽을 인간이 넘어설 수가 없습니다. 그렇게 인간이 매겨놓은 가치를 다 무가치하게 만들고 하나로 만들 수 있는 것은 오직 하나밖에 없습니다. 예수 그리스도를 믿음으로 한 형제와 자매가 되는 것입니다. 그 외에는 길이 없습니다. 인간이 아무리 정의를 외쳐도 약자일 때에만 정의를 외치고 강자가 되면 그 사람들도 권력으로 억압합니다. 그들은 그것을 억압이라 말하지 않고 과도기라고 말합니다. 그러면서 폭력을 정당화합니다.

사도 바울이 에베소서 4장 1-4절에서 이렇게 말했습니다.

의미한다. 하나가 돌출되면 나머지 것들은 배경이 된다. d처럼 배경으로 만드는 것은 인간의 의식의 지향성에 따르는 것이다. 의식의 지향성은 무엇인가와의 관계성을 추구하기 때문에 특정한 목표를 외의 존재로 잘라내고 무화 시키는 작업이 필요한 것이다. 이러한 의식의 지향성 구조에 대한 귀결로 나타나는 또 하나의 개념이 자유 개념이다. 사르트르는 인간 존재와 자유 존재 사이의 구별이 없고 인간은 자유롭도록 단죄받았다고 말한다. 즉, 인간의 본질은 자유이다. 특정 상황에 처해 있는 인간은 필연적인 선택을 내려야 한다. 인간은 미래를 향해 주어진 상황성 속에서 끊임없이 기투해야 하는 것이다. 때문에 인간의 자유라는 것은 오직 상황 속에 존재하게 된다. 자유와 상황은 불가분의 관계에 놓인다.

> 1 그러므로 주 안에서 갇힌 내가 너희를 권하노니 너희가 부르심을 입은 부름에 합당하게 행하여 2 모든 겸손과 온유로 하고 오래 참음으로 사랑 가운데서 서로 용납하고 3 평안의 매는 줄로 성령의 하나 되게 하신 것을 힘써 지키라 4. 몸이 하나이요 성령이 하나이니 이와 같이 너희가 부르심의 한 소망 안에서 부르심을 입었느니라

저 세상이 가는 길과 너무나도 다른 길입니다. 세상이 겉으로는 자유를 말하고 평화를 말합니다. 그 자유와 평화가 자신들의 욕망을 이루는 데 방해가 되면 사람을 죽입니다. 이 에베소 교회 안에는 유대인과 이방인이 섞여 있습니다. 그 두 부류의 사람이 하나가 된다는 것은 인간으로서는 못할 일입니다. 극과 극입니다. 그런데 어떻게 하나가 됩니까? 오직 하나, 예수 그리스도를 구주로 믿었기 때문입니다. 그것은 하나님의 통치를 받는 것입니다. 그것이 천국입니다. 예수 그리스도를 믿지도 않는 사람들, 그런 사회, 그런 국가 속에서 하나님의 나라를 외치는 사람들은 이념에 오염된 사람들입니다.

하나님의 나라는 장소 개념 이전에 통치 개념이라는 것을 분명히 해야 합니다. 하나님께서 장차 우리에게 허락하실 곳이 있습니다. 그러나, 장소라는 개념으로만 가면 삶이 언약 적이지 않습니다. 여기 이 땅은 천국이 아니라 죽어서 가는 저곳이 천국이라고 생각하면 이 땅에서는 자기의 의미와 통일성 그대로 살아갑니다. 저 이사야 시대 유대인들이 성전에서만 하나님을 높이고 세상에서는 자기들 욕망대로 살아갔듯이, 똑같이 그렇게 살게 됩니다. 이 교회에서만 하나님을 높이고 세상에 나가서는 예수님을

믿는 사람답지가 않습니다.

　스데반이 사도행전 7장에서 설교를 했습니다. 스데반이 그 설교를 하고 돌에 맞아 죽습니다. 왜 설교를 하고 돌에 맞아 죽습니까? 그 설교가 유대인들을 매우 격분하게 했기 때문입니다. 그 설교의 핵심은 '이제는 더 이상 이 땅이 의미가 없다.' '이 성전이 의미가 없다'고 말했기 때문입니다. 스데반은 먼저 아브라함으로부터 시작했습니다. '이 땅은 의미가 없다. 나그네로 살게 했다'고 말하면서 조상들의 믿음 역사를 계속 말했습니다. 그리고, 사도행전 7장 48절에서 이렇게 말했습니다.

　　그러나 지극히 높으신 이는 손으로 지은 곳에 계시지 아니하시나니 선지자의 말한 바

　"손으로 지은 곳"이 어디입니까? 성전입니다. 목숨같이 여기는 성전에 하나님이 계시지 아니하신다고 하니 유대인들이 스데반을 죽였습니다. 스데반은 그 설교를 꼭 해야만 했습니다. 스데반은 그 설교하는 것을 짊어져야 할 짐으로 여겼습니다.[79]

　스데반의 설교가 무엇입니까? 하나님의 임재를 잘못된 방식으로 생각했다는 것입니다. '이 백성들이 왜 죄를 지었느냐?'고 하면, 하나님의 본심을 저버리고 이 땅, 이 성전이 우상이 되어 버

---

[79] 윌리엄 J. 덤브렐, **언약신학과 종말론**, 장세훈 역 (서울: 기독교문서선교회, 2003), 292; "사도행전 7:2-53절에 나오는 설교, 즉 성전과 율법을 모독했다는 두 가지 죄목에 대한 스데반의 변론은 민족 이스라엘을 향한 선교사역의 전환점을 마련해 주며, 기독교 공동체와 유대교 사이의 결정적인 분열을 초래한다. 이 설교는 그 핵심과 이미지를 통해 스데반이 이스라엘과 하나님과의 관계를 어떻게 이해했는지를 밝혀준다. 그렇지만 이스라엘이 시종일관 하나님의 뜻과 선지자들을 거절해 왔으며, 계속해서 율법을 어겼다고 본 스데반의 확신이 그가 짊어져야 할 짐이 되었다. 그리하여 스데반은 기회를 상실해 버린 비극의 역사로 이스라엘 역사를 설명해 나간다."

린 것입니다. 하나님께서 역사하신 현장이 있습니다. 아브라함이 이삭을 바친 모리아 산이 있고 하나님께서 모세를 부르신 호렙산이 있습니다. 다윗이 준비하고 솔로몬이 성전을 지었습니다. 그때마다 하나님의 임재가 있었습니다. 문제는 무엇일까요? 그 모리아 산이 영험이 있는 산이 되어버리고 모세를 부르신 그 호렙산이 신령한 산이 되어버린 것입니다. 솔로몬의 성전이 부적이 되어버린 것입니다. 그러니 그 산에 가야 하고 그 성전에 가야 한다고 생각합니다.

그런 방식으로 하나님의 임재를 누렸습니다. 성전을 나가면요? 엉망으로 사는 겁니다. 도저히 성전에서 예배를 드린 사람이라고 할 수 없습니다. 얼마나 심했으면 예수님께서 성전에서 장사하는 사람들의 상을 엎어버렸습니다. 성전 밖에서 하는 짓을 이제는 대놓고 성전 안에서 장사해서 이윤을 챙기고 있었기 때문입니다. 그 사람들이 그런 장사를 하도록 그 사람들의 뒤를 누가 봐주겠습니까? 제사장들이고 권력자들입니다. 서로 다 그렇게 뒷돈을 챙겼습니다. 돈을 건네주면서 뭐라고 한다고요? '하나님의 은혜입니다.' 성전에서 그러고 있었다는 거 아닙니까!

요즘도 그런 사람들이 많습니다. 성지순례 간다고 많은 돈을 들여서 갑니다. 성지순례 한 번 갔다 오면 몇 달을 우려먹습니다. 어디 촌놈이 워싱턴 DC 처음 구경해 보고 맨해튼 처음 가본 것처럼 성경 본문 읽어놓고 여리고가 어떻게 생겼고, 갈릴리가 어떻게 생겼고,... 날 새는 줄을 모릅니다. 스데반은 그런 의미가 없다고 했는데도 성지순례를 가고 있습니다.

스데반의 설교는 '하나님의 영광, 하나님의 임재가 어떤 장소, 어떤 집에 제한될 수 없다.'[80]는 것입니다. 스데반의 죽음은 성전에 대한 비판 때문만이 아니었습니다. 이 땅도 아니고 이 성전도 아니고 그러면 뭐냐?를 사도행전 7장 55-56절에서 이렇게 말했기 때문입니다.

> 55 스데반이 성령이 충만하여 하늘을 우러러 주목하여 하나님의 영광과 및 예수께서 하나님 우편에 서신 것을 보고 56 말하되 보라 하늘이 열리고 인자가 하나님 우편에 서신 것을 보노라 한대

스데반은 '새 성전이신 예수 그리스도의 통치다'라고 말했습니다. '예수 그리스도께서 하나님 보좌 우편에 계시고 이 우주와 세계를 통치하고 계신다'고 선언했습니다. 하나님의 영광이 성전에만 있는 것이 아니라 온 우주에 충만하다고 말한 것입니다. '왜 그렇냐?'고 하면 예수 그리스도께서 통치하고 계시기 때문입니다.

예수 그리스도를 믿은 우리에게 천국이 주어졌습니다. 예수 그리스도께서 우리를 통치하고 계시기 때문입니다. 이 교회에서도 통치하고 계시고 우리 집에서도 통치하고 계시고 우리의 직장과 사업장에도 통치하고 계십니다. 그렇게 통치하고 계심을 믿고 언약에 신실하게 살아가는 것이 하나님의 임재를 누리는 방식입니다.

---

[80] 같은 책, 293-294; 〈이스라엘에게 필요한 것은 "손으로 짓지 아니한" 성전(행 7:48)-스데반은 이것은 매우 확신한다-이다. 죽어가던 스데반은 새 성전이신 예수 그리스도를 바라본다. 예수가 현재 하늘의 하나님 보좌 우편에 계시며, 우주적 통치권을 부여받은 심판하시는 인자가 되었음을 증언한 스데반은 이로 인해 죽음을 당하고 만다(스데반이 성전에 대한 비판으로 인해 죽음을 당했다고 볼 수는 없다). 하나님의 영광이 어떤 한 "집"에 제한될 수 없다는 신념(48-49)은 스데반의 순교를 통해 확정된다.〉

성령님으로 거듭나야 심령이 가난한 자입니다. 영적으로 가난한 자입니다. 인간의 죄악 된 본성을 알고 자기의 비참함을 알고 예수 그리스도를 믿어 영생을 얻은 자가 복 있는 사람입니다. 그렇게 영적으로 거듭난 자, 회개한 그 사람에게 천국이 주어졌습니다. 하나님의 통치가 시작되었습니다. 우리는 이제 하나님의 통치가 시작된 사람들입니다. 우리는 하나님의 통치를 받는 사람들입니다. 하나님의 통치란 하나님의 언약에 복종하는 것입니다. 그것이 천국입니다. 새롭게 거듭난 그 본성으로 옛사람과 싸워가는 그 사람이 하나님의 통치를 받고 있는 것이고 하나님의 통치가 실효적 지배를 발휘하는 것입니다.

마태복음 13장에 가면 천국 비유가 나옵니다. 씨 뿌리는 비유 외에도 겨자씨 비유, 누룩 비유, 좋은 씨와 가라지 비유, 진주 장사 비유, 그물 비유가 나옵니다. 이 비유들의 한 가지 핵심적인 것은 하나님의 통치입니다. 하나님의 통치가 효력을 발생하는 것입니다. 그 효력이 발생해서 오늘 우리가 예수 그리스도를 믿고 천국을 누리게 되었습니다. 하나님의 통치를 받는 것이 천국입니다. 다른 것을 생각하고 오해하지 마시기 바랍니다.

하나님의 통치는 법을 통해 실효적 지배가 나타납니다. 그것은 언약의 법에 순종하는 것으로 하나님의 통치를 받는 것을 인정하는 것입니다. 하나님의 백성 된 존재로서 하나님의 법에 순종하면서 하나님을 높여드리는 것이 하나님의 백성들이 하나님의 임재를 누려가는 방식입니다. 그것이 천국입니다. 이 천국을 누려야 합니다.

'내가 조금만 참자. 내가 여기서 이 고생을 하고 살더라도 죽으면 천국 가니까 참고 살자'라는 것으로 자기 위안을 삼으면 안 됩니다. 고생하는 거, 참아야 하고 이겨가야 합니다. 내 고생하는 거를 누가 알아주겠습니까? 누가 나를 위로해 주어도, '아무도 나를 알아줄 사람이 없어.' 그렇게 생각하는 것이 인간입니다. 못난 겁니다. 우리는 그렇게 못나게 삽니다. 고생하는 거 참고 사는 것으로, 저 천국 가면 예수님께서 내 눈물 닦아 주실 거…, 예수님께서 그렇게 해 주실 겁니다. 그거 하나로만 위안을 삼고 살아서는 안 됩니다. 저기 가서 누리는 천국만 있으면 나는 한 맺힙니다. 살아가면 갈수록 나는 더 자기연민 속에서 헤어나지를 못합니다.

'내가 이 고생을 하고 살더라도 나는 더 언약에 신실한 백성이 될 것이다', '나는 더 경건하게 더 거룩하게 살리라', '나는 더 따뜻한 사람이 되고 사랑하고 살 것이다' 그래야 여기서 천국을 누리는 것입니다. 우리가 나중에 예수님께 이 한마디만 들으면 됩니다.

그 주인이 이르되 잘 하였도다 착하고 충성된 종아 네가 작은 일에 충성하였으매 내가 많은 것으로 네게 맡기리니 네 주인의 즐거움에 참예할지어다 하고 (마 25:21)

'아멘!'입니다. 다른 거 뭐 바랄 것이 없습니다. 오늘 내가 하나님께 받은 사명에 충성하시기 바랍니다. 이 가정에서 내가 해야 할 일이 있고 이 교회에서 내가 해야 할 일이 있습니다. 여기 말고 저기에 무슨 별다른 것이 있지 않습니다. 하나님께서 우리를 보고 계십니다. 하나님께서 우리에게 역사하고 계십니다. 그 하나님 앞에 갈 때까지 여기서, 지금 이 자리에서, 더 많이 사랑하고 더 많이 기도하고 더 열심히 맡은 일에 충성하면서 우리 주 예수 그리스도의 영광을 나타내는 천국 백성들이 다 되시기 바랍니다.

12 애통하는 자 1

1 예수께서 무리를 보시고 산에 올라가 앉으시니 제자들이 나아온지라 2 입을 열어 가르쳐 가라사대 3 심령이 가난한 자는 복이 있나니 천국이 저희 것임이요 4 애통하는 자는 복이 있나니 저희가 위로를 받을 것임이요(마 5:1-4)

예수님의 산상설교 열두 번째 시간입니다. 애통하는 자 첫 번째 시간입니다. 오늘은 애통하는 자와 규범에 대해서 살펴보겠습니다. '애통하는 자와 교리가 무슨 상관이냐?'를 생각해 보는 것입니다. 이것은 우리가 산상설교를 이해하는 방식에 대해 조금 더 생각해 보는 것이기도 합니다. 오늘날 사람들의 마음을 빼앗아 가는 여러 부류 중 한 부류가 성경에 세상의 인문학적 지식을 더해서 성경 본래의 뜻을 훼손하는 사람들입니다. 그런 사람들은 '산상설교는 교리와는 상관이 없다'고 생각합니다. 교리는 우리를 힘들게 하는 것이고 산상설교는 우리에게 좋은 것으로 생각합니다.

그중 한 사람이 오스왈드 챔버스입니다. 사람들이 오스왈드 챔버스의 좋은 말들만 인용하면서 SNS에 퍼뜨리고 '좋아요'를 눌러 주고 합니다. 예를 들어보겠습니다. 오스왈드 챔버스의 『산상수훈』 1장에 좋은 글이 있습니다. "주님의 가르침은 오직 주님의 거듭난 제자들에게만 적용된다는 사실을 잊지 말라."라는 글만 제 페이스북에 올리면 사람들이 '좋아요'를 눌러 줄 것입니다. 오스왈드 챔버스는 그 말을 1장 중간에서 그 말을 했습니다. 그 이전에는 무슨 말이 있을까요?

오스왈드 챔버스의 『산상수훈』 1장 제목이 "신적 불균형: 교리나 신조가 아니라 주님의 인격에 헌신한다"입니다. 우리는 이런 문구를 읽으면 매우 적절한 것처럼 생각합니다. 교리나 신조는 무엇이 잘못된 것처럼 여겨지고 주님의 인격이라는 말에는 매우 올바른 것처럼 생각합니다. 우리는 이런 말이 얼마나 심각한 오류인지를 알아야 합니다. 오스왈드 챔버스는 교리나 신조를 쓰레기 취급하고 있습니다.

오스왈드 챔버스의 유명한 책 『주님은 나의 최고봉』에서도 "믿음에 관한 한, 하나님과 우리 사이에 아무런 장애물이 없을 때까지 우리의 고정 관념, 교리, 경험을 뛰어넘어 앞으로 나아가야 합니다"[81]라고 말했습니다. 챔버스는 교리를 하나님과 우리 사이의 장애물로 여겼습니다. 교리나 신조는 불필요한 쓰레기가 아닙니다. 오늘날 많은 사람이 교리와 신조는 그리스도인들이 믿음으로 살아가는 일에 거추장스러운 것으로 잘못 생각하고 있습니다. 교리와 신조는 예수님의 산상설교와 무관하지 않습니다. 교리와 신조는 성경에 뿌리를 두고 있습니다. 교리와 신조는 주님의 교회가 세워진 이후로 일어난 수많은 문제와 오류들을 성경적으로 방어하고 교회를 그리스도의 진리로 수호하기 위해 수많은 논의 끝에 만들어진 것입니다. 우리가 이 신앙의 길을 바르게 가고 있는지 아닌지를 정확하게 알 수 있는 것입니다.

챔버스는 "교리나 신조가 아니라 주님의 인격에 헌신한다"고 제목은 그렇게 정해 놓고서 이렇게 말했습니다.

---

[81] 오스왈드 챔버스, 주님은 나의 최고봉, 스데반 황 역 (서울: 토기장이, 2010), 2일.

> 산상수훈을 처음 읽을 때는 그 내용이 매우 간단하고 평이하며 별로 깜짝 놀
> 랄 만한 주장이 없는 것처럼 보인다. 그래서 거부감 없이 그 내용들을 우리의
> 무의식 영역으로 받아들인다. 우리는 예수님의 말씀에 너무 익숙해서 별생각
> 없이 그 말씀을 듣는다. 그 내용은 아주 쉽고 단순하며 부드럽게 들린다. 그
> 러나 실제로 그 말씀들은 무의식 영역 속에서 터질 수 있는 영적인 폭약들이
> 다.82)

오스왈드 챔버스에 의하면, 예수님의 산상설교가 "우리의 무의식 영역으로 받아들"여집니다. 챔버스는 교리와 신조를 저버리고 심리학을 받아들였습니다. 챔버스는 예수님의 말씀이 무의식의 영역에서 터지는 영적인 폭약이라고 말했습니다. 그러면 의식의 영역에서 영적인 폭약이 되려면 어떻게 해야 한다는 것일까요?

그 다음 페이지에서는 이렇게 말했습니다.

> 산상수훈의 내용은 문자적으로 그대로 적용될 수 있는가 없는가 하는 문제가
> 아니다. 오히려 하나님의 생명이 거듭남에 의해 우리 안에 침투할 수 있도록
> 우리가 허락하는가 안 하는가의 문제이다. 만일 거듭나 하나님의 생명이 우
> 리 안에 있으면, 그때 우리의 마음은 예수 그리스도의 가르침에 젖어들고 그
> 가르침은 우리의 무의식 영역으로 깊이 들어간다. 그 가르침은 상황에 따라
> 의식의 영역으로 다시 넘어오는데, 이때 우리는 즉시 주님의 교훈을 순종할
> 것인지를 결정해야 한다. 순종하게 되면 놀라운 영적 대변혁이 발생하게 되
> 어 우리의 현실적 삶이 달라지게 된다. 또한 우리가 결심하기만 하면 순종할
> 수 있는 능력을 구할 수 있다는 사실을 발견하게 된다. 바로 이것이 성령께서
> 제자의 마음속에서 역사하시는 방법이다.83)

오스왈드 챔버스는 "하나님의 생명이 거듭남에 의해 우리 안에 침투할 수 있도록 우리가 허락하는가 안 하는가의 문제이다"라고

---

82) 오스왈드 챔버스, **오스왈드 챔버스의 산상수훈**, 스데반 황 역 (서울: 토기장이, 2009), 23-24.
83) 같은 책에서, 25.

말했습니다. 우리가 거듭나면 예수님의 가르침이 우리의 무의식 영역에 들어간다고 말하는 것은 심리학적으로 설명하는 것입니다. 챔버스의 말에 의하면, 우리가 순종하면 그 무의식에 있는 예수님의 말씀이 효력을 발생하게 된다는 의미가 됩니다. 이것이 성경이 우리에게 말하는 것일까요? 예수님께서 산상설교에서 '내가 지금 너희들에게 가르치는 것이 너의 무의식에 일단 저장이 될 것이고 너희들이 결심하고 순종을 하면 그 말씀이 효력을 나타낼 것이다'라고 말씀하지 않으셨습니다. 챔버스에 의하면, 우리가 결심하기 전까지 예수님의 말씀은 능력을 발휘하지 못합니다. 예수님의 산상설교는 우리가 허락하느냐? 마느냐? 의 문제가 아니라, 거듭나면 순종해야 하는 영적인 상태를 말하고 있습니다. "우리가 결심하기만 하면"이라는 챔버스의 말은, '네 마음 먹기 나름이다.', '너만 잘해 봐라'라는 말과 다를 것이 없습니다. 그런 말은 '하늘은 스스로 돕는 자를 돕는다'는 펠라기우스 주의자들의 말입니다. '하늘은 스스로 돕는 자를 돕는다'는 말은 번역이 잘못된 것입니다. 원래는 '하늘은 스스로 노력하는 자를 돕는다'(Heven helps those who help themselves)입니다.

제목만, "신적 불균형: 교리나 신조가 아니라 주님의 인격에 헌신한다"로 되어 있고, '왜 교리와 신조가 아닌지? 왜 주님의 인격인지? 왜 주님의 인격에 헌신하는지?'에 대해서는 아무런 말이 없습니다. 주님의 인격이란 주님의 성품을 말합니다. 성품은 자기를 지배하는 규범과 직결되어 있습니다. 그 규범이란 우리에게 율법으로, 성경으로 주어졌습니다. 그것이 교회사에서 하나의 형식을 갖춘 것으로 교리와 신조입니다. 그 교리와 신조에 인격이 있습니다. 인격이 교리와 신조를 벗어나면 주관적인 신앙이 되고 교리와 신조와는 무관한 인격이 됩니다. 교리와 신조가 마치 그리스도의 인격과 충돌되는 것으로 이해하면 안 됩니다.

예수님의 산상설교는 "우리가 결심하기만 하면" 순종할 수 있는 말씀이 아닙니다. 거듭난 성도라면 자발적으로 말씀에 순종합니다. 중생한 자는 자발적 순종이 일어나게 됩니다. 자기에게 영생을 주신 하나님께 순종하지 않을 수 없습니다. 우리가 결심한다고 해서 되는 것이 아니라 순종하지 않을 수 없는 마음의 상태가 이미 만들어져 있습니다. 자동으로 순종한다는 것이 아니라 자기 죄의 비참함을 알고 거듭난 사람이고, 그런 사실을 경험한 자들은 다시 범죄 하지 아니하고 거룩으로 달려갈 수밖에 없습니다. 때로, 실패하고 죄를 지을 때도 있지만 다시 회개하고 다시 경건하게 살기 위해 자기를 부인하고 자기 십자가를 지고 살아갑니다.

오스왈드 챔버스는 26-27페이지에서 산상설교의 팔복에 대해 다 언급하지 않습니다. 심령이 가난한 자, 온유한 자, 긍휼히 여기는 자, 마음이 청결한 자, 화평하게 하는 자에 대해서만 말하고, 애통하는 자, 의에 주리고 목마른 자, 의를 위하여 핍박을 받은 자에 대해서는 말하지 않았습니다. 그리고 그 결론은 "성령께서 그 사람의 마음속에 사랑을 부어주시기까지는 아무도 주님을 사랑할 수 없다"라고 말했습니다. 매우 애매한 말입니다. 성령님께서는 우리를 거듭나게 하심으로 언약의 계명에 순종하게 하십니다.

'성령님의 역사가 정확하게 무엇인가?'를 알아야 합니다. 헷갈리면 안 됩니다. 팔복은 처음부터 성령님께서 역사한 결과로 주어진 것이지, 인간이 노력한 결과가 아닙니다. 팔복은 자연인이 가질 수 없습니다. 로이드 존스가 말하듯이 이 복은 "생래적인 것"이 아닙니다. 팔복은 성령님의 사역에 의해서 은혜로 산출된 것입니다.[84] 죄인이 복음을 듣고 거듭나고 영적으로 가난한 자가 되고 애통하는 자가 되고 온유한 자가 되는 것이 우리가 결심하면 되는 것이 아닙니다. 팔복의 모든 상태는 성령님께서 우리에게 역사하셨기 때문에 일어난 것입니다.

성경을 보는 관점이 올바르게 되어야 삶을 변화시켜가는 관점이 올바르게 됩니다. 그 말이 그 말인 것 같지만 잘 분별하지 않으면 원칙에서 벗어나게 됩니다. 오스왈드 챔버스는 이어지는 글에서 이렇게 말했습니다.

> 이때 단지 주님의 원칙에 헌신하는 것과 인격에 헌신하는 것에는 분명한 차이가 있다. 주께서는 우리에게 주님 자신을 향한 인격적인 헌신을 할 것을 선포하셨다. 제자의 신분은 추상적인 개념에 충성하는 것이 아니고 예수 그리스도와의 인격적 관계에서 주님께 충성하는 것이다. 결과적으로 그리스도인의 전 생애는 예수님과의 인격적 관계로 인해 특별할 수밖에 없다.[85]

---

[84] 로이드 존스, **산상설교집(상)**, 문창수 역 (서울: 정경사, 2004), 47; "두 번째 원리는 매우 중대한 원리입니다. 그러나 셋째 원리는 더 중요한 것 같습니다. 즉 이들 서술의 어느 하나도 생래적(生來的)인 성품을 가리켜 말하는 것은 하나도 없다는 것입니다. 각 특징은 오로지 성령의 사역에 의해서만 은혜로 산출될 수 있는 하나의 기질(disposition)인 것입니다. 이 점은 아무리 강조해서 말씀드려도 오히려 부족한 감이 있습니다. 그 아무도 팔복에 서술된 것과 생래적으로 일치하는 사람은 없습니다. 우리는 팔복에 서술된 영적 자질과 그것을 비슷하게 닮은 생래적 자질을 명확히 구별하는 일에 조심해야 합니다."
[85] 오스왈드 챔버스, **오스왈드 챔버스의 산상수훈**, 스데반 황 역 (서울: 토기장이, 2009), 28.

오스왈드 챔버스는 "주님의 원칙에 헌신하는 것과 인격에 헌신하는 것에는 분명한 차이가 있다"고 말했습니다. 글을 잘 보면, "주님의 원칙"은 "추상적인 개념"이 되어버립니다. 그러나, 성경을 잘 보면, 주님의 인격과 주님의 원칙이 분리되어 있지 않습니다. 요한복음 15장에서 예수님께서는 이렇게 말씀하셨습니다.

> 9 아버지께서 나를 사랑하신 것 같이 나도 너희를 사랑하였으니 나의 사랑 안에 거하라 10 내가 아버지의 계명을 지켜 그의 사랑 안에 거하는 것 같이 너희도 내 계명을 지키면 내 사랑 안에 거하리라(요 15:9-10)

아버지를 사랑한다면 아버지의 계명을 지키고, 예수님을 사랑하려면 예수님의 계명을 지켜야 합니다. 예수님께서는 주님께 헌신하려면 주님의 원칙을 지켜야 한다고 말씀하셨습니다. 주님께 헌신한다는 것은 주님의 말씀에 순종하는 것입니다. 그 말씀의 핵심을 말한 것이 교리와 신조입니다. 우리가 학습을 받고 세례를 받고 교회의 직분을 받을 때도 웨스트민스터 대소교리 문답과 정치조례를 따르겠다고 서약을 했습니다. 교단마다 차이가 있겠지만 정통 교단들은 교리에 대한 서약이 있습니다. 왜 서약을 합니까? 그 교리를 벗어나면 신앙의 탈선이 일어나기 때문입니다. 미국의 신학교들이 자유주의에 물들 때 기독교의 핵심교리를 버렸습니다.

1925년 스콥스 재판이 있었습니다. 일명 '원숭이 재판'이라고 합니다. 1925년 테네시주 공립학교에서 진화론 교육을 금지하는 '버틀러 법'이 통과되었습니다. 이 법안에 반대하여 미국 시민자유연합이 존 스콥스와 함께 법률 불복종을 시도했습니다. 5일간의 재판에 전국적인 관심이 쏟아졌습니다. 스콥스가 재판에서 패했지만, 이후로 다른 주에서도 소송이 잇달아 생겼고, 정교분리의 위헌성이 있다고 말했습니다. 이때, 과학에 근거한 교묘한 질문들에 대한 대답을 못 했습니다. 실질적으로는 근본주의의 패배였습니다. 이 재판 이후로 프린스톤 신학교가 그 이전의 정통 신학을 버렸습니다. 프린스톤 신학은 자유주의로 점령을 당했습니다.

예수님의 산상설교라고 해서 교리와 무관한 것으로 생각해서는 안 됩니다. 교리를 무시하면 신앙의 본질에서 벗어나게 됩니다. 자기 자신은 한 시대를 살아가면서 괜찮을지 모르지만, 신앙은 다음 세대로 이어져야 하고 복음은 계속 증거되어야 합니다. 복음을 증거 하고 신앙을 수호하기 위해서는 성경에 근거한 올바른 교리와 신조가 있어야만 합니다. 교리와 신조를 벗어나면 성경에서도 벗어납니다.

나 혼자 차를 운전해 가면 도로에 줄을 그을 필요가 없습니다. 고속도로에 중앙분리대를 만들 필요가 없습니다. 그러나 양방향으로 수많은 차가 오고 가기 때문에 중앙분리대도 있어야 하고 가드레일도 만들어야 합니다. 그 외에도 수많은 신호등과 안전장치가 필요합니다. 반갑지는 않지만, 경찰도 있어야 합니다. 다 법규를 지키는 사람들만 있는 것이 아니기 때문에 경찰이 지키고 있어야만 합니다.

산상수훈 12번째 설교이고, 애통하는 자에 대한 첫 번째 설교입니다. 산상설교가 하나님의 백성의 교리적 체계를 가지고 있습니다. 아더 핑크는 이렇게 말했습니다.

> 상당수의 불필요한 독단론과 더불어 양극단의 입장을 취하는 자들이 있다. 개인적으로 나는 이 산상설교를 그리스도의 모든 말씀 사역의 대요이며 예언으로 생각하고 있으며, 또한 그의 모든 가르침의 전반적인 대의를 요약한 것으로 생각하고 있다. … W. 퍼킨스(Perkins)가 산상설교에 대하여 "그리스도께서는 여기에서 구약과 신약의 대의를 설명하고 계시기 때문에 당연히 그것은 전 성경의 열쇠라고 할 수 있다"라고 말한 것이 지나치다고는 생각하지 않는다. …86)

아더 핑크는 이 말을 통해서, 예수님께서 이 산상설교를 한 대상이 되는 사람들이 어느 한 부류에만 해당하는 것이 아니라고 했습니다. '왜 모든 사람에게 해당하느냐?'라고 할 때 예수님의 산상설교가 그리스도의 모든 말씀의 대의이고 신구약 성경의 대의를 말하고 있기 때문입니다. 교리와 신조는 성경의 대의를 말한 것입니다.

예수님의 팔복에서 두 번째 복을 배워갈 때, '왜 규범을 말해야 하느냐?'라고 말하면, 규범이 있어야 애통이 있기 때문입니다. 산상설교 자체가 규범입니다. 규범이 있어야 애통이 있습니다. 그냥 감성이 풍부해서 우는 것이 아닙니다. 그냥 괜히 마음이 울적해서 우는 것이 애통이 아닙니다. 첫 번째 복이 심령이 가난한 자, 영적으로 거듭난 자가 복 있는 자입니다. 그 영적으로 거듭난 자가 죄를 깨달았을 때 애통하게 됩니다. 죄가 무엇입니까? 하나님과 하나님의 뜻에 반역하고 살았던 것입니다. 애통이 무엇입니까? 그 죄에 대한 경건한 슬픔입니다. 이천 년 전에 예수님께서 십자가에 못 박혀 죽으신 것을 고통스럽게 깨달으면서, '내가 영

---

86) 아더 핑크, **산상수훈강해**, 지상우 역 (고양: 크리스챤다이제스트, 2011), 14.

광의 주를 십자가에 못 박아 죽였구나'라고 고백하면서 눈물을 흘리고 탄식하는 것입니다.

'중요한 것은 그런 사실을 어떻게 알게 되느냐?' 하는 것입니다. 그것은 예수 그리스도의 복음을 들었기 때문입니다. 복음이라는 규범을 들었기 때문에 알게 되었습니다. 오늘날 우리는 복음이라고 말하면, '하나님께서는 당신을 사랑하십니다'를 전부로 여기는 경향이 있습니다. 사영리에 기초해서 복음을 듣다 보니, 우리의 죄를 지적당하지 않습니다. 복음에는 율법의 역할이 있습니다. 하나님의 거룩하심과 선명한 하나님의 기준인 율법을 대하기 때문에 자기가 죄인이라는 것을 알게 됩니다. '하나님께서는 당신을 향한 놀라운 계획을 가지고 있습니다'라는 것만으로는 자기 죄를 깨달을 수 없습니다.

율법이라는 것이 무엇입니까? 박윤선 목사는 이렇게 말했습니다.

> 특별히 공관복음인 마태복음, 마가복음, 누가복음뿐 아니라 요한복음을 읽어보면 예수님이 가르치신 말씀 가운데 대부분이 율법입니다. 단지 윤리라고 하면 대인관계(對人關係)를 말하는 것이지만 율법이라 하면 대인관계뿐 아니라 대신관계의 행위까지 모두 포함합니다. 그래서 이제 바리새인의 잘못된 율법관을 깨뜨리고 구약이 가르친 율법이 어떠한 것임을 밝혀내신 것입니다. 그렇게 해서 죄가 무엇인지 드러나게 하신 것입니다. 죄를 모르면 십자가도 알 수 없습니다. 어째서 사람이 십자가의 공로를 받아야 되는지를 모르니까 먼저 죄를 가르쳐야 하셨습니다. 그래서 산상보훈을 통해 율법을 많이 말씀하십니다.[87]

박윤선 목사에 의하면, 율법이라는 것이 이웃과의 관계도 말하

---
[87] 박윤선, **산상보훈강해** (경기: 영음사, 2016), 23.

지만, 더 중요하게는 하나님과의 관계를 말합니다. 큰 대의로 말하자면 하나님과의 관계에 다 포함되어 있다는 뜻입니다. '죄라는 것이 뭐냐?'라고 물었을 때, '이웃에게 잘못을 했습니다'라는 것만이 아니라 더 중요하게는 '하나님께 잘못을 했습니다'라는 고백으로 나와야 합니다. 성경이 인간적인 윤리·도덕적인 문제로만 우리를 죄 있다고 말하지 않습니다. 성경이 말하는 근본적인 죄는 하나님 앞에 지은 죄입니다. 그렇게 하나님 앞에 자기 죄가 보이니 애통합니다.

이렇게 설교하면, '아니, 그렇게 생각 안 하는 사람이 어디 있나?'라고 말할 사람이 많을 것입니다. 그래서 예수님의 산상설교가 중요합니다. 예수님 당시의 사람들도 그렇게 생각했기 때문입니다. 서기관과 바리새인들, 사두개인들이 다 자기 잘난 맛에 살아가고, 사람들도 그 잘난 사람들이 하는 말에 오염되어서 살아갔습니다. 어떻게요? '나는 의인이다'라고 자부하며 살았습니다. 그 사람들도 하나님, 율법, 죄, 끔찍하게 생각했던 사람들입니다. 율법을 철저하게 지켰던 사람들입니다. '나만큼만 살아봐라' 그런 자부심으로 살았습니다. 누구만 그렇게 생각 안 했을까요? 그 사람들이 가장 무시했던 사람들인 세리와 창녀였습니다. 그런 사람들은 '천국 못 간다' 생각했습니다. 우리 식으로 하면, '네가 천국 가면 내 손에 장을 지진다'라는 자세였습니다.

그렇게 의롭게 여기고 사는 사람들이니 우는 인간이 없는 겁니다. 자기 죄로 인하여 슬퍼하고 눈물을 흘려야 하는데, 그럴 인간이 없습니다. 왜 그렇습니까? 규범이 잘못되었기 때문입니다. 하나님의 말씀을 자기 마음대로 해석해 버렸기 때문입니다. 사도 바울이 자기 동족 이스라엘 백성들의 구원을 바라면서 이렇게 말했습니다.

> 2 내가 증거 하노니 저희가 하나님께 열심이 있으나 지식을 좇은 것이 아니라 3 하나님의 의를 모르고 자기 의를 세우려고 힘써 하나님의 의를 복종치 아니하였느니라(롬 10:2-3)

하나님도 말하고 성경도 말하면서 죄에 빠지지 않으려고 열심히 살아가려고 했지만, 자기 열심, 자기 의에 빠져서 애통할 일이 없습니다. 이것이 무서운 것입니다. 하나님을 향한 열심이 있습니다. 사도 바울 자신도 그랬듯이 이스라엘 백성들은 열심이 남달랐습니다. 문제는 하나님의 말씀에 따라 바르게 가야 하는데, 하나님의 의와는 무관하게 자기 의를 세우는 모양새가 되고 말았습니다. 열심히 뭘 하려고 하긴 하는데 그 열심이 하나님의 말씀을 따라가는 제대로 된 열심이 아니다 보니 잘못된 길로 가버렸습니다. 잘못된 규범이 잘못된 열심을 만들어 냈습니다.

내가 하나님 앞에 열심을 가지고 무엇을 감당해 내었다고 하면, 그걸 못 감당해 내는 사람들을 보면 '너는 왜 맨날 그 모양이야?' 그런 생각이 드는 겁니다. 나는 갈수록 잘 되고 저 사람은 갈수록 안 되면 '저 사람은 뭔가 문제가 있는 거야' 그런 생각을 합니다. 만일 저 사람이 아주 몹쓸 죄를 짓거나 어려운 일을 만나면 아예 상종 못 할 사람이라고 열외를 시켜 버립니다. 왜 그렇습니까? 자기 안에 잘못된 규범이 있기 때문입니다. 그렇게 안 되려면 어떻게 해야 합니까? 성경과 교리와 신조에 충실해야 합니다.

'나의 열심이 나를 어디로 몰아가고 있는가?'를 보아야 합니다. 자기가 존중받아야 하고 자기 없으면 이 교회는 안 되기 때문에 자기 존재를 과시하는 사람들이 있습니다. 더 지능적인 사람은 겸손을 가장한 교만입니다. 일반적인 성도들은 그런 지능적인 일은 거의 안 합니다. 지능적으로 교회를 주름잡으려는 사람들이 문제입니다. 대부분의 성도는 하나님의 은혜를 구하며 말씀에 은혜받기를 사모하며 기도하고 살아갑니다. 그런 심정으로 살아간다는 것이 얼마나 감사한 일입니까!

열심이 있다는 것은 좋은 일입니다. 열심히 봉사하고 열심히 전도하고 열심히 성경공부하고 열심히 예배하고 열심히 기도하고 열심히 섬기고 살아가는 것이 얼마나 좋은 일입니까! 그러면 열심이 있다는 것이 언제 문제가 될까요? 목회자와 당회로부터 지도받기를 거부하는 것입니다. 다른 성도들이 권면해도 듣지 않습니다. 그런 일은 자기 열심이 지나쳐서 자기 자리를 상실하고 자기 열심이 자기를 삼켜버린 결과입니다. 규범이 자기가 되어 버린 결과입니다.

믿음의 성도들은 언제나 하나님의 말씀으로 자기를 대면하면서 자기의 허물과 죄가 보여야 합니다. 열심이 지나쳐서 자기 의로 가면 '나는 너희들과 다르다', '나는 남다르다'로 언제 무너져도 무너지게 됩니다. 무너져야 그 사람이 사는 겁니다. 안 무너지면 그 사람 때문에 수많은 사람이 무너집니다. 그렇게 무너져 가도 눈 하나 깜짝 안 합니다. 놀랍게도 의롭다 여기는 그 사람은 '하나님은 내 편이구나'라고 생각합니다. '아니 어떻게 그렇게 생각할 수 있어요?' 그리 말할지 모르지만 그렇게 생각합니다.

하나님 앞에 자기를 점검해 가면서 날마다 두려워 떨면서 살아가는 성도가 복된 성도입니다. 실패했을지라도 죄를 지었을지라도 하나님께 돌아와 우리 주 예수 그리스도의 이름으로 회개하며 용서를 구하며 다시 믿음의 싸움을 해가는 그 사람이 복이 있습니다. 자기를 주도하는 것이 하나님의 말씀이고 교리와 신조를 따르는 사람이 그렇게 살아갑니다.

그런 사람은 하나님의 성품을 알고 자기 죄를 회개하고 하나님께 나아갑니다. 우리 하나님은 어떤 분이십니까? 하나님께서 언제나 우리를 기다리고 계시는 분이십니다. 우리가 회개하고 주께 돌아가면 두 팔 벌려 환영하시고 용서하시고 회복시키는 분이십니다. 다윗이 이렇게 찬송했습니다.

> 날마다 우리 짐을 지시는 주 곧 우리의 구원이신 하나님을 찬송할지로다(시 68:19)

얼마나 감사합니까! 얼마나 놀랍습니까! 날마다 우리 짐을 지시는 주님이십니다. 그 하나님을 찬송하지 않을 수 없습니다. 구약에서 다윗이 그랬다면 신약에서 바울이 이렇게 고백합니다.

> 그러나 나의 나 된 것은 하나님의 은혜로 된 것이니 내게 주신 그의 은혜가 헛되지 아니하여 내가 모든 사도보다 더 많이 수고하였으나 내가 아니요 오직 나와 함께 하신 하나님의 은혜로라(고전 15:10)

바울은 자신에게 이루어진 모든 것이 "하나님의 은혜로 된 것"이라고 고백했습니다. 다른 모든 사도보다 더 많이 수고했으나 그것이 내가 남달라서, 내가 능력이 더 있어서가 아니라 하나님의 은혜로 된 것이라고 고백했습니다. 은혜는 받을수록 은혜가 됩니다. 은혜는 받을수록 '하나님께서 주신 것입니다', '하나님께서 행하셨습니다'라고 고백 됩니다. 그것이 은혜입니다.

받기는 받았는데 '이것은 내가 잘 나서 받는 것이다'라고 생각하면 은혜가 아닙니다. 행하기는 행하는 데 '이것은 내가 남달라서 받은 것이다'라고 생각하면 은혜가 아닙니다. 잘 되어도 '하나님이 하셨습니다'라고 찬송이 나오고, 어려운 일을 만나도 '하나님의 뜻입니다'라고 고백이 나와야 하나님의 은혜입니다. '너는 어떻게 그런 말이 나오나?'라고 묻는 사람이 있습니다. 그 말은 자기 문제를 감추기 위해서 하는 말이 결코 아닙니다. 문제를 다 덮기 위해서 하는 말이 아닙니다. 살아보면 압니다. '하나님이 하셨습니다'라고 고백하지 않을 수 없습니다.

오늘은 애통하는 자 첫 번째 시간으로 애통하는 자와 규범에 대해 생각해 보았습니다. 하나님의 규범, 하나님의 율법 앞에 자기를 대면할 때 자기 죄가 보이는 그 사람이 복된 사람이고 그로 인해서 우는 그 사람이 복이 있습니다. 자기 속에서 눈물이 흘러나오는 그 영혼이 복된 영혼입니다. 그 울음은 자기 죄를 발견하는 울음이기도 하지만 그렇게 자기 죄를 발견하게 하신 하나님께 감사하면서 흘리는 눈물입니다. 그때 영혼이 알게 됩니다. '하나님이 나를 버리지 않으셨구나' 그걸 동시에 알게 되는 겁니다.

우리는 무엇 때문에 울까요? 우리는 삶의 문제들 때문에 웁니다. 사는 것이 힘들어서 울고 웃는 것이 우리 인생입니다. 조금 살만하면 언제 그랬느냐는 듯이 힘든 일이 생깁니다. 우리는 또 웁니다. 한 가지 어려운 일이 생기면 지나간 날의 아픔이 겹겹이 밀려와서 더 힘듭니다. 울지 않을 수 없고 울기라도 해야 이 속이 무너지지 않을 거 같기 때문입니다. 너무 기가 막힐 일을 만나면 눈물도 나지 않습니다. 남들은 울고불고 야단법석을 떠는데, 그냥 시간이 멈춰 버리고 눈물도 없고 그냥 멍한 상태로 화석같이 굳어버립니다. 하나님께서는 그런 일을 통해서 우리의 비참함을 알게 하시고 예수 그리스도를 믿게 하십니다. 하나님의 말씀 앞에 자기를 대면했을 때 그 죄악 됨을 보며 애통하게 하십니다. 예수님께서는 그 사람이 복 있는 사람이라고 하셨습니다.

고생하고 산다고 고생에 빠져 살면 한 맺혀 죽습니다. 상처받았다고 상처에 짓눌려 살면 고통만 더합니다. 상처에 지배받고 살면 고생하고 한 맺혀 죽습니다. 우리도 고생했는데, 우리는 이 자리에 나와서 하나님을 찬송하고 있습니다. 우리가 복 있는 사람입니다. 상처받아 자기연민에 빠져서 평생을 허하게 살다 죽지 않게 하시고 예수 그리스도를 믿어 영생을 얻었습니다. 누가 복 있는 사람입니까? 영안이 열려서 나라는 존재의 비참함을 보게 된 것으로 우는 사람이 복 있는 사람입니다. 하나님께서 우리에게 주시는 은혜는 고난이 재산이 되는 은혜입니다. 이 은혜를 받은 사람은 많이 울더라고요. 안 우는 것은 무슨 이유일까요? 시시때때로 은혜의 보좌 앞으로 나아가기 바랍니다. 히브리서에서 이렇게 말합니다.

> 15 우리에게 있는 대제사장은 우리 연약함을 체휼하지 아니하는 자가 아니요 모든 일에 우리와 한결같이 시험을 받은 자로되 죄는 없으시니라 16 그러므로 우리가 긍휼하심을 받고 때를 따라 돕는 은혜를 얻기 위하여 은혜의 보좌 앞에 담대히 나아갈 것이니라(히 4:15-16)

우리의 대제사장이신 예수 그리스도께서 언제나 우리를 기다리고 계십니다. 우리를 긍휼히 여기십니다. 우리를 도우시는 분이십니다. 하나님의 규범인 성경대로 살고 교리와 신조에 충실하면서 그 은혜를 받기 위해 은혜의 보좌 앞에 담대히 나가는 주의 백성들이 다 되시기 바랍니다.

13 애통하는 자 2

> 1 예수께서 무리를 보시고 산에 올라가 앉으시니 제자들이 나아온지라 2 입을 열어 가르쳐 가라사대 3 심령이 가난한 자는 복이 있나니 천국이 저희 것임이요 4 애통하는 자는 복이 있나니 저희가 위로를 받을 것임이요 (마 5:1-4)

예수님의 산상설교 열세 번째 시간입니다. 애통하는 자 두 번째 시간입니다. 오늘은 애통하는 자와 경건한 슬픔에 대해서 살펴보겠습니다. 팔복은 영적인 상태와 영적인 자세를 말합니다.[88] 심령이 가난한 자가 영적인 가난을 말하듯이 애통하는 자는 영적으로 애통하는 자입니다. 애통한다는 것은 이 시대의 키워드와는 어울리지 않습니다. 운다는 것은 실패한 것이고 운다는 것은 비참한 것입니다. 세상은 그런 것은 다 잊어버리라고 말합니다. 긍정적인 생각을 하고 낙관적으로 생각하라고 말합니다.

현대인들은 무엇 때문에 마음이 아프고 무엇 때문에 울고 싶을까요? 남들처럼 돈을 못 벌어서 서럽고, 남들처럼 여행 가서 페이스북이나 인스타그램에 맛있는 거 먹었다고 못 남겨서 서글프고, 남들처럼 얼굴이 이쁘고 날씬하지 않아서 비참하게 생각합니다. 여행을 갈 수도 있고, 사람이니까 이뻐지고 싶고 날씬하고 싶습니다.

문제는 그런 거 빼고 나면 할 말이 없다는 겁니다. 집에 가만히 앉아서 성경을 읽고 경건하게 시간을 보낼 마음이 생겨나지 않습니다. 바쁘게 지낼 때는 바빠서 그럴 시간이 없다고 말합니다. 그러나 막상 시간이 나면 성경에 손이 가지 않고 기도하지

---

[88] 로이드 존스, *산상설교집(상)*, 문창수 역 (서울: 정경사, 2004), 74.

않습니다. 바쁠 때는 바쁜 틈 사이로 성경 읽고 기도해야 하고, 시간이 나면 더 많이 성경 읽고 기도해야 합니다. 시간이 나면, 돈을 벌면, 여유가 생기면, 나이가 들면 성경 읽고 기도할 것으로 생각하다가 죽을 때까지도 안 하고 죽습니다.

세상에서 애통하다는 것, 운다는 것은 서글프기 때문에 우는 것입니다. 예수님께서 말씀하시는 애통은 무엇입니까? 인간의 죄악 된 본성을 알고 그 죄악에서 벗어날 수 없다는 것을 깨닫게 되었기 때문에 우는 것입니다. '내가 이런 죄악 된 인간이었단 말인가?'를 아는 것이 영적으로 가난한 것입니다. 그런 죄악 된 상태를 보고 일어나는 반응입니다. 예수님께서는 지적으로만 말씀하시는 것이 아니라 감정적 반응을 중요하게 말씀하셨습니다.

아더 핑크는 이렇게 말했습니다.

> 성경에 나타난 애통에는 세 가지가 있다. 첫째는 방금 말한 것과 같은 자연적인 애통이며, 둘째는 죄로 말미암은 쓸쓸하고 서글픈 애통으로 유다의 애통처럼 절망적인 후회뿐인 슬픔이며, 셋째로는 은혜로 말미암은 애통으로 성령께서 주시는 '경건한 슬픔'이다.[89]

성령님께서 죄인의 심령에 역사하실 때에는 은혜로 말미암은 애통을 하게 되고 경건한 슬픔을 가지게 됩니다. 단순히 이 세상을 살아가면서 고생하니까 우는 것도 아니고, 죄를 알기는 알지만, 인간적인 후회로 슬퍼하는 것도 아닙니다. 하나님 앞에서 자기를 생각하기 때문에 하나님의 은혜와 구원을 소망하면서 우는 것입니다.

---

[89] 아더 핑크, **산상수훈강해**, 지상우 역 (고양: 크리스찬다이제스트, 2011), 22.

저 영지주의자들처럼 어떤 영적인 지식을 깨달아서 상승하는 것이 아닙니다. 진정한 애통은 자기 본성의 상태를 알고 거기에 반응하는 감정이 있습니다. 영지주의자들은 울 필요가 없습니다. 영지주의자는 '아는 자'라는 뜻입니다. 영지주의자들은 자기 안에 있는 '신적 불꽃'을 더 높은 세계의 실재와 하나가 되려고 합니다. 영지주의자들은 자기 상태를 알았다면 상승하기 위해 더 영적인 안내자와 대화를 계속해 갑니다.[90] 그러니 울고불고할 이유가 없습니다.

'우는 게 뭐 대수인가?' 그렇게 생각해서는 안 됩니다. 사람이 자기 상태를 아는 것으로 끝나지 않습니다. 사람은 컴퓨터도 아니고 로봇도 아닙니다. 사람은 지정의가 있습니다. 운다는 것은 자기 상태로 인해 고통과 슬픔을 겪기 때문에 오는 감정적 반응입니다. 자신이 죄악 된 존재라는 것을 알게 되었기 때문에 웁니다. 예수님을 믿지 않는 사람들은 이해가 안 되는 말입니다. 복이 있다면 웃어야 합니다. 복이 있다는 데 운다는 것은 논리에 맞지 않습니다.

이것이 사람들이 착각하고 사는 것입니다. 우리는 돈 많이 벌고 좋은 환경 속에 살아야 사람답게 사는 줄로 생각합니다. 노력해서 돈을 벌고 더 나은 환경에 사는 것이 무작정 나쁘다고 말하는 것이 아닙니다. 세상 것을 많이 가진다고 해서 자기의 영적인 상태를 제대로 안다는 것은 힘듭니다. 세상 것을 가진 만큼 자기 영혼의 상태가 괜찮다고 생각하기 때문입니다. 돈이 없으면 영적

---

[90] 스티븐 횔러, **이것이 영지주의다**, 이재길 역 (서울: 산티, 2006), 26; "창조된 세계를 버리고 영원한 세계들로 상승해 감으로써 그 영역들에 거하는 존재들과 대화를 나누게 되는 것이다."

으로 문제가 많다고 생각하는 것도 잘못되었습니다. 사람은 그것을 벗어날 수가 없습니다. 아무리 그렇지 않다고 해도 사람은 부인할 수가 없습니다.

현대교회는 '예배는 축제다'라고 말합니다. 너무 한쪽으로 몰아가니 축제 같은 분위기에 함께 할 수 없는 사람들은 어떻게 되겠습니까? 나는 오늘 서글프고 눈물 나고 괴로운데, 교회 왔더니 축제라고 하면서 요란한 음악과 춤으로 즐거워하면 예배당에 앉아 있을 마음이 있겠습니까? 물론 교회가 개개인의 감정에 다 맞출 수는 없습니다. 그러나 '예배는 축제다' 이래 놓으니 축제 스타일이 아닌 사람은 이상한 사람이 되어버리는 겁니다. 축제를 즐기는 사람들도 가만히 보면 자신들의 영혼 상태는 축제할 만한 상태가 아닌데 그런 분위기에 휩쓸려서 정신을 못 차립니다.

가정에서도 아이들의 영혼을 위해 진지하게 기도하고 눈물로 기도하는 일이 사라지고 있습니다. 공부만 잘 하고 돈만 잘 벌면 신앙은 아무것도 아닌 일로 생각하는 부모가 많습니다. 신앙만 가지고 자기 앞가림을 못 하는 것도 잘하는 일은 아닙니다. 자식을 위해 울지 않으면서 자식이 신앙이 있고 더 믿음이 좋아지기를 바라는 모든 책임을 하나님께 떠넘기지 말아야 합니다. 울어야 인간이 되는 겁니다. 울지 않고 인간이 되면 교만해지고 거만해집니다. 울어도 제대로 울어야 합니다. 우는데 원한이 맺히면 안 됩니다. 그러면 운 것이 더 독이 됩니다. 울어도 잘 울어야 합니다. 울어도 잘 울어야 한다는 말이 무슨 말일까요? 칼빈이 애통하는 자를 주석하면서 이렇게 말했습니다.

> 고통은 인간을 비참하게 만드는 것인 만큼 고통에는 또한 슬픔과 비애가 따른다는 것이 일반적인 견해이다. 행복과 애통보다 더 대조적인 것은 없다는 투다. 그러나 그리스도께서는 애통은 비참하지 않을 뿐 아니라 복된 생활은 이 슬픔으로 덕을 본다는 말씀을 하고 계신다. 곧 이것이 우리로 하여금 영원한 기쁨을 바라보게 하는 훈련의 수단이요 다른 데서가 아니라 바로 하나님에게서 끝없는 위로를 찾게끔 유도하는 자극제라는 뜻이다.[91]

칼빈의 주석을 보면, 애통해하는데 비참하지 않습니다. 슬퍼하는데 덕을 봅니다. '왜 그러냐?'고 하면, 그 우는 것이 "우리로 하여금 영원한 기쁨을 바라보게 하는 훈련의 수단"이 되기 때문입니다. 내가 우는데 그냥 원망이 뻗쳐나고, 한이 맺혀서 우는 것이 아니라, 오늘의 이 어려움과 고통이 저 하늘의 영원한 기쁨을 바라보게 하는 훈련이라는 것을 알기 때문에 우는 것입니다.

'목사님 참 배부른 소리 하네요. 죽고 못 살 세상에 그런 여유 있는 소리가 어디 있습니까?'라고 생각할 사람들이 있을 것입니다. 고생하면 그 소리가 입에서 왜 안 나오겠습니까? 당연히 나옵니다. 설교하는 목사는 배부른 거 같고, 고생하는 나는 죽을 것만 같습니다. 그런데 하늘의 기쁨이 다 무슨 소용이며 내가 이 고생하면서 울고 잠 못 자고 괴로워서 심장이 멎을 것만 같은데, 내가 우는 것이 무슨 훈련의 수단이 되겠습니까?

신앙이라는 것이 그 마음을 가지고 있다가 깨지는 것이 신앙입니다. '아무도 내 마음 몰라주더라' 그런 마음으로 살다가 '그게 아니더라'는 것을 알게 되는 것이 신앙입니다. 사람들이 알아주면 좋지만, 사람들이 알아주지 않아도 그게 뭐 그리 대단한 일이겠

---

[91] 존 칼빈, **신약성서주석 1** (서울: 성서교재간행사, 1982), 247-248.

습니까? 하나님께서 내 마음을 알아주시면 됩니다. 하나님께서 내가 왜 우는지 아시고, 하나님께서 왜 날밤을 새우며 속으로 우는지 아시면 됩니다. 하나님께서 아시는 것으로 다 되는 것이 신앙입니다. 그래서 이렇게 노래 부르는 겁니다.

> 주님 뜻대로 살기로 했네 주님 뜻대로 살기로 했네
> 주님 뜻대로 살기로 했네 뒤돌아서지 않겠네
> 세상 등지고 십자가 보네 세상 등지고 십자가 보네
> 세상 등지고 십자가 보네 뒤돌아서지 않겠네
> 이 세상 사람 날 몰라 줘도 이 세상 사람 날 몰라 줘도
> 이 세상 사람 날 몰라 줘도 뒤돌아서지 않겠네

아무리 힘들어도 뒤돌아서지 않는 겁니다. 이 세상 사람들이 몰라주어도 뒤돌아서지 않는 겁니다. 끝까지 주님 뜻대로 살고, 끝까지 십자가 보고 가는 겁니다. 그리 살아야 기독교 신앙으로 사는 겁니다. '그것을 무엇으로 배우느냐?' 시련과 고통과 질병과 가난과 상처 속에서 배워갑니다. 그런 일을 겪을 때는 아무도 그것이 나를 더 복되게 할 것으로 생각하지 않습니다. 이 세상 누가 그렇게 생각하겠습니까? 아무리 탁월한 경건의 사람이라고 할지라도 처음부터 그렇게 되지는 않습니다. 우리 대부분은 눈물이 나고 고통이 되는 쓰라린 세월을 보냅니다. 남들은 다 나보다 잘 되는 거 같고, 저 집은 나보다 하나님 앞에 엎드리는 것도 없는데 어찌 그리 잘 되는지 '내가 괜한 짓 하는 거는 아닌데 왜 나만 이러나?' 싶습니다.

하나님의 은혜는 우리의 그런 시련 속에서 우리 존재의 비참함을 알아가게 합니다. 예수 그리스도를 믿기 전에는 자기 죄악을

알게 함으로 울부짖게 하시고, 믿고 난 이후에는 더 자기의 죄악 된 본성을 더욱 알게 함으로써 그리스도를 더욱 의지하게 하십니다. 저 세상 사람들도 울고 나도 우는데 우는 가치가 다릅니다. 우리는 애통을 해도 자기연민이 없는 애통입니다. 울어도 나라는 존재가 산산이 부서지는 거 같으면 어떤 것도 위로가 되지 않습니다. 울어도 내가 죽어버리면 끝이라는 것으로 생각하면 더는 살아가야 할 소망이 없는 겁니다.

우리는 울어도 그렇게 울지 않습니다. 거듭난 사람은 울어도 우는 내용이 다릅니다. 성령님께서 우리의 마음을 조명하시면 우리의 울음은 영적인 슬픔에서 나오는 울음이기 때문입니다. 성령님께서는 '나는 영적으로 파산한 자구나'라는 것을 알게 합니다. 내가 하나님의 은혜를 받았다는 것은 영적인 슬픔을 알게 된 것입니다. 영적인 슬픔이 없으면서 은혜를 받았다고 하는 것은 순전히 자기도취에 빠진 것입니다. 부흥이란 회개가 없이는 일어날 수 없듯이 은혜가 임했다면 자기의 죄악 된 본성을 알게 되어 애통함이 일어나게 됩니다. 자신이 죄인이라는 것은 알지만 애통해 본 적이 없는 사람들이 있습니다. 물론 우리는 각자의 개인적인 성향에 있어서 슬픔에 대한 반응이 차이가 있을 수 있습니다. 그러나 참으로 회개하고 하나님께 돌아온 사람들에게는 그런 애통함이 있습니다.

아더 핑크는 애통에 대해 이렇게 말했습니다.

이와 같은 '애통'은 죄를 깨닫는 것으로부터 부드러운 양심과 상처받은 마음으로부터 샘솟아 난다. 그것은 하나님과 하나님의 뜻에 대해서 반역하고 원수가 되었던 것에 대하여 경건하게 슬퍼하는 것이다. 어떤 경우에는, 그것은 마음으로 믿고 의지해 왔던 도덕성에 대한 슬픔이기도 하며, 자기 과신의 원인이 되는 독선적인 태도에 대한 슬픔이기도 하다. 이러한 '애통'은 영광의 주를 십자가에 못 박은 것은 나의 죄 때문이라는 사실을 고통스럽게 깨닫는 것이다.[92]

아더 핑크에 의하면, 애통은 자기 죄를 깨닫는 것으로부터 시작합니다. 심령이 가난한 자, 영적으로 가난한 자는 자기의 죄악된 본성을 보고 괴로워하며 슬퍼하게 됩니다. 성령님께서 그 영혼에 역사하여 그 양심이 부드러워지고 자신의 깨진 마음으로 인해 애통이 일어나게 됩니다. 하나님과 하나님의 뜻에 반역하고 원수로 살아온 자신을 보고 경건하게 슬퍼합니다. 하나님 앞에 자신의 모습을 생각해 보면 도덕적인 면에 있어서 너무나 추한 자신의 모습을 보기 때문에 애통하지 않을 수 없습니다. 그 무엇보다 영광의 주 예수 그리스도께서 십자가에 못 박혀 죽으신 것이 나의 죄 때문이라는 사실을 깊이 깨닫게 되고 그로 인해서 고통을 느끼게 됩니다.

오늘날 기독교는 애통의 진수를 상실해 가고 있습니다. 인간의 존재적 관점을 성경적으로 이해하지 않기 때문입니다. 자기의 죄악 된 본성으로 인해 애통하지 않으며 자기 삶의 부끄러운 모습으로 인해 울지 않습니다. 그 무엇보다도 자기 죄로 인하여 예수 그리스도께서 십자가에 못 박혀 죽으셨다는 사실을 대할 때 애통

---

[92] 아더 핑크, **산상수훈강해**, 지상우 역 (고양: 크리스챤다이제스트, 2011), 23; 〈이스라엘이 믿음으로 그리스도를 볼 때 "그들이 … 그를 위하여 애통하기를"(슥 12:10). 그것은 '길르앗의 유향', 곧 복음의 위로를 진실하게 마음으로 환영하고 받아들일 준비가 되어 있는 그러한 눈물과 탄식이기도 하다. 또한 그것은 우리의 영적 상태의 진실한 결핍에 대한 애통이며, 우리와 하나님 사이를 갈라놓는 죄악에 대한 애통이기도 하다. 이러한 애통은 언제나 심령이 가난하다는 것을 느끼는 마음과 같이 생겨난다.〉

하지 않습니다.

믿음이 무엇입니까? 예수 그리스도께서 나의 죄를 사하시려고 십자가에 못 박혀 죽으셨다는 그 사실을 믿는 것입니다. 하나님의 사랑이 십자가에 나타났습니다.[93] 그 십자가의 대속, 그 피 흘림으로 죄 사함을 받고 그 의를 덧입어 하나님의 자녀가 되었습니다. 성령님께서 우리의 마음에 역사하실 때 그 사실을 믿게 하시고 예수 그리스도를 나의 구주로 고백하게 합니다.

예수 그리스도께서 나를 위해 십자가에 피 흘려 죽으셨다는 그 사실이 나의 모든 것을 변화시킵니다. 그 십자가가 나를 하나님께로 끝까지 나아가게 합니다. 그리스도의 의가 나의 의가 된 것이 죄의 지배로부터 벗어나 하나님의 통치 아래 있게 되었습니다. 그 대속과 칭의에 근거해서 이 땅을 사는 동안 하나님의 언약에 충성함으로써 성화를 이루어가게 합니다. 그것이 언약의 현재화입니다. 이 땅에서의 믿음의 싸움이 끝나면 저 영광스러운 천국에서 영화로운 자리에 이르게 됩니다. 그것이 언약의 영광입니다. 십자가 대속, 칭의, 양자, 성화, 영화, 이 모든 것이 나를 죄악으로부터 멀어지게 하며 거룩하고 경건하게 살아가게 합니다.

복음은 어렵지 않습니다. 사람들이 복음을 어렵게 느끼는 이유는 복음을 듣지 않았기 때문입니다. 인기 강사의 말에 마음이 빼앗겨서 복음의 진수를 듣지 못하기 때문입니다. 너무 오염이 많이 되어 있어서 분간하기가 너무 어렵습니다. 그리스도의 피 묻은 십자가 복음을 들어야 합니다. 그 십자가 복음을 들었을 때

---

[93] 사랑은 여기 있으니 우리가 하나님을 사랑한 것이 아니요 오직 하나님이 우리를 사랑하사 우리 죄를 위하여 화목제로 그 아들을 보내셨음이니라(요일 4:10)

내 영혼에 애통이 일어나고 어떤 삶을 살아갈 때라도 주 앞으로 이끌어가게 하는 진정한 근거가 있는 그 사람이 구원받은 성도입니다. 이제 더는 죄의 지배 아래 있지 않습니다. 이제는 하나님께서 우리를 통치하고 있습니다. 그 사실이 우리를 변화시켰고 또 변화시켜가고 있습니다.

이런 사실이 우리 영혼에 작용할 때에 계속해서 하나님의 백성으로 살아갈 수 있습니다. 십자가 복음이 우리 영혼에 작용한다는 것은 우리의 존재적 관점을 성경적으로 올바르게 인식하고 하나님 앞에 경건하게 살아가는 것을 사명으로 여기고 사는 것입니다. 우리가 하나님 앞에 경건하게 살아가는 것을 어떻게 알 수 있습니까? 십계명을 통해 알 수 있습니다. 십계명을 통해, 내가 하나님 앞에 거룩하게 사는지 아닌지를 확인합니다. 신앙은 명확해야 합니다. 선명한 기준은 십계명입니다. 이 십계명을 말씀대로 살지 않고 있으면 회개하고 다시 순종하고 살아야 합니다. 거기에 성도의 애통이 있습니다.

실존주의는 애통할 필요가 없습니다. 우는 것은 약자의 상징이기 때문에 실존주의자들은 울지 않습니다. 인간의 인간다움을 말하면서도 자기 비참함을 보는데도 결단, 선택, 이러면서 울지 않으니 사실은 가장 비인간적인 사람들이 실존주의자들입니다. 울면 약해 보이니까 울지 않습니다. 울면 비참해 보이니까 울지 않습니다. 실존주의자들은 결단하고 선택하고 용기 있게 살아가라고 하면서도 인간이 자기 삶에 당면하는 고난과 슬픔을 표현하면 그것은 비겁한 것이라고 손가락질합니다. 사람이 슬퍼해야 할 것을 슬퍼하지 않으면 마음에 병이 납니다. 슬픈데 용기를 내라고 하면 이를 악물고 나아가는 자기 결단은 있어도 마음은 더 죽어갑니다.

왜 세상은 울지 말라고 말하고 왜 성경은 울라고 말할까요? 성경은 하나님께 소망을 두기 때문에 울라고 말하고 세상은 자기밖에 없으니 울지 말라 합니다. 내가 아무리 울어도 쳐다봐 줄 사람이 없으면 울 필요가 없습니다. 아이들이 길 가다가 넘어졌을 때 엄마가 없으면 그만 툴툴 털고 가버립니다. 울어도 잠깐이지 오래 울지 않습니다. 엄마가 있으면 세상이 다 꺼질 듯이 웁니다. 울고 있으면 아픈 거는 중요하지 않습니다. 엄마가 내 아픈 것을 알아주는 것이 중요합니다. 엄마가 내 옆에 있다는 거, 엄마가 나를 사랑한다는 걸 확인받는 것이 중요하고 그래서 내가 존재감을 느끼는 것이 기분이 좋은 것입니다. 실존주의는 엄마 없는 아이와 같습니다.

우리의 울음은 의미 있는 울음입니다. 우리의 애통은 하나님께서 나를 사랑하시기 때문에 일어나는 애통입니다. 애통이 있어야 하나님을 인격적으로 알고 믿는 것입니다. 나의 본성의 부패함을 알기에 웁니다. 나의 죄악들을 알기에 애통합니다. 하나님 앞에 더 가까이 가려 할수록 더 애통합니다. 세상은 자기 존재의 허함을 이겨보려고 분위기 나는 카페를 찾지만, 성도는 자기 존재의 비참함을 알고 교회를 찾습니다. 세상은 커피와 음악으로 위로를 받으려고 하지만, 성도는 하나님과 하나님의 말씀으로부터 위로를 받습니다. 커피와 음악은 사라져 버리지만, 우리 하나님은 영영히 영원토록 우리와 함께하시는 하나님이십니다. 영원하신 하나님 앞에 울어야 영원한 위로가 우리에게 주어집니다.

성도는 애통할 일이 많은 사람이며 계속해서 애통해야 하는 사람들입니다. 애통하다는 것은 나의 마음과 양심이 부드러워졌다는 것을 증거 합니다. 역으로 양심이 굳어진 사람, 그 마음이 강퍅한 사람은 울지 않고 쓴뿌리가 마음에 자라나게 됩니다. 여기서 말하는 쓴뿌리는 심리학에서 말하는 그런 용어가 아닙니다. 성경이 말하는 쓴뿌리는 하나님의 하나님 되심을 거역하고 하나님의 섭리에 반역하는 악한 마음입니다. 하나님을 거역하고 하나님의 섭리를 왜 부정합니까? 하나님이 하나님이시라면 내가 이런 어려움을 겪게 해서는 안 된다고 생각하기 때문입니다.

저 이스라엘 백성들이 광야에서 쓴뿌리가 생겨났습니다. 하나님께서 애굽에서 구원하셨다면 왜 이런 광야로 인도하시는지? 왜 먹을 것과 마실 것을 충분히 주시지 않는지? 그들은 불평불만을 터뜨렸습니다. 그들은 애통하지 않았습니다. 그들은 화를 내고 원망했습니다. 하나님을 신뢰하지 않았기 때문입니다. 자기 욕심에 사로잡혔기 때문입니다. 하나님을 믿고 살면 하나님께 자기 고난을 소상하게 아뢰면 됩니다. 힘들다고 해서 원망할 것이 아니라 울면서 아뢰면 됩니다. 저들은 하나님을 하나님으로 믿고 신뢰하지 않았기 때문에 하나님을 원망하고 금송아지 우상을 숭배했습니다.

의미와 통일성을 말할 때 관계, 존재, 사명 이 세 관점이 언제나 확보되어야 합니다. 하나님을 믿고 신뢰하면서 하나님과의 관계적 관점이 확보되고 하나님의 구원과 언약 속에 자기 존재가 확보되면 살아가는 삶에 있어서 원망하거나 화를 내지 않습니다. 결국은 '내가 얼마나 하나님을 믿고 신뢰하느냐?'의 문제입니다. 내가 운다는 것은 하나님을 믿는다는 것이고 내가 의지하고 바라볼 것은 오직 하나님 한 분뿐이라는 고백입니다.[94] 다윗은 "내가 탄식함으로 곤핍하여 밤마다 눈물로 내 침상을 띄우며 내 요를 적시나이다"(시 6:6)라고 말했습니다. 죽을 것만큼 힘들고 어려운 상황에서 하나님 앞에 눈물을 흘리며 간절히 기도했습니다.

경건의 깊이가 내 삶의 깊이입니다. 경건은 내 마음이 하나님 앞에 부드러워지고 하나님을 신뢰하는 것입니다. 하나님께서 낮아지게 하실 때는 낮아지는 것이 경건입니다. 그 낮은 자리에서 울고, 그 낮은 자리에서 거룩을 배워갑니다. 언제 경건의 깊이가 생겨날까요? 자기 죄를 깨닫고 자기 부패의 심각성을 알게 되었을 때, 그 사실을 가볍게 여기지 않고 애통하는 자리로 가야 경건의 깊이가 만들어집니다. 로마서 5장에서 이렇게 말합니다.

> 3 다만 이뿐 아니라 우리가 환난 중에도 즐거워하나니 이는 환난은 인내를, 4 인내는 연단을, 연단은 소망을 이루는 줄 앎이로다(롬 5:3-4)

환난 중에도 즐거워합니다. 환난은 인내를 만들고, 인내는 연단케 하며 연단은 소망을 이루어 냅니다. '그 모든 것이 다 어디에서 나오느냐?' 그것이 중요합니다.

---

94) 여호와여 나의 영혼이 주를 우러러 보나이다(시 25:1) 여호와는 나의 빛이요 나의 구원이시니 내가 누구를 두려워하리요 여호와는 내 생명의 능력이시니 내가 누구를 무서워하리요(시 27:1)

1 그러므로 우리가 믿음으로 의롭다 하심을 얻었은즉 우리 주 예수 그리스도로 말미암아 하나님으로 더불어 화평을 누리자 2 또한 그로 말미암아 우리가 믿음으로 서 있는 이 은혜에 들어감을 얻었으며 하나님의 영광을 바라고 즐거워하느니라(롬 5:1-2)

'어떻게 환난 중에도 즐거워할 수 있느냐?' '인내, 연단, 소망의 자리에까지 가느냐?'라고 할 때, 예수 그리스도의 칭의 때문입니다. 예수 그리스도께서 우리를 의롭게 하셨기 때문에 모든 것을 감당해 갈 수 있습니다. 그리스도의 대속으로 우리가 의로워졌기 때문에 하나님과의 관계가 회복되었습니다. 샬롬이 되었습니다. '무엇이 우리의 삶을 이끌어 가는가?' 그것이 중요합니다. '무엇이 오늘 나의 삶을 경건하게 만들어 가는가?' 그것이 분명해야 합니다. 먹고 살기 위해서 이를 악물고 앞으로 달려가기만 하는 인생은 오래지 않아 허탈감에 사로잡히게 됩니다. 나를 죄와 사망에서 구원하신 예수 그리스도의 십자가 보혈이 내 삶을 이끌어가야 합니다. 그 십자가 복음이 나를 경건하게 만들어가야 합니다. 사도 바울이 이렇게 말했습니다.

내가 그리스도와 함께 십자가에 못 박혔나니 그런즉 이제는 내가 산 것이 아니요 오직 내 안에 그리스도께서 사신 것이라 이제 내가 육체 가운데 사는 것은 나를 사랑하사 나를 위하여 자기 몸을 버리신 하나님의 아들을 믿는 믿음 안에서 사는 것이라(갈 2:20)

이 말씀은 성화를 말하는 것이 아니라 칭의를 말합니다. '성도는 살아가는 삶의 기초가 무엇이냐?'를 말합니다. 그것은 그리스도의 사랑과 죽음으로 주어진 칭의입니다. '왜 내가 저 세상 사람들처럼 잘 먹고 잘살기 위해 목숨을 걸지 않고, 예수 그리스도를 믿는 그 믿음으로 살아야 하는가?'라고 할 때, 예수 그리스도께서 우리를 사랑하사 십자가에 피 흘려 죽으셨기 때문입니다.95) 성령님께서 예수 그리스도의 의에 우리를 동참시켰기 때문에 이제는 하나님과 화목 되었다는 그 사실이 우리를 변화시켜가고 우리 삶을 충만하게 만들어 갑니다.

성령님께서 강퍅했던 우리 마음을 부드럽게 만드셨습니다. 죄인 됨을 알게 하시고 애통하게 하셨습니다. 우리의 울음은 자기 연민이 아닙니다. 울어도 한 맺혀 죽을 이름이 아닙니다. 예수 그리스도께서 우리를 의롭게 하셨기 때문에 세상 무슨 일을 만나도 두려워하지 않고 인내하며 연단을 받으며 기뻐하며 살아갈 수 있습니다. 하나님께서 우리를 인도하고 계십니다. 하나님의 섭리가 우리가 원하는 것이 아니라고 해서 우는 것이 아니라 하나님 앞에 나를 보게 하시기 때문에 웁니다. 세상의 것을 못 가져서 우는 것이 아니라 하나님만 의지하게 하셔서 웁니다. 알고 보면 우리가 가장 복된 영혼입니다. 알고 보면 우리만큼 복 받은 사람이

---

95) 존 칼빈, **신약성서주석 8** (서울: 성서교재간행사, 1982), 548: "죽음이란 말은 언제나 사람의 마음에 달갑지 않은 말이다. 그러므로 우리가 그리스도와 함께 십자가에 못박혔다는 사실은 언명함으로써, 그 사실이야말로 우리에게 생명을 갖게 한다는 뜻을 바울은 부여하고 있다. 그리고 동시에 그는 '하나님을 향하여 산다'고 앞에서 말한 바를 설명하고 있는 것이다. 즉 바울에 관하여 말하면, 그는 벌써 자기 자신의 생명으로 살아가기를 그치고 그리스도가 그의 속에 살아서 생명을 가진다고 말할 만큼 그리스도의 감추인 능력으로부터 생명을 받고 있다는 것이다. 마치 영혼이 육체에 힘과 생명을 주는 것과 같이 그리스도도 그 모든 자체에 생명을 불어 넣는다. 믿는 사람은 자기 밖에서, 즉 그리스도 안에서 산다는 말을 하고 있는데 실로 아름답고 놀라운 격언이다. 그것은 그리스도와의 참되고 실체적인 교제가 없으면 이루어지지 않는다. 그런데 예수 그리스도가 우리 속에 거하시는 방법은 두 가지이다. 첫째는 그리스도가 그의 성령으로 말미암아 우리를 다스리며, 우리의 모든 행동을 인도하실 때이다. 둘째는 우리 자신으로는 하나님을 기쁘시게 해 드릴 수 없기 때문에 우리가 그리스도 안에 있어 그와 같은 자 되도록 하기 위해 그리스도께서 그의 의에 동참하게 하시는 것이다. 첫째 것은 중생과 관계되며, 둘째 것은 값 없이 받는 의의 전가에 관계된다. 그리고 이 구절은 바로 둘째 의미에 해당된다. 양편의 의미에 다 해당한다고 하는 사람도 있지만, 나는 아무래도 둘째 의미를 더 좋게 생각한다."

없습니다. 오늘의 눈물은 우리의 존재를 실감케 하는 눈물이요 우리의 고난은 우리의 관계를 실감케 하는 고난입니다. 아버지 앞에 설 때까지 눈물로 고난을 감당하며 인내의 결과를 맛보게 되는 믿음의 성도들, 애통의 복을 누리는 성도들이 다 되시기 바랍니다.

14 애통하는 자 3

> 1 예수께서 무리를 보시고 산에 올라가 앉으시니 제자들이 나아온지라 2 입을 열어 가르쳐 가라사대 3 심령이 가난한 자는 복이 있나니 천국이 저희 것임이요 4 애통하는 자는 복이 있나니 저희가 위로를 받을 것임이요(마 5:1-4)

예수님의 산상설교 열네 번째 시간입니다. 애통하는 자, 세 번째 시간입니다. 오늘은 '성도의 애통은 계속되어야 한다'는 주제로 4절 말씀을 살펴보겠습니다. 심령이 가난하다는 것은 영적인 파산을 의미합니다. '영적인 파산은 영적으로 죽었다'는 뜻입니다. 자신이 영적으로 파산되었다는 것, 영적으로 죽었다는 것을 아는 것 자체가 내가 스스로 알아낸 것이 아니라 성령 하나님께서 나에게 역사하셔서 알게 됩니다. 자신이 영적으로 가난한 자가 된 것이 은혜입니다.

세상은 영적인 파산, 영적인 죽음이라고 인정하지 않습니다. 세상은 결핍이라고 말합니다. 결핍이라고 말하는 시초는 신플라톤주의입니다. 그 영향이 어거스틴에게 나타납니다. 어거스틴은 악을 선의 결핍이라고 봅니다. 그 전통이 존 오웬으로 이어집니다. 근래에 리처드 멀러가 개신교 정통주의가 전용한 스콜라주의[96]에 대하여 새로운 인식을 심어주고 있으나 알 것은 알아야 합니다. 그럼에도 불구하고 여기에는 많은 주의가 필요합니다. 신플라톤주

---

[96] 리처드 멀러, **신학서론**, 조호영 역 (서울: 부흥과개혁사, 2018), 71-72; "… 개신교 정통주의가 전용한 르네상스 말기의 스콜라주의는 토마스 아퀴나스의 스콜라주의와는 완전히 다르다. 개신교 정통주의의 소위 '스콜라적'이라고 일컬어지는 방법의 주요 요소는 중세 스콜라주의가 아닌, 르네상스 인문주의에서 나온 것이다. 개신교 정통주의의 이런 혼합된 유산은 발전의 도상에 있던 개신교가 종교개혁과 맺은 연속성이 어떤 것인지를 보여 준다. 즉 종교개혁 자체는 스콜라적 모데로가 인문주의적 모델 모두에 의존했다."

의는 악을 선의 결핍이라고 보기 때문에, 결핍이 아닌 다른 부분들은 선하다는 것을 말합니다. 나머지도 다 파괴되었다고 말해야 하는데 그 결핍, 그 부족한 것을 채워 넣기만 하면 됩니다. 그 채워 넣는 방식이 회상인데 그것이 관상기도를 만들었고 현대 영성을 지배하고 있습니다. 부족한 것을 인간이 노력해서 채워 넣습니다. 그러니 애통할 필요가 없습니다.

운다는 것은 내 힘으로는 안 되기 때문에 일어나는 반응입니다. 안 된다는 것을 내가 어쩌다가 알게 되거나 노력해서 알게 된 것이 아니라 안 된다는 것을 알게 된 것도 하나님께서 알게 해 주셔서 알게 된 것입니다. 하나님께서 나라는 존재의 영적인 비참함을 알게 해 주셨을 때, 내가 영적으로 죽은 자이고 영적으로 완전히 파산한 자라는 것을 알게 되었기 때문에, 내가 어떻게 그 죄악 된 자리에서 벗어날 수가 없다는 것을 알게 되었기에 우는 것이 애통입니다.

세상이 결핍을 말하면서 끊임없이 그 결핍을 채우려고 합니다. 나에게 부족한 것을 열심히 노력해서 채우려고 합니다. 그런데 아무리 노력하고 노력해도 채워지지 않으니까 늘 긴장상태에 있어야만 합니다. 돈이 부족하면 돈을 채워야 하고 권력이 부족하면 권력을 채워야 합니다. 지난 설교에서 말했듯이, 나의 부족을 위해 다른 사람의 것을 빼앗아 와야 하는 일이 생기는데 그것을 정당화해버립니다. 그런 일은 역사발전의 한 과정으로 생각하기 때문입니다. 문제는 무엇입니까? 선악의 개념이 없습니다. '선이냐? 악이냐?'가 어떻게 규정될까요? 나의 결핍을 채워주면 선이 되고 내가 나의 결핍을 채우려고 하는 데 그것을 방해하는 것은 악이 되어 버립니다.

우리는 무엇입니까? 우리는 어떤 존재이고 어떻게 삶을 살아가는 자들입니까? 우리는 저 세상이 자기 존재를 인식하는 것과 다르게 인식하고, 저 세상이 가는 방식과 다른 방식으로 살아가는 사람들입니다. 하나님의 은혜로 인간이 죄인이라는 것을 알게 되고, 영적인 파산자라는 것을 알고 애통하는 자들입니다. "나는 부자라 부요하여 부족한 것이 없다."[97]라고 말하는 라오디게아주의(Laodiceanism)로 살아가는 것이 아닙니다. 참된 성도는 영적인 슬픔을 거듭날 때도 느끼지만 계속해서 느끼는 자들입니다.

우리 삶에 진지함이 사라지는 이유는 무엇을 위해 울어야 할지를 모르고 울지 않는 것입니다. 울지 않기 때문에 웃을 일도 없습니다. 우리는 현실의 삶에 고난으로 인해 울어야 할 때도 있습니다. 남들이 모르는 상처와 아픔이 있습니다. 울고 싶어도 울지 못하면 더 마음이 아픕니다. 속에서 쓴 물이 올라옵니다. 자기의 생각과 감정을 표현하지 못하고 살아가면 다른 사람들과의 관계에서 실패합니다.

부모가 만들어가는 삶을 살아가고 세상이 요구하는 삶을 살아가기만 하면 나라는 존재가 무엇인지 모르고, '나라는 존재가 왜 살아가야 하는지?'를 모릅니다. 부모가 자녀를 위하는 것이 나쁜 일이 아닙니다. 그러나 그것이 오로지 공부, 좋은 대학, 좋은 직장, 돈, 성공 그렇게 되어버리면 한 사람의 인생은 무너집니다.

---

[97] 네가 말하기를 나는 부자라 부요하여 부족한 것이 없다 하나 네 곤고한 것과 가련한 것과 가난한 것과 눈 먼 것과 벌거벗은 것을 알지 못하도다(계 3:17)

공부 잘해서 좋은 대학가고 좋은 직장 취직하고 사업해서 돈 많이 벌고 성공했는데, '왜 내 마음이 이렇게 무너지는가?' 답이 없는 겁니다.

　세상을 살아보면 다 압니다. 세상에 쉬운 일은 하나도 없다는 것을 압니다. 세상은 공평하지도 않고 정의롭지도 않습니다. 정의를 외치는 사람들은 지나고 보면, 더 불의한 사람이었던 경우가 더 많았습니다. 세상의 정의는 상대적입니다. 나에게 좋으면 정의이고 나에게 안 좋으면 이유 없이 나쁜 것이라고 단정을 내립니다. 그런 세상에서 왜 부모들은 착하게 살라고 말할까요? 그것은 하나님께서 인생들에게 주신 일반은총입니다. 악하게 사는 것보다 선하게 사는 것이 그래도 인간답게 사는 것이기 때문입니다. 돈이 산더미같이 많은 사람이나 아무것도 없는 맨발의 청춘이거나 아무도 쉽게 살 수 없습니다.

　문제는 무엇입니까? 아무렇게나 살 수 없어서 열심히 살아가다 보면 나라는 존재가 무엇인지 막막해지는 겁니다. 내가 무슨 큰 죄를 짓고 산 것도 아니고, 놀고먹는 것도 아니고, 살아보려고 애를 쓰고 살아가는 것을 이 동네 저 동네가 다 아는 일인데, 왜 내 마음이 이리 허한지 그 이유를 모르는 겁니다. 그런 일을 만났을 때, '이것이 인간의 한계구나'라고 깨달아지는 것이 은혜입니다. 그 한계를 인정하고 예수 그리스도께 나아와 자기 죄를 회개하고 예수 그리스도를 믿고 하나님의 자녀로 살아가게 되는 것이 복입니다. '이게 뭔데요, 이게 뭔데요' 하면서 여기도 가보고 저기도 가보면서 자기를 엉뚱한 데로 몰아가면 더 힘든 인생을 살게 됩니다.

자기 존재의 허전함으로 인해 제대로 슬퍼해 본 적이 없는 것이 현대인들입니다. 심지어 예수 그리스도를 믿고 거듭난 사람들마저도 자기 잘난 맛에 영혼의 괴로움을 느낄 시간조차도 없습니다. 사는 것이 힘들고 건강이 안 좋아서 주님 앞에 은혜를 구하지 않으면 안 되어서 울음이 저절로 나오는 것을 비관적으로 생각해서는 안 됩니다. 인생을 지나오고 보면 자기 잘난 맛에 영적인 애통이 없는 그 사람이 불쌍한 사람입니다. 힘들고 어려워도 주님을 찾으며 울며불며 가더라도 그것이 은혜입니다. 주머니가 두둑할수록 눈물이 나지 않습니다.

애통하는 영혼이 살아 있는 영혼입니다. 애통하는 영혼이 진정한 자유를 누리는 영혼입니다. 애통하는 영혼이 진정한 기쁨을 누리는 영혼입니다. 애통함이 없는데 자유를 느끼고 눈물이 없는데 기쁨을 누리면 그 자유의 근거가 무엇인지, 그 기쁨의 출처가 무엇인지 진지하게 생각해 보아야 합니다.

누가복음 7장의 여인을 기억해 보기 바랍니다. 그녀는 자신의 눈물로 예수님의 발을 씻었습니다.

> 예수의 뒤로 그 발 곁에 서서 울며 눈물로 그 발을 적시고 자기 머리털로 닦고 그 발에 입 맞추고 향유를 부으니(눅 7:38)

발을 씻어 드리는 것은 유대의 관습으로 볼 때 가장 존경을 표시하는 행동이었습니다. 그녀는 물로 발을 씻은 것이 아니라 눈물로 씻었습니다. 예수님을 초청한 바리새인은 그 일을 보고 마음에 들어 하지 않았습니다. 예수님께서 비유를 들었습니다. 빚진 자가 둘이 있는데, 한 사람은 오백 데나리온을 빚졌고 또 한 사람은 오십 데나리온을 빚졌습니다. 한 데나리온은 노동자의 하루 품삯이었습니다. 두 사람 다 갚을 수가 없었습니다. 돈을 빌려주었던 사람이 다 탕감을 해 주었습니다. 예수님께서 이렇게 질문하셨습니다. "둘 중에 누가 저를 더 사랑하겠느냐?" 시몬은 "제 생각에는 많이 탕감함을 받은 자니이다"라고 대답했습니다. 예수님께서 47절에서 이렇게 말씀하셨습니다.

> 이러므로 내가 네게 말하노니 그의 많은 죄가 사하여졌도다 이는 그의 사랑함이 많음이라 사함을 받은 일이 적은 자는 적게 사랑하느니라(눅 7:47)

그 여인은 예수님으로부터 죄 사함을 많이 받았습니다. 죄 사함을 받았다는 것, 그 죄사함을 받은 일이 많다는 것이 무엇을 의미하겠습니까? 죄 용서, 칭의, 구원 이런 것은 다 우리의 존재적 관점의 변화를 말합니다. 그 여인은 예수님으로부터 죄 용서를 받음으로써 자기 존재가 새로워졌습니다. 그냥 사람대접해 주었다는 것이 아닙니다. '아무도 나를 몰라주었는데 예수님께서 나를 알아주시더라'는 그런 휴머니티가 아닙니다. 성령님께서 하나님 없이 살아간 죄인이라는 것을 알게 해 주시고 그 죄 사함을 받았기 때문입니다.

그녀는 자기 존재의 비참함을 알고 영적으로 파산된 죽은 영혼이라는 것을 알게 되었습니다. 죄 사함을 받음으로 새로운 존재가 되었습니다. 그 은혜가 임하였을 때 눈물로 예수님께 최고의 존경을 표시했습니다. 죄 사함의 은혜로 애통하며 존귀를 돌려드리는 그 영혼이 진정으로 살아난 영혼이며 진정으로 자유한 영혼입니다. 우리가 예배를 드리고 기도를 하고 성경을 읽고 경건의 시간을 드릴 때마다 죄 사함으로 애통해했던 그 상태로 계속해서 애통해하는 영혼이 되어야 합니다. 계속해서 애통해하는 그 영혼이 계속해서 자유를 누릴 수 있습니다. 계속해서 애통해하는 그 영혼이 계속해서 말씀의 풍성함을 누려갈 수 있습니다.

인간이 인간을 알아주는 휴머니티는 나라는 존재를 살려내지 못합니다. '나는 누구인가?'에 대한 답을 주지 못합니다. 그 무엇보다 죄에서 구원하지 못합니다. 오늘날 사람들이 '인간답게 살자' 하면서 얼마나 더 죄를 짓고 얼마나 더 허탈하게 살아갑니까? 세상은 거기서 거기이지 그 이상이 없습니다. '내가 너를 모르는데 넌들 나를 알겠느냐?' 노래 끝에 너무너무 허탈하게 웃습니다. '타타타'로는 안 되는 것이 인생입니다.

성경이 우리에게 무엇을 가르치는지 잘 보아야 합니다. 우리 존재의 비참함을 우리 안에서 우리가 해결할 수 없습니다. 성경은 계속해서 우리의 죄를 깨닫게 하시고 그 죄에서 돌이키게 합니다. 누가복음 15장에서 아버지의 재산을 챙겨 떠난 탕자가 어떻게 말했습니까?

> 18 내가 일어나 아버지께 가서 이르기를 아버지 내가 하늘과 아버지께 죄를 지었사오니 19 지금부터는 아버지의 아들이라 일컬음을 감당하지 못하겠나이다 나를 품꾼의 하나로 보소서 하리라 하고(눅 15:18-19)

탕자는 죄를 지었다는 것을 깨닫고 아버지의 아들로 다시 회복되기를 원했습니다. 전에 여름 성경학교 지도자 강습에 참여한 적이 있습니다. 그때 어느 교회에서 누가복음 15장으로 연극을 했습니다. 그 연극을 보고 너무 놀랐습니다. 탕자가 아버지로부터 돈을 받아서 가는데 도둑들한테 빼앗기는 것으로 연극을 했기 때문입니다. 성경은 누가복음 15장 13절에서, "그 후 며칠이 안 되어 둘째 아들이 재물을 다 모아 가지고 먼 나라에 가 거기서 허랑방탕하여 그 재산을 낭비하더니"(눅 15:13)라고 분명하게 말했습니다. '허랑방탕'이라는 헬라어는 '낭비적으로, 무절제하게, 방탕하게'라는 의미입니다. 탕자는 아버지의 돈을 무절제하게 낭비했다는 뜻입니다. 아버지가 아들이 돌아오기를 기다리면서 '아들아 얼마나 고생했니?' 그렇게 되어버리니까, 죄를 회개한다는 의미와는 상관이 없는 드라마가 되어버렸습니다.

탕자가 아버지께 돌아가려고 했던 것은 자기가 한 일이 죄악되었기 때문입니다. 자신이 한 일이 죄악이니까, 회개하고 아버지께로 돌아가는 것입니다. 오늘날 이렇게 설교하는 목회자가 얼마나 되겠습니까? 이렇게 자기 죄를 회개하고 돌아오는 사람들을 얼마나 찾아볼 수 있겠습니까? 이렇게 말하면 치유문화에 찌들어 있는 사람들에게는 얼마나 충격이 되겠습니까? '내 상처를 치유해 주지는 않고 죄를 회개하라고 하다니 어떻게 그렇게 설교를 합니까?'라고 말할 사람이 얼마나 많겠습니까?

상처를 무시하라는 말이 아닙니다. 누구도 상처를 외면하지 않습니다. 그러나 상처를 치유하는 것에 관점이 맞추어지면 휴머니티가 되어 버립니다. 상처에서 영원히 벗어나지 못합니다. 상처로 먹고 살게 됩니다. 나중에는 상처에서 벗어나기가 겁납니다. 이 아이러니를 알고 있을까요? 상처에 울고불고하면서 자기가 살아가야 할 삶의 내용이 없습니다. 참으로 울어야 할 것은 하나님의 계명에서 벗어난 것이 무엇인지 알고 그 죄 때문에 눈물이 나야 합니다. 믿음의 선한 싸움을 하는 것으로 회개하고 애통하며 살아야 내 영혼이 세상에 매몰되지 않습니다.

상처 그 자체로 울고불고하면 인정미, 인간성, 휴머니티로 끝납니다. 인간미가 나를 그 고통에서 벗어나게 하지 못합니다. 예수 그리스도를 믿고 예수 그리스도 안에서 새로운 존재가 되어야 합니다. 그것 외에는 길이 없습니다. 예수 그리스도를 믿었는데도 아직도 상처에 울고불고하면서 상처에서 벗어나지 못하는 것은 믿음이 삶을 변화시키지 못하고 있기 때문입니다. 아직도 과거의 지배자로부터 벗어나지 못하고 있기 때문입니다. 상처로부터 벗어나지 못한 것이 아니라 나를 지배하고 있는 그 지배자로부터 벗어나지 못하고 있기 때문입니다.

예수 그리스도가 지배자가 되어야 합니다. 성경은 "우리 주 예수 그리스도"라고 말합니다. 예수 그리스도가 우리의 주가 되십니다. 말로만 주님이라고 말할 것이 아니라 주님께 복종해야 우리의 주가 되십니다. 상처의 종이 되면 상처가 우리의 지배자가 되고 상처를 준 그 사람이 우리의 지배자가 되어서 평생토록 그 상처의 종으로 살게 됩니다. 예수 그리스도 안에서 나의 존재적 관점이 새로워지는 것이 상처의 종에서 벗어나게 합니다.

상처로 나의 존재를 자리매김하면 자기 연민에서 벗어날 수가 없습니다. 예수 그리스도의 십자가 피로써 나의 존재를 자리매김하면 새로운 삶을 살아갈 수 있습니다. 상처와 고생 속에 눈물로 살아가는 우리를 성령 하나님께서 예수 그리스도께로 인도해 주시는 것이 은혜입니다. 인생이 허해서 '오늘까지 참다 죽어야 하나?', '내일 하루를 더 버텨 볼까?' 하는 마음으로 살아가는 우리를 예수 그리스도를 믿어 영생을 얻게 하심으로 새로운 존재, 새로운 삶을 살게 하시는 것이 은혜입니다. 회개로 부르시고 죄인 됨을 보게 하시고 애통하게 하시는 것이 은혜입니다.

누가복음 18장에 나오는 세리를 보세요.

> 세리는 멀리 서서 감히 눈을 들어 하늘을 쳐다보지도 못하고 다만 가슴을 치며 이르되 하나님이여 불쌍히 여기소서 나는 죄인이로소이다 하였느니라(눅 18:13)

세리가 한 말은 자기 죄를 사하여 달라는 애통입니다. 세리가 "하나님이여 불쌍히 여기소서"라고 말할 때 이 '불쌍히 여긴다'는 헬라어는 신약성경에서 두 번 사용된 단어입니다. 여기 누가복음 18장 13절과 히브리서 2장 17절입니다. 히브리서 2장 17절은 그리스도의 대제사장적 직무를 말하면서 하나님 앞에 죄를 속죄하는 것이라고 말했습니다.98) 세리는 "나는 죄인이로소이다"라고 말하면서 하나님께 자기를 불쌍히 여겨 달라고 기도했습니다. 그 기도가 얼마나 간절한지를 보여주는 것은 사람들에게 보여주기 위해 기도한 것이 아니라, "멀리 서서 감히 눈을 들어 하늘을 쳐

---

98) 그러므로 그가 범사에 형제들과 같이 되심이 마땅하도다 이는 하나님의 일에 자비하고 신실한 대제사장이 되어 백성의 죄를 속량하려 하심이라(히 2:17)

다보지도 못하고 다만 가슴을 치며"기도 했습니다. '가슴을 친다'고 할 때 그 말의 원래 의미는 '때려서 멍하게 하다'였습니다. 얼마나 자기 죄에 대하여 비통함을 느꼈길래 그렇게 아프게 때렸을까요? 중요한 것은 예수님의 말씀입니다.

> 내가 너희에게 이르노니 이에 저 바리새인이 아니고 이 사람이 의롭다 하심을 받고 그의 집으로 내려갔느니라 무릇 자기를 높이는 자는 낮아지고 자기를 낮추는 자는 높아지리라 하시니라(눅 18:14)

자기 죄를 회개하고 애통해한 그 세리가 의롭다 함을 받았습니다. 세리에게도 휴머니티로는 안 됩니다. 동정받는 것으로는 자기 죄에서 벗어나지 못하기 때문입니다. '너 고생하지', '너 나랑 밥 한 그릇 먹자', '생각나면 전화해' 그런 거로는 나라는 존재를 변화시킬 수는 없습니다. 우리가 그런 말로 위로해 줄 수 있고 그런 말로 동정해 줄 수는 있지만, 그 말이 나라는 존재를 변화시키지는 못하는 겁니다. 커피가 나를 변화시킬 수 없고 밥이 나를 죄에서 끌어낼 수 없습니다. 브레이크는 밟아줄 수 있습니다. '너 여기서 더 넘어가지 마', '우리가 네 옆에 있잖아' 그 정도는 해줄 수 있는 겁니다. 그런 사람들이 있어서 다시 용기를 내고 '오늘 하루를 더 살아보자'는 마음이 생겨납니다. 그래도 그런 것들이 내 인생의 허무함을 없애주지 못하고 나의 죄를 깨끗하게 해줄 수가 없습니다. 사도행전 2장 37절에서 이렇게 말합니다.

> 그들이 이 말을 듣고 마음에 찔려 베드로와 다른 사도들에게 물어 이르되 형제들아 우리가 어찌할꼬 하거늘(행 2:37)

오순절 날, 3천 명이 복음을 듣고 마음이 찔렸습니다. 성령 하나님께서 사람들의 마음에 역사하실 때 일어나는 반응이었습니다. 그들이 "마음에 찔려"라고 했을 때, 그 단어는 (카테뉘게산) '때리다' '격하게 찔러 관통하다', '실신시키다'의 뜻을 담고 있다. 베드로의 설교를 들은 3천 명이 격심한 마음의 고통을 느꼈다는 것을 의미한다. 무슨 고통을 그렇게 심각하게 느꼈습니까? 십자가에 못 박혀 죽인 그 예수가 바로 그리스도시라는 것을 알게 되었기 때문입니다. '예수 그리스도를 내가 죽였구나. 내가 죄인이구나' 그래서 죄악을 강력하게 알게 되고 그것이 자기 마음을 찔러 관통했기 때문에 회개가 일어났습니다. 예수 그리스도를 믿을 때도 '예수 그리스도께서 나의 죄 때문에 십자가에 피 흘려 죽으셨구나'를 알게 되어서 애통하며 회개하게 됩니다.

아더 핑크는 애통에 대해 이렇게 말했습니다.

> 이와 같은 '애통'은 죄를 깨닫는 것으로부터 부드러운 양심과 상처받은 마음으로부터 샘솟아 난다. 그것은 하나님과 하나님의 뜻에 대해서 반역하고 원수가 되었던 것에 대하여 경건하게 슬퍼하는 것이다. 어떤 경우에는, 그것은 마음으로 믿고 의지해 왔던 도덕성에 대한 슬픔이기도 하며, 자기 과신의 원인이 되는 독선적인 태도에 대한 슬픔이기도 하다. 이러한 '애통'은 영광의 주를 십자가에 못 박은 것은 나의 죄 때문이라는 사실을 고통스럽게 깨닫는 것이다.99)

아더 핑크에 의하면, 애통은 죄를 깨닫는 것으로부터 시작됩니다. 성령님께서 우리의 마음을 부드럽게 하시고 회개의 마음을

---

99) 아더 핑크, 산상수훈강해, 지상우 역 (고양: 크리스챤다이제스트, 2011), 23.

불어넣어 주십니다. 그것이 은혜입니다. 죄가 무엇입니까? 죄는 "하나님과 하나님의 뜻에 대해서 반역하고 원수가 되"는 것입니다. 회개는 무엇입니까? "하나님과 하나님의 뜻에 대해서 반역하고 원수가 되었던 것에 대하여 경건하게 슬퍼하는 것"입니다. 하나님을 믿고 의지하고 살아왔던 것 대신에 내 "마음으로 믿고 의지해 왔던" 모든 것을 버리는 것입니다. 애통은 "영광의 주를 십자가에 못 박은 것은 나의 죄 때문이라는 사실을 고통스럽게 깨닫는 것"입니다.

인생의 아픔과 고난으로 인해 예수 그리스도를 믿는 사람이 복 있는 사람입니다. 삶의 애통함이 있어서 예수님을 믿은 사람이 복이 있습니다. 삶의 애통으로 자기 영혼의 비참함을 보게 된 그 사람이 복이 있습니다. 본성의 부패함과 마음의 죄악을 보고 우는 사람이 복이 있습니다. 우리 시대는 웃어야 힘이 나는 것처럼 만들어 놓았습니다. 웃는 것이 나쁜 거 아닙니다. 분노하는 것보다 훨씬 좋은 일입니다. 문제는 정작 중요한 것이 무엇인지를 잊어버리는 것입니다. 한참 동안 웃음 치료가 유행이었습니다. 교회 안에서 웃음 치료한다고 설교보다 웃음이 더 주인 노릇을 하기도 했었습니다. 우리 영혼이 진정으로 힘을 얻으려면 울어야 합니다. 울어도 자기연민에서 울다가 서러워하지 말고, '내 영혼이 오직 주님께만 소망이 있습니다'라고 예수 그리스도를 갈망하며 울어야 합니다.

우리의 애통은 계속되어야 합니다. 계속해서 애통해하는 성도가 계속해서 자유와 기쁨을 누립니다. 참된 기독교인은 애통해하는 사람입니다. 애통의 깊이가 경건의 깊이입니다. 경건해지기를 원한다면 애통해야 합니다. 애통하지 않고 경건해질 수 없습니다. 애통하지 않으면서 경건하다고 말하는 사람들의 경건은 경건의 모양만 있는 것입니다. 우리 시대의 경건은 우리 스스로가 포장하고 있는 경건입니다. 우리가 모두 그런 경건에 익숙해 있습니다. 경건의 가면을 쓰고 있습니다. 하나님의 음성이라는 경건한 가면을 쓰고 있고, 개혁주의라는 경건한 가면을 쓰고 있고, 성령 세례라는 경건한 가면을 쓰고 있습니다. 그렇게 경건하다면서 애통해하는 사람들이 없습니다. 말은 청산유수 같습니다. 경건은 언약 적이어야 합니다. 언약의 주 하나님 앞에서 자기를 돌아보며 회개하고 우는 것이 경건의 시작입니다. 울어야 경건이 시작되고 계속해서 울어야 경건이 유지 됩니다. 울어야 자유가 있고 울어야 기쁨이 있습니다.

애통하는데 어떻게 자유가 있고 기쁨이 있습니까? 내 안에서 내가 나의 비참함을 해결하려고 하지 않기 때문입니다. 내가 결단하고 선택해서 나의 허탈함에서 벗어나려고 우는 것이 아니기 때문입니다. 성령 하나님께서 그리스도를 향하여 나아가게 하시고 그리스도의 말씀 안에서 자기를 드리려고 하기 때문입니다. 자기를 드린다는 것이 무엇입니까? 언약에 신실하게 사는 것입니다. 마음을 다하고 목숨을 다해서 계명을 지키는 것입니다.

계명이 무엇입니까? 하나님을 사랑하고 이웃을 사랑하는 것입니다. 내가 종교적 열정을 바친 것으로 하나님을 사랑한 것이라고 말하는 것은 언약적 신앙이 아닙니다. 내 열심은 계명에 복종하는 것으로 나타나야 합니다. 언약의 계명에 복종하는 것이 진정한 경건입니다. 언약의 복종에 나의 열심이 실현되어야 합니다. 언약에 복종하기 위해 자기를 부인하고 자기 십자가를 지고 가야 하기 때문에 애통함이 있습니다. 자기를 부인하는 애통과 자기 십자가를 지는 애통함이 있어야 진정한 경건입니다.

우리 주 예수 그리스도께서는 "심한 통곡과 눈물로 간구"[100]하셨으며, 사도 바울은 눈물로 성도들을 가르쳤습니다.[101] 눈물이 마르는 그때부터 우리의 경건은 채색된 경건이 되어갑니다. 애통함이 없어지는 그때부터 우리의 경건은 변장한 경건이 되어갑니다. 화장한 경건은 울 수가 없습니다. 울면 화장이 지워지니까 울려고 하지 않습니다. 요즘은 화장품이 좋아 울어도 지워지지 않지만 그래도 망가질까 봐 울지 않습니다. 맨얼굴이라야 눈물도 흘리고 콧물도 흘리게 됩니다. 그래야 맨얼굴의 경건이 됩니다. 맨얼굴의 경건은 저 세상으로 달려가려는 나의 죄성과 욕심을 죽이고 주의 말씀에 아멘하고 복종해 가는 것입니다.

경건한 성도로 살아가려면 애통하는 영혼이 되어야 합니다. 언제 한 번 자식을 위해 울어보고 언제 한 번 내 영혼을 위해 울어 보았습니까? 울지 않는 성도들이 많으니 교회가 놀자판이 되어갑니다. 울지 않는 교회가 되니 뭘 열심히 배운다고 하는데 가슴에 와 닿고 마음에 남는 것이 없습니다. 교회 안에 카페도 있고

---

100) 그는 육체에 계실 때에 자기를 죽음에서 능히 구원하실 이에게 심한 통곡과 눈물로 간구와 소원을 올렸고 그의 경외하심을 인하여 들으심을 얻었느니라(히 5:7)
101) 그러므로 너희가 일깨어 내가 삼 년이나 밤낮 쉬지 않고 눈물로 각 사람을 훈계하던 것을 기억하라(행 20:31) 내가 큰 환난과 애통한 마음이 있어 많은 눈물로 너희에게 썼노니 이는 너희로 근심하게 하려 한 것이 아니요 오직 내가 너희를 향하여 넘치는 사랑이 있음을 너희로 알게 하려 함이라(고후 2:4)

분위기도 좋고 다 좋은데, 커피를 마시면서 하는 말이 '이 허전한 기분은 뭐지?' 이러고 있다는 거 아닙니까? 기도실은 연로하신 분들만 있고, 똑똑하다는 님들은 철학책 읽고, 고달프게 사는 님들은 '우리는 언제 해외여행 가보나?' 그러고, 살만한 님들은 어디 가서 맛있는 거 먹었다고 SNS에 올리고..., 교회 안에는 우는 사람이 없습니다. 강단은 크리스탈이지만 받아 적을 게 없습니다.

우리의 영혼이 살려면 울어야 합니다. 한숨만 쉬지 말고 울어야 합니다. 우리의 죄악과 부패의 심각성을 보고 울어야 합니다. 우리의 불신앙과 우리의 자만심과 우리의 냉담함을 보고서 울어야 합니다. 저 아버지의 나라에서 눈물을 씻어 주실 그때까지 울어야 합니다.102) 울어야 내가 살아납니다. 계속해서 울어야 계속해서 살아납니다. 우는 사람이 복 있는 사람입니다. 우는 사람이 하나님의 위로를 받습니다. '내가 우니까 자식이 살아나고 내가 우니까 교회가 살아나더라' 그것을 경험해야 합니다. 우리의 평생에 언약의 현재화를 이루도록 애통하면서 우리 주 예수 그리스도 안에서 충만한 삶을 살아가는 주의 언약 백성들이 다 되시기 바랍니다.

---

102) 이는 보좌 가운데 계신 어린 양이 저희의 목자가 되사 생명수 샘으로 인도하시고 하나님께서 저희 눈에서 모든 눈물을 씻어 주실 것임이러라(계 7:17)

15 애통하는 자 4

> 1 예수께서 무리를 보시고 산에 올라가 앉으시니 제자들이 나아온지라 2 입을 열어 가르쳐 가라사대 3 심령이 가난한 자는 복이 있나니 천국이 저희 것임이요 4 애통하는 자는 복이 있나니 저희가 위로를 받을 것임이요(마 5:1-4)

예수님의 산상설교 열다섯 번째 시간입니다. 애통하는 자, 네 번째 시간입니다. 오늘은 '애통하는 자는 위로를 받는다'는 명제로 말씀을 살펴보겠습니다. 우리의 궁극적인 위로는 오직 예수 그리스도, 한 분뿐입니다. 인생은 오직 한 분 예수 그리스도만이 우리의 위로가 된다는 사실을 배워가는 과정입니다.

위로가 필요하다는 것은 우리가 여기 이 현실의 상처와 고난으로 인해 아무런 의미 없이 인생을 끝날 인생이 아니라는 것을 내포하고 있습니다. 위로는 일반적으로 사람들이 고통을 이겨내도록 격려하고 편안하게 해주는 것을 의미합니다. 위로가 필요하지 않은 사람이 어디 있겠습니까? 우리는 다 위로가 필요합니다. 위로는 우리가 애쓰고 노력한 것에 대한 보상입니다. 그 보상이 가시적으로 나타나서 현실적인 만족이 되면 좋은 일입니다.

그보다도 우리가 마음으로 바라는 진정한 위로는 사실 그런 현실적인 것이 아닙니다. 우리가 바라는 것은 '나'라는 존재가 인정받는 것입니다. 그것이 가장 근본적인 위로입니다. 가장 근본적인 것이 가장 어렵습니다. 그것이 가장 쉬운 것 같은데 가장 힘듭니다. 제일 원하는 것이 무엇인지 모르고 살아가는 사람이 많습니다. 마음이 허전하고 한숨만 나오는데, '내가 왜 이러는지?', '이걸 어떻게 해결해야 하는지?'를 모릅니다. 돈 많이 벌고 살면 나도 남들에게 아쉬운 소리 안 하고 큰소리치고 살 줄 알았는데, 돈이 주머니에 들어오니 돈이 소용이 없습니다. 인생을 살아도 '돈 벌면 이렇게 살아야 해?' 그런 것이 없습니다. 인격도 없고 마음도 없습니다.

나는 인생을 멋지게 살아가리라 생각했는데, 죽을 때까지 병상에 누워 있어야 하는 사람이 너무 많습니다. 나는 너처럼은 안 살 거로 생각했는데, 영화 속에 나오는 그 비운의 주인공이 내가 되어 있는 사람이 너무 많습니다. 나는 잘살아 볼 거로 생각했는데, 만나도 어떻게 저런 인간을 만나서 죽어라 고생하며 살고, 고생해도 고생하는 보람없이 살아가고 있는 사람이 너무 많습니다. 누군들 죽으려고 생각 안 해봤겠습니까? '이러고 사니 죽자' 그 마음으로 별궁리를 다 해보고 별 시도를 다 해봐도 죽는 것이 내 마음처럼 그리 안 되는 거를 어떻게 합니까. 살기도 어렵지만 죽는 것은 더 어렵습니다.

우리나라만큼 자살이 많은 나라도 없습니다. 일등 할 것이 그리도 없어서, 자살을 일등으로 하고 있으니 비참한 현실입니다. 그보다 더 놀라운 사실은 기독교인의 자살이 일등이라는 것입니다. 저 세상 사람들이 아니고 기독교인들이 일등입니다. 너무 어이가 없습니다. 왜 그렇게 되었을까요? 예수님을 믿는데, 왜 그렇게 자살을 많이 할까요? 요즘, 기독교 안에 자살해도 천국 갈 수 있다는 말을 하는 신학교 교수들과 목사들이 점점 늘어나고 있습니다. 그런 말은 자살을 정당화하고 있습니다. 위기에 처한 사람들이 쉽게 목숨을 끊도록 하는 촉매제가 되고 있습니다.

거짓된 사상의 시금석은 사람들로 하여금 고민할 필요가 없고 책임질 일이 없다고 말하는 것입니다. 자살이라는 것은 더 고민할 필요가 없고 더 책임질 일 없도록 만드는 것입니다. 살아가면서 고민 안 해도 되고 책임 안 져도 되는 인생으로 살았으면 하는 것은 인간의 이상입니다. '그런 곳이 천국이다'라고 말하지만, 천국에 간다고 해서 책임이 사라지는 그런 나라는 아닙니다. 우리의 존재가 저 천국에서 무화(無化)되지 않는 바에야 우리는 해야 할 일이 있으며, 할 일이 있다는 것은 우리의 책임이 있다는 것을 말합니다. 그 일은 우리를 억압하거나 강요하지 않으며 즐겁고 기쁜 일입니다.

'자살해도 천국 간다'는 소리는 '고민할 것도 없고 책임질 것도 없다'는 소리나 마찬가지입니다. 그런 소리 하는 사람이 제일 위험한 사람 중 하나입니다. 자살해도 천국 갈 거 같으면 지금 자살해서 죽지, 그 소리를 왜 하고 돌아다닙니까? 우리는 이 믿음의 싸움을 감당해 가기 때문에 '언제 이 고생이 끝나나?'하고 고민하고 살아가고, 기도하며 엎드리며 하나님의 은혜를 구하며 살아갑니다. '믿음으로 산다'는 것은 옛날에도 힘들었고 지금도 힘들고 다음에도 힘 드는 일입니다. 힘들지 않으면 그것이 이상한 일입니다. 주여 삼창한다고 고민이 없어지는 것도 아니고 사흘 금식한다고 해서 내가 해야 할 일을 면제받지 않습니다.

문제 해결을 위해 우리가 밤샘하면서 기도할 때가 있습니다. 그 기도를 하나님께서 들으시고 우리를 구해 주실 때가 있습니다. 구해 주시면 모든 것이 다 끝납니까? 그렇지 않습니다. 그다음

과정이 있고, 또 그다음 문제가 있습니다. 하나가 해결되면, 또 내 앞에 다른 문제가 와 있습니다. 숨 돌릴 겨를도 없습니다. 또 기도합니다. 기도하는 거는 잘 하는 겁니다. 어려우면 기도해야 하고 하나님 아버지를 찾고 두드리고 구해야 합니다.

그러면서 우리가 알아가야 하는 것이 무엇이던가요? 내 신앙의 깜냥만큼 감당해 가야 할 것이 있더라는 겁니다. 내 믿음의 깜냥만큼 지고 가야 할 십자가가 있더라는 겁니다. 어떤 때는 깜냥도 안 되는데, 짐이 무거울 때도 있습니다. 자식이 아프고 힘든데 그걸 나 몰라라 할 수 있습니까? 그리 못합니다. 내가 대신 아픈 것이 낫지, 자식이 아파하는 것을 보면 부모는 더 괴롭습니다. 자식을 내가 품고 가야지, '너도 그 나이 먹었으니 네 인생 네가 알아서 해라' 그럴 수는 없는 겁니다.

그게 꼭 자식만 그러던가요? 내 자식도 아니고 내 핏줄이 아니라도 거두어야 할 사람이 있습니다. 하나님께서 내 눈에 보이게 하시고 내 마음에 감동을 주신 것을 모른 체하고 살 수는 없습니다. 무슨 돈이 남아돌아 그러는 것이 아니라 몇 숟가락 덜 먹고 살더라도 내가 책임을 지고 가야 할 사람이 있고 인생이 있는 겁니다. 내가 그리고 산다고 누가 나를 알아주는 것이 아니라, 내 앞에 던져 있는걸 어쩔 수 없는 겁니다. 그러면서 인생이 무엇인지를 배우고, 인생 그릇이 넓어져 갑니다.

이런 위로는 세상 사람들이 일반으로 생각하는 위로의 종류 중 하나입니다. 세상은 그 이상으로 나아가지 못합니다. 그나마 인생을 겸손하게 살아간다는 사람이 알 수 있는 위로입니다. '그 사람

참, 사람답더라'는 겁니다. 인간은 그 이상으로 나아가지 못합니다. 그 이상은 무엇입니까? 오늘 예수님의 말씀대로, 애통하는 것입니다. 그 애통은 자기 죄를 슬퍼하며 회개하는 경건한 슬픔입니다. 영적인 슬픔입니다. 돈에 한 맺히고 질병으로 힘들어하고 고난으로 서글퍼하는 것 이상으로 슬퍼하는 것입니다.

그 슬픔은 인생을 살면서 겪게 되는 고통으로 슬퍼하는 것이 아닙니다. 그 슬픔은 예수 그리스도께서 성령님을 통해서 우리에게 주시는 은혜를 통해 우리의 죄악을 보게 됨으로써 애통해하는 것입니다. 성령님께서는 우리의 죄로 인해 하나님 앞에 경건한 슬픔을 느끼게 합니다. 슬픔에 빠져서 어쩌지 못하는 상태에 두지 않고 우리 주 예수 그리스도께로 인도하십니다. 우리를 죄악에서 구원해 주실 분은 오직 예수 그리스도밖에 없다는 그 사실을 알게 하시고 그리스도를 영접하게 하십니다. 예수 그리스도를 믿어 영생을 얻고 하나님의 자녀가 된 것이 애통하는 자의 위로입니다.

그런 까닭에, 하이델베르크 교리문답 1문에서는 이렇게 묻고 답합니다.

제1주일
1문: 살아서나 죽어서나 당신의 유일한 위로는 무엇입니까?
 답: 살아서나 죽어서나 나는 나의 것이 아니요, 몸도 영혼도 나의 신실한 구주 예수 그리스도의 것입니다. 그리스도께서는 그의 보혈로 나의 모든 죗값을 완전히 치르고 나를 마귀의 모든 권세에서 해방하셨습니다. 또한 하늘에 계신 나의 아버지의 뜻이 아니면 머리털 하나도 땅에 떨어지지 않도록 나를 보호하시며, 참으로 모든 것이 합력하여 나의 구원을 이루도록 하십니

다. 그러하므로 그분은 그의 성신으로 나에게 영생을 확신시켜 주시고, 이제부터는 마음을 다하여 즐거이 그리고 신속히 그를 위해 살도록 하십니다.

우르시누스는 하이델베르크 교리문답이 위로의 문제를 먼저 말하는 이유를, 위로가 "교리문답의 의도와 골자를 이루기 때문"이라고 말했습니다. 진정한 위로가 되려면 살아 있을 때도 우리의 위로이고 죽었을 때도 위로가 되어야 합니다. 잠시 잠깐 위로가 되는 것이 아니라 영원한 위로가 되어야 합니다. 우르시누스는 위로의 골자를 이렇게 말했습니다.

> 이 위로의 골자는 바로, 우리가 믿음으로 말미암아 그리스도와 연합하며, 그를 통하여 우리가 하나님과 화목 되며 또한 그에게 사랑을 받으며, 그리하여 그가 우리를 영원토록 구원하시고 보살피신다는 데 있는 것이다.[103]

우르시누스에 의하면 참된 위로는 예수 그리스도를 믿고 그리스도와 연합되어 하나님과 화목 되는 것입니다. 우리가 예수 그리스도를 믿음으로 하나님과 화목 되었기 때문에 하나님으로부터 사랑을 받습니다. 그 사랑이란 우리를 영원히 구원하시고, 우리를 영원히 보살펴 주십니다. 칭의, 양자, 성화, 영화에 이르기까지 모든 과정을 다 포함한다는 뜻입니다. 여기에는 성도의 견인이 핵심으로 들어가 있습니다.

---

[103] 자카리아스 우르시누스, **하이델베르크 요리문답해설**, 원광연 역 (고양: 크리스챤다이제스트, 2006), 61; "4. 어째서 이런 위로가 필요한가? 앞에서 말씀한 대로, 이 위로가 우리에게 필수적이라는 것이 분명히 드러난다. 첫째로, 우리의 구원을 위함이다. 온갖 유혹과 갈등 속에서도 낙망하거나 넘어지지 않고 그리스도인으로 서기 위함이다. 그리고 둘째로, 하나님을 찬양하고 경배하기 위해서도 위로가 필요하다. 이 세상에서와 미래의 삶에서 하나님께 영광을 돌리기 위해서는(우리가 이를 위하여 창조함 받았다) 우리가 죄와 죽음으로부터 구원받아야 하며, 또한 다시 절망 속에 빠지지 않고 마지막까지 견고한 위로와 더불어 그대로 유지되어야 하는 것이다(p. 46)."

'왜 그러해야 하는가?'라고 말할 때, 실천적인 의미가 있기 때문입니다. 우르시누스는 이렇게 말했습니다.

> 위로란 선한 것과 악한 것을 서로 대비시키는 특정한 추론의 과정의 결과로 생기는 것으로, 이 선(善)을 정당하게 고려함으로써 우리의 비통함을 누그러뜨리고 인내로 악(惡)을 견디게 되는 것이다. 그러므로 선이 그것과 대비되는 악의 비중에 비해서 훨씬 더 크고 확실해야만 하는 것이다. 그런데 여기서 가장 큰 악인 죄와 영원한 죽음을 무릅쓰고 위로가 얻어져야 하기 때문에, 최고선이 아니고서는 그 어떠한 선으로도 그 악을 치료할 수가 없다. 그러나 진리를 지시하고 계시하는 하나님의 말씀이 없이는, 과연 이 최고선이 무엇이냐 하는 것에 대해 사람의 숫자만큼이나 많은 생각들이 제기된다.104)

우르시누스에 의하면, 위로란 막연한 슬픔이 아닙니다. 위로란 먼저 선과 악의 대비가 있어야 합니다. 선과 악은 무엇으로 알 수 있습니까? 하나님께서 우리에게 말씀해 주신 성경으로 알 수 있습니다. 성경에 비추어 볼 때, 어느 것이 선이고 어느 것이 악인지 선명하게 알 수 있습니다. 위로는 두 가지 측면이 있습니다. 첫 번째는 적극적인 측면으로, 우리가 선을 향해 달려가게 하는 것이라야 합니다. 우리가 이 인생을 살아가면서 열심히 살아가는데 그것이 선이 되어야 살아가는 보람이 있고 만족이 있고 기쁨이 있습니다. 두 번째는 소극적인 측면으로, 인생에서 겪게 되는 비통함을 누르고 인내하고 악을 견디게 되는 것입니다. 이 두 가지 측면에서 위로가 되려면 살아 있을 때나 죽은 후에나 견고한 위로가 되어야 합니다. 이때의 위로는 우리가 이해하기 좋은 말로 하자면 지지가 되어 주는 것입니다. 영원한 지지가 되어야 우리가 당면하는 이 고달픈 현실에서 악을 멀리하고 선을 향하여

---

104) 같은 책, 62.

달려갈 수 있습니다.

성경은 예수 그리스도가 우리의 영원한 지지자가 되신다고 말합니다. 예수 그리스도께서 어떻게 우리의 영원한 위로, 영원한 지지자가 되실 수 있습니까? 그것은 우리를 죄의 비참함에서 구원하시고 우리를 의롭게 하시고 양자로 삼으셨기 때문입니다. 우리가 죄의 비참함 속에 있다는 것을 어떻게 알 수 있습니까? 하이델베르크 교리문답 제3문에서 이렇게 말합니다.

> 제2주일
> 3문: 당신의 죄와 비참함을 어디에서 압니까?
> 답: 하나님의 율법에서 나의 죄와 비참함을 압니다.

하나님의 율법에 비추어 볼 때, 나의 죄가 보이고 내가 얼마나 비참한 죄인인가를 알 수 있습니다. 죄라는 것이 무엇입니까? 웨스트민스터 소교리문답 제14문에서 이렇게 말합니다.

> 제14문 죄는 무엇입니까?
> 답: 죄는 하나님의 율법 중에 어떤 것을 순종함에 조금이라도 부족한 것이나 그것을 범하는 것입니다.

죄가 무엇인지 분명해야 내가 어떤 상태에 있는지를 분명하게 알 수 있습니다. 그래야 경건한 애통함이 있습니다. 어떤 사람을 기준으로 해서, '내가 저 사람보다 더 못하다'고 생각해서는 비참함을 느낄 수 없습니다. 하나님께서 계시하여 주신 율법에 나를 바라볼 때 내가 너무나도 심각한 죄를 지었다는 것을 알 수 있습니다. 심각한 죄라는 것이 무엇입니까? 율법이 무엇을 말하길래 내가 죄를 지었다는 것입니까? 하이델베르크 교리문답 제4문에서 이렇게 말합니다.

> 4문: 하나님의 율법이 우리에게 요구하는 것은 무엇입니까?
> 답: 그리스도는 마태복음 22장에서 이렇게 요약하여 가르치십니다. "네 마음을 다하고 목숨을 다하고 뜻을 다하여 주 너의 하나님을 사랑하라 하셨으니 이것이 크고 첫째 되는 계명이요, 둘째는 그와 같으니 네 이웃을 네 몸과 같이 사랑하라 하셨으니, 이 두 계명이 온 율법과 선지자의 강령이니라"(마 22:37-40).

하나님의 율법이 우리에게 요구하는 것은 두 가지입니다. 하나님을 사랑하는 것과 이웃을 사랑하는 것입니다. 그 사랑이 대충 사랑하는 것이 아닙니다. 하나님을 사랑하되 마음을 다하고 목숨을 다하고 뜻을 다해서 사랑해야 합니다. 이웃을 사랑하되 내 몸과 같이 사랑해야 합니다. 이 두 가지가 모든 율법과 선지자들이 선포한 핵심입니다. 그러면, 우리가 이 두 가지 계명을 다 지킬 수 있습니까? 못합니다. 왜 못합니까? 하이델베르크 교리문답 제5문에서 이렇게 말합니다.

> 5문: 당신은 이 모든 것을 온전히 지킬 수 있습니까?
> 답: 아닙니다. 나에게는 본성적으로 하나님과 이웃을 미워하는 성향이 있습니다.

하이델베르크 교리문답이 무엇이라고 우리에게 가르칩니까? 우리는 하나님의 계명을 온전하게 지킬 수 없습니다. 왜 못 지킵니까? 우리가 본성적으로 하나님과 이웃을 미워하는 성향이 있기 때문입니다. 그래서 비참한 것입니다. 비참하다는 것이 무엇입니까? 나의 상태를 보니 내가 어쩌지를 못하기 때문에 비참한 것입니다. 내가 그렇게 계명을 지킬 수가 없고 그래서 하나님의 심판을 받아 멸망 당하여 지옥으로 갈 수밖에 없는 죄인 된 상태인데, 그것을 내가 어떻게 해결할 방법이 없기 때문에 비참합니다. 그 비참함에서 벗어나 구원 얻는 길은 오직 자기 죄를 회개하고 예수 그리스도를 믿는 것입니다.

예수 그리스도를 믿는 것이 우리에게 위로가 되는 것은 선을 향해 나아가고 악을 견디게 하고 믿음을 지켜가기 때문입니다. 선(善)이라는 것이 무엇입니까? 선이란 하나님의 존재와 속성에 일치된 것입니다. 마가복음 10장 17절에 보면, 예수님께서 길에 나가실 때에 한 사람이 달려와서 꿇어앉아 예수님께 "선한 선생님이여 내가 무엇을 하여야 영생을 얻으리이까"(막 10:17)라고 물었습니다. 그때, 예수님께서 이렇게 말씀하셨습니다.

> 18 예수께서 이르시되 네가 어찌하여 나를 선하다 일컫느냐 하나님 한 분 외에는 선한 이가 없느니라 19 네가 계명을 아나니 살인하지 말라, 간음하지 말라, 도적질하지 말라, 거짓 증거 하지 말라, 속여 취하지 말라, 네 부모를 공경하라 하였느니라(막 10:18-19)

예수님의 말씀을 잘 보면 선(善)이 무엇인지 분명하게 알 수 있습니다. 예수님께서는 선을 말할 때, '하나님 한 분만이 선하시다'고 말씀하셨습니다. 하나님께서 천지를 창조하실 때, 창세기 1장 4절에서 "빛이 하나님의 보시기에 좋았더라"고 말했습니다. 그 좋았다는 것이 선입니다. 하나님께서 선하시고 하나님께서 하신 일이 선합니다. 하나님께서 처음과 끝이 되시기 때문입니다.

하나님께서 기준입니다. 하나님의 뜻대로 되는 것이 선한 것입니다. 하나님의 뜻은 하나님의 율법에 있습니다. 그 율법을 지키는 사람이 복 있는 사람입니다. 시편 1편에 보면, 이렇게 말합니다.

> 1 복 있는 사람은 악인의 꾀를 좇지 아니하며 죄인의 길에 서지 아니하며 오만한 자의 자리에 앉지 아니하고 2 오직 여호와의 율법을 즐거워하여 그 율법을 주야로 묵상하는 자로다 3 저는 시냇가에 심은 나무가 시절을 좇아 과실을 맺으며 그 잎사귀가 마르지 아니함 같으니 그 행사가 다 형통하리로다(시 1:1-3)

악인은 누구입니까? '하나님이 없다'하는 사람입니다. 어리석은 사람이라 합니다. 그러면서 하나님 없는 삶을 살아가며 욕망의 지배를 받아 욕망의 종이 되어 살아가는 사람이 죄인입니다. 시편은 악인의 반대말을 선인이라 하지 않습니다. 선한 사람은 없기 때문입니다. 놀랍지 않습니까! 인간의 존재적 관점을 분명하게 말해 주고 있습니다. 오만하게 살지 않습니다. 오만하다는 것은 죄와 그 죄에 대한 심판을 업신여기고 조롱하는 자입니다. 그래서 교만합니다. 성경은 악인의 반대로 선한 사람이 아니라 복 있는 사람이라 합니다. 사람에게는 선한 것이 없습니다.

복 있는 사람은 교만하지 않고 여호와의 율법을 즐거워하고 밤낮으로 생각합니다. 무슨 생각을 합니까? '내가 살아가는 것이 하나님의 계명에 맞는가? 안 맞는가?'를 대조해 봅니다. 그렇게 하나님의 말씀으로 자기 삶을 대조하면서 하나님의 계명에 순종하며 살아가기 때문에 시냇가에 심은 나무처럼 열매를 맺습니다. 그 하는 일이 형통합니다. 그것이 선(善)과 무슨 연관이 있습니까? 선이란 하나님과 하나님의 속성에 일치하는 것이고 그것이 율법으로 나타났고, 그 율법대로 살아가면 삶이 풍성해지고 열매를 맺는다는 뜻입니다.

성령님의 역사와 하나님의 성품이 무엇입니까? 예를 들면, 저 인간만 아니면 고민할 이유가 없는데, 이 일만 아니면 아파할 이유가 없는데, 그 인간 때문에, 이 일 때문에 속이 쓰리고 괴로운 겁니다. '살아야 하나? 말아야 하나?' 하는 마음으로 사는 겁니다. 그 속에서 하나님께서는 예배하고 기도하며 살아가면서 하나님의 성품을 닮아가게 하시더라는 겁니다. 어디 가서 남보고 말을 못 합니다. 내 양심에서 '너나 잘해라' 그 말이 올라오기 때문에 저절로 겸손해집니다. '내가 이러고 사는 거, 하나님은 아시지요' 그 마음이 됩니다. 그래서 애통함이 일어납니다. 그것이 복입니다.

새 언약에 오면, 성령님의 원하심을 따라 살아가면 성령님의 열매를 맺는다고 말했습니다.105) 성령님의 열매는 하나님의 속성을 그대로 나타낸 것입니다. 하나님의 성품이 성령님의 역사로 우리 안에 열매 맺어지는 것이 선입니다. 그것이 우리의 위로입니다. 예수 그리스도께서 십자가에 피 흘려 죽으시고, 우리를 의롭다 하시고, 양자로 삼으셨기 때문에 일어난 일입니다. 그래서 오직 한 분 예수 그리스도만이 우리의 위로가 됩니다. 사나 죽으나 우리의 위로가 되십니다. 아멘!!!106)

---

105) 22 오직 성령의 열매는 사랑과 희락과 화평과 오래 참음과 자비와 양선과 충성과 23 온유와 절제니 이같은 것을 금지할 법이 없느니라(갈 5:22-23)
106) 자카리아스 우르시누스, **하이델베르크 교리문답해설**, 원광연 역 (고양: 크리스챤다이제스트, 2006), 6-66; 〈3. 어째서 오직 이 위로만이 견고한가? 오직 이 위로만이 견고하다는 것은, 첫째로, 오직 그것만이 무너지지 않기 때문이다. 그것은 죽은 후에도 무너지지 않는다. "사나 죽으나 우리가 주의 것이로다" (롬 14:8), "누가 우리를 그리스도의 사랑에서 끊으리요? (롬 8:35). 그리고 둘째로, 오직 그것만이 사탄의 온갖 유혹에도 흔들리지 않고 그대로 유지되기 때문이다. 사탄은 그리스도인들에게 다음과 같은 논리

예수님께서 애통하는 자가 복이 있다고 하시고, 애통하는 자는 위로를 받을 것이라고 말씀하시는 의미를 올바르게 알아야 합니다. 아더 핑크는 이렇게 말했습니다.

> 그리스도의 이 말씀은 분명히 죄는 짐이라는 생각, 곧 그리스도께 구원해 달라고 간청해야만 할 짐이라는 생각을 전제로 하였음을 주목하라. 그리스도께서 쉬게 하는 자들은 죄로 병든 자들이다. '위로'라는 말은, 그리스도의 속죄의 피의 공로로 말미암아 값없이 용서해 주신다는 것을 깨닫게 된다는 의미이다. 이 하나님의 위로는 모든 지각에 뛰어난, 그리고 자기가 '사랑 받은 자'라고 확신 가운데 있는 자들의 마음속에 채워지는 하나님의 평화이다. 하나님께서는 먼저 상처를 내시고 그다음에 치료하신다.[107]

로 공격해온다. 1. 너는 죄인이다 이에 대해서 그리스도인의 위로는 이렇게 대답한다. 그리스도께서 나의 죄에 대해 보상하셨고, 그의 보혈로 나를 구속하셨으니, 나는 더 이상 내 것이 아니요 그리스도의 것이다. 2. 너는 진노의 자식이요 하나님의 원수다. 이에 대해서는 이렇게 대답한다. 내가 화목되기 전에는 본성으로 그러했으나, 이제는 하나님과 화목되었고, 그리스도로 말미암아 은혜로 하나님께 영접을 받았다. 3. 너는 반드시 죽는다. 이에 대해서는 이렇게 대답한다. 그리스도께서 죽음의 권세로부터 나를 구속하셨으니, 내가 그리스도로 말미암아 죽음에서 영생으로 옮겨질 것임을 안다. 4. 이 세상에서 온갖 악한 일들이 의인에게 일어난다. 이에 대해서는 이렇게 대답한다. 그러나 우리 주께서 그런 상황 아래서 우리를 보호하시고 보존하시며, 오히려 그것들이 합력하여 우리의 선을 이루도록 하신다. 5. 하지만 만일 네가 그리스도의 은혜에서 떨어지면 어떻게 하겠는가? 천국으로 가는 길이 길고도 험하니 네가 죄를 범할 수도 있고 낙망할 수도 있지 않은가? 이에 대해서는 이렇게 대답한다. 그리스도께서는 그의 공로로 내게 그의 은택들을 베풀어 주셨을 뿐만 아니라, 또한 내가 낙망하거나 그의 은혜에서 떨어지지 않도록 그 가운데서 끊임없이 나를 보존하시고 나로 하여금 끝까지 인내하게 하신다. 6. 하지만 만일 그의 은혜가 네게 미치지 않고, 또한 네가 주께 속한 자들에 속하지 않는다면 어떻게 하겠는가? 이에 대해서는 이렇게 대답한다. 그러나 그 은혜가 내게 미치며 내가 그리스도의 것이라는 것을 내가 분명히 안다. 왜냐하면 성령께서 나의 영과 더불어 내가 하나님의 자녀임을 증거 하시기 때문이요, 또한 내게 참된 믿음이 있기 때문이다. 그 약속은 보편적인 것으로서 믿는 모든 자들에게 적용되기 때문이다.

7. 하지만 네게 참된 믿음이 없다면 어떻게 하겠는가? 이에 대해서는 이렇게 대답한다. 내게 참된 믿음이 있다는 것을 그 결과들을 통해서 분명히 안다. 나의 양심이 하나님과 평화를 누리며 또한 주님을 믿고 순종하고자 하는 진정한 열망과 의지가 내게 있기 때문이다. 8. 하지만 네 믿음은 연약하고 네 회심은 불완전하다. 이에 대해서는 이렇게 대답한다. 물론 연약하고 불완전하지만, 그럼에도 불구하고 내 믿음은 참되고 거짓이 없으며, 또한 내게는 "무릇 있는 자는 받겠고"(눅 19:26), "내가 믿나이다 나의 믿음 없는 것을 도와주소서"(막 9:24)라는 복된 확신이 내게 있다. 하나님의 모든 자녀들에게는 이처럼 극심하고 위험한 갈등 속에서도 그리스도인의 위로가 흔들림 없이 그대로 남아 있으며, 그리하여 마침내 "그리스도와 그가 베푸시는 모든 은택들이 내게도 해당되도다"라고 결론짓는 것이다.〉

107) 아더 핑크, 산상수훈강해, 지상우 역 (고양: 크리스챤다이제스트, 2011), 25.

예수님께서 주시는 위로는 자기 죄로 인해 비통해하며 예수 그리스도께 구원해 달라고 간청하는 자에게 그리스도의 속죄 피로 값없이 용서해 주시는 것입니다. 그렇게 십자가 피로써 죄 용서를 받고 의롭다 함을 받아 하나님의 자녀가 되는 위로를 받습니다. 이렇게 설교하면 우리는 너무 쉽게 생각하는 경향이 있습니다. 세상이 말하는 방식과 비교해 보면 그리스도의 위로가 얼마나 탁월한지 알 수 있습니다.

세상도 위로를 찾습니다. '무슨 위로를 원하느냐?'면, '나를 전체에 매몰시키지 마라' 그럽니다. '대통령이 뭔데 나보고 이래라저래라 하느냐?'는 거에요. 그러면서 나 혼자 재미나게 살고 싶어 합니다. 멋있어 보입니다. 그런데 혼자 살아보니 살아가는 재미가 없습니다. 혼자서는 자기 존재의 의미를 발견하지 못하기 때문입니다. '그렇게 혼자 사는 재미없는 사람이 무엇을 하는가?'하고 보면, 전체 속에 개인을 획일화하는 사람을 독재자라고 욕하면서 자기가 좋아하는 독재자는 미화하더라는 거에요. 획일화가 싫으면 독재자라는 독재자는 다 싫어야 논리적으로 맞습니다. 사람들이 그렇게 안 하는 거예요. 자기가 좋아하는 독재자는 한없이 높이고 자기가 싫어하는 독재자는 한없이 비판합니다.

결국, 어떤 위로를 원하는 것일까요? 자기 마음에 원하는 대로 살고 싶은 것밖에 없습니다. 자기 스타일하고 맞는 독재자는 영웅이고, 자기 스타일과 안 맞는 독재자는 죽일 인간이 되는 겁니다. 사람이라는 존재는 그렇게 내가 원하는 대로 살아서는 자기 존재를 확인받지 못합니다. 그것은 욕망입니다. 인간의 욕망으로는 거룩이 없고 선이 없습니다. 세상이 아무리 거창한 소리를 하는 듯해도 결국은 '나라는 존재가 뭐냐?'를 알고 싶고 누리고 싶은 것입니다.

우리는요? 예수 그리스도의 대속과 칭의로 우리의 존재를 새롭게 부여받고 확인받는 존재입니다. 성령 하나님께서 우리 존재의 죄악을 알게 해주심으로써 존재의 비참함을 처절하게 느끼게 하십니다. 그런 속에서 애통하며 우리 주 예수 그리스도께 구원해 달라고 간청하게 됩니다. 예수 그리스도를 믿어 영생에 이르게 하시고 하나님과 화목 된 자로 살게 하십니다. 우리가 이 세상을 떠나게 될 때도 영원히 우리와 함께하시고 슬픔과 한숨이 사라지게 하시고 영광스럽게 살게 됩니다. 그렇게 예수 그리스도 안에서 우리의 존재가 확인되고, 그렇게 영원히 안전하고 영원히 사랑을 받는 존재이기에 예수 그리스도만이 우리의 위로가 되십니다.

하나님께서는 그 택하신 자들을 선(善)으로 인도하십니다. 우리의 생애가 힘들고 고달파도 선이 되게 하십니다. 우리가 행여 실패하고 죄를 지었을 때도 우리를 외면하지 않으시고 실망하고 좌절하지 않게 하시고 예수 그리스도를 바라보고 다시 일어나게 하십니다. 예수 그리스도께서는 세상 끝날까지 우리와 함께하십니다. 성령님께서 우리 구원의 보증이 되고 확증이 됩니다. 그것이 우리의 위로입니다.

인간이 인간을 알아주는 휴머니티로는 나라는 존재를 영원히 위로하지 못합니다. 우리가 위로받기를 원한다면 애통해야 합니다. 우리가 울지 않는 중요한 이유 중 하나는 위로의 대상을 잘못 정하고 있기 때문입니다. '운다고 누가 알아주나? 내 인생, 내가 못난 거를 어떻게 할 수 있나?' 그런 것은 인간적인 자기연민에서 나오는 것입니다. 위로의 대상이 울어도 서러워서 우는 거는 나라는 존재를 더 무너뜨립니다. 예수 그리스도께서는 우리가 우는 것을 알아주십니다. 예수 그리스도께서는 지금도 우리를 위해 중보하고 계십니다.

내 인생의 노트, 어디에 밑줄을 그어 놓고 살고 어디에 페이지 마킹을 해 놓았는지 잘 보세요. 내 고생한 거, 눈물 흘린 거, 거기에만 밑줄긋지 말고, 성부 하나님의 예정하심, 예수 그리스도의 십자가 피 흘림, 의롭다 하시고 아들 삼으신 것, 성령님께서 내주하시는 것, 거기에 밑줄을 긋고 형광펜을 칠하고 포스트잇을 붙이고 페이지 마킹을 해 놓아야 합니다. 그래야 고생도 의미가 있고, 사는 낙이 있습니다. 울어도 나라는 존재의 비참함을 알고 예수 그리스도의 대속으로 칭의와 양자 된 그 존재의 기쁨을 알고 울어야 합니다. 오늘도 나의 악함과 죄악을 회개하고 하나님께서 선으로 인도하고 계심을 믿고 저 영광의 나라에 이르기까지 주의 계명에 신실하게 순종하면서 예수 그리스도만이 우리의 위로가 되는 것을 경험하며 살아가는 복된 백성들이 다 되시기 바랍니다.

16 온유한 자 1

> 1 예수께서 무리를 보시고 산에 올라가 앉으시니 제자들이 나아온지라 2 입을 열어 가르쳐 이르시되 3 심령이 가난한 자는 복이 있나니 천국이 그들의 것임이요 4 애통하는 자는 복이 있나니 그들이 위로를 받을 것임이요 5 온유한 자는 복이 있나니 그들이 땅을 기업으로 받을 것임이요(마 5:1-5)

예수님의 산상설교 열여섯 번째 시간입니다. 온유한 자 첫 번째 시간입니다. 오늘은 애통하는 자가 받을 위로를 조금 더 말하고 온유한 자에 대해 시작하는 시간으로 삼겠습니다. 먼저 지난 시간에 다 말하지 못한 위로에 대하여 전하도록 하겠습니다. 하나님께서 주시는 참된 위로는 예수 그리스도의 십자가 피로 속죄받은 것입니다. 이것이 하나님께서 참된 성도에게 주시는 첫 번째 위로입니다. 두 번째 위로는 예수 그리스도께서 구원받은 성도들에게 성령 하나님의 내주하심을 통해 주시는 위로입니다. 로마서 8장 14-17절에서 이렇게 말합니다.

> 14 무릇 하나님의 영으로 인도함을 받는 그들은 곧 하나님의 아들이라 15 너희는 다시 무서워하는 종의 영을 받지 아니하였고 양자의 영을 받았으므로 아바 아버지라 부르짖느니라 16 성령이 친히 우리 영으로 더불어 우리가 하나님의 자녀인 것을 증거하시나니 17 자녀이면 또한 후사 곧 하나님의 후사요 그리스도와 함께 한 후사니 우리가 그와 함께 영광을 받기 위하여 고난도 함께 받아야 될 것이니라(롬 8:14-17)

성령 하나님께서는 먼저 우리가 하나님의 아들이라고 증거 해 주시므로 우리에게 위로가 됩니다. 이것은 우리의 존재적 관점이 하나님 안에서 영원히 확보되어 있다는 것을 말해 줍니다. 우리는 양자의 영을 받았기 때문에 거룩하신 하나님을 아빠 아버지라 부르짖습니다. 로마서 8장 26절에서는 "이와 같이 성령도 우리 연약함을 도우시나니 우리가 마땅히 빌 바를 알지 못하나 오직 성령이 말할 수 없는 탄식으로 우리를 위하여 친히 간구하시느니라"고 말합니다. 이런 모든 일은 우리가 의도적으로 노력해서 되는 일이 아닙니다. 오직 성령 하나님께서 우리 영혼에 작용한 결과입니다. 로마서 8장에서 그 어느 것보다 중요한 것은 하나님께서 우리에게 양자의 영을 주셨다는 사실입니다. 우리는 하나님의 가족이 되었습니다. 성경이 얼마나 우리 존재를 귀하게 말씀하는지 알면, 바로 그 말씀에서 위로를 받게 됩니다. 히브리서 2장에 가면 예수 그리스도를 '우리 구원의 주'라고 말하면서 이렇게 말합니다.

> 12 이르시되 내가 주의 이름을 내 형제들에게 선포하고 내가 주를 교회 중에서 찬송하리라 하셨으며 13 또 다시 내가 그를 의지하리라 하시고 또 다시 볼지어다 나와 및 하나님께서 내게 주신 자녀라 하셨으니(히 2:12-13)

예수 그리스도께서 우리의 형제가 되셨다고 말합니다. 로마서 8장 29절에서는 예수 그리스도께서 우리의 맏아들이 되셨다고 말합니다. 예수 그리스도께서 우리의 맏아들이 되시고 우리가 예수 그리스도의 형제가 되었다는 사실이 우리에게 주는 유익이 무엇입니까? 그것을 로이드 존스는 이렇게 말했습니다.

> 아들이 우리의 중보자로서 성부를 향해서 누리고 계셨던 느낌들은 모든 신자들을 움직여야 하는 느낌이 되어야 하는 것입니다. 우리 속에 두신 것은 '하나님의 아들의 영'이며 '양자의 영'입니다. 우리가 우리의 존재 깊은 곳에서 이 아들 됨의 주제에 있어서 우리의 복되신 주님 자신과 함께 서 있다는 것

을 알며 느낀다는 것입니다.108)

로이드 존스에 의하면, 우리 주님께서 중보자가 되셔서 성부 하나님 안에서 누리셨던 그 즐거움이 있습니다. 주님께서는 이 땅에 오셨으나 삼위 하나님과 교제하심으로 기쁨을 누리셨습니다. 그 기쁨과 즐거움을 예수 그리스도를 구주로 믿은 성도들이 누리도록 우리를 양자로 삼으셨습니다. 우리 속에 양자의 영을 두셨습니다. 하나님의 양자가 되었다는 이 사실로 인해 아들 됨의 기쁨과 즐거움을 누려가게 됩니다. 우리는 언제나 우리의 맏아들 되신 주 예수 그리스도와 함께 있다는 것을 알고 느끼기 때문입니다. 그렇게 느껴가도록 성령님께서 우리 안에 계속해서 역사하고 계십니다. 그것이 우리에게 주어진 진정한 위로입니다.

양자가 되었다는 것은 도르트 신경이 성도의 견인을 말하기 위한 중요한 핵심입니다. 여기서 견인이란 굳을 견(堅)자, 참을 인(忍)자의 견인(堅忍)이며 '굳게 참고 견디는 인내'를 말합니다. 영어로는 보존을 의미하는 'Perseverance'라는 단어를 사용하나, R. C. 스프로울은 그 단어보다 보호를 뜻하는 'Preservation'이라는 단어를 선호했습니다. 예수 그리스도를 구주로 믿고 거듭난 성도들은 하나님의 은혜로 끝까지 지키고 보호하시기 때문에 하나님

---

108) 로이드 존스, **로마서 강해 V**, 서문 강 역 (서울: 기독교문서선교회, 2004), 320-321; "우리 속에 두신 것은 '하나님의 아들의 영'이며 '양자의 영'입니다. 우리가 우리의 존재 깊은 곳에서 이 아들 됨의 주제에 있어서 우리의 복되신 주님 자신과 함께 서 있다는 것을 알며 느낀다는 것입니다. 저는 그것이 우리가 고대하고 있는 중보자로서의 우리 주님의 성격이라고 강조합니다. 그의 영원한 아들 됨의 성격이 아니라 중보자로서의 주님의 성격이 그러하다는 것을 강조합니다. 그는 유일하신 독생자이십니다. 그리고 우리는 양자로 받아들여졌습니다. 그러나 우리가 양자로 받아들여질 때, 그가 그의 중보적 위치에서 가졌던 아들 됨의 이 느낌을 우리도 가지고 있는 것입니다. 그 하나님 아버지를 부르셨듯이 우리도 역시 하나님 아버지를 예수 그리스도의 아버지요, 우리의 아버지라고 불러야 합니다."

아들 된 신분을 결단코 잃지 않는다는 뜻입니다. 도르트 신경(1618-19년)의 성도의 견인이 웨스트민스터 신앙고백서(1643년)에서 양자론으로 나타납니다.[109] 성도의 견인은 구원의 확신을 말하며 구원의 확신은 양자론이 핵심입니다. 도르트 신경 제10조에서 이렇게 고백합니다.

> 10조 이 확신의 근거
> 이 확신은 말씀에 덧붙여서 혹은 말씀 밖에서 행해지는 어떤 사적 계시에 의해서 생기는 것이 아니라, 하나님께서 우리의 위로를 위하여 당신의 말씀 안에 가장 풍성하게 계시하신 그 하나님의 약속을 믿음으로써, 그리고 우리가 하나님의 자녀이고 상속자라는 사실을 우리 영으로 더불어 증거 하시는 성령의 증거를 통해(롬 8:16-17; 요일 3:1-2), 마지막으로 깨끗한 양심과 선한 행위들을 진지하고 거룩하게 추구함으로써 생깁니다(행 24:16). 그리고 만일 이 세상에서 하나님의 택자들이 최후의 승리에 대한 확실한 위로와 이 영원한 영광에 대한 확실한 보증을 가지지 못했다면, 그들은 모든 사람들 중에 가장 비참한 자들일 것입니다(롬 8:37; 고전 15:19).

도르트 신경 제10조에서는 '하나님께서 우리를 끝까지 보존해 주신다는 그 고백에 대한 근거가 무엇인가?'를 말했습니다. 개혁교회 성도들이 가지는 성도의 견인에 대한 확신은 첫 번째로, 하나님의 약속에 대한 믿음에 있습니다. 두 번째로, 성령님의 증거하심입니다. 세 번째로, "깨끗한 양심과 선한 행위들을 진지하고

---

[109] 웨스트민스터 신앙고백서 제12장 양자(養子)됨 1. 하나님께서는, 의롭다 함을 받는 모든 사람들이 그의 독생자 예수 그리스도 안에서, 그리고 그를 위하여 양자됨의 은혜에 참여하는 자들이 되는 것을 허락하신다(엡 1:5; 갈 4:4-5). 이로 말미암아 그들은 하나님의 자녀의 수효에 들게 되고, 자녀로서의 자유와 특권을 누리게 된다(롬 8:17; 요 1:12). 또한 그들 위에 하나님의 이름이 기록되게 되며, 그들은 양자의 영을 받으며(롬 8:15), 담대하게 은혜의 보좌로 나아가며(엡 3:12; 롬 5:2), 아바 아버지라 부를 수가 있으며(갈 4:6), 불쌍히 여김을 받으며(시 103:13), 보호를 받으며(잠 14:26), 필요한 것을 공급받으며(마 6:30, 32 벧전 5:7), 육신의 아버지에게 징계를 받는 것처럼 징계를 받으나(히 12:6), 그렇지만 결코 버림을 받지 않으며(애 3:31), 구속의 날까지 인(印)치심을 받으며(엡 4:30), 약속들을 기업으로 받는 영원한 구원의 상속자이다(히 6:12; 벧전 1:3-4; 히 1:14).

거룩하게 추구함으로써 생"겨납니다.

아르미니우스 주의자들은 견인에 대한 확신을 가지기 위해서 '특별한 계시'가 있어야 한다고 말했습니다. 아르미니우스 주의자들은 이미 우리에게 주어진 성경 외에 다른 특별한 계시가 있어야 한다고 잘못된 주장을 했습니다. 아르미니우스 주의자들이 말하는 특별한 계시에 대해 클라런스 바우만은 "꿈이나 누군가 당신에게 그렇게 말하는 것이나 성경의 특정한 본문을 펼쳐 보는 것을 통해서 당신이 구원을 받을 것이라고 확신하게 되는 그런 사건이나 일들을 의미"110)한다고 말했습니다.111) 그것은 성경에 기록된 하나님의 말씀을 통해 성도의 견인을 확신하는 것이 아니라 꿈이나 어떤 사람이 확신을 주는 것입니다.

아르미니우스 주의자들의 잘못된 주장을 보면 현대 기독교인들과 흡사합니다. 구원의 확신을 자신의 경험이나 신비한 것으로 확신하려고 합니다. 그렇기 때문에 구원의 확신을 가질 수가 없습니다. 경험에 의지하면 그 경험이 유효한 시간만큼만 확신이 주어집니다. 신비한 경험이란 결코 오래 가지 않기 때문에 경험을 더 얻기 위해 계속 그런 목사를 찾고 그런 방식을 추구하게 됩니다.

우리는 '기독교 신앙을 가진 성도가 어떻게 삶의 힘을 얻는가?'에 대한 분명한 근거와 확신을 가지고 살아가야 합니다. 하나님과의 관계적 관점을 확인하고 누림으로써 우리의 존재가 살아나고 새 힘을 얻습니다. 오직 예수 그리스도를 믿어 중생한 자만이

---

110) 클라런스 바우만, **돌트신경해설**, 손정원 역 (부산: 신언, 2007), 372.
111) 같은 페이지에서.

그 복을 누릴 수 있습니다. 그것이 영적으로 애통해하는 자에게 주어지는 참된 위로입니다.

세 번째 위로는 우리가 이 세상을 떠나 영원한 천국에서 받는 위로입니다. 그때에는 죄악들과 영원히 분리되고 슬픔과 한숨이 사라지게 됩니다. 하나님께서 우리에게 주실 위로는 우리가 이 땅에서 받는 위로와는 비교할 수 없이 놀라운 것입니다. 가장 좋은 포도주를 제일 나중에 내어놓듯이, 천국에서는 가장 좋은 위로를 얻게 됩니다. 지금은 희미하지만, 그때에는 얼굴과 얼굴을 마주 대하고 보듯이 확실히 알게 됩니다. 지금은 부분적으로 알지만, 그때에는 온전하게 알게 됩니다.[112] 지금은 여기서 애통해하고 눈물을 흘리면서 이 믿음의 길을 싸워가야 합니다.

우리가 지금 애통하는 자를 살펴보면서 성도에게 주어지는 참된 위로를 살펴보았습니다. 이제 우리는 마태복음 5장 5절에 나오는 온유한 자를 살펴보려고 합니다.

> 온유한 자는 복이 있나니 저희가 땅을 기업으로 받을 것임이요(마 5:5)

온유한 자는 교리적인 측면에서 보자면, 성화를 말합니다. 예수님의 팔복은 구원의 일련 과정을 말하는 '구원의 서정'(ordo salutis)으로 보면 더욱 선명해집니다. 심령이 가난한 자와 애통하는 자는 중생을 말해 줍니다. 온유한 자로부터 의를 위하여 핍박을 받는 자는 성화의 과정을 말하며, 또한 의를 위하여 핍박을

---

[112] 우리가 이제는 거울로 보는 것 같이 희미하나 그 때에는 얼굴과 얼굴을 대하여 볼 것이요 이제는 내가 부분적으로 아나 그 때에는 주께서 나를 아신 것 같이 내가 온전히 알리라(고전 13:12)

받는 자는 영화를 내포하고 있습니다. 팔복을 구원의 서정으로 명확히 구분할 수는 없어도 어느 정도 구분해 볼 수가 있습니다. 12절에서 "기뻐하고 즐거워하라 하늘에서 너희의 상이 큼이라"라고 말한 것은 영화의 상태를 이미 확정된 것으로 보고 말하고 있습니다. 기독교 신앙은 이 기본적인 틀에 충실합니다.

중생이 무엇입니까? 성령 하나님의 역사로 죄인이 거듭나는 것입니다. 중생의 궁극적인 목적은 하나님의 영광입니다. 그 궁극적인 목적에 부속적인 목적은 우리의 거룩함입니다. 일반적으로 성화라고 합니다. 성도의 성화를 통해 하나님께 영광이 됩니다. 성화를 말하면 기독교 신앙의 근본적인 연결고리를 알아야 합니다. 윌리엄 퍼킨스(William Perkins, 1558-1602)는 이것을 "골든체인"(Golden Chain)이라 했습니다. 하나님께서 우리의 구원의 획득과 적용을 위해 소명으로부터 영화에 이르기까지 황금과 같이 귀하고 견고한 체인으로 묶어 주셨다는 뜻입니다. 구원의 과정 하나하나마다 사슬로 연결되어 있습니다.

우리는 성화에 대해 살아보기 위해 구원의 순서를 말하는 '구원의 서정'에 대해 살펴볼 필요성이 있습니다.

'구원의 서정'을 말할 때, 일반적으로 '소명(부르심)-중생-회심-칭의(신앙)-수양(양자삼음)-성화-견인-영화'를 말합니다.113) 이것은 시간적 순서로 구원을 이해서는 안 됩니다. 시간적 순서로 이해하게 되면 믿음과 행위, 중생과 성화 사이의 괴리가 나타나

---

113) 이순홍, '개혁주 칭의와 성화의 관계,' 58; 박형룡: 소명-중생-희심-신앙-칭의-수양-성화-성도의 견인-영화/ 루이스 벌코프: 소명-중생-회심-신앙-칭의-성화-성도의 견인/ 존 칼빈: 소명-신앙-중생과 회심-성화-칭의-예정-부활/ 아브라함 카이퍼: 칭의-중생-소명-회심-신앙-성화/ 헤르만 바빙크: 소명-신앙과 회심-칭의-성화-영화/

게 됩니다. 반드시 시간상으로 하나씩 이루어지지 않는 일들이 있기 때문입니다. 구원의 서정에 맞는 경우도 있지만, 그 과정이 다 맞지 않는 경우도 있습니다. 예를 들어, 십자가의 강도와 같이 임종 시에 자기 죄를 깨달아(회심) 예수님을 믿고(신앙) 죽는 2가지의 절차로도 구원받는 경우가 있습니다. 그런 까닭에 개혁교회는 구원 서정을 시간상으로 파악하지 않고 논리적 순서로만 이해합니다.

기독교 신앙은 기본에 충실해야 합니다. 신앙의 기본에서 어긋나게 하는 것들을 조심해야 합니다. 기독교 신앙이 성화를 말할 때 우리가 살아가는 이 현실에서 거룩함이 나타나야 합니다. 내가 거룩한지, 않은지 어떻게 알 수 있습니까? '십계명을 지키고 있느냐? 아니냐?'로 나타납니다. 이것은 종교적 열심을 바치라는 것이 아닙니다. 십계명은 언약적 삶의 총체를 나타냅니다. 중생한 자로서 하나님의 선한 성품을 닮아가는 인격으로 변화되어야 합니다. 선하다는 것은 하나님의 존재와 속성에 일치된 것입니다. 하나님 편에 서면 선한 것이고 사탄의 편에 서면 악한 것입니다.

'선하다', '악하다'는 우리가 결정할 일이 아닙니다. 하나님께서 선하다 하신 것이 선한 것이고 하나님께서 악하다 하신 것이 악한 것입니다. 하나님을 높이고 하나님께 영광이 되고 하나님의 성품에 일치하는 것이 선한 것입니다. 중생은 우리의 의지가 변화되어 하나님의 성품에 일치된 마음으로 변화된 것입니다. 중생하면 무엇이 달라지겠습니까? 이전에 죄악 된 것들이 원수가 됩니다. 죄악 된 본성이나 습관이 적이 됩니다.

그 적과의 싸움을 어떻게 이겨나갈 수 있습니까? 하나님을 경외함으로 이겨나갈 수 있습니다. 하나님을 경외하기 때문에 자기를 부인하고 자기 십자가를 지고 갑니다. 자기를 죄에 빠지지 않도록 하는 일에만 마음을 두는 것이 아니라 십계명을 지켜가면서 자신이 참으로 하나님께 선한 양심으로 복종하면서 살아갑니다. 어떻게 하나님의 말씀에 복종할 수 있습니까? 우리가 예수 그리스도의 십자가 피로 죄사함을 받고 의롭다 함을 받았기 때문입니다. 그 칭의로 양자가 되었기 때문에, 하나님의 아들이 되었기 때문에 그 말씀에 즐거이 복종할 수 있습니다.

웨스트민스터 신앙고백서 13장은 성화에 대하여 이렇게 고백합니다.

> 제13장 성화(聖化)
> 1. 효과적으로 부르심을 받고 중생하여, 그들 안에 새 마음과 새 영을 창조함 받은 자들은, 그리스도의 죽으심과 부활의 공로를 통하여(고전 6:1; 행 20:32; 빌 3:10; 롬 6:5, 6), 그의 말씀과 그들 안에 내쥬(內住)하시는 성령으로 말미암아(요 17:17; 엡 5:26; 살후 2:13) 실제로 그리고 인격적으로 더욱 거룩해진다. 죽은 몸을 주관하는 죄의 권세가 파괴되고(롬 6:6, 14), 그리고 그 죄의 몸에서 나오는 몇 가지 정욕들이 점차 약해져 줄어지고(갈 5:24; 롬 8:13), 그들은 점차 모든 구원하는 은혜 안에서 활기를 되찾아 강건하게 되어(골 1:11; 엡 3:16-19), 참된 거룩의 생활을 하게 된다. 이러한 거룩한 생활이 없이는 아무도 주님을 보지 못할 것이다(고후 7:1; 히 12:14).[114]

---

[114] 웨스트민스터 신앙고백서 13장. "2. 이 성화는 전인격을 통하여 되어지는 것이지만(살전 5:23), 이 땅에서는 불완전하다. 그래서 모든 부분에 얼마간의 부패의 잔재들이 여전히 남아 있으며(요일 1:10; 롬 7:18, 23; 빌 3:12) 그로 인하여 계속적이고 화해될 수 없는 전쟁이 일어나, 육체의 소욕(所欲)은 성령을 거스리고, 성령은 육체를 거슬러 싸운다(갈 5:17; 벧전 2:11). 3. 그 전쟁에서, 그 남아 있는 부패한 부분이 당분간은 상당히 우세할지 모르나(롬 7:23), 그리스도의 성결케 하는 영으로부터 힘을 계속적으로 공급받음으로서 중생한 부분이 이기게 되며(롬 6:14; 요일 5:4; 엡 4:15, 16), 그리하여 성도들은 은혜 안에서 자라나고(벧후 3:18; 고후 3:18), 하나님을 경외하는 가운데서 거룩함을 온전히 이룬다(고후 7:1)."

우리가 학습을 받고 세례를 받을 때에 웨스트민스터 신앙고백서대로 살 것을 서약하지만 그것이 무엇인지도 모르고 그저 형식적으로만 손을 들고 입으로만 고백하는 경우가 대부분입니다. 장로교 신앙인으로 살려면 이 신앙고백서대로 신앙을 고백하고 살아가야 합니다. 하나님의 효과적인 부르심을 받아 중생했습니다. 하나님께서 우리를 부르신 것은 결단코 실패할 수 없는 부르심입니다. 하나님께서 죄인을 부르시면 하나님의 능력이 효력을 일으키어 중생케 합니다. 새 마음을 받고 새 영을 받아서 새로운 존재가 됩니다. 성령 하나님께서 우리 안에 내주하십니다. 그것은 전적으로 예수 그리스도의 부활과 승천으로 말미암아 은혜로 허락된 것입니다.

성령님께서 우리 안에 내주하심으로 무엇을 행하신다고 웨스트민스터 신앙고백서가 고백합니까? "인격적으로 더욱 거룩해진다"고 고백합니다. 우리가 인격적으로 거룩해진다는 것이 무엇을 뜻합니까? 첫 번째로, "죽은 몸을 주관하는 죄의 권세가 파괴되"는 것입니다. 이것은 우리의 존재적 관점을 말합니다.

> 우리가 알거니와 우리 옛 사람이 예수와 함께 십자가에 못 박힌 것은
> 죄의 몸이 멸하여 다시는 우리가 죄에게 종노릇하지 아니하려 함이니(롬 6:6)
> 죄가 너희를 주관치 못하리니 이는 너희가 법 아래 있지 아니하고 은혜 아래 있음
> 이니라(롬 6:14)

6절에서 옛사람은 육체적 본성이나 부패한 본성을 말하지 않습니다. 우리가 중생하기 이전의 어떤 도덕적인 존재를 말하지 않

습니다. 옛사람은 아담 안에 있었던 사람입니다. 지금의 나는 예수 그리스도 안에 있는 사람입니다. 새사람입니다. 옛사람은 부패한 본성, 죄악 된 본성이 아니라 나의 옛 인간, 아담 안에 있었던 인간입니다. 그 옛사람은 예수 그리스도와 함께 십자가에 못 박혀 죽었습니다. 사도 바울은 부정과거 시제를 사용했습니다. 그것은 단회적이라는 뜻입니다. 예수님께서 단 한 번 십자가에 못 박혀 죽으셨듯이, 우리도 단 한 번 예수 그리스도와 함께 죽었습니다.

로마서 6장 6절에서 "죄의 몸이 멸하여"라고 말했다고 해서 인간의 부패한 본성이 완전히 죽었다는 의미가 아닙니다. 그 말은 우리가 죄의 종노릇하지 않는다는 뜻입니다. 우리는 더 이상 죄의 지배 아래 있지 않습니다. 로이드 존스는 이렇게 말했습니다.

> 사도가 이 전체 대목에서 관심이 있는 것은 우리와 죄 사이의 모든 관계가 이 은혜의 왕 노릇과 통치 아래서 완전히 사라졌음을 보여주고자 하는 것입니다. 우리는 완전히 죄 전체에서 구원받았습니다.[115]

이제 우리는 아담 안에 있었던 존재가 아닙니다. 우리는 예수 그리스도 안에 있는 존재입니다. 이 사실을 분명하게 알아야 합니다. 죄의 몸이란 죄의 영향력 아래 있는 몸입니다.[116] 영지주

---

[115] 로이드 존스, **로마서강해 3**, 서문 강 역 (서울: 기독교문서선교회, 2004), 115-116; 〈다시 말해서 이 진술을 손상시키지 않는 유일한 방법은 옛사람의 내가 아담 안에 있었던 나의 옛 인간존재, 율법 아래 있었고, 정죄 아래 태어났고, 아담과 함께 죄를 지었고, 그래서 아담의 죄의 결과들을 다 함께 거둔 사람이라고 말하는 것밖에 없다는 것입니다. 그 옛사람은 하나님의 진노와 정죄를 받고 태어났습니다. 그 사람이 그리스도와 함께 죽었습니다. 그리스도와 함께 십자가에 못 박힌 것입니다: "그러므로 그리스도 예수 안에 있는 자에게는 결코 정죄함이 없나니." 왜 그렇습니까? 나는 더 이상 그 옛사람이 아닙니다. 나는 그리스도 안에서(in Christ) 새 사람입니다(p. 105).〉
[116] 앤서니 후크마, **개혁주의 구원론**, 이용중 역 (서울: 부흥과개혁사, 2012), 298; 〈나는 존 머리의 말

의자들처럼 몸 자체가 죄의 뿌리가 아닙니다. 몸은 악한 것이고 영은 거룩하다는 것이 영지주의자들의 생각이었습니다. 성경은 몸이 본질적으로 죄가 있는 것은 아니라고 말합니다. 죄의 몸이란 죄가 몸을 지배하고 있다는 뜻입니다. 그러니 죽을 몸입니다. 이제는 그 죄의 지배에서 완전히 벗어났습니다. 골로새서 3장 9-10절117)도 같은 말을 하고 있습니다.118)

이 옳다고 생각한다. 이제 그리스도 안에 있는 사람은 더 이상 옛 사람이나 옛 자아가 아닌 새 자아라고 가르치는 몇몇 성경구절들을 살펴보자. 먼저 로마서 6장 6절부터 살펴보자. "우리가 알거니와 우리의 옛 사람이 예수와 함께 십자가에 못 박힌 것은 죄의 몸이 죽어 다시는 우리가 죄에게 종노릇 하지 아니하려 함이니." 바울이 여기서 말하는 "옛 사람"이란 무엇을 뜻하는가? 존 머리는 이 표현이 "육신과 죄의 지배를 받는 존재로서의 통일된 인격"을 가리킨다고 주장한다(John Murray, fnncjpjer of Conducr (Grand Rapids: Eerdmans,1957), pp. 217-218.). 다시 말해 바울은 여기서 하나의 총체적 실체, 즉 죄의 노예가 된 전인격-우리 모두의 본성절인 모습이자 우리 모두의 회심 이전의 모습-에 대해 말하고 있는 것이다. 바울은 그 "죄의 노예가 된 인격"이 그리스도와 함께 십자가에 못박혔다고 말하고 있다. 그리스도는 십자가 위에서 죽으실 때 우리의 옛자아에 치명타를 날리셨다. "십자가에 못 박힌"이란 말의 의미를 감안했을 때, 로마서 6장 6절은 그리스도 안에 있고 그리스도의 죽음 속에서 그리스도와 하나가 된 우리가 더 이상 과거의 옛 자아가 아니라고 분명하게 진술하고 있는 것이다. 바울 서신의 다른 구절들도 옛 자아의 죽음에 대한 이런 이해를 확증한다. 예를 들어 앞에서 결정적 성화와 관련해서 살펴보았던 골로새서 3장 9-10절 또한 우리에게 옛 자아와 새 자아에 대해 가르쳐 준다. "너희가 서로 거짓말을 하지 말라 옛 사람과 그 행위를 벗어 버리고 새 사람을 입었으니 이는 자기를 창조하신 이의 형상을 따라 지식에까지 새롭게 하심을입은 자니라." 바울은 골로새 교회 신자들에게 이제(또는 매일) 옛 사람을 벗어 버리고 새 사람을 입어야한다고 말하는 것이 아니라 그들이 이미 그렇게 했다고 말하고 있다! 그들은 회심의 순간, 그리스도가 죽고 다시 살면서 그들을 위해 행하신 일을 믿음으로 자기 것으로 소유할 때 이런 변화를 겪었다. "벗어 버리고"와 "입었으니"로 번역된 헬라어 분사 '아펙뒤사메노이'와 '엔뒤사메노이'는 부정과거 시제로 되어 있으며, 이 시제는 순간적인 행동을 묘사한다. 바울은 이 신자들이 과거에 행한 어떤 일을 언급하고 있는 것이다. 너희는 너희의 옛 사람을 벗어 버렸고 새 사람을 입었기 때문에 거짓말하거나, 색정을 품거나, 죄가 되도록 분노하거나, 비방하지 말아야 한다고 바울은 말한다(아마도 새 사람이란성령의 지배를 받는 '통일된 인격' 내지는 전인격일 것이다. 이 새자아는 앞에서 살펴본 것처럼 하나님의 형상을 본받아 계속해서 새로워지고 있다. 다시 말해 우리는 부활 이전에 죄 없는 완전을 경험할 것을 기대해서는 안 된다. 새 자아는 새롭지만 완벽하지는 않다.). 그런 행동은 신자가 새 사람을 입은 것과는 명백히 모순되므로 신자는 더 이상 이런 죄들을 범하지 말아야 한다는 것이다. 또한 사람이 옷 두 벌을 동시에 입지는 않으며 한 옷을 벗고 다른 옷을 입는다는, 바울이 사용하는 비유 자체가 이런 생각을 강화시킨다. 바울은 여기서 신자들을 더 이상 옛 자아가 아닌 새 자아로옷 입은 사람들로 묘사한다.)

117) 9 너희가 서로 거짓말을 말라 옛 사람과 그 행위를 벗어버리고 10 새 사람을 입었으니 이는 자기를 창조하신 자의 형상을 좇아 지식에까지 새롭게 하심을 받는 자니라(골 3:9-10)

두 번째로, 거룩이란, "그 죄의 몸에서 나오는 몇 가지 정욕들이 점차 약해져 줄어지"는 것입니다.

에베소서 4장 22-24절에서 이렇게 말합니다.

> 22 너희는 유혹의 욕심을 따라 썩어져 가는 구습을 좇는 옛사람을 벗어버리고 23 오직 심령으로 새롭게 되어 24 하나님을 따라 의와 진리의 거룩함으로 지으심을 받은 새 사람을 입으라(엡 4:22-24)

이 말씀에서 "옛사람"은 아담 안에 있었던 존재, 죄의 지배 아래 있었던 존재의 특성을 말합니다. 그래서 옛사람의 특성을 벗으라고 말한 것입니다. 이제는 예수 그리스도 안에서 새사람이 되었기 때문에 새 사람답게 살아가라는 뜻입니다. 갈라디아서 5장 24절[119]에서도 같은 말씀을 하고 있습니다.[120] 앞에서 말했

---

[118] 매튜 풀, **청교도성경주석 19**, 박문재 역 (파주: 크리스챤다이제스트, 2015), 341; "인간 세상의 육신적인 출생에 있어서 옛 사람은 가고 새 사람이 오는 것과 마찬가지로, 영적인 거듭남에 있어서도 옛 아담을 벗은 자들은 새 아담, 즉 그리스도를 알게 된다. 이것은 단지 성례전적으로 이루어지는 것이 아니라(골 2:12-13; 갈 3:27), 실제로 그리스도 예수 안에서 새로운 피조물이 되고(고후 5:17; 엡 2:10), 속사람이 새로워지는 것이다(롬 7:22; 고후 4:16)."

[119] 그리스도 예수의 사람들은 육체와 함께 그 정과 욕심을 십자가에 못 박았느니라(갈 5:24) 로이드 존스, **로마서강해 Ⅲ**, 서문 강 역 (서울: 기독교문서선교회, 2004), 105. 〈또 갈라디아서 5:24에 보면 "그리스도 예수의 사람들은 육체와 함께 그 정과 욕심을 십자가에 못 박았느니라"고 하였습니다. 내 스스로 이 모든 말씀들에서 무엇을 하라(do something)는 명령을 받습니다. 갈라디아인들은 그것이 그들을 위해 이루어져 있다고 하는 말을 듣지 않고, 그들 스스로가 "그 육체와 함께 그 정과 욕심을 십자가에 못 박았다"고 하는 말을 듣게 됩니다. 그러나 여기서는 옛사람이 스스로 십자가에 못 박았다고 하지 않습니다. 주 예수 그리스도와 함께 십자가에 못 박힌바 되었다고 하였습니다.〉

[120] 매튜 풀, **청교도성경주석 18**, 박문재 역 (파주: 크리스챤다이제스트, 2015), 558; 〈"그리스도 예수의 사람들"은 믿음으로 말미암아 그리스도께 접붙인 바 되어 그리스도와 하나가 되고 그리스도의 지체들이 된 자들이다. 그들이 "육체를 못 박았다"는 것은, 그들이 그리스도의 십자가로부터 온 권능을 힘입어서, 그들의 거듭나지 못한 부분이 상당한 정도로 죽어지게 하였다는 것이다. 그들은 "육체"만이 아니라, "그 정욕과 탐심", 즉 육체의 무절제한 욕망들과 정욕들과 혈기까지 "십자가에 못 박았다." 하지만 그들은 여전히 인간이기 때문에, 육체 및 그 정욕과 탐심을 모두 다 십자가에 못 박아서 죽게 한 것은 아니

던 로마서 6장 6절과는 무엇이 다르겠습니까? 로마서 6장 6절은 우리의 존재적 관점을 말합니다. 우리의 칭의를 말합니다. 에베소서 4장 22-24절은 우리의 상황적 관점을 말합니다. 우리의 성화를 말합니다.

성경이 말하는 우리의 존재와 성화에 대한 말씀을 유념해서 잘 보아야 합니다. 에베소서 4장 22절에서, "옛사람을 벗어버리고"라고 말할 때는 우리가 해야 하는 일이니까, 부패한 본성으로부터 나오는 죄악 된 것입니다. 로마서 6장 6절에서, "우리 옛사람이 예수와 함께 십자가에 못 박힌 것"이라고 말할 때는 우리가 십자가에 못 박힌 것이 아니니 그때 옛사람은 아담 안에 있었던 존재로서 옛사람입니다. 갈라디아서 5장 24절에서, "그리스도 예수의 사람들은 육체와 함께 그 정과 욕심을 십자가에 못 박았느니라"라고 말할 때는 갈라디아 성도들이 정과 욕심을 죽여지게 했다는 뜻입니다. 우리는 계속해서 죄악 된 본성과 싸워가야 하는 성도들입니다. 자기 부인과 자기 십자가를 지고 가야 합니다.

세 번째로, 거룩이란, "점차 모든 구원하는 은혜 안에서 활기를 되찾아 강건하게 되어, 참된 거룩의 생활을 하게"는 것입니다.

> 그 영광의 힘을 좇아 모든 능력으로 능하게 하시며 기쁨으로 모든 견딤과 오래 참음에 이르게 하시고(골 1:11)

죄의 부패성과 욕심을 죽이고 세상의 유혹을 이겨가기 위해서

고, 육체가 과도하고 육심 부리고 탐하는 것들을 죽여서 바로잡고 굴복시킨 것이었다.〉

는 하나님의 능력과 도우심이 있어야 합니다. 하나님의 능력과 도우심으로 "기쁨으로 모든 견딤과 오래 참음에 이르게" 됩니다. 사도 바울은 그렇게 되기를 기도했습니다. 거룩이란 우리의 힘과 능력으로 이루어 낼 수 있는 것이 아닙니다. 우리의 책임을 회피하는 것이 아니라 하나님의 능력과 도우심이 없이는 감당해 낼 수 없다는 뜻입니다.

사도 바울은 에베소서 3장 16-19절에서 이렇게 말했습니다.

> 16 그 영광의 풍성을 따라 그의 성령으로 말미암아 너희 속사람을 능력으로 강건하게 하옵시며 17 믿음으로 말미암아 그리스도께서 너희 마음에 계시게 하옵시고 너희가 사랑 가운데서 뿌리가 박히고 터가 굳어져서 18 능히 모든 성도와 함께 지식에 넘치는 그리스도의 사랑을 알아 19 그 넓이와 길이와 높이와 깊이가 어떠함을 깨달아 하나님의 모든 충만하신 것으로 너희에게 충만하게 하시기를 구하노라 (엡 3:16-19)

성령 하나님께서 우리에게 역사하심으로 하나님의 온갖 은혜를 우리에게 구체적으로 주신다는 뜻입니다.[121] 그 은혜가 무엇입니까? 유대인들이나 이방인들이 예수 그리스도 안에서 하나가 되는 은혜입니다. 그 시대의 멘탈리티로 보면 유대인과 이방인은 결코 어울릴 수가 없습니다. 예수 그리스도를 믿어 인간의 죄악과 비참함을 알게 될 때 유대인이나 이방인이 하나가 될 수 있었습니다. 그것이 삶으로 나타나는 거룩한 인격입니다.

우리가 어떻게 끝까지 이 거룩을 따뜻한 인격으로 나타내고 살아갈 수 있습니까? 사도 바울이 고린도후서 7장 1절에서 이렇게 말했습니다.

---

121) 매튜 풀, **청교도성경주석** 19, 박문재 역 (파주: 크리스챤다이제스트, 2015), 54.

> 그런즉 사랑하는 자들아 이 약속을 가진 우리가 하나님을 두려워하는 가운데서 거룩함을 온전히 이루어 육과 영의 온갖 더러운 것에서 자신을 깨끗케 하자(고후 7:1)

그 비결은 "이 약속을 가진 우리가 하나님을 두려워하는 가운데서 거룩함을 온전히 이루어" 가는 것입니다.

"이 약속"이 무엇입니까? 매튜 풀은 이렇게 말했습니다.

> 여기에서 "이 약속"은 하나님께서 우리 가운데 계셔서 우리와 동행하신다는 약속과, 하나님이 우리 아버지가 되시고 우리를 자신의 자녀들로 삼으신다는 약속을 가리킨다.122)

'우리가 누구냐?'라고 물으면, 우리는 하나님의 이 약속을 믿는 자들입니다. '우리가 누구냐?'라고 물으면, 우리는 하나님의 이 약속의 실현 속에 살아가고 있는 자들입니다. 하나님께서 우리와 함께하시고 동행하고 계십니다. 하나님은 우리의 아버지가 되시고 우리는 그의 자녀가 되었습니다.

그 사실이 우리에게 무엇을 만들어 냅니까? 하나님을 경외하게 합니다. 하나님을 경외함이 우리 안에서 일어납니다. 그 경외의 진수는 어디에서 나타납니까? 하나님의 계명에 순종하면서 하나님의 하나님 되심을 나타내는 것입니다. 그리하여 하나님께서 영광을 받으십니다. 그런 삶에서 하나님의 백성으로 예수 그리스도의 십자가 피로 구원받은 성도로 그 존재적 관점을 생명같이 지키고 사는 그 사람이 온유한 자입니다.

---

122) 매튜 풀, **청교도성경주석 18**, 박문재 역 (파주: 크리스찬다이제스트, 2015), 373.

우리의 마음이 무엇으로 가득합니까? 우리가 이 위기의 시대를 살아가면서 무엇을 생각하고 살아야 하겠습니까? 오늘 하루를 살아도 하나님의 거룩한 인격을 닮아가는 하루를 살아가야 합니다. 우리를 예수 그리스도의 십자가 피로써 죄에서 구원하시고 하나님의 양자로 삼으신 그 은혜를 생각하며, 성령님께서 우리의 마음에 하나님의 약속을 믿고 하나님을 경외하도록 간절하고 진실한 중심을 주시도록 더 엎드리면서 살아가는 주의 백성들이 다 되시기 바랍니다.

17 온유한 자 2

1 예수께서 무리를 보시고 산에 올라가 앉으시니 제자들이 나아온지라 2 입을 열어 가르쳐 가라사대 3 심령이 가난한 자는 복이 있나니 천국이 저희 것임이요 4 애통하는 자는 복이 있나니 저희가 위로를 받을 것임이요 5 온유한 자는 복이 있나니 저희가 땅을 기업으로 받을 것임이요(마 5:1-5)

예수님의 산상설교 열일곱 번째 시간입니다. 온유한 자 두 번째 시간입니다. 오늘은 지난 시간에 이어서 온유한 자와 성화를 관련지어서 몸을 죽인다는 말이 무슨 뜻인지 살펴보도록 하겠습니다. 이 부분은 존 오웬과 로이드 존스 목사의 로마서 강해에 잘 나와 있습니다.

로마서 8장 12-13절에서 이렇게 말합니다.

12 그러므로 형제들아 우리가 빚진 자로되 육신에게 져서 육신대로 살 것이 아니니라 13 너희가 육신대로 살면 반드시 죽을 것이로되 영으로써 몸의 행실을 죽이면 살리니(롬 8:12-13)

이 말씀에 의하면, 모든 성도는 '몸의 행실을 죽이면 산다'는 성경의 원리대로 살아가는 자들입니다. 오늘 말씀은 현대에 유행하고 있는 설교들과는 매우 대조적입니다. 오늘날 많은 목회자를 비롯한 수많은 성도가 성경이 우리에게 권면하는 원리에서 심각하게 어긋나 있습니다.

첫 번째 잘못된 원리는 완전주의입니다. 완전주의자들은 우리에게 능력이 주어지는 어느 순간에 우리가 완전하게 살 수 있다고 말합니다. 여기에 잡초가 하나 있는데, 잡초의 뿌리까지 완전히 제거되었다고 말하는 것과 유사합니다. 이런 부류에 속하는 사람들은 그 기원으로 보자면, 주전 4세기의 펠라기우스로부터 시작해서 현대의 찰스 피니와 그의 동료인 애서 매헌이 있습니다.[123] 미국에서는 오하이오주의 오벌린 학파와 사회주의 복음의 씨를 퍼뜨린 리츨이 있습니다. 완전주의자들은 마태복음 1장 16절, 야고보서 1장 4절, 베드로전서 2장 21절을 증거 구절로 삼습니다. 예수님께서는 우리가 하나님의 말씀을 완전하게 지킬 수 있다고 말씀하지 않으셨습니다. 마태복음 26장 41절에서, 예수님께서는 "시험에 들지 않도록 깨어 기도하라"고 말씀하셨습니다. 인간의 연약함과 죄성을 알고 계시기 때문에 이런 말씀을 하셨습니다.

완전주의자들이 가지는 근본적인 오해는 성화를 깨끗한 마음을 가지는 것으로 이해하는 것입니다. 예수 그리스도를 믿으면 마음이 죄로부터 완전히 깨끗한 상태라고 오해합니다. 또 다른 오해는 성화를 어느 한순간에 받는 것으로 생각하는 것입니다. 우리가 간구하면 하나님께서 어느 한순간에 성화를 주신다는 생각입니다. 칭의와 같은 방식으로 성화가 이루어진다고 잘못 생각하고 있습니다. 칭의는 단회적으로 이루어집니다. 칭의는 법정적 선언의 성격이기 때문입니다. 하나님께서는 우리가 선한 삶을 살아가

---

123) 박재은, **성화 균형 있게 이해하기** (서울: 부흥과개혁사, 2017), 84-85; 〈"오벌린 완전주의"란 용어는 두 가지 의미가 혼합되어 만들어진 용어입니다. 첫 번째는 지역적 의미이고, 두 번째는 신학적 의미입니다. 지역적으로는 미국 북동부 오하이오(Ohio)주의 오벌린(Oberlin)이란 도시에 위치한 단과대학(college)인 오벌린 대학(Oberlin College)과 관계있으며, 신학적으로는 존 웨슬리가 주장한 "완전주의"(perfectionism)와 관계있는 용어입니다. 이 두 가지 의미를 종합해 설명하며 "오벌린 완전주의"란 오벌린 대학의 학장, 교수들이 웨슬리주의적 완전주의를 변용, 발전시켜 주장한 사상을 가리킵니다. 오벌린 완전주의 사상은 대표적으로 두 사람에 의해 적극적으로 주장되는데, 유명한 부흥사이기도 하면서 미국의 제2차 대각성 운동(the Second Great Awakening)을 이끌었던 오벌린 대학의 교수였던 찰스 피니(Charles Finney, 1792-1875)와 오벌린 대학의 초대 학장을 지낸 애서 매헌 등이 그들입니다.〉

는 것을 보면서 우리를 의롭다고 하지 않고 예수 그리스도의 의를 우리에게 전가하셔서 우리를 단번에 의롭다고 하셨습니다. 성화는 단번에 이루어지는 것이 아닙니다. 성화는 점진적으로 이루어집니다. 칭의는 단회적으로 주어지나 성화는 점진적으로 이루어집니다.

두 번째 잘못된 원리는 반작용의 원칙(the principle of counteraction)입니다. 이것은 성도가 할 수 있는 것은 다만 자기 죄를 고백하는 것이고 그리스도를 바라보고 그리스도를 신뢰하면 그리스도께서 승리를 주신다는 주장입니다. 이렇게 말하는 사람들을 보면 예배 시간이나 기도 시간에는 매우 열심이지만 삶을 살아가는 일에서는 변화가 없습니다. 어떤 사람들처럼 '아, 예수님, 내가 이런 죄인이네요. 내가 이런 비참한 죄인이라는 것을 알게 해주셔서 감사합니다. 내가 더 주님을 의지하겠습니다.'라고 말하는 것 외에는 없습니다.

이런 주장도 첫 번째 사람들처럼 단번에 성화가 이루어지는 것으로 생각합니다.[124] 이런 사람들은 성도로서 살아가는 삶의 싸움을 포기하고 모든 것을 주님께 맡기라고 말합니다. '십자가가 전부다', '십자가가 다다'라고 말하면서 자기 삶을 살아가지 않습니다. 그렇게 살아가는 것은 주님께 맡기는 것이 아니라 주님께 떠맡기는 것입니다. 자기 책임을 외면하고 종교적 열심만 더 강해집니다.

우리는 중생으로 의롭게 되고 성화가 시작됩니다. 성화는 우리

---

[124] 로이드 존스, 로이드 존스 **성경교리강해시리즈 2 성령하나님**, 이순택 역 (서울: 기독교문서선교회, 2000), 279-283.

가 구속되는 그 날까지 계속됩니다. 로마서 8장 23절에서 이렇게 말합니다.

> 그뿐 아니라 또한 우리 곧 성령의 처음 익은 열매를 받은 우리까지도 속으로 탄식하여 양자 될 것 곧 우리 몸의 속량을 기다리느니라(롬 8:23)

우리가 완전히 구속되는 그날까지 우리는 완전하지 않습니다. 구속받을 그때까지 우리는 죄악과 싸워가야 하는 존재입니다. 그 싸움을 외면하게 하거나 그 싸움을 안 하게 하는 말을 주의해야 합니다. 이 신앙의 길을 가는데 외로움도 없고 눈물도 없고 그저 예배 시간에 주여 삼창으로 해결하게 하거나 어느 목사의 안수를 받는 것으로 해결하는 것으로는 안 됩니다. 예수님께서 시험에 들지 않게 기도하라고 하셨습니다.[125] '내가 안수해줄 테니까 걱정하지 마라', '내가 능력이 많으니까 너희들은 걱정 안 해도 된다'라고 말씀하지 않으셨습니다.

'나는 기도 한 번으로 인생이 다 바뀌던데 너는 왜 안 되는 거야?'라고 말하는 사람은 인생이 바뀐 것이 아닙니다. 인생은 오늘 괜찮은 사람인 것 같아도 언제 죄악 된 본성을 드러낼지 모르는 존재입니다. 하나님 앞에 잘살아 보려고 그렇게 애를 쓰면서 살아가는데도, '나는 왜 이렇게 거룩이 안 되나?' 싶은 것이 성도의 삶입니다. 그 싸움을 끝까지 잘 해 가도록 오늘도 성경 보고 기도하고 삶에서 실천하고 사는 사람이 성도입니다. 잠들기 전에 무릎 꿇고, '하나님 오늘도 이 싸움을 감당하게 하심을 감사합니

---

[125] 시험에 들지 않게 깨어 있어 기도하라 마음에는 원이로되 육신이 약하도다 하시고(마 26:41)

다. 내일도 이 말씀에 복종하며 살겠습니다.'라고 기도하는 사람이 성도입니다.

우리가 이 싸움을 계속해 갈 수 있는 근거가 어디에 있습니까? 그것은 우리가 더 이상 죄의 노예가 아니기 때문입니다. 로마서 6장 14절과 17절에서 이렇게 말합니다.

> 죄가 너희를 주장하지 못하리니 이는 너희가 법 아래에 있지 아니하고 은혜 아래에 있음이라(롬 6:14)
> 하나님께 감사하리로다 너희가 본래 죄의 종이더니 너희에게 전하여 준 바 교훈의 본을 마음으로 순종하여(롬 6:17)

우리는 더 이상 죄의 종이 아닙니다. 죄가 우리를 주장하지 못합니다. 주장한다는 말은 '지배한다', '통치한다'는 뜻입니다. 죄가 우리를 주장한다는 것은 죄가 우리의 주(主)가 된다는 뜻입니다. 그러나 이제는 죄가 우리를 지배하지 않고 죄가 우리를 통치하지 않습니다. 누가 우리를 지배하고 통치합니까? 예수 그리스도께서 우리의 주가 되시고 우리를 지배하고 계십니다. 예수 그리스도께서 우리를 어떻게 통치하십니까?

> 만일 너희 속에 하나님의 영이 거하시면 너희가 육신에 있지 아니하고 영에 있나니 누구든지 그리스도의 영이 없으면 그리스도의 사람이 아니라(롬 8:9)

우리 속에 하나님의 영이 거하십니다. 성령 하나님께서 우리 안에 거하시고 우리를 인도하고 계십니다. 우리는 더 이상 육신에 있지 않습니다. 옛날 저 아담의 타락으로 인해 죄의 지배 아래 있게 되었던 그 자리에서 완전히 벗어났습니다. 예수 그리스도의 속죄와 칭의로 우리는 완전히 새로운 존재가 되었습니다. 우리는 완전히 새로운 지위를 얻었습니다.

이것이 무엇을 말해 주겠습니까? 우리는 결코 무능한 상태에 있지 않다는 뜻입니다. 우리는 예수 그리스도와 연합된 상태에 있습니다. 변화를 위해서는 자산이 있어야 합니다. 예수님을 믿는다고 하면서도 성화에 있어 오류가 나는 것은 거룩하게 살려고 해도 실패하기 때문입니다. 말씀대로 살고 싶은데 그게 잘 안 됩니다. '그 실패를 무슨 탓으로 돌리고 싶으냐?'면, '내가 기도가 부족하구나', '내가 헌금을 작게 했구나' 그렇게 마음을 먹고 종교적으로 보상을 하면 될 것으로 생각하는 오류를 범하게 됩니다.

나를 지배하는 것이 나를 변화시켜 갑니다. 나를 지배하는 것이 나의 자산입니다. '분명히 예수 그리스도를 믿었고 하나님의 백성인데, 나는 왜 이렇게 살아가는가?' 하는 의문이 우리에게 있습니다. 예수님께서 우리를 지배하고 있으나 우리는 성령의 소욕과 육신의 소욕[126] 사이의 싸움 속에 있습니다. '내가 인간적인 욕심에 이끌리느냐? 하나님의 원하심에 순종하느냐?'의 싸움이 있습니다. 소욕이란 '욕구하다', '갈망하다', '원하다', '탐내다'라는 뜻입니다. 성령님의 원하심에 순종하지 못하는 이유는 우리의 욕심에 이끌리기 때문입니다. 이렇게 말하면, '내가 무슨 그런 욕심이 많은가?'라고 생각하면서, '나는 욕심이 많은 것이 아니라 다만 내 상처에서 벗어나고 싶은 것뿐입니다.'라고 말하거나, '나는

---

[126] 매튜 풀, **청교도성경주석 18**, 박문재 역 (서울: 크리스챤다이제스트, 2015), 555; 〈여기에서 "육체"는 인간의 거듭나지 않은 부분이나, 우리가 아담으로부터 물려받아서 우리의 감각적인 욕구만이 아니라 우리의 이성적인 욕구에도 자리 잡게 된 저 육신적인 욕망이나 욕심을 가리키는 것으로 이해하여야 한다. 이러한 의미에서의 "육체" 또는 "육체의 소욕"은 하나님의 통치 및 성령의 지시나 역사와 반대한다.〉

욕심이 많은 것이 아니라 이런 현실에서는 거룩이 만들어질 수가 없습니다'라고 말할 것입니다.

우리는 그것이 욕심이라는 것을 모릅니다. 내가 죄인이라는 것을 인정하기 싫고, 이런 고생이 싫고, 이런 상처가 싫습니다. 고생하고 싶은 사람이 어디 있겠으며, 상처받고 싶은 사람이 세상에 어디에 있겠습니까? 그런 고생, 그런 상처로 인해서 마음이 무너지고 잠을 못 자고 인생이 안 됩니다. 그런 고생으로 마음에 한이 맺히고 살아도 사는 것 같지 않습니다. 어느 누가 그렇게 살고 싶겠습니까? 아무도 그렇게 살고 싶지 않습니다. 내가 그렇게 살고 싶지 않아도 나에게 그런 일이 일어났고 지금도 고생을 하고 살아가고 있는 것을 아니라고 할 수는 없습니다. 우리가 우리를 만들어 가는 것으로는 그 상처와 고생에서 벗어나게 하지 못합니다. 남들보다 더 마음을 강하게 먹고 남들보다 더 노력하고 애써서 돈도 벌고 사는 만큼 산다 싶으면 그게 위로가 되는 듯하지만, 그것이 내 마음을 채워주지는 못합니다.

마음의 상처가 돈으로 해결되고, 옷으로 해결되고, 학벌로 해결되었더라면 아무도 인생을 서러워할 사람이 없습니다. 세상의 어떤 것으로도 마음의 아픔은 해결할 수가 없습니다. 그러면 '그것이 어떻게 해결되느냐?'라고 하면, 하나님께서 예수 그리스도의 대속으로 우리에게 주신 것을 믿고 확인함으로써만 해결됩니다. 그래야 상처도 사라지고 고생도 이겨갈 수 있습니다. 이것은 '그냥 믿으면 된다'는 것이 아니라 성령님의 역사하심으로 '하나님과의 관계 속에서 내가 누구인가? 내가 어떤 존재인가?'를 확인받는 것입니다.

하나님과의 관계란 '하나님께서 우리를 어떻게 지배하시느냐?'를 말하고 우리의 존재는 '하나님께서 우리를 어떻게 대접하시는가?'를 말합니다. 하나님께서 우리를 지배하신다는 것은 '하나님께서 우리를 어떤 존재로 대접해 주시는가?'를 말합니다. 그것이 우리의 자산입니다. 우리 마음의 자산이 있어야 상처에서 회복되고 고생도 이겨갈 수 있습니다. '우리의 자산이 무엇인가?'를 알려면 성경을 읽어야 합니다. 성경이 우리에게 주는 자산은 엄청난 것입니다. 우리의 자산은 우리가 만들어 낸 것이 아닙니다. 하나님께서 주시는 은혜의 선물이 우리의 자산입니다. 그 자산은 오직 예수 그리스도의 속죄와 칭의로 주어집니다.

문제는 무엇일까요? 우리가 그렇게 엄청난 자산을 하나님으로부터 받았음에도 불구하고 우리의 욕심에 우리가 굴복당하는 것입니다. 우리의 욕심에 내가 지배를 당하는 것이 문제입니다. 나에게 고통을 준 사람에 대해 분노가 올라오고 나를 힘들게 하는 사람이 미워집니다. 그 분노와 미움에 내가 지배를 당하면 내가 더 힘들어집니다. 그 힘든 것을 이겨내려면, '예수 그리스도 안에서 나에게 주어진 영원한 자산이 무엇인가?'를 성경을 통해서 확인해야 합니다.

우리가 거듭났다고 할지라도 온전하게 성숙한 성도가 아닙니다. 중생한 성도는 마치 어린아이와 같습니다. 어린아이가 점점 자라나야 하듯이 성도들도 자라나야 합니다. 단단한 음식을 먹을 수 있어야 합니다. 하나님께서 우리에게 주신 것이 아무리 많아도 그것을 활용할 수 있어야 합니다. 성화를 잘못 말하는 사람은 이 성장의 원리를 놓칩니다. 성화를 쇠막대기 비유로 말합니다. 쇠막대기는 차갑습니다. 그 차가운 쇠막대기를 불 속에 넣고 대장장이가 풀무 불을 더 세게 달구면 그 쇠가 뜨거워집니다. 나는 아무것도 안 하고 하나님께서 성령의 불을 내려 주시면 내가 뜨거워지고 순식간에 변화된다는 생각입니다. 그렇게 생각하기 때문에 교회가 성령 집회라는 이상한 집회를 만들어 놓았습니다.

성화에 대한 이런 생각은 마치 학생이 도서관에 가면 머릿속에 책의 내용이 입력된다고 사기를 치는 것과 같은 말입니다. 이 약만 먹으면 만병이 낫는다고 말하는 돌팔이의 말과 같은 말입니다. 칭의와 성화를 구분하지 못하면 계속해서 이런 오류가 발생하게 됩니다. 칭의는 출생과 같습니다. 출생은 이 세상에 태어나는 것입니다. 성화는 인간다워지는 것입니다. 인간다워지는 것은 훈련을 받아가야 합니다. 아무것도 안 하면서 인간다워질 수 없습니다. 아무것도 안 하면서 남들이 자기보다 잘 살아가는 것을 보고 배가 아프다는 것이 문제입니다. 자기가 수고하고 애쓴 것은 얼마 되지 않으면서 자기보다 더 많이 애쓰고 노력한 사람이 더 잘 사는 것을 보면서 분배 정의를 외치는 세상이 되었습니다. 오늘날 그것을 민주화라고 말하니 세상이 너무 엉터리가 되어버렸습니다.

기독교인들은 그 차이를 어떻게 극복하려고 할까요? 종교적 열심과 임파테이션(impartation)으로 해결하려고 합니다. 임파테이션이 한국교회에 너무나도 심각합니다. 임파테이션하는 목사는 신령한 목사가 되어 있습니다. 임파테이션이란 말 자체로는 '나누어 준다'는 뜻입니다. 자신의 능력이나 은사를, 안수를 통해 전달할 수 있다는 뜻입니다. 왜 그런 임파테이션을 받으려고 할까요? 이 신앙의 길을 쉽게 가려고 하기 때문입니다. 내 구원이 확실하다는 것을 체험으로 확인하려고 하기 때문입니다.

예전에 조 아무개 목사가 집회하면 그 조 아무개 목사의 능력을 받고 싶어 열광하면서 줄을 섰습니다. 요즘은 자칭 사도라는 사람이 많아서 자기에게 안수를 받으면 능력이 임한다고 하는 사람이 천지에 널려 있습니다. 이 나라에 그런 사람들이 너무너무 많습니다. 그중의 한 사람이 헤븐리터치의 손기철 장로입니다. 손기철 장로의 책 중에 『알고 싶어요 성령님』이라는 책이 있습니다. 그 책에 이런 말이 있습니다.

> 우리는 이미 구원받았고, 성령체험을 하기 위해 모든 잘못된 것을 회개했으며, 갈망함으로 지금 구하고 있습니다. 이제 하나님과 독대하여 성령의 임재를 간절히 구할 차례입니다. 주님, 제가 이 시간에 주님이 약속하신 성령이 임하시는 체험을 하기 원합니다. 비록 내 영은 구원받았고, 내 영 안에는 이미 하나님이 함께 하시지만 내 혼과 육에 찾아주시는 성령체험 없이는 일상에서 그리고 모든 삶의 모든 부분에서 주의 자녀로서 주의 뜻을 나타낼 수 없습니다. 간절히 사모하오니 지금 이 시간에 임하시옵소서.[127]

손기철 장로에 의하면, "내 영 안에는 이미 하나님이 함께 하시"나, "내 혼과 육에"는 하나님께서 함께하지 않습니다. 90페이지에 가면 이렇게 말합니다.

---

[127] 손기철, **알고 싶어요 성령님** (서울: 규장, 2012), 89.

성령님이 빛으로 사랑으로 영광으로 임하시면 하나님의 성전 된 우리 육신이 반응하게 됩니다. 또한 하나님의 빛이 임하실 때 우리의 육신을 붙들고 있던 악한 영들이 떠나가기 때문에 보기에 아름답지 못한 현상들이 나타날 수도 있습니다.

조금 더 뒤 페이지로 가면 이렇게 말합니다.

그렇지만 우리는 죄 가운데 태어났고, 예수 그리스도의 대속으로 죄사함을 받은 존재입니다. 우리의 영은 새롭게 되었지만, 우리의 혼과 육은 여전히 죄의 세력에 노출되어 있고 자신의 상처와 욕심으로 죄를 짓게 됩니다. 이때부터 악한 영은 우리 자신이 지은 죄와 상처에 대해 본격적으로 시험하게 됩니다.[128]

손기철 장로 글에 의하면, 우리가 예수 그리스도의 대속으로 죄사함을 받았을 때, 영은 새롭게 되었지만 "우리의 혼과 육은 여전히 죄의 세력에 노출되어 있고 자신의 상처와 욕심으로 죄를 짓게"라고 말합니다. 우리가 죄를 지을 때 영은 죄를 안 지을까요? 이런 글은 비성경적인 이원론 사상입니다. 이원론에 기초한 삼분설입니다. 삼분설은 인간을 육, 혼, 영의 세 부분으로 보는

---

[128] 같은 책, 128-129; 〈악한 영들은 그리스도의 영이 계신 우리의 영에는 결코 들어올 수 없습니다. 그러나 우리에게 여전히 상처가 있고 쓴뿌리가 있고, 우리가 하나님의 말씀에 순종하지 않는 삶을 사는 한, 죄의 세력은 우리의 육신을 죄의 법 아래로 사로잡기 위해 늘 우리 주위를 돌며 틈을 노립니다. 그러다가 우리가 유혹이나 두려움에 묶이거나 거짓말이나 참소에 넘어갈 때에, 그 죄를 타고 들어와 우리의 혼과 육을 사로잡고 우리의 삶을 지배하게 됩니다. 그들은 우리가 우리 영에 계신 그리스도의 영의 인도함을 받아 삶의 태도와 행동을 바꾸고 악한 영을 쫓아내는 비밀을 깨닫게 되는 것을 가장 두려워합니다."(p. 132). "우리가 중생할 때 우리는 영적으로 다시 태어났습니다(요 3:6). 구원 받은 후, 비록 우리의 혼과 육은 여전히 죄의 세력 가운데 놓여 있다 해도, 우리의 영 안에는 2천 년 전 육신으로 오신 예수그리스도의 영 안에 계신 바로 그 하나님의 영이 계신다는 것을 믿어야 합니다. 내 영 안에 계시는 그리스도의 영을 의식하고, 그분의 말씀을 통해 자기 자신과 세상을 보는 것이 임재의식입니다. 끊임없는 하나님의 임재의식 가운데 살아가는 훈련이 깊어지면 우리가 일상에서 그분께 예배하고 그분과 친밀함을 나누는 것이 가능해집니다."(p. 182).〉

것입니다. 이원론이란 헬라의 사상입니다. 영은 거룩하고 육체는 악하다고 생각합니다. 영지주의자들에게도 영향을 주었습니다. 그러나 성경은 우리를 전인(全人)으로 말합니다.129) 어느 하나가 악하다거나 열등하다고 말하지 않습니다.

사람이 무엇이라고 말하든지 '성경이 무엇이라고 말하는가?' 그것이 중요합니다. 고린도후서 4장 11절에서 이렇게 말합니다.

> 우리 산 자가 항상 예수를 위하여 죽음에 넘기움은 예수의 생명이 또한 우리 죽을 육체에 나타나게 하려 함이니라(고후 4:11)

이 말씀을 보면, 예수의 생명이 우리의 죽을 육체에 나타난다고 말합니다. 여기서 육체는 우리의 몸을 말합니다. 그 몸에 예수님의 생명이 나타난다고 성경이 말합니다. 어떻게 나타납니까? 예수 그리스도의 복음을 전하고 고백하는 삶을 살아감으로 우리가 죽을 만치 힘들게 인생을 살아가기 때문입니다.130) 믿음으로 제대로 살아보려고 하니까 몸이 고생하는 겁니다. 그렇게 고생하는 것을 통해 예수님의 생명이 나타나는 것이 너무 신비하더라는 뜻입니다. 성경은 그렇게 죽어서 썩어 없어질 육체인데도 그 육

---

129) 평강의 하나님이 친히 너희를 온전히 거룩하게 하시고 또 너희의 온 영과 혼과 몸이 우리 주 예수 그리스도께서 강림하실 때에 흠 없게 보전되기를 원하노라(살전 5:23) 그런즉 사랑하는 자들아 이 약속을 가진 우리는 하나님을 두려워하는 가운데서 거룩함을 온전히 이루어 육과 영의 온갖 더러운 것에서 자신을 깨끗하게 하자(고후 7:1)
130) 매튜 풀, **청교도성경주석 18**, 박문재 역 (서울: 크리스찬다이제스트, 2015), 341;〈우리는 가장 고상한 의미에서 그리스도의 명령들에 순종하고 그리스도의 복음을 전하기 때문에 "죽음에 넘겨지는데," 이것은 "예수의 생명이 또한 우리 죽을 육체에 나타나게 하려"함이다. 하나님께서 우리를 죽음에 넘겨 주시는 것은, 죽은 자 가운데서 부활하시고 하늘에 오르셔서 영원히 살고 계시는 가운데 우리를 위하여 중보기도를 하고 계시는 그리스도의 생명이 "우리 죽을 육체"에 나타나게 하시기 위한 하나님의 무한히 지혜로운 섭리에 의한 것이다.〉

체를 통해 하나님의 은혜로 예수님의 생명이 나타나게 된다고 말합니다. 그러니 육체에는 하나님이 함께하지 않으신다고 말하는 것은 성경에서 벗어난 것입니다.

잘못된 성화론으로 나아가는 것은 성경을 잘못 해석하기 때문입니다. 특히 '육신', '육체'라는 말을 잘못 해석하기 때문입니다. 성경에서 '육신', '육체'라는 말을 사용할 때 그 성경 구절에서 무엇을 의미하는지 올바르게 살펴야 합니다. 예를 들어, "육신에 있는 자들은 하나님을 기쁘시게 할 수 없느니라"(롬 8:8)고 말할 때, "육신"은 우리의 몸을 말하는 것이 아니라 '거듭나지 못한 인간 자체'를 말한 것입니다. 육신은 악하다는 생각을 하고 있기 때문에 성경을 잘못 해석하게 됩니다.

우리가 자주 배웠듯이 하나님께서 우리를 새롭게 하셨을 때 우리의 의지를 새롭게 하셨습니다. 그 의지의 변화가 무엇입니까? 그것은 존 오웬이 잘 말해 주었습니다. 존 오웬은 인간이 중생할 때, 하나님의 용서와 사랑, 그리고 하나님의 영광을 위하여 살고자 하는 감각, 이 세 가지 감각이 회복한다고 말했습니다. 죄인이 거듭나면 그 의지가 하나님을 향하여지는 것입니다. 사람의 전부가 하나님을 향하지 않습니다. 그러나 우리는 이전의 죄의 종노릇하는 자리에서 완전히 해방되었습니다. 우리 스스로가 노력해서 벗어난 것이 아니라 예수 그리스도께서 구원해 주셨습니다. 이제는 하나님의 나라로 완전히 옮겨졌습니다. 이제는 예수 그리스도와 연합된 존재입니다. 예수 그리스도를 믿은 성도들은 성령 하나님께서 내주하시기 때문에 성령 충만을 경험할 수도 있고, 못

할 수 있습니다. 우리가 연약한 존재이기 때문입니다. 그렇다고 안수받으면 성령 충만해지는 것이 아닙니다.

라은성 교수는 이렇게 말했습니다.

> 망령된 자들은 성령 집회를 열어 "성령을 받으라!"고 외칩니다. 성령은 창조자 하나님이신데 피조물인 인간이 창조자에게 명령하는 것은 신성 모독죄가 아닐까요?[131]

목사가 무엇이길래 성령님의 신성과 인격성을 무시하고 "성령을 받으라"고 말하는 것은 심각하게 위험한 일입니다. 라은성 교수는 성령의 사역은 성령의 9가지 열매와 관련해서 보아야 한다고 말하면서 이렇게 말했습니다.

> 성령 하나님은 우리를 시험받게도 하고, 슬픔과 실패에 빠뜨리기도 하고, 좌절과 고독 가운데에 두기도 합니다. 인간이 바라는 결과에 따라 성령의 사역이라고 평할 수 없습니다.[132]

라은성 교수에 의하면, 성령 충만하다고 해서 늘 기쁘고 즐겁고 좋은 기분이 아닙니다. 시험을 받고 슬픔과 실패를 겪고 좌절과 고독을 경험하기도 합니다.

예수님께서도 시험을 받으실 때 성경에 이렇게 기록되어 있습니다.

> 그 때에 예수께서 성령에게 이끌리어 마귀에게 시험을 받으러 광야로 가사(마 4:1)

---

131) 라은성, **이것이 개혁신앙이다** (서울: PTL, 2017), 229.
132) 같은 책, 235.

예수님은 성령님이 이끄셔서 시험을 받으셨습니다. 우리는 한순간도 홀로 있는 존재가 아닙니다. 삼위 하나님께서 언제나 우리와 함께하고 있습니다. 우리는 살아가면서 실패할 때도 있고 슬플 때도 있습니다. 마음이 괴로워서 눈물을 흘리고 고난의 세월이 지나갈 때도 성령 하나님께서 우리에게 역사하셔서 우리가 진정으로 하나님의 은혜를 구하고 있다면 그것이 성령 충만입니다. 우리가 일이 잘되고 기쁜 일이 있을지라도 성령 하나님께서 우리에게 역사하셔서 교만하지 아니하고, 이 모든 것이 하나님께로부터 왔으며 약하고 가난한 자를 기억하고 돌보고 있다면 그것이 성령 충만입니다.

마음이 괴롭고 힘들면 성령 충만하지 않은 것으로 생각하지 마시기 바랍니다. 오늘날 한국교회는 성령 충만을 펄펄 뛰고 쓰러지는 것으로 만들어 놓았습니다. 아닙니다. 성령 충만은 '우리의 의지가 얼마나 하나님의 뜻에 굴복되느냐?' 하는 것입니다. 성령 충만은 '우리의 성품이 얼마나 하나님의 성품으로 변화되느냐?'의 싸움입니다. 성령 충만하여 기쁘고 즐거울 수 있습니다. 그것이 전부가 아닙니다. 하나님께서 우리를 어디로 이끄시고 어떤 상황을 만나게 하실지라도 변함없이 우리 주 예수 그리스도를 사랑하며 그 말씀에 복종하는 그것이 성령 충만입니다. 그렇게 살아가는 그 사람이 온유한 사람이 되고 따뜻한 사람이 됩니다.

우리는 어느 한순간도 하나님의 눈을 벗어날 수 없습니다. 아무도 나를 몰라줄 것으로 생각하지 마시기 바랍니다. 하나님께서 우리를 바라보고 계시고 예수 그리스도께서 우리를 위해 중보 하시고 성령 하나님께서 내주하고 계십니다. 이것이 우리의 영원한 자산입니다. 때로, 마음이 약해지고 흔들릴 때마다 '나만 이래야 하나?' 하는 그 마음을 죽이고, 아버지의 나라에 이르기까지 죽도록 충성하고 살아가는 성령 충만한 성도, 온유한 성도들이 다 되시기 바랍니다.

18 온유한 자 3

> 1 예수께서 무리를 보시고 산에 올라가 앉으시니 제자들이 나아온지라 2 입을 열어 가르쳐 가라사대 3 심령이 가난한 자는 복이 있나니 천국이 저희 것임이요 4 애통하는 자는 복이 있나니 저희가 위로를 받을 것임이요 5 온유한 자는 복이 있나니 저희가 땅을 기업으로 받을 것임이요(마 5:1-5)

예수님의 산상설교 열여덟 번째 시간입니다. 온유한 자, 세 번째 시간입니다. 오늘은 계속해서 온유한 자와 성화에 관해 더 살펴보도록 하겠습니다. 오늘날 많은 사람이 성화에 대한 잘못된 생각을 가지고 있기 때문에 믿는 성도답게 살아가는 일에 있어서 잘못된 길을 가고 있습니다. 그 잘못된 생각 중 하나가 이런 말입니다.

> 주님의 일은 내가 하는 것이 아니라 내 안에 계신 성령님이 하시는 것이다. 나는 단지 주님의 뜻을 이룰 수 있도록 내 자아를 내려놓고 성령님이 나를 통해 나타나게 할 뿐이다.

많은 사람이 이런 말에 현혹되어서 성화를 소홀히 하거나 오해하고 있습니다. 우리의 구원은 지극히 언약 적이고 우리의 삶도 지극히 언약 적입니다. 언약적 의무와 책임을 벗어나게 하는 말은 성화가 아닙니다. 성령님만 일하시고 나는 일하지 않으면 내가 어떻게 주님의 뜻을 이룹니까? 예를 들어, '공부는 내가 하는 것이 아니라 내 안에 계신 성령님이 하시는 것이다.' 이러면 말이 안 됩니다. 시험을 망친 것은 성령님께서 역사하지 않아서입니까? 아니면 오늘 하나님의 음성을 듣지 않아서입니까? 성화는 인격성과 분리할 수 없습니다. 나라는 존재와 인격은 온데간데없고 성령님이 나를 성화시켜가는 것이 아닙니다.

믿는 성도라 하면서도, 오늘 내가 하나님 앞에 해야 할 일은 안 하고 '내 자아를 내려놓아라', '성령님이 일하시게 해라' 그러고 있으니, 인격도 삶도 변화될 것이 없습니다. 그 대신에 매우 신령한 것처럼 착각하고 살아갑니다. 성화는 하나님의 계명에 복종할 때 이루어집니다. 예수 그리스도를 믿은 것은 언약의 계명에 순종하여 하나님의 나라 백성답게 살아가는 것입니다.

성화를 더 이해하기 위해 지난 시간에 보았던 로마서 8장 말씀을 다시 보겠습니다.

> 12 그러므로 형제들아 우리가 빚진 자로되 육신에게 져서 육신대로 살 것이 아니니라 13 너희가 육신대로 살면 반드시 죽을 것이로되 영으로써 몸의 행실을 죽이면 살리니(롬 8:12-13)

13절 끝에 보면 "몸의 행실을 죽이면 살리니"라고 말했습니다. 우리는 먼저 여기서 "몸"이 무엇을 말하는지 확실하게 배워야 할 필요성이 있습니다. 이 말씀에서 "몸"이란 그 앞에 "영으로써"라는 말이 나오듯이 우리의 영혼과 몸의 두 가지 다른 실재를 말한 것입니다. "몸"과 "육신"은 다른 의미입니다. 몸은 그냥 신체를 의미하지만, 육신은 아담의 타락으로 인해 죄의 지배 아래 있는 인간을 가리키는 말입니다. 우리가 예수 그리스도를 믿어 새 생명을 얻은 자일지라도 우리의 몸은 죄가 남아 있습니다. 그래서 죄를 죽여 가는 죄 죽임이 있어야만 합니다.

그렇다고 우리는 헬라의 이원론처럼 생각하지 않습니다. 몸 자체가 원래 죄악 되다고 여기지 않습니다. 하나님께서는 하나님의 형상대로 인간을 창조하시고 "심히 좋았더라"고 말씀하셨습니다. 하나님의 창조에는 아무런 문제가 없었습니다. 인간의 몸에 문제가 생긴 것은 인간이 범죄 하였기 때문입니다. 중생한 성도는 예수 그리스도의 구원으로 새 생명을 받았습니다. 영은 의를 인하여 살았으나 아직 몸은 죄로 인해 죽어 있습니다. 그 말은 죄가 아직도 우리 몸에 남아 있다는 뜻입니다.133) 이것은 로이드 존스의 해석입니다.

로이드 존스는 존 오웬이 "몸"을 잘못 해석했다고 말했습니다. 로이드 존스는 "몸"과 "육신"을 구분해서 해석하지만, 존 오웬은 "몸"이나 "육신"이나 같다고 생각합니다. 존 오웬은 이렇게 말했습니다.

> 본문 후반부에 나오는 몸은 전반부에 나오는 육신과 같은 뜻입니다. "너희가 육신대로 살면 반드시 죽을 것이로되 … 몸의 행실을 죽이면 …." 따라서 몸의 행실은 육신의 행실입니다. 바울은 지금까지 육신이라는 명칭에 따라 계속 강론을 했고, 이것은 앞뒤에서 영혼과 육신을 대조시키는 내용으로 보아 분명합니다. 따라서 여기서 몸은 우리 본성의 부패와 타락을 가리키는 말로써, 일반적으로 몸은 본성의 자리와 도구가 됨으로써 지체들을 불의의 종으로 만듭니다(롬 6:19). 따라서 몸이 뜻하는 사실은 내재하는 죄 곧 부패한 육체 또는 욕심(탐심)입니다.134)

존 오웬은, "몸"과 "육신"을 같은 의미로 보았습니다. 존 칼빈이나 존 칼빈의 영향을 많이 받은 매튜 풀도 비슷하게 해석합니

---

133) 로이드 존스, **로마서강해 V**, 서문 강 역 (서울: 기독교문서선교회, 2005), 182.
134) 존 오웬, **죄 죽임**, 김귀탁 역 (서울: 부흥과개혁사, 2018), 38; 〈여기서 이런 비유적 표현이 사용된 것은 여러 가지 이유가 있겠지만, 여기서 그 이유를 설명하지는 않겠습니다. 또한 "몸"은 로마서 6장 6절에 나오는 팔라이오스 안트로포스("옛사람")과 소마 테스 하말티아스("죄의 몸)와 같은 뜻입니다. 또 몸은 부패한 존재인 전체 인간을 가리키나 정욕과 부패한 감정의 자리를 상징하는 것으로 볼 수 있습니다.〉

다. 존 오웬의 해석을 보면, 로마서 8장 13절을 인용하면서 "육신"과 "몸"을 같은 의미로 단어만 바꾸어서 사용한 것이라고 보았습니다. 반면에 로이드 존스에 의하면, "몸"은 그야말로 우리의 육체 그 자체를 말하고, "육신"이란 "성령의 감화로부터 떨어져 있는 타락한 인간 본성"을 의미합니다.[135] 몸에 대한 해석은 로이드 존스가 옳습니다. 그 증거가 어디에 있습니까? 첫째는, 로마서 8장 10절 말씀에서 찾을 수 있습니다.

> 또 그리스도께서 너희 안에 계시면 몸은 죄로 인하여 죽은 것이나 영은 의를 인하여 산 것이니라(롬 8:10)

로이드 존스는 10절에 나오는 "몸"을 문자 그대로의 육체를 의미하는 몸으로 해석합니다. 로이드 존스는 이렇게 말했습니다.

> 제가 이 점을 강조하는 것은 어떤 사람들이 그 용어를 자기들 나름의 성화 교리에 관심을 가지고 '육신'을 의미하는 것으로 해석하기 때문입니다. 그러나 '육신'(flesh)이라는 말을 계속해서 사용해왔던 사도가 갑자기 말을 바꾸어 '몸'(body)이라고 하였습니다. 그는 부패한 인간본성을 가리키는 것이 아니라 실제적인 육체조직을 말하고 있는 것입니다. 그리고 그는 이 말을 보다 더 확실히 하기 위해서 영(spirit)에 대한 반대 개념으로 놓고 있습니다.[136]

로이드 존스에 의하면, 사도 바울은 "몸"과 "육신"은 의도적으로 구분해서 사용하고 있습니다. 이어 나오는 로마서 8장 11절을 보면 더 정확해집니다.

---

135) 로이드 존스, **로마서강해** V, 서문 강 역 (서울: 기독교문서선교회, 2005), 98.
136) 같은 페이지.

> 예수를 죽은 자 가운데서 살리신 이의 영이 너희 안에 거하시면 그리스도 예수를 죽은 자 가운데서 살리신 이가 너희 안에 거하시는 그의 영으로 말미암아 너희 죽을 몸도 살리시리라(롬 8:11)

사도 바울은 "예수를 죽은 자 가운데서 살리신 이의 영"이라고 말했습니다. 사도는 예수님께서 죽은 자들 가운데서 예수님의 몸이 살아났다고 말했습니다. "죽은 자"라고 말한 것은 몸이 죽었다는 것을 분명하게 확인하는 말입니다. 예수님께서는 사람들과 똑같이 몸이 죽었습니다. 그러나 그 몸이 살아났습니다. 예수님의 죽었던 그 몸을 살리신 이의 영이 우리 안에 거하면 우리의 죽을 몸도 살게 됩니다. 이것은 분명하게 육체 그 자체를 뜻하는 "몸"을 말합니다.

두 번째로, 로마서 6장 12절에서 확인할 수 있습니다.

> 그러므로 너희는 죄가 너희 죽을 몸을 지배하지 못하게 하여 몸의 사욕에 순종하지 말고(롬 6:12)

로이드 존스는 이 구절을 이렇게 해석했습니다.

> 그것은 여기 8장에서 만나는 개념과 정확히 같은 것입니다. 그것은 사망의 씨앗이 우리 몸에 있다는 의미입니다. 말하자면 몸은 사망의 처소입니다. 우리 모든 사람들의 몸에는 사망과 부패의 본질이 있습니다. 그리고 부패 과정이 점점 증가하고 자라나고 있는 것입니다.[137]

---

[137] 로이드 존스, **로마서강해 V**, 서문 강 역 (서울: 기독교문서선교회, 2005), 99-100; "타락한 이래 즉 언제나 우리가 이 세상에 나와 살아가기 시작하는 순간에 우리는 역시 죽어가기 시작하는 것입니다. 여러분의 첫 번째 호흡은 언젠가 거두어지게 될 것 가운데 하나입니다. 타락의 결과 사람의 위치는 그러합니다. 우리 모든 사람 속에 사망이 이르고 부패케 하는 본질이 있습니다. 타락의 결과로 사람의 몸은

로이드 존스에 의하면, 로마서 8장 13절에서 말하는 "몸"과 6장 12절에서 말하는 "몸"은 실제적인 육체인 "몸"을 의미합니다. 첫 사람 아담이 죄를 지어 타락한 그 결과 때문에 모든 사람이 죄의 지배 아래 있게 되었습니다. 죄는 육체적인 죽음과 영적인 죽음을 가져왔습니다. 하나님께서 인간의 몸을 창조하셨을 때에는 죄와 부패와 죽음이 없었습니다. 그러나 죄가 들어왔을 때는 죽음과 부패, 타락과 오염이 들어왔습니다. 우리가 예수 그리스도를 믿고 성령님께서 우리 안에 내주하셨을 때 우리의 영이 살아났습니다. 우리는 새 생명을 받았습니다. 그 사실에 기초해서 로마서 6장 13절에서 이렇게 말합니다.

> 또한 너희 지체를 불의의 무기로 죄에게 내주지 말고 오직 너희 자신을 죽은 자 가운데서 다시 살아난 자 같이 하나님께 드리며 너희 지체를 의의 무기로 하나님께 드리라(롬 6:13)

로마서 6장 13절에 의하면, 우리는 우리의 지체를 의의 무기로 하나님께 드려야 합니다. 로이드 존스는 지체를 이렇게 규정했습니다.

> 지체들이란 어휘는 인간의 기능을 묘사하는 방식입니다. 사람은 이러한 능력과 기능과 기질들을 부여받은 존재입니다.[138]

연약과 비천과 죽음의 상태에 놓여 있습니다. 사람의 몸은 하나님께서 처음 창조할 때는 생명과 탄력으로 충만한 몸이었습니다. 타락하고 나서부터 우리는 질병과 연약과 부패와 죽음의 씨앗을 가지고 태어납니다. 우리가 태어나는 순간 우리는 죽어가기 시작합니다! 부패의 과정은 어떤 나이가 지나서 명백히 드러납니다. 사람이 25세 될 때까지는 발전할 수 있는 최대한으로 발전합니다. 그러나 그다음부터 부패의 요소는 더욱더 분명하게 나타나게 됩니다."

로이드 존스에 의하면, 12절에서 나오는 "몸"은 전체로서 말했다면 13절에서 "지체"를 말한 것은 그 몸의 성분을 말합니다. 여기서도 몸의 부분을 의미하는 지체들을 사용하고 있습니다.

세 번째로는 고린도전서 9장 27절을 통해 확인할 수 있습니다.

> 내가 내 몸을 쳐 복종하게 함은 내가 남에게 전파한 후에 자신이 도리어 버림을 당할까 두려워함이로다(고전 9:27)

사도 바울은 "내가 내 몸을 쳐 복종하게" 한다고 했습니다. '몸을 친다'는 말은 운동선수의 훈련을 묘사하는 말입니다. 그 당시에 권투 선수들이 소가죽 띠로 만든 권투 장갑을 사용했습니다. 그 장갑을 끼면 더 잘 때릴 수 있었기 때문입니다. 이 말은 사도 자신의 몸이 자신의 주인이 되는 것을 용납하지 않도록 훈련했다는 뜻입니다. 그런 까닭에, 27절의 "몸"이란 비유적으로 한 말이 아니라, 실제적인 육체를 의미합니다. 이 "몸"은 타락한 인간의 본성을 의미하는 "육신"이 아닙니다. 사도 바울은 여기 고린도전서 9장 27절에서도 "몸"을 의도적으로 사용하고 있습니다. 로이드 존스는 이렇게 말했습니다.

> 몸의 본능들이 그 자체로 죄가 있다는 말이 아닙니다. 본능들은 천성적인 것이고 또 정상적인 것이요, 그들은 천성적으로 죄가 있는 것은 아닙니다. 그러나 우리 속에 거하는 죄가 언제나 그 자연적인 본능들을 무절제한 정욕으로

---

138) 로이드 존스, **로마서강해 Ⅲ**, 서문 강 역 (서울: 기독교문서선교회, 2004), 257.

돌리려 합니다. 그리고 너무 많이 먹고, 과음을 하고 또 우리의 본능들에 너무 탐닉하도록 죄가 충동질을 하는 것입니다. 그래서 그것들이 무절제한 것이 되는 것입니다.139)

로이드 존스에 의하면, 우리 몸의 본능 그 자체로는 문제가 없습니다. 그러나 우리 안에 있는 죄가 우리 몸의 본능을 악하고 무절제하게 만들어서 죄를 짓도록 충동질을 합니다.

지금까지 우리는 사도 바울이 "몸"과 "육신"에 대한 구별을 하고 있다는 것을 살펴보았습니다. "몸"이냐? "육신"이냐? 를 말하는 것이 중요한 이유는 성화에 대해 올바른 이해를 하기 위해서입니다. 사도 바울은 로마서 8장 13절에서 "영으로써 몸의 행실을 죽이면 살리니"라고 말했습니다. 몸의 행실을 죽이는 문제에 대해서 지나간 교회사에서 오류가 있었습니다. 잘못된 방식, 거짓된 방식으로 성화를 이루려고 했습니다. 그 대표적인 것이 로마 가톨릭의 수도원 방식입니다. 이 세상에서 생업에 종사하며 살아가는 동안에는 거룩해질 수 없다고 보았습니다. 세상과 마귀와 육신이 성도를 넘어뜨리니, 영적으로 거룩한 사람이 되고 싶다면 세상을 떠나고 세상과 고별을 하고 수도원에 들어가야 한다는 방식입니다.

음식을 절제하고 자주 금식하고 경건한 시간을 보내면 거룩해질 것으로 생각했습니다. 어떤 부류들은 단순히 절제하는 것을 넘어서 자기를 해롭게 하고 괴롭게 했습니다. 또 어떤 사람들은 자기 몸을 못살게 하고 힘들게 하면 몸이 죄를 짓지 않을 것으로 생각했습니다. 그러나 아무리 그렇게 자기를 학대할지라도, 수도

---
139) 로이드 존스, **로마서강해** V, 서문 강 역 (서울: 기독교문서선교회, 2005), 182-183.

원에서도 광야에서도 여전히 죄를 지었습니다. 겉은 거룩해 보여도 그 안에서는 온갖 죄가 넘쳐났습니다. 세상을 떠난다고 해도, 자기 몸을 괴롭힌다고 해도, 죄는 여전히 자기 안에 있습니다.

몸의 행실을 죽이기 위해 시도되었던 그런 인간적인 방법은 실패했습니다. 그런 방법은 거짓된 방식이었기 때문입니다. 기독교의 성화는 소위 금욕주의적인 방식으로 추구했던 그런 것으로는 말하지 않습니다. 그런 금욕주의 방식에 반대하여 완전주의나 반작용의 원리는 다시 사람들에게 호감을 주었습니다. 인간이 열심히 노력해 보거나 아니면 거기에 대한 반작용으로 인간이 노력하는 것을 포기하는 것입니다. 거룩하게 살기 위해 이렇게 애써보고 저렇게 애써보아도 안 되니까, '너의 자아를 내려놓아라', '자아를 포기하고 성령님이 일하게 하라' 그렇게 말합니다. 그러면서 하나님의 음성을 들어야 한다고 말합니다. 그런 사람들은 열심히 주를 위해 살아가려는 사람들을 보면, 한 수 아래다고 생각합니다. 매우 수준이 낮은 사람이라고 생각하면서 하찮게 생각하고 멸시합니다.

성화에 대한 참된 방식은 무엇입니까? 기독교 신앙이 애매모호해서는 안 됩니다. 사도는 성화를 명백하게 말했습니다. 로마서 8장 13절 후반에서, "영으로써 몸의 행실을 죽이면 살리니"라고 말했습니다. '영으로써 몸의 행실을 죽이라'고 말합니다. 이때의 영은 우리 안에 거하시는 성령님을 말합니다. 우리의 영이 무슨 능력을 발휘하는 것이 아니기 때문입니다. 성령 하나님께서 우리 안에 거하신다는 것은 우리의 존재적 관점을 말해 줍니다. 관계적 관점 안에서 존재적 관점이 주어진다는 실제를 보여주는 것이 저 멀리에 있거나 관념상으로만 있는 것이 아니라 내 안에서 실제로 일어나고 있습니다. 이것이 기독교 신앙의 위대한 은혜입니다. 세상은 결단코 이런 은혜와 역사를 알 수가 없습니다.

예수 그리스도를 믿은 성도들은 성령 하나님께서 거하시고 역사하십니다. 거하신다는 것은 '텐트를 치고 산다'는 뜻입니다. 에베소서 3장 16-17절에서 이렇게 말합니다.

> 16 그의 영광의 풍성함을 따라 그의 성령으로 말미암아 너희 속사람을 능력으로 강건하게 하시오며 17 믿음으로 말미암아 그리스도께서 너희 마음에 계시게 하시옵고 너희가 사랑 가운데서 뿌리가 박히고 터가 굳어져서(엡 3:16-17)

성령님께서 우리 속사람을 강건케 하십니다. 우리 안에 성령님께서 거하신다면, 예수 그리스도를 구주로 믿고 경배합니다. 성령님께서 우리 안에서 거하심으로 우리가 누구인지를 알게 합니다. 우리는 예수 그리스도와 연합되었습니다. 예수 그리스도 안에서 우리의 존재적 관점을 분명히 알고 살아가게 하십니다. '내가 누구인가?'라는 존재적 관점을 확인하고 '나는 무엇을 하고 살아가야 하는가?'를 알게 하십니다. 우리가 해야 하는 일이 무엇입니까? 하나님의 계명을 지켜가는 것입니다. 언약의 계명을 지켜 언약의 현재화를 이루어가는 것입니다. 그것이 하나님의 거룩하심을 좇아가는 것입니다. 우리 안에 말씀에 순종하려는 거룩한 열망이 일어나고, 우리가 가야 할 이 믿음의 길을 지켜가는 것입니다. 내가 아무리 하나님의 음성을 듣고 내 안에 아무리 거룩한 열망이 일어난다고 할지라도 하나님의 말씀과 안 맞으면 그것은 잘못된 것입니다.

성령님께서 우리에게 주시는 능력이란 예수 그리스도 안에서 우리의 존재와 사명을 확인하고 그 말씀에 복종하는 것입니다. 우리의 상처와 고난으로 우리를 확인하면 자기의 존재와 사명에서 벗어나게 됩니다. 우리는 성령님의 능력이 불같이 자기에게 임하고 하나님의 음성을 들어야 하고 내가 기도하면 무슨 기적이 일어나는 것으로 오해합니다. 우리의 능력은 '예수 그리스도 안에서 내가 누구인가?'를 아는 것에서 나옵니다. 참된 능력은 예수 그리스도의 대속과 칭의와 양자 삼으신 것으로부터 주어집니다. '예수 그리스도와의 관계 속에서 우리의 존재가 무엇인가?'를 알면 변화가 일어납니다.

그 변화가 무엇입니까? 하나님의 나라와 의를 위해서 하나님께서 우리 각자에게 허락하신 자리에서 말씀대로 살아내는 것이고 고난을 견디고 죄악과 싸워가는 것입니다. 힘들고 어려운 상황 속에서도 인내하고 믿음을 지켜갑니다. 성령님의 능력이 주어지면 싸움이 없어지는 것이 아닙니다. 중요한 것은 '우리가 그 싸움을 얼마나 잘 감당해 내느냐?'가 관건입니다. 싸움이란 언제든지 힘든 일입니다. 인생을 살아가는 일은 힘든 것입니다. 그 힘든 상황 속에서 '나는 이래서 못하겠다. 저래서 못하겠다'라고 말하면 평생 가도 변화도 없고 열매도 없습니다. '어떻게 저런 사람하고 사는 데 무슨 변화가 있겠어?', '어떻게 이런 상황 속에서 열매가 맺어지나?', '뭐가 될 만한 조건을 갖추어 주셔야 하는 거지, 이래서 무엇을 바꾸라는 거야?' 그렇게 사람 때문이라고 말하고, 상황

탓을 하고, 시대와 조건을 탓하면서 삶을 어렵게 살거나 게으르게 살아갑니다. 성령님께서 내주하심으로 확인시켜 주는 것이 무엇입니까? 예수 그리스도와 우리가 연합된 존재이고 하나님의 양자라는 것입니다.

성령님께서 우리 안에 내주하신다는 것은 굉장한 특권을 누리고 있다는 뜻입니다. 우리는 무능하지 않습니다. 우리는 결코, 부족하지 않습니다. 우리는 연약함과 한계 속에 있으나, 그런 것이 우리를 무너뜨리지 못합니다. 세상이 우리를 위협할 수 있으나 우리는 절망하지 않습니다. 성령님께서 우리와 함께하시기 때문입니다. 그것이 우리의 자산입니다. 우리의 영원한 자산입니다. 자산은 사용할 줄 알아야 합니다.

성령님께서 우리에게 주시는 자산은 예수 그리스도의 속죄로부터 저 영화에 이르기까지 완전히 보장되어 있다는 것에 대한 확증입니다. 그 완전한 보장을 신뢰하도록 성령님께서 역사하십니다. 그렇게 되면 나라는 존재가 불안하지 않습니다. 성령님 안에서 안정감을 누리고 여유가 생겨납니다. 성령님께서 우리 안에 내주하시는 증거가 무엇입니까? 우리가 예수 그리스도를 구주로 믿은 것입니다. 어떤 사람처럼 쓰러지고 자빠지고 음성을 들어야 하는 것이 아닙니다. 그런 것은 사람을 더 이상한 길로 나아가게 만듭니다. 그런 사람들은 실패하고 죄를 지으면 능력이 부족해서 그렇다고 말합니다. 다시 회복하려면 능력을 준다 하는 사람에게 가서 능력을 받거나 신비한 것에 도취가 되어야 합니다. 탁구를 배울 때, '누구에게 배우느냐?'가 중요합니다. 손을 요리조리 휘돌리고 공을 이상하게 서브하는 '개 탁구'를 배워 놓으면 그 '개 버릇'을 평생 못 고칩니다. 성령님이 누구시고 성령님의 역사가 무엇인지 올바르게 잘 배워야 합니다.

로이드 존스는 성령 충만을 빈 그릇 안에 무엇인가를 쏟아붓는 것처럼 기계적으로 취급하는 것을 경고하면서 이렇게 말했습니다.

> 그분은 성경 도처에서 인격적인 분으로 묘사되고 있습니다. 그러므로 성령의 충만함을 받는 것에 대해 생각할 때, 그것이 진정으로 의미하는 바는 복된 인격이신 성령님께서 우리를 통제하시고, 우리를 지배하시며, 우리에게 영향을 끼친다는 것입니다.[140]

로이드 존스가 말하듯이, 성령님은 인격적인 분이십니다. 성령 충만함을 받는다는 것은 성령님께서 우리를 통제하고 지배하고 영향을 끼친다는 뜻입니다. 이 말이 매우 중요합니다. 성령님께서 우리를 무엇으로 통제하고 지배하고 영향을 끼칩니까? 예수 그리스도의 말씀으로 통제하고 지배하고 영향을 끼칩니다. 그 내용이 무엇일까요?

자카리아스 우르시누스는 하이델베르크 교리문답에서 성령님에 대해 말하면서 이렇게 말했습니다.

> 그를 가리켜 보혜사라 부르는데, 이는 그가 우리 속에 믿음을 일으키시고 악한 양심에서 우리를 구하시며, 우리의 마음을 정결하게 하시며, 환난 중에도 용기를 갖도록 우리를 위로하시기 때문이다. 그를 가리켜 대언자 혹은 간구하는 자라 부르는데, 이는 그가 말할 수 없는 탄식으로 우리를 위하여 친히 간구하시기 때문이다(롬 8:26). 그리고 마지막으로, 그를 가리켜 진리와 지혜와 명철과 기쁨과 즐거움과 믿음과 담대함과 은혜 등의 영이라 부른다.[141]

---

140) 마틴 로이드 존스, **요한복음 17장 강해**, 서문강 역 (서울: 여수룬, 1999).
141) 자카리아스 우르시누스, **하이델베르크 요리문답해설**, 원광연 역 (고양: 크리스챤다이제스트, 2006),

성령님께서는, "우리 속에 믿음을 일으키시고 악한 양심에서 우리를 구하시며, 우리의 마음을 정결하게 하시며, 환난 중에도 용기를 갖도록 우리를 위로하"십니다. 보혜사가 무엇입니까? 우리 곁에서 우리를 보호해 주시고 변호해 주시는 분이십니다. 우리를 보호해 주시고 변호해 주실 분이 누구십니까? 예수 그리스도이시고 성령님이십니다. 요한일서 2장 1절에서는 대언자라고 말했습니다.

> 나의 자녀들아 내가 이것을 너희에게 씀은 너희로 죄를 범하지 않게 하려 함이라 만일 누가 죄를 범하여도 아버지 앞에서 우리에게 대언자가 있으니 곧 의로우신 예수 그리스도시라(요일 2:1)

NIV성경에 보면, 대언자를 "our defense"라고 말했습니다. 우리의 '방어자'라고 말했습니다. 누가 우리의 방어자입니까? 의로우신 예수 그리스도이십니다! 예수 그리스도께서 우리의 방어자가 되셔서 우리가 죄를 지었을 때도 하나님 아버지 앞에서 우리를 방어해 주십니다. 그리고 성령님께서 우리 안에 내주하셔서 우리를 위하여 간구하시고 진리로 인도하시고 지혜를 주시고 기쁨과 즐거움과 담대함을 주시고 은혜를 주십니다. 이것이 우리의 영원한 자산입니다. 이것이 우리의 영원한 지지입니다.

성령 하나님께서 우리에게 은혜 주시고 역사하시는 것에 비하면 우리의 상처와 고생과 눈물과 아픔은 아무것도 아닙니다. 은혜를 사모하면 말씀을 읽고 기도하고 엎드려야 합니다. 우리는

461.

하나님의 은혜로 나아가고 언약의 신실함으로 나아가는 것을 방해하는 몸을 쳐서 복종시켜야 합니다. 예수님께서는 누가복음 21장에서 이렇게 말씀하셨습니다.

> 너희는 스스로 조심하라 그렇지 않으면 방탕함과 술취함과 생활의 염려로 마음이 둔하여지고 뜻밖에 그 날이 덫과 같이 너희에게 임하리라(눅 21:34)

예수님께서 종말에 일어날 일들을 경고하시면서 이렇게 말씀하셨습니다. 왜 "스스로 조심하라"고 명령하셨을까요? 오늘날 현대인들은 자기 존재를 붙들어 줄 대상이 없습니다. 자기를 지탱해 갈 수가 없습니다. 방탕과 술취함에 빠져서 자기를 잊어보려고 해도 안 됩니다. 생활의 염려로 자기를 거룩하게 하고 선을 행하고 악과 싸워갈 수가 없습니다.

사도 바울은 로마서 13장 14절에서 이렇게 말했습니다.

> 오직 주 예수 그리스도로 옷 입고 정욕을 위하여 육신의 일을 도모하지 말라(롬 13:14)

몸의 행실을 죽이려면 육신의 일을 도모하지 말아야 합니다. 매튜 풀은 "육신의 일을 도모하지 말라"는 문자적인 의미를 따라서 "육신을 위해 양식을 만들지 말라"(make not provision for the flesh)고 해석했습니다. 우리를 죄악으로 몰아가는 일에 여지를 제공하지 않도록 해야 합니다. 죄가 아니더라도 자세를 흐트러뜨리는 일을 하지 말아야 합니다. 성령님께서 우리 양심을 일깨울 때 죄에서 돌아서고 회개해야 합니다. 양심이 무디어지면 죽습니다. 상처에 지배받으면 유혹에 약해지고 죄를 짓습니다. 성도는 하나님의 은혜를 사모해야 합니다. 말씀을 읽고 또 읽어야 합니다. 기도하고 또 기도해야 합니다. 다른 비결은 없습니다. 오직 말씀과 기도 외에는 거룩해질 수 없습니다. 주님 앞에 설 때까지 몸을 쳐 복종시키고 하나님의 계명에 순종함으로 언약의 현재화를 이루어가는 복된 성도들이 다 되시기 바랍니다.

19 온유한 자 4

> 1 예수께서 무리를 보시고 산에 올라가 앉으시니 제자들이 나아온지라 2 입을 열어 가르쳐 가라사대 3 심령이 가난한 자는 복이 있나니 천국이 저희 것임이요 4 애통하는 자는 복이 있나니 저희가 위로를 받을 것임이요 5 온유한 자는 복이 있나니 저희가 땅을 기업으로 받을 것임이요(마 5:1-5)

예수님의 산상설교 열아홉 번째 시간입니다. 온유한 자, 네 번째 시간입니다. 성화론을 계속 다루는 이유는 성화에 대해 바르게 배우지 아니하면 신앙생활이 엉뚱해지기 때문입니다. 성화에 대해 바르게 배우지 않기 때문에 종교적 도약으로 가게 됩니다. 많은 사람이 그렇게 종교적 도약으로 가는 줄을 모르고 살아갑니다. 오늘부터 수 주간 동안 존 칼빈(John Calvin, 1509-1564)과 존 오웬(John Owen, 1616-1683)을 비롯한 개혁주의 성화론에 대해서 배우도록 하겠습니다. 존 오웬은 경건하고 학자적인 교구목사의 아들로 태어났습니다. 그로 인해, 존 오웬은 청교도적인 영향을 고스란히 간직하게 되었습니다.142) 참고로, 존 오웬이 영국에서 태어날 때 네덜란드에서는 개혁파와 아르미니우스파가 싸우고 있던 그 시기였습니다. 개혁신앙의 성화를 살펴볼 때, 먼저 앤서니 후크마는 성화를 이렇게 말했습니다.

> 우리는 우리의 책임 있는 참여를 포함하여 성령이 우리를 죄의 오염에서 건져 내시고, 우리의 본성 전체를 하나님의 형상에 따라 새롭게 하시며, 우리로 하여금 하나님이 기뻐하시는 삶을 살 수 있게 하는 성령의 은혜로운 역사라고 정의할 수 있을 것이다.143)

---
142) 조엘 비키 · 랜들 페더슨, **청교도를 만나다**, 이상웅 · 이한상 역 (서울: 부흥과개혁사, 2010), 413.
143) 앤서니 후크마, **개혁주의 구원론**, 이용중 역 (서울: 부흥과개혁사, 2012), 273-274; "성화는 우리 본성의 갱신에 영향을 끼친다. 즉, 성화는 본질의 변화보다는 방향의 변화를 야기한다. 우리를 거룩하게

후크마에 의하면, 성화는 성령님의 은혜로운 역사입니다. 거기에는 우리의 책임 있는 참여가 있습니다. 죄의 오염에서 건져 내는 것으로부터 시작해서 우리의 본성을 새롭게 하시고 하나님께서 기뻐하시는 삶을 살아가게 하십니다. 앤서니 후크마의 이런 정의는 매우 언약 적이라는 것을 알 수 있습니다. 우리는 언약 당사자로서 우리의 책임이 있습니다. 우리는 언약의 수혜자이며 언약의 의무를 성실히 수행해 가는 것이 성화입니다. 그것을 언약의 현재화라고 했습니다.

성화는 중생으로부터 시작합니다. 중생으로 우리 안에 새로운 영적 본성이 심어집니다. 새로운 존재는 새로운 원리대로 살아가야 합니다. 그 일을 위해 하나님께서는 성경 말씀과 성령님의 내주하심으로 영적인 원리를 배양하며 발전시켜 나가고 완성이 되게 하십니다.[144] 칼빈은 예수 그리스도께서 우리 안에 내주하시면서 성령님을 통해 성도가 그리스도와 연합된다고 보았으며, 존 오웬은 성령님의 역사가 성도 안에 내주하고 역사함으로써 그리스도와 하나가 되게 하신다고 보았습니다.

하실 대, 하나님은 우리가 이전에 가졌던 것과는 전적으로 다른 힘 또는 능력을 우리에게 공급해 주시는 것이 아니다. 그와 달리 하나님은 우리로 하여금 하나님이 우리에게 주신 선물들을 악한 방식 대신 바른 방식으로 사용할 수 있게 하신다. 성화는 우리에게 하나님을 영화롭게 하는 방식으로 생각하고, 원하고, 사랑할 수 있는 능력, 하나님을 따라 하나님처럼 생각하고 하나님의 뜻과 조화를 이루는 일을 할 수 있는 능력을 부여한다. 성화는 또한 하나님을 기쁘시게 하는 삶을 살 수 있게 되는 것을 의미한다. 일반적으로 하나님이 우리를 거룩하게 하실 때, 하나님은 우리로 하여금 '선한 일'을 할 수 있게 하신다고 한다. 그런데 우리는 이 선한 일을 공로가 되는 것으로 여겨서는 안 되며, 우리에게는 그런 일을 완벽하게, 다시 말해서 흠도 전도 없이 할 수 있는 능력도 없다."
144) A. A. 핫지, **웨스트민스터 신앙고백해설**, 김종흡 역 (경기: 크리스찬다이제스트, 2008), 256.

존 칼빈의 성화론은 기독교 강요 제3권 제14장 1항에서부터 제18장 10항에 나옵니다. 물론, 칼빈은 성화에 대해서 3권 1장부터 칭의와 연관되어 말하고 있습니다. 칼빈의 기독교 강요에는 중생과 회개를 말할 때, 회개를 성화와 동일시하고 있습니다. 회개를 단순히 중생 이전의 회개가 아니라 중생 이후의 회개도 말하기 때문입니다.145) 그래서 칼빈은 회개의 두 부분을 '죽이는 일'(mortification)과 '살리는 일'(vivification)이 있다고 말했습니다.146) 이 죽이는 일과 살리는 일이 존 오웬에게는 '죄 죽임'과 '은혜 살림'으로 나타납니다. 존 오웬은 50년 뒤 사람이고 그 탁월한 경건과 지성으로 인해 개혁신앙의 최전선에서 싸워야 했던 칼빈보다 더 깊이 있게 성화의 교리를 정립해 갔습니다.

칼빈은 성화의 목적을 하나님 형상의 회복에 있다고 말했습니다.147) 하나님의 형상을 회복한다는 것은 첫 사람 아담이 범죄함으로 잃어버렸던 하나님의 의를 다시 회복하는 것입니다. 칼빈은 중생과 성화를 함께 말합니다. 평생토록 회개를 실천함으

---

145) 존 칼빈, **기독교강요(중)**, 원광연 역 (경기: 크리스챤다이제스트, 2003), 82; "여기서 믿음에서부터 회개로 곧바로 넘어가기로 하자. 이 회개의 문제들을 바로 깨닫게 되면, 사람이 오직 믿음으로만 의롭다 하심을 받는다는 사실이 더 선명하게 드러나며, 또한 실질적인 거룩한 삶이 값없는 의의 전가와 분리 될 수 없다는 사실도 드러날 것이다. 자, 여기서 논란의 여지가 없는 분명한 사실은 회개가 끊임없이 믿음의 뒤를 따를 뿐 아니라 믿음에서 난다는 점이다. 죄 사함과 용서가 복음을 전함으로 말미암아 베풀어져서 죄인으로 하여금 사탄의 권세와 죄의 멍에와 악의 비참한 굴레에서 자유케 되어 하나님 나라로 옮겨가도록 만들어 주는 것이므로, 스스로 과거의 삶의 잘못된 것들을 고치고 올바른 길로 돌이키며 또한 회개를 실행하는 데 온 노력을 기울이게 되지 않고서는 복음의 은혜를 받았다고 말할 수가 없는 것이다." 기독교강요. 3.3.1.
146) 같은 책, 85. 기독교강요. 3.3.3.
147) 같은 책, 92; "그러므로 한 마디로 말해서, 나는 회개를 중생 (重生)으로 이해하는데, 그 유일한 목적은 아담의 범죄로 말미암아 일그러지고 거의 지워져버린 하나님의 형상을 우리 속에 회복시키는 것이다." 기독교강요. 3.3.9.

회복시켜 간다고 보았습니다. 그렇다고 우리가 받은 그리스도의 의를 우리가 평생토록 노력해서 회복한다는 뜻이 결코 아닙니다. 칼빈이 이때 회복하는 의는 이런 것입니다.

> 하나님께서는 계속적인 - 그리고 때로는 아주 더디기도 한 - 과정을 통해서 그의 택한 자들 안에서 육체의 부패성들을 제거하시고, 그 죄책을 깨끗케 하시며, 그들을 성전(聖殿)으로 거룩히 구별하시며, 참된 순결에 이끌리는 모든 성향을 회복시켜 가시므로 하나님의 택한 자들은 평생토록 회개를 실천하며, 또한 이러한 싸움이 죽음에 이르러서야 비로소 종결될 것임을 아는 것이다. … 내가 말하고자 하는 것은 오히려, 누구든 하나님을 가까이 닮으면 닮을수록, 하나님의 형상이 그의 안에서 더욱더 빛난다는 것이다. 신자들로 하여금 이 목표에 도달하도록 하시기 위하여, 하나님께서는 그들에게 회개의 경주를 명하시며, 따라서 그들은 평생토록 그 경주를 경주해야 마땅한 것이다.148)

칼빈에 의하면, 그리스도를 믿은 성도들이 육체의 부패성이 제거되고, 자기를 거룩하게 구별함으로써 참된 순결에 이끌려 살아가게 되는 것입니다. 그 싸움이 평생토록 있으며, 그 과정에 회개가 있게 됩니다. 그런 까닭에 점진적 성화라고 합니다. 중생을 통해 단회적으로 성화가 완성되는 것이 아니라 평생에 걸쳐 점진적으로 지속해서 이루어가야 하는 거룩함의 과정이기 때문입니다.

사람이 무엇이든지 계속해서 감당해 간다는 것은 쉬운 일이 아닙니다. 그것도 자기가 하나님 앞에서 자기 죄를 인정하고 계속해서 죄와 싸워간다는 것은 더더욱 어려운 일입니다. 칼빈의 성화론에서 중요한 부분을 차지하는 것은 성령 하나님께서 예수 그리스도와 우리를 연합시키는 것이며, 우리가 양자가 되었다는 것

---

148) 존 칼빈, **기독교강요(중)**, 원광연 역 (경기: 크리스챤다이제스트, 2003), 92–93. 기독교강요 3.3.9.

입니다. 그 두 가지가 성도의 성화에 있어서 핵심적인 요소입니다. 칼빈은 성령 하나님께서 예수 그리스도와 성도들을 효과적으로 연합하는 까닭에, 성령님의 역사가 없으면 그리스도의 십자가 대속과 부활이 무의미해진다고 보았습니다.

이제 칼빈의 성화론을 성경을 통해 확인해 보겠습니다. 마태복음 11장에 가면 예수님께서 회개에 대해 심각하게 경고하셨습니다. 첫 번째는 세례 요한을 들어 말씀하셨습니다. 세례 요한이 회개하라고 선포해도 기어이 회개하지 않는 자들이 있었습니다. 마태복음 11장 17-18절에서, 예수님께서 이렇게 말씀하셨습니다.

> 17 이르되 우리가 너희를 향하여 피리를 불어도 너희가 춤추지 않고 우리가 슬피 울어도 너희가 가슴을 치지 아니하였다 함과 같도다 18 요한이 와서 먹지도 않고 마시지도 아니하매 그들이 말하기를 귀신이 들렸다 하더니(마 11:17-18)

바리새인들과 율법사들을 놀이에서 아이들과 함께 기뻐하고 함께 슬퍼하지 않는 심통 난 아이들에 비유하셨습니다.[149] 바리새인들과 율법사들은 세례요한에게도 장단을 맞추지 않았고 예수 그리스도께도 어울리지 않았습니다. 그런 일에 대해서 예수님께서 이렇게 말씀하셨습니다.

> 18 요한이 와서 먹지도 않고 마시지도 아니하매 그들이 말하기를 귀신이 들렸다 하더니 19 인자는 와서 먹고 마시매 말하기를 보라 먹기를 탐하고 포도주를 즐기는 사람이요 세리와 죄인의 친구로다 하니 지혜는 그 행한 일로 인하여 옳다 함을 얻느니라(마 11:18-19)

---

149) 매튜 풀, **청교도성경주석 마태복음**, 박문재 역 (파주: 크리스찬다이제스트, 2015), 211.

바리새인들과 율법사들은 세례 요한과 그리스도 중에서 그 어느 쪽도 좋아하지 않았습니다. 그들은 그저 욕하고 비난하고 배척하는 일 밖에 한 일이 없습니다. 왜 그랬습니까? 마음이 불편했기 때문입니다. 세례 요한이 전파하는 말이나 예수님의 말씀이 자신들의 심기를 거슬렸습니다. 그들은 결코, 회개하지 않았습니다. 예수님께서는 저 이방인의 땅 두로와 시돈에서 권능을 행하였더라면 벌써 회개했을 것이라고 말씀하셨습니다.

> 21 화 있을진저 고라신아 화 있을진저 벳새다야 너희에게 행한 모든 권능을 두로와 시돈에서 행하였더라면 그들이 벌써 베옷을 입고 재에 앉아 회개하였으리라 22 내가 너희에게 이르노니 심판 날에 두로와 시돈이 너희보다 견디기 쉬우리라 23 가버나움아 네가 하늘에까지 높아지겠느냐 음부에까지 낮아지리라 네게 행한 모든 권능을 소돔에서 행하였더라면 그 성이 오늘까지 있었으리라 24 내가 너희에게 이르노니 심판 날에 소돔 땅이 너보다 견디기 쉬우리라 하시니라(마 11:21-24)

이 말씀이 무슨 뜻입니까? 너희들에게 행한 권능을 저 이방인들에게 행하였더라면, 제발 살려달라고 죽기 살기로 매달렸을 것이라고 말씀하셨습니다. 하나님을 안다고 하면서도 하나님의 심판을 말해도 눈 하나 깜짝하지 않았습니다. '내가 심판을 받으면 세상에 남을 인간이 어디 있어요?' 이런 썩은 양심으로 사는 겁니다. 설교를 들어도 반응을 하지 않습니다. 회개는 먼 나라 이웃 나라 이야기입니다. 마음에 무슨 생각을 합니까? '하나님이 나한테 해 준 게 뭐 있는데요?' 그러고 있습니다. 29절에서 이렇게 말씀하셨습니다.

> 나는 마음이 온유하고 겸손하니 나의 멍에를 메고 내게 배우라 그리하면 너희 마음이 쉼을 얻으리니(마 11:29)

예수님의 이 말씀에서 온유가 나옵니다. 무슨 온유입니까? 11장 전후의 문맥을 잘 살펴보면, 예수님의 온유는 자기 죄를 회개하고 살려달라고 엎드리는 그 사람을 예수님께서 기꺼이 받아 주신다는 온유입니다. 예수님의 온유는 다만 부드러운 성품만을 의미하지 않습니다. 예수님께서 우리의 현실을 정확히 알고 계십니다. 마태복음 11장 28절에서, "수고하고 무거운 짐 진 자들아 다 내게로 오라 내가 너희를 쉬게 하리라"(마 11:28)고 말씀하셨습니다. 예수님께서 아시는 것을 목이 곧은 인간들은 모릅니다. 자기 의로 가득하니 "수고하고 무거운 짐 진 자들"이 아니고 한가롭고 여유롭게 살아가는 사람들입니다. 마치 현대 기독교인들이 '오늘 무슨 설교하는지 한 번 들어볼까?'라는 거만하고 교만한 자세로 하나님 앞에 나오는 사람들입니다. 바리새인들이 얼마나 악하냐 하면, 예수님께서 귀신들리고 눈멀고 말 못 하는 사람을 고쳐 주셨을 때, 이렇게 말했습니다.

> 바리새인들은 듣고 이르되 이가 귀신의 왕 바알세불을 힘입지 않고는 귀신을 쫓아내지 못하느니라 하거늘(마 12:24)

이 말씀의 의미가 무엇입니까? 바리새인들이 자신들의 능력 밖에서 일어난 일에 대해서는 인정하기 싫다는 뜻입니다. 자기들 한계를 초월하여 일어난 일은 '귀신이 그런 거다' 그렇게 그리스도를 짓밟고 능멸했습니다. 무한하시고 인격적인 하나님께서 인간의 삶에 언제든지 역사하실 수 있다는 것을 거부하는 것입니다. 하나님을 아는 바리새인들입니다. 하나님의 율법을 지키려고 죽을 힘을 다하는 사람들입니다. 그런데 무엇을 인정하기 싫어합니까? 하나님께서 하나님의 주권으로 인간의 삶에 역사하시는 것을 인정하기 싫습니다. 바리새인들의 삶의 원리가 무엇입니까? '우리는 의롭게 산다'는 겁니다. 하나님의 은혜가 개입할 여지가 없습니다.

이런 것을 오늘날 인본주의라 하고 합리주의라고 합니다. 인본주의(Humanism)는 인간을 모두 중심에 놓고 인간이 가치 판단의 기준으로 삼는 것입니다. 합리주의(rationalism)는 자기 자신으로부터 만들어지는 지식만을 수용하는 것입니다. 인간이 모든 것의 중심이 되며, 한 개인이 모든 것의 중심에 나(Me)를 놓고 살아갑니다. 합리주의는 전적으로 인간 자신으로부터 출발하여 세계를 이해하는 것입니다.[150] 쉐퍼는 인본주의와 합리주의, 이 두 가지를 인간이 하나님께 들어 올린 두 가지 반기라고 말했습니다.

바리새인들은 천사나 부활을 믿습니다. 마태복음 12장 24절에 보듯이 귀신에 대해서도 말합니다. 이것이 무엇을 말할까요? 자기 의에 기초해서 비이성적인 존재를 말하게 되면 사실은 연결점이 없는 것입니다. 그것은 프란시스 쉐퍼의 표현대로 말하자면, 상층부로 도약하는 것입니다. 메시아이신 예수님께서 오셔서 인간의 이성을 초월하는 일을 했을 때, '그것은 귀신이 한 거야' 그렇게 경멸해 버렸습니다. 오늘날 신정통주의자들이 관상기도를 합니

---

[150] 프란시스 쉐퍼, **기독교 교회관**, 박문재 역 (고양: 생명의말씀사, 2002), 32.

다. 그것은 종교적 도약입니다.

그런 까닭에, 우리가 이 마태복음 11장과 12장을 연속해서 보면서 두 가지를 볼 수 있어야 합니다. 그 첫 번째는 인간이 자기 능력에 근거한 자기 의에 가득하니까 자기의 비참한 모습을 못 봅니다. 예수님께서 보시면 '너희들은 수고하고 무거운 짐 진 자들이야'인데, 자기들이 자신을 평가할 때에, '멀쩡해요'라고 말하는 것입니다. 두 번째는, 자기 능력 밖에 일어나는 일에 대해서는 '나는 모르쇠, 귀신이 했겠지' 그러면서 하나님 안 믿는 사람과 똑같은 말을 합니다. 그 말은 하나님도 모르고 메시아도 모르는 저 세상 사람들이나 하는 말입니다. 세상이 하나님을 말하고 귀신을 말할 때 그 말이 의미가 있습니까? 아무런 의미도 없습니다. 그런 것을 썸씽(something)이라 합니다. 그러니 성령 훼방 죄가 되는 겁니다.

놀랍게도 칼빈도 그런 위험성을 간파하고 있었다는 것을 알 수 있는 대목이 있습니다. 성화를 말하면서 죽이는 일과 살리는 일을 말할 때, 기독교인이 범하는 잘못에 대해 칼빈은 잘 말해 줍니다. 칼빈의 시대에나 오늘날의 시대나 아주 고질적인 악이 있기 때문입니다.

> 플라톤은 때때로 말하기를, 철학자의 삶은 죽을 때까지 명상하는 삶이라고 했다. 그러나 우리는 더욱 참된 의미에서 그리스도인의 삶은 육체가 완전히 죽임을 당하고 하나님의 영이 우리 속에서 완전히 다스리시기까지 육체를 죽이는 끊임없는 노력의 연속이라고 말할 수 있을 것이다.151)

---

151) 존 칼빈, **기독교강요(중)**, 원광연 역 (경기: 크리스챤다이제스트, 2003), 109. 기독교강요 3.3.20.

죄를 대항해서 계속해서 싸워가야 하는 싸움이 성도들에게 있습니다. 죄와 싸워가는 일을 어제도 하고, 오늘도, 내일도 계속해서 싸워가야 합니다. 그런데 사람이 '어떤 생각을 하느냐?' 하면, '싸우는 거는 부질없는 짓이야. 싸우려고 하지 말고 그냥 다 주님께 맡기면 되는 거야'라고 말합니다. 그러면 당연히 이렇게 물을 거 아니에요. '어떻게 맡깁니까?'라고 말입니다. 그러면 그 사람이 하는 말이, '나처럼 명상해봐라' 그러는 겁니다.

칼빈 시대에 플라톤의 명상이 웬 말이겠습니까? 세상은 열심히 살면 무엇이 될 줄 알았는데 아무것도 되는 것이 없습니다. 아무것도 안 된다고 그냥 포기하고 죽을 수는 없으니까, 뭐라고 해야 허무하게 죽어가는 인생에 무슨 위안이 되는 겁니다. 그 위안이라는 것이 명상입니다. '너는 원래 괜찮은 인간이야.' 그렇게 자기 위안을 하는 겁니다. 성경은요? 정반대로 말합니다. '너는 괜찮은 인간이 아니다. 너는 죄인이야. 너는 회개하고 예수 그리스도를 믿어야 하는 비참한 존재야!'라고 말합니다. 예수 그리스도를 믿고 난 뒤에도 그 죄와의 싸움을 끝까지 해 가야 합니다. 계속 싸워갈 때 점진적으로 성화가 되어 갑니다. 그 싸움에는 반드시 회개가 있습니다.

회개가 무엇입니까? 칼빈은 고린도후서 7장 11절로 회개를 말했습니다.

> 보라 하나님의 뜻대로 하게 된 이 근심이 너희로 얼마나 간절하게 하며 얼마나 변증하게 하며 얼마나 분하게 하며 얼마나 두렵게 하며 얼마나 사모하게 하며 얼마나 열심 있게 하며 얼마나 벌하게 하였는가 너희가 그 일에 대하여 일체 너희 자신의 깨끗함을 나타내었느니라(고후 7:11)

칼빈은 사도 바울이 7가지 회개를 말한다고 정리했습니다. 1) 간절하게 하며, 2) 변증하게 하며, 3) 분하게 하며, 4) 두렵게 하며, 5) 사모하게 하며, 6) 열심 있게 하며, 7) 벌하게 한다는 것입니다.152)

첫 번째로, 회개는 간절함(혹은, 조심함: carefulness)이 생겨나는 것입니다. 하나님께 죄를 범했다는 것을 깨닫고 자기 자신에 대해 생생한 불만을 느끼게 된 사람이 가지는 첫 번째 자세는 조심하는 것입니다. 헬라어의 원래 의미는 '열렬한 관심'을 의미합니다. 12절에서는 사도 바울이 고린도 교회에 편지를 보내는 이유가 열심을 일으키는 것이라고 말했습니다.153) 칼빈은 그 열심을, 주의를 기울이는 열심으로 보았습니다. 그것은 사탄의 올무를 피하고 교회를 무너뜨리려는 사탄의 궤계를 미리 대비하는 것입니다. 다시는 성령 하나님의 다스림에서 벗어나지 않도록 하고, 헛된 안도감에 빠지지 않도록 부지런히 주의를 기울이는 것입니다.

두 번째는, 변증입니다. 회개를 말하는데 어떻게 변증이라는 단어가 나옵니까? 여기 변증이란 죄인이 하나님의 심판을 피하기 위하여 자기가 저지른 잘못을 부인하거나 축소 시키고자 하는 자기방어적인 변호(defense)를 의미하지 않습니다. 여기서 변증이란 깨끗이 씻는 것을 의미합니다. 자기의 죄에 대해 핑계를 대고 구

---

152) 같은 책, 99-101.
153) 그런즉 내가 너희에게 쓴 것은 그 불의를 행한 자를 위한 것도 아니요 그 불의를 당한 자를 위한 것도 아니요 오직 우리를 위한 너희의 간절함이 하나님 앞에서 너희에게 나타나게 하려 함이로라(고후 7:12).

실을 마련하는 것이 아니라, 자기 죄를 솔직하게 인정하고 용서를 구하면서 문제를 해결하는 것입니다. 아이들이 부모에게 지은 죄에 대한 용서를 구함으로써 부모를 향한 의무와 도리를 저버리지 않았다는 것을 증명하는 것입니다. 나는 의롭고 무죄하다는 것이 아니라 용서를 구하고 은혜를 바라는 것입니다.

세 번째는 분노입니다. 자신들이 얼마나 어리석고 바보 같은 짓을 했는지 절감하고 죄인이 속으로 자기 자신에 대해서 탄식하는 것입니다. 죄인이 자기의 허물을 인정하고, 자기 자신의 패역함과 하나님을 향한 배은망덕함을 깨닫는 상태를 말합니다.

네 번째로는 두려움입니다. '죄인들을 향하신 하나님의 진노가 얼마나 극심한가?'를 생각하는 것입니다. 또한, 우리가 그 진노를 받아 마땅하다는 사실을 생각할 때마다 우리 마음속에서 두려움과 떨림이 생겨나는 것입니다. 그런 상태가 되면 굉장한 불안이 오게 되고, 그로 말미암아 겸손을 배우며 또한 이후로 더욱 조심하게 됩니다.

다섯 번째로는 사모함입니다. 다시는 그런 동일한 죄와 시험에 빠지지 않도록 하나님께서 지켜 주시기를 진심으로 기도하는 것입니다. 여섯 번째로는 열심입니다. 이제는 적극적으로는 성도의 언약적 의무를 부지런히 행하고, 죄를 짓기보다 순종하려는 자세를 열망하는 것입니다. 일곱 번째로는 벌함입니다. 자신에게 허용된 자유일지라도 그 자유로 인해 범죄 할까 봐 염려하면서 자신의 자유를 함부로 사용하지 않고 절제하는 삶을 살아가는 것입니다.154)

칼빈은 이런 회개가 있다면 하나님을 향해 경건하게 살며, 이웃을 향한 사랑이 있고, 삶 전체에서 거룩함과 순결함을 이루어 간다고 말했습니다.155) 그 모든 것들은 우리가 잘 나서가 아니라 예수 그리스도께서 우리 안에 계시고 성령 하나님께서 역사하심으로 이루어지는 결과입니다. 그런 회개에 대해 칼빈은 이렇게 말했습니다.

> 우리가 우리 자신에 대해서 엄격하여 우리 자신의 죄들을 예리하게 살필수록, 하나님이 우리를 향하여 자비하시고 긍휼을 베푸시리라는 소망을 더욱더 가져야 한다.156)

성도들은 자신의 죄를 깊이 돌아보고 회개할 때에 우리를 받아주시는 하나님의 자비와 긍휼을 소망합니다. 플라톤주의자들은 명상하면서 자기를 위로하지만, 예수 그리스도를 구주로 믿는 성도는 무한하시고 인격적인 하나님께 달려갑니다. 명상한다는 것은 하나님의 인격성을 부정하는 것입니다. 우리는 하나님의 살아계심

---

154) 매튜 풀, **고린도전후서**, 박문재 역 (파주: 크리스챤다이제스트, 2015), 380.
155) 존 칼빈, **기독교강요(중)**, 원광연 역 (경기: 크리스챤다이제스트, 2003), 102. 기독교강요 3.3.16.
156) 같은 책, 101; 기독교강요 3.3.15. "영혼이 하나님의 심판에 대한 끔찍한 두려움에 사로잡히게 되면, 자기 스스로 형벌 집행자가 되어 자기 자신에게 형벌을 가하게 되지 않을 수 없다는 것이 분명하다. 경건한 자는 부끄러움과 혼란, 탄식, 자기에 대한 불만, 그리고 죄를 생생하게 인식함으로써 생겨나는 이런저런 감정들 속에 형벌이 있다는 것을 느낄 것이다. 그러나 여기서 절제를 발휘해야 한다는 사실을 잊어서는 안 된다. 근심이 우리를 온통 사로잡게 해서는 안 된다. 양심이 두려워할 때에 가장 빠지기 쉬운 위험은 바로 절망인 것이다. 그리고 사탄은 하나님에 대한 두려움에 싸여 있는 사람을 향하여 바로 이런 궤계를 써서 그 사람을 그 깊고 깊은 슬픔과 근심의 소용돌이 속에 집어넣어서 절대로 거기서 헤어 나오지 못하도록 만들려 하는 것이다. 결국 자기를 낮추는 데로 이어지고 또한 용서에 대한 소망에서 벗어나지 않는 두려움이라면 그보다 좋은 것은 없을 것이다. 그러나 사도의 교훈에 따라서(히 12:3), 죄인은 자기 자신에 대한 불만이 지나친 두려움과 근심으로 이어져서 지쳐서 낙심하게 되지 않도록 언제나 경계를 게을리 해서는 안 되는 것이다. 그렇게 되면, 우리는 회개를 통해서 우리를 자기에게로 부르시는 그 하나님께로부터 오히려 도망하는 꼴이 되어 버리는 것이다."

과 영원하심과 인격성을 믿기 때문에 명상을 하는 것이 아니라 하나님께 회개하며 그의 의를 사랑하며 살기를 갈망합니다. 그리하여 하나님의 형상을 회복해 갑니다.

그렇게 하나님을 의지하며 하나님의 의를 붙들 때, 죄를 미워하며 인격이 변하게 됩니다. 인격이 변하는 것은 '하나님의 임재를 얼마나 인식하느냐?'와 '하나님의 계명에 얼마나 순종하느냐?'에 달려 있습니다. 하나님의 임재는 하나님의 존재 앞에 자기를 대면하는 것입니다. 하나님의 계명, 하나님의 기준에 자기를 대조하고 일치하는 것입니다. 하나님 앞에 자기를 대면할 때 하나님의 영광을 누립니다. 하나님의 계명에 일치시킬 때 하나님을 향한 열망이 일어납니다. 그렇게 하나님의 영광을 누리고 하나님을 향한 갈망이 있을 때 우리의 인격이 변화됩니다.

우리 자신을 과거의 상처와 고난 속에 몰아가지 말고 하나님 앞에 나아가 회개하며 용서를 받고 그 영광을 누리고 더 하나님의 계명에 순종하려는 열망으로 가득해야 합니다. 우리를 인도하고 보호하는 분은 우리 주 예수 그리스도뿐입니다. 내가 그리스도의 계명에 순종할 때에 그리스도의 인격을 닮아갑니다. 그것이 성화입니다.

오늘은 칼빈의 성화론에 대해 살펴보았습니다. 우리 안에 참된 회개가 있는지 돌아보아야 합니다. 하나님 앞에 더 잘 순종하려고 더욱 주의하고 조심하고 살려는 갈망이 우리 안에 있는지 진지하게 생각해 보아야 합니다. 우리가 회개하며 아버지 하나님 앞에 나아갈 때 하나님께서는 하나님의 자비와 긍휼로 우리를 받아주시고 용서해 주십니다. 히브리서 11장 6절에서 이렇게 말합니다.

> 믿음이 없이는 하나님을 기쁘시게 하지 못하나니 하나님께 나아가는 자는 반드시 그가 계신 것과 또한 그가 자기를 찾는 자들에게 상 주시는 이심을 믿어야 할지니라(히 11:6)

믿음의 선진들이나 우리들이나 믿음으로 하나님께 나아갈 때, 하나님께서 살아계시고 우리에게 상 주시는 분이심을 믿고 나아갑니다. 세상으로부터의 상을 기대하지 않았습니다. 세상에서는 나그네로 살았습니다. 하나님이 우리의 상입니다. 고난을 받고, 핍박을 받고, 눈물과 세월을 보내더라도 하나님 앞에 믿음으로 살아가는 이 하루하루가 상입니다. 자신을 돌아보고 회개하며 사는 것이 상입니다. 그 사람이 제일 능력 있는 사람이고 그 사람이 진짜 실력자입니다.

하나님께서 나를 기억하시기에 오늘 하루를 진지하게 살아갑니다. 실수하고 죄지어도 아버지 앞에 달려 나아가고 용서와 은혜를 구하며 살아갑니다. 우리는 세상의 보화보다 그리스도와 함께 고난을 받고 하나님의 백성들과 함께 아픔을 같이하는 것이 우리의 낙이기 때문입니다. 우리가 영원히 거할 곳은 이 땅의 금싸라기 호화별장이 아니라 하나님의 나라이기 때문입니다. 하나님의 나라에서 하나님의 영광을 누릴 때까지 죄와 싸우며 계명에 순종하면서 언약의 현재화를 이루어 가는 주의 백성들이 다 되시기 바랍니다.

20 온유한 자 5

> 1 예수께서 무리를 보시고 산에 올라가 앉으시니 제자들이 나아온지라 2 입을 열어 가르쳐 가라사대 3 심령이 가난한 자는 복이 있나니 천국이 저희 것임이요 4 애통하는 자는 복이 있나니 저희가 위로를 받을 것임이요 5 온유한 자는 복이 있나니 저희가 땅을 기업으로 받을 것임이요(마 5:1-5)

예수님의 산상설교 스무 번째 시간입니다. 온유한 자, 다섯 번째 시간입니다. 오늘은 산상설교의 온유한 자와 존 오웬(John Owen, 1616-1683)의 성화론에 대해서 배우도록 하겠습니다. 먼저 온유, 온유한 자에 대해서 살펴보도록 하겠습니다. 마태복음 5장 3절의 심령이 가난하다는 말씀과 5절의 온유한 자라는 말의 히브리어는 다 같이 '아니'입니다. 온유한 자나 가난한 자가 다 같은 사람이라는 뜻입니다. 3절의 '아니', 심령이 가난한 자는 존재적 관점에서 '아니'입니다. 죄의 비참함을 보는 '아니'입니다. 5절의 아니, 온유한 자는 관계적 관점에서의 '아니'입니다. 나와 다른 사람들과의 관계에서, 그리고 하나님과 나 자신과의 관계에서 '아니'입니다.[157]

여호와는 '아니'의 편입니다. 여호와께서 자기 죄를 회개하고 하나님을 찾는 자들의 편이십니다. 여호와께서는 세상의 것을 의

---

[157] 장재일, **히브리적 관점으로 다시 보는 마태복음** (서울: 쿰란출판사, 2013), 182-183; "예수께서 말씀하시는 '온유한 자가 복이 있어서 땅을 차지한다'는 말씀은 시편 37편을 모티브로 한 것이다. 특히 불의한 자의 폭행과 불공평한 탈취에 대하여 참고 견디며 하나님의 주권을 잠잠히 기다리는 자에게 베풀어질 복을 언급하는 면에서 아주 밀접한 연관을 갖는다. … 히브리어의 '온유'(아나)라는 표현 속에는 자신의 힘이 없어서 대항할 수 없으므로 하나님의 개입하심과 구원을 기다린다기 보다는 어떤 모양으로든지 대항할 수 있지만 하나님의 해결하심을 기다리며 고통을 참고 견디는 사람들이라는 의미가 들어 있다. 즉, 본문에서 지칭하는 '온유한 사람'(아나빔)이란 바로 자신의 것이 빼앗겼음에도 부록하고 하나님이 해결해 주실 것을 기대함으로 상대방과 다투거나 싸우지 않는 사람, 하나님의 주권을 기다리는 사람을 말한다."

지하지 않고 오직 언약의 하나님만을 의지하는 자들의 편이십니다. '아니'는 사회적으로 억압을 당하고 물질적으로 가난한 사람입니다. '아니'는 하나님의 나라와 의를 구하기 때문에 고난을 받고 핍박을 받는 사람입니다. '아니'는 깊은 곤궁과 어려움 속에서 겸손하게 여호와의 도움만을 바라보는 사람이며 그리고 여호와를 의지할 때 여호와로부터 도움을 받는 사람들입니다(습 3:12, 2:3; 사 41:17, 49:13, 66:2).

민 12장 3절에 보면, "모세는 온유함이 지면의 모든 사람보다 승하더라"고 말했습니다. 모세가 구스 여자를 취하였을 때 미리암과 아론이 모세를 비방했습니다. 그런데 그 일을 두고서 그들이 모세에게 한 말이 놀랍습니다.

> 그들이 이르되 여호와께서 모세와만 말씀하셨느냐 우리와도 말씀하지 아니하셨느냐 하매 여호와께서 이 말을 들으셨더라(민 12:2)

미리암과 아론은 모세의 탁월한 지위에 대해 시기하고 질투했습니다. 그들은 모세의 중보자적 지위에 반기를 들었습니다. 미리암과 아론은 교만한 질투심에 사로잡혀서 모세를 대적했습니다. 하나님께서 세 사람을 부르시고 미리암과 아론에게 이렇게 말씀하셨습니다.

> 6 이르시되 내 말을 들으라 너희 중에 선지자가 있으면 나 여호와가 환상으로 나를 그에게 알리기도 하고 꿈으로 그와 말하기도 하거니와 7 내 종 모세와는 그렇지 아니하니 그는 내 온 집에 충성함이라(민 12:6-7)

성경을 보면, 3절에서, "이 사람 모세는 온유함이 지면의 모든 사람보다 승하더라"(민 12:3)고 말하고, 7절에서는 충성했다고 말합니다. 모세의 온유함은 모세의 충성함에 있다는 뜻이 됩니다. 모세의 충성이란 하나님과 하나님의 언약을 확실하게 믿고 순종했다는 뜻입니다. 그것은 언약의 DNA 헤세드, 언약의 충성입니다.

저 미리암과 아론처럼, '누가 높으냐? 낮으냐?'를 따지는 것이 아니라 하나님의 부르심에 감사하고 그 직분을 성실하게 감당해 가는 것이 전부입니다. 예수님께서 예루살렘으로 가실 때 제자들이 누가 더 높은지 서로 다투었던 것처럼 그런 마음으로는 하나님의 나라를 이룰 수 없습니다. '온유하다'. '온유한 자'라고 말하는 것은 하나님의 부르심 그대로 사심 없이 순종하는 자의 성품입니다. 온유는 그렇게 수없이 고난을 받고 연단을 받으면서 '여호와가 주시다'라고 고백하며 감사할 때 만들어집니다.

온유한 자를 옛날에는 겸손(humility)으로 정의했습니다. 점차로 그 단어를 뺀 이유는 겸손이라는 말로는 다 표현할 수 없는 단어이기 때문입니다. 온유가 정확히 무슨 말을 의미하는지 견해 차이가 있습니다. 아더 핑크는 온유는 네 가지 의미를 포함하고 있다고 보았습니다.[158] 첫째로, 온유는 겸손과 관련되어 있습니다. 마태복음 11장과 에베소서 4장에서 이렇게 말합니다.

> 나는 마음이 온유하고 겸손하니 나의 멍에를 메고 내게 배우라 그리하면 너희 마음이 쉼을 얻으리니(마 11:29)

---

[158] 아더 핑크, *산상수훈강해*, 지상우 역 (고양: 크리스챤다이제스트, 2011), 27.

> 1 그러므로 주 안에서 갇힌 내가 너희를 권하노니 너희가 부르심을 받은 일에 합당하게 행하여 2 모든 겸손과 온유로 하고 오래 참음으로 사랑 가운데서 서로 용납하고(엡 4:1-2)

이 두 구절에 보면, 온유와 겸손이 함께 하고 있습니다. 겸손하다는 것은 하나님 앞에 자기를 낮추는 것입니다. 낮춘다는 것은 하나님을 주로 높인다는 뜻입니다. 여호와는 언약의 시혜자이시고 우리는 하나님의 언약의 혜택을 받는 수혜자입니다. 온유는 약함이 아닙니다. 온유는 하나님의 주권과 일하심을 인정하고 높여드리며 그 언약의 말씀에 적극적으로 순종하는 자세입니다. 진실한 회개와 성실한 순종의 마음이 온유입니다. 오래 참는다는 것은 인내를 말합니다. 언약의 현재화를 지속적으로 이루어 가면서 그 열매가 나타날 때까지 기다리는 것입니다. 그렇게 되는 것이 하나님의 은혜입니다. 은혜 아니면 독한 쓴 뿌리가 생겨서 강퍅해지고 망합니다. 주의 백성들은 주신 은혜에 합당한 반응을 해야 합니다. 그것은 언약의 계명을 순종하는 것입니다.

둘째로, 온유는 관용과 관련되어 있습니다. 고린도후서와 디도서에서 이렇게 말합니다.

> 너희를 대면하면 유순하고 떠나 있으면 너희에 대하여 담대한 나 바울은 이제 그리스도의 온유와 관용으로 친히 너희를 권하고(고후 10:1)
> 아무도 비방하지 말며 다투지 말며 관용하며 범사에 온유함을 모든 사람에게 나타낼 것을 기억하게 하라(딛 3:2)

이 말씀은 온유와 관용을 함께 말하고 있습니다. 매튜 풀은 온유는 내적인 덕목으로 관용은 외적인 덕목으로 보았습니다.[159)]

그것은 디도서 3장 2절을 보면 더 명확해집니다. 관용이란 "개인의 이익이나 권리를 주장하지 않고, 타인의 어려움을 돕는 자세를 의미"합니다. 그 마음의 자세는 그리스도의 온유에서 나온 것입니다. 그리스도의 온유는 자기 백성을 부르시고 찾으시는 부성적 사랑입니다. 그리스도께서 한 영혼을 향해 가지시는 그 마음이 온유입니다.

셋째로, 온유는 분노와 반대입니다. 야고보 사도는 이렇게 말합니다.

> 20 사람이 성내는 것이 하나님의 의를 이루지 못함이라 21 그러므로 모든 더러운 것과 넘치는 악을 내버리고 너희 영혼을 능히 구원할 바 마음에 심어진 말씀을 온유함으로 받으라(약 1:20-21)

야고보서 1장 20절은 하나님 앞에 의롭지 않은 분노를 말합니다. 1장 2절부터 사람이 시험을 만날 때 온전히 기쁘게 여기라고 말하고 20절에서는 그런 시험의 때에 분노하지 말라고 말했습니다. 우리를 구원한 그리스도의 말씀을 온유함으로 받아야 시험에서 승리할 수 있습니다. 온유함으로 받지 않으면 어떻게 될까요? 출애굽 한 이스라엘 백성들이 하나님의 말씀을 거역하고 그 마음에 쓴뿌리가 일어났던 것처럼 됩니다. 여기서 쓴뿌리는 저 내적 치유자들이 말하는 쓴뿌리가 아니라 하나님을 반역하고 언약을 깨뜨리며 인간의 죄악 된 욕망을 따라 행하는 패역하고 악독한

---

159) 매튜 풀, **고린도전후서**, 박문재 역 (파주: 크리스챤다이제스트, 2015), 407; 〈"온유"는 심령 또는 속사람과 연관된 것으로서, 내면의 분노와 성급한 혈기를 유순하게 하여 쉽게 화를 내거나 혈기를 부리지 않는 덕목이고, "관용"은 좀 더 외적인 행실과 연관되어 있는 덕목이다.〉

마음입니다. 하나님의 인도하심, 하나님의 일하심에 대해서는 전혀 믿음을 가지지 않는 것입니다. 그런 것과는 반대되는 모습, 하나님의 일하심, 그 속에서 나를 연단해 가심을 보는 겁니다. 고난이 없으면 경건은 없습니다. 아픔과 고난 속에 온유가 만들어지고 하나님의 마음을 품어가게 됩니다.

넷째로, 온유는 하나님의 인도하심과 관련되어 있습니다.

> 온유한 자를 정의로 지도하심이여 온유한 자에게 그의 도를 가르치시리로다(시 25:9)

칼빈은 온유한 자를 하나님의 능력에 굴복되어 하나님의 통치에 스스로 복종하는 자라고 보았습니다.[160] 칼빈에 의하면, 그 하나님의 통치는 하나님의 부성적 사랑을 나타내는 것입니다. 현대인들은 '통치'라는 말을 들으면 억압을 생각하지만, 하나님의 통치는 창조경륜[161]을 이루기 위해 하나님께서 자기 백성들에게

---

[160] 존 칼빈, **구약성서주석 7** (서울: 성서교재간행사, 1983), 584; "시편 기자는 여기에서 하나님께서 베푸신 두 번째 은혜를 열거하고 있는데, 이 은혜는 하나님의 능력에 굴복되어 자신의 지배하에 들어와 자발적으로 그 멍에를 지고 그의 통치에 스스로 복종하는 자들에게 베푸시는 은혜이다. 그러나 천성적으로 교만에 가득 차서 의기양양하는 마음이 먼저 겸손하게 되고 굴복되기 전에는 어떠한 사람에게서도 이 온순성은 발견할 수 없다. '아나빔'이라는 히브리어는 '가련한 자들'이나 '고통 받는 자들'을 지칭하며, 비유적으로는 '온유하고 겸손한 자들'을 지칭하는 데 사용되고 있는 만큼, 추측컨대 다윗은 이 용어 속에 육신의 고집을 억제하고 굴복시키는데 도움이 되는 고통뿐 아니라 겸손의 은혜까지도 포함시키고 있는 것으로 보인다. 이는 마치 그가 하나님께서 먼저 그들을 낮추시고, 친절하게 자신의 손을 펴시어 전 생애에 걸쳐서 그들을 인도하고 안내하신다고 말한 것이나 다름없다. … 그러므로 '공의'와 '그 길'이란 여기서 하나님의 통치와 같은 의미로 쓰이고 있는데, 하나님은 이 통치를 행사하시면서 인자한 아버지처럼 자녀들의 안녕에 특별한 관심을 갖고 계시다는 점을 보여주시는데, 그것은 그들이 고통을 받고 있을 때는 구제하며, 그들이 눌려 있을 때는 일으켜 세워주며, 슬퍼할 때는 마음을 북돋아주고 위로하며, 압제를 받고 있을 때는 구조를 보내는 방법을 통해서이다. 그러므로 우리는 하나님께서 어떠한 순서에 따라서 우리에 대한 자신의 은혜를 나타내 보여주시는가 하는 점을 알게 된다."

[161] 서철원, **서철원박사의 교의신학3**, 인간론 (서울: 쿰란출판사, 2018), 28; "하나님은 창조경륜을 이

특별한 관심을 가지시고 위로하고 구원하시는 은혜를 말합니다.

이렇게 온유에 대한 의미를 살펴보았을 때, 온유는 하나님의 구원과 부성적 통치에 인격적으로 항복 된 마음이라는 것을 알 수 있습니다. 그렇게 인격적으로 항복 된 마음이라야 하나님의 백성으로 거룩하게 살아갈 수 있습니다. 어떤 일을 만나더라도 원망하고 불평하는 것이 아니라 하나님께서 그 부성적 사랑과 은혜로 우리를 인도하고 계심을 믿고 언약을 신실하게 지켜갈 수 있습니다. 그렇게 언약에 신실함으로 성령의 열매를 맺어가게 됩니다. 성령의 열매는 성화의 열매입니다. 예수 그리스도의 십자가 대속을 믿는 모든 성도는 성화의 열매를 맺어가는 자들입니다.

그런 차원에서 "온유한 자는 복이 있나니 저희가 땅을 기업으로 받을 것임이요"라는 말씀은 두 가지로 생각해 볼 수 있습니다. 첫 번째는, 이 복은 매우 언약 적이라는 것을 알 수 있습니다. 출애굽 한 이스라엘 백성들은 가나안 땅을 기업으로 받았습니다. 가나안에 들어가지 못한 백성들은 하나님을 거역하고 독한 마음을 가지고 언약을 배반한 자들입니다. 그들은 출애굽 한 이후로부터 계속해서 여호와를 배반하고 시내산 언약을 맺는 그 순간에도 금송아지를 숭배하면서 종교적 도약을 감행했던 사람들입니다. 만나와 메추라기 사건에서도 하나님을 원망하고 불평했으며 가나안에 들어가기 직전에 모압에서도 우상을 섬기며 음행을 저질렀습니다. 출애굽 1세대는 여호와의 심판을 받아 광야에서 죽임을

루시기 위하여 우주 만물을 창조하셨다. 창조경륜은 하나님이 자기의 백성을 가지고 그 백성 가운데 거하시며 찬양과 경배를 받으시는 것이다. 이 목적을 위하여 창조주는 사람을 하나님의 형상으로 지으시고 남자와 여자로 지으셔서 백성이 되게 하셨다."

당했습니다. 오직 여호수아와 갈렙만이 가나안으로 들어갔습니다.

이것은 우리에게 무엇을 말해 주겠습니까? 온유하다는 것은 인간의 죄악 된 욕망과 싸워 이기고 여호와 하나님의 구원과 약속을 끝까지 믿고 살아가는 것을 말해 줍니다. 우리는 저 옛 언약의 사람들과 비교할 수 없이 놀라운 자리에 있는 성도들입니다. 참된 성도는 예수 그리스도 안에 있는 구원을 잃어버릴 염려가 없습니다. 또한, 참된 성도라면 예수 그리스도의 십자가 구원과 그 말씀에 인격적인 항복으로 살아가는 자이어야만 합니다. 참된 성도는 언약에 충성하는 자이기 때문입니다. 언약에 충성함이 온유한 자라는 증표입니다. 언약을 벗어나 탈주가 일어나면 그 마음에 예수 그리스도를 반역하는 쓴뿌리가 가득해서 심판의 자리로 가게 됩니다.

두 번째로, 온유한 자와 그 받을 복은 '성도의 삶을 지배하는 원리가 무엇이어야 하는가?'를 말해 줍니다. 온유한 사람이 땅을 기업으로 받는다는 것은 세상을 향한 성도의 자세를 말해 줍니다. 온유한 자와 땅은 '하나님의 백성들이 세상을 어떻게 정복해 가는가?'를 말해 주는 기독교적 세계관을 말합니다. 참된 성도는 하나님으로부터 의미와 통일성을 받고 살아가는 자들입니다. 세상은 인간의 욕망을 실현할 이상국가를 향해 움직입니다. 말은 하나님이라는 말을 사용하지만, 그들의 이상국가는 하나님 없는 나라입니다. 오늘날 우리나라에서 일어나는 일을 보면, '세상 사람들이 바라는 이상국가가 어떤 것인가?'를 어느 정도는 알게 해줍니다.

근래에 박정자 상명대 명예교수가 펜엔 마이크에 쓴 "하이에크가 말해 주는, 우리는 감히 말 못 하는 한국의 현실"이라는 칼럼에 보면, 결국 이 사회는 계획과 집단에 의해 움직여지고 있기 때문에 전체주의라고 결론 내렸습니다. 박정자 교수는 자유주의 경제학자 하이에크의 책 『노예의 길』을 통해 "좌파를 계획(planning) 또는 집단주의(collectivism)로, 우파를 자유주의(liberalism) 혹은 개인주의(individualism)로 부른다."고 말하면서, 좌파와 우파를 압축하는 단어를 "계획-집단, 자유-개인"이라는 두 쌍의 단어가 좌파와 우파를 압축적으로 규정해 주는 용어라고 보았습니다.

박정자 교수는 그 칼럼에서 이렇게 말했습니다.

> 한국 사람들은 흔히 돈은 천하고, 경제 활동은 삶의 열등한 측면이라고 생각한다. 가난을 공직자의 절대적인 장점으로 여겨, 서울 시장의 재산이 마이너스 통장뿐이라는 코믹한 상황이 연출되기도 한다. 한국 사회는 그런 점에서 아직 조선시대의 성리학적 세계관에서 한 치도 벗어나지 못했다. 돈을 천한 것으로 생각하는 것은 사회주의도 마찬가지다. 사회주의자들 역시 경제적인 문제를 한없이 경멸한다. 경제적 이득을 죄악시 하여 기업에게 원가 공개를 하라고 다그친다. "경제적으로 좀 잘 살게 되었다고 과거보다 우리가 얼마나 더 행복해졌는가?"라는 게 좌파 문필가들이 우리에게 끊임없이 주입시키는 청빈 사상이다. 그런데 그렇게 자랑스러운 청빈을 소유했으면 됐지, 왜 천한 돈을 가진 부자들을 그렇게 죽기 살기로 비판하는지 모르겠다.[162]

박정자 교수에 의하면, 한국 사람들은 돈은 천하다 여기고, 청빈이 이상향입니다. 그러면, '오늘날 한국 사람들이 과연 돈을 천시하느냐?' 하면 절대 그렇지 않습니다. 사회주의를 외치든지 전체주의로 가든지 자신들의 논리와 현실이 일치되지 않습니다. 도

---

[162] http://www.pennmike.com/news/articleView.html?idxno=7612/ 하이에크가 말해 주는, 우리는 감히 말 못하는 한국의 현실(2018.07.09.)

리어 더 돈을 좋아합니다. 더 멋진 차를 타고 다니고 더 좋은 아파트에 삽니다. 그렇게 증오하는 미국에 자녀를 유학 보내고 그렇게 싫어하는 미국에 놀러 갑니다. 미국을 욕하는 어떤 사람이 미국에 여행 갔다고 사진 찍어 올리는 것을 보고 기절하는 줄 알았습니다. 좌파 문필가들이 청빈을 주입하고 있다면 좌파를 지지하는 기독교인들은 정말로 청빈하게 살고 있을까요?

이것은 단순히 정치 이념을 말하는 것이 아닙니다. '세상이 삶을 살아가는 방식과 예수님께서 이 산상설교를 통해서 우리가 참된 성도로서 살아가는 방식과 무엇이 다른가?'를 진지하게 생각해 보아야 합니다. 기독교인들이 히틀러에 대항한 본회퍼를 극찬합니다. 박정자 교수의 견해대로 이 나라가 전체주의라면 이 나라 목사 중에 본회퍼는 누가 될 수 있을까요? 그 수많은 개혁주의 목사들이 전체주의에 저항한 본회퍼를 말하지만, 정작 이 나라가 전체주의로 가고 있어도 아무도 말하지 않습니다. 이것은 무엇을 말하겠습니까? 말은 기독교인이지 실제로는 자기 욕망을 따라 움직이고 있다는 것입니다. 청빈을 부르짖으나 현실에서는 돈을 욕망하는 삶을 살고 있습니다.

저 세상이든 기독교인이든지 간에 자신들이 말하는 이론대로 자신들이 살아가는 현실에서 실제로 이루어지지 않는다면 헛된 이상에 잡혀가는 것입니다. 예수님께서 "온유한 자는 복이 있나니 저희가 땅을 기업으로 받을 것임이요"라는 말씀은 결코 이상이 아닙니다. 온유한 자는 심령이 가난한 자에 뿌리를 두고 있습니다. 심령이 가난한 자만이 온유한 자가 될 수 있습니다. 심령이 가난한 자는 자신의 죄악으로 인해 얼마나 비참한 존재인지를 알게 된 자이며, 애통하는 자는 그런 비참한 자신을 보면서 자신의 무가치함과 무익함으로 인해 하나님 앞에 울부짖는 자입니다.163)

온유한 자는 그런 비참하고 무가치한 존재에서 예수 그리스도의 십자가 대속으로 구원하심으로 어떤 상황 속에서도 감사하며 언약에 배타적 충성을 다하는 마음으로 변한 자입니다. 그래서 인격적 항복입니다. 그런 마음으로 살아갈 때 우리의 인격이 따뜻하게 변화되며 다른 사람들을 긍휼히 여기고 세상을 복음으로 변화시켜 갑니다. 이것이 산상설교의 방식입니다. 이것이 하나님께서 언약 백성들에게 명령하는 방식입니다.

우리가 오늘 이 자리에서 하나님의 언약을 신실하게 지켜가지 않으면, 우리도 역시 말만 청빈을 외치고 실제로는 돈을 욕망하는 사람들처럼 우리도 말만 기독교인이지, 실제로는 세상에서 잘 먹고 잘살고 싶은 것밖에는 아무것도 아닙니다. 청빈이 기독교의 이상이 아니라 하나님께서 주신 것을 활용하며 하나님의 나라와 의를 이루는 것이 기독교의 실상입니다. 오늘 이 자리에서 예수 그리스도의 십자가 구원을 기뻐하며 내가 어떤 상황 속에 있더라도 감사하며 말씀에 순종하며 언약의 현재화를 이루어 가기 위해 믿음의 선한 싸움을 하는 그 사람이 온유한 사람입니다.

---

163) 변종길, *산상보훈* (서울: 말씀사, 2011); 변종길 교수는 심령이 가난한 자를 "이 세상에서는 비록 환난을 당하고 압박을 당하나 하나님을 굳건하게 의지하고 소망하는 자들"이라고 본다(pp. 49-50). 애통하는 자는 "이 세상에서 하나님을 믿는 믿음 때문에 핍박을 받아 곤란함과 괴로움에 처한 자, 그리하여 그 답답함과 억울함을 찾지 못하여 하나님 앞에 우는 자이다"(p. 53) 온유한 자는 "다른 사람에게서 불의를 당하고 해악을 당해도 그것에 대해 저항하지 아니하고 억울한 일을 당해도 인간적인 방법으로 대항하지 아니하고 오직 하나님만 바라보며 하나님의 갚아주심과 위로를 바라는 자이다."(p. 56). 변종길 교수의 이런 관점은 상황적 관점(사명적 관점)에서 팔복을 바라보는 면에서 좋은 해석이라고 할 수 있다.

그러므로 우리가 온유한 자로 살아간다는 것은 우리의 믿음과 우리의 현실이 분리되지 않고, 우리의 마음도 분열이 일어나지 않고, 최선의 경주를 다하고 살아가고 있다는 참된 믿음의 표지요 참된 인간의 표지가 됩니다. 우리의 생애에 감당하기 힘든 인생의 짐을 지고 가면서도 원망하고 불평하는 것이 아니라 이 자리에서 믿음의 승리를 이루어내는 자로 살아가시기 바랍니다.

이제 우리는 존 오웬(John Owen, 1616년-1683)의 성화론에 대해 생각해 보도록 하겠습니다. 예수 그리스도를 믿는 성도로서 존 오웬에 대해서 듣고 배우고 알아가지 못한다면 서글픈 일입니다. 존 오웬의 성화론은 존 오웬의 전집 23권[164] 중에서 첫 번째 부분인 제3권 성령론 부분과 두 번째 부분인 실천적 분야 제6권부터 9권에 나와 있습니다. 6권과 7권은 성화에 관한 대표적인 책들이기 때문에 이미 한국에도 번역되어 있습니다. 『죄 죽임』(on the Moritification of sin), 『신자 안에 내재하는 죄』(On Indwelling Sin in Believer), 『시편 130편 강해』(Exopsition of Paslm 130), 『죄와 은혜의 지배』(On the Dominion of Sin and Grace)입니다. 성령론을 살펴보기 위해 존 오웬의 책 중에서 존 오웬의 성화론을 살피기 위해서는 『죄와 은혜의 지배』, 『죄 죽임』을 먼저 살펴보라고 하지만, 사실은 『성령론』을 먼

---

[164] 김홍만, **청교도열전** (서울: 솔로몬, 2009), 368; "오웬의 작품들은 1850=1853년 윌리엄 굴드가 편집하여 23권의 전집으로 출판하였다. 굴드의 편집판을 오늘날 The Banner of Truth Trust에서 다시 출판하였다. 존 오웬의 전집을 크게 분류한다면, 1권에서 5권까지는 교리적인 것이며, 6권에서 9권까지는 실천적인 주제들이며, 10권에서 16권까지는 논쟁적인 주제들로 편집하였고, 17권에서 23권까지는 히브리서 강해가 편집되어 있다."

저 보는 것이 유익합니다.

존 오웬을 비롯한 청교도들은 "눈에 똑똑히 드러나는 성도"(Visible Saints)를 추구하였습니다. 여기에 대해서는 다음 시간에 살펴보겠습니다. 참고로, 미시시피주 잭슨에 있는 개혁신학교에서는 목회학 석사과정의 신학생들에게 존 오웬의 전집을 입학과 동시에 읽도록 하고 졸업할 때까지 마치도록 합니다. 정독하는데 4-5년이 걸립니다. 물론 포기하는 사람들도 있습니다. 오웬의 책들을 요약한 책이나 개론서를 먼저 읽고 오웬의 책을 읽는 것이 좋습니다.

존 오웬을 이해하기 위해서는 청교도 운동을 알 필요가 있습니다. 청교도 운동을 처음부터 다 살피려면 시간이 너무 걸리지만, 오웬과 관련해서는 제임스 1세부터 시작할 수 있습니다. 제임스 1세는 자신의 왕권과 의식을 지지하는 아르미니우스 주의자들과 손을 잡고 1622년에 지침서를 발행하여, 청교도가 핵심적으로 전하는 예정론, 선택, 유기, 불가항력적 은혜에 대해서는 설교를 못하도록 규정했습니다. 청교도는 심각한 타격을 받았습니다.[165] 그 당시에 아르미니우스 주의자였던 윌리엄 로드(William Laud)는 제임스 왕의 힘을 빌려 반청교도 운동을 강력하게 밀고 나갔습니다. 1624년 리챠드 몬태규(Richard Montague)는 칼빈주의를 반대하는 논문인 「늙은 거위를 위한 새로운 재갈」(A New Gagg for an Old Goose)를 출판하였습니다.

---

165) 김홍만, **청교도열전** (서울: 솔로몬, 2009), 380.

1625년에 제임스 1세가 죽고 찰스 1세가 왕위를 계승하자, 아르미니우스 주의자들은 더 확산하였고, 목회자 세계는 '사제냐? 청교도냐?'라는 두 그룹으로 나누어졌습니다. 이렇게 나눈 것은 청교도들을 핍박하고 감독주의 교회로 만들기 위한 목적이었습니다. 예배 가운데 감각적인 의식이 추가되고 성인의 날과 계절과 절기를 준수하게 했습니다. 고해성사를 비롯하여 행위에 의한 의로움 등 여러 가지 로마 가톨릭적인 요소들이 강화되었습니다. 특히 성찬 테이블을 제단으로 바꾸었으며, 그 제단으로 나갈 때 허리를 굽혀서 몸을 낮춘 상태로 접근했습니다. 그리고 빵과 포도주를 덮은 천을 열고 나서는 거기에 여러 차례 절을 했습니다. 로드는 그 제단이 "하나님께서 이 땅 위에 거주하는 가장 위대한 장소라고 믿었"기 때문입니다.166) 권력을 손에 쥔 윌리엄 로드는 그런 정책을 비판하거나 반대하는 사람을 핍박하고 죽였습니다.

놀랍지 않습니까? 인간의 자유의지를 강조한 아르미니우스 주의자들이 의식행위를 더 강조하고 빠져버렸습니다. 사실 그런 것은 인간의 이성적 능력을 강조하지만, 인간의 능력으로 안 되니 신비적이고 종교적인 의식에 의존해 버린 것입니다. 그런 것이 바로 종교적 도약입니다. 종교적 도약이 별다른 사람들에게 일어나는 것이 아닙니다. 인간의 한계와 절망에 직면했을 때, 그때 종교적 열심으로 가게 되면 그것이 바로 종교적 도약이 되어 버립니다.

---

166) Ibid., 382. "교리적으로는 감독체제를 지지하고, 고해성사, 자유의지, 믿음이 있을 것을 미리 아신 것에 근거한 선택, 행위에 의한 의로움, 은혜로부터 떨어짐을 믿고 있었다."

1643년에 찰스 1세가 의회 지도자를 잡아들이고 의회를 해산하려고 하자 내전이 일어났습니다. 찰스 1세는 왕권신수설을 주장했고 의회 지도자들은 공화정을 주장했습니다. 공화정이란 주권이 국민에게 있다는 것이니 찰스 1세가 좋아했을 리가 없습니다. 그때 오웬은 의회를 지지하면서 청교도 혁명에 앞장섰습니다. 그런 오웬의 모습을 보면 학문적으로도 탁월했을 뿐만 아니라 정치적인 일에도 매우 적극적이었다는 것을 알 수 있습니다. 1649년에 종군목사로 활동했습니다. 의회군을 이끌었던 사람이 올리버 크롬웰(Oliver Cromwell, 1599-1658)입니다.167) 그때 나이를 계산해보니, 오웬이 1616년생이니까, 오웬의 나이가 33살이었습니다. 크롬웰은 50살이었습니다. 33살에 청교도 혁명에 앞장을 서고, 종군목사로 활동했다는 사실이 놀랍습니다.

    1649년 1월에 찰스 1세가 처형되고 청교도 혁명이 성공적으로 끝나자 존 오웬은 목회 사역에 복귀하여 본연의 임무에 충실했습니다. 그러나 1660년 찰스 2세에 의해 왕정이 복고 되고, 청교도들은 다시 어려움을 당했습니다. 신실한 청교도 목회자들은 설교권을 박탈당하고 거주를 제한받았으며 국교도를 반대했다는 명목으로 감옥에 갇혔습니다. 그런 핍박의 시기에 존 오웬은 이렇게 말했습니다.

---

167) 조엘 비키 · 랜들 페더슨, **청교도를 만나다**, 이상웅 · 이한상 역 (서울: 부흥과개혁사, 2010), 416; "오웬은 크롬웰이 왕이 되려고 한 것을 반대했기 때문에, 호국경 시절의 말기에 크롬웰의 호의를 잃었다. 크롬웰이 총장직을 사임하고 그의 아들 리처드에게 물려주었을 때에 오웬의 입지는 더욱 줄어들었다. 리처드 크롬웰의 리더십 아래에서 오웬과 그의 그룹은 점차 그들의 교회 내적인 지위를 장로교 신학자들에게 빼앗기게 되었다. 두 달 안에, 리처드 크롬웰은 오웬 대신에 장로교인이자 엑서터 칼리지의 학장이었던 돈 코난트를 부총장으로 앉혔다. 얼마 후에는 세인트 메리 교회에서 오웬과 굿윈이 주일 오후마다 교대로 설교하는 것도 불가능하게 되었다."

사도 시대와 2세기의 교회 정치 체제는 계급 구조적인 감독주의가 아니라 자율과 평등, 교회의 연합을 원리로 하는 회중교회[168]였다.[169]

이 말은 청교도들이 얼마나 언약 적으로 살아가려고 치열하게 싸워갔는지를 말해 줍니다. 그런 싸움의 원리와 내용은 오웬의 여러 책 중에서 성령론에 잘 나와 있습니다. 오웬은 성화를 새 언약의 약속에 기초하여 말했습니다(렘 31:33; 32:39; 겔 36:26-27). 오웬은 다음과 같이 말했습니다.

> 성화(sanctification)와 거룩하게 됨(holiness)은 전적으로 이와 같은 약속에 근거하여 이루어지는 것이다. 죄의 오염(defilements)으로부터 깨끗하게 되는 것은 마음으로 언제든지 하나님을 경외하고 하나님의 길을 따라 걸어감으로 이루어지고, 여기에서 성화가 되고 또는 거룩하게도 되는 것이다. 하나님께서는 이 모든 약속을 직접 우리 안에 역사하신다(to work).[170]

존 오웬에 의하면, 성화는 전적으로 새 언약의 현재화를 말합니다. 성화는 언약의 규례를 지켜 행하는 것입니다. 하나님께서 우리 안에 거룩을 만들어 내시는 것은 신비한 분위기가 아니라 하나님을 경외하며 하나님의 길을 걸어가는 것입니다. 언약의 트랙을 신실하게 걸어가는 자가 온유한 자입니다. 그런 까닭에, 참된 성도는 온유한 자입니다. 참된 성도가 누구입니까? 예수 그리스도의 십자가 대속을 믿고 기뻐하며, 오늘 맡긴 사명을 이루기 위해 주의 계명을 따라 충성하는 자들입니다. 미리암과 아론처럼,

---

168) 원종천, **청교도 언약사상: 개혁운동의 힘** (서울: 대한기독교서회, 2002), .
169) 오덕교, **청교도 이야기** (서울: 이레서원, 2002), 146.
170) 존 오웬, **개혁주의 성령론**, 이근수 역 (서울: 여수룬, 2000), 338.

'왜 나를 모세처럼 만들어 주지 않으셨는가?'라고 시기하고 질투하면 언약의 거룩함을 상실하는 것입니다. 우리의 도전은 직분의 상승도 청빈도 아닙니다. 우리의 도전은 하나님 아버지의 부성적 사랑에 대한 인격적 항복에서 나오는 언약의 충성입니다. 계명에 전적으로 순종함으로 죄의 오염으로부터 깨끗해지고, 아버지의 말씀에 전적으로 복종하면서 '예수 그리스도가 주시다'라고 고백하며 언약적 성화를 이루어가는 주의 백성들이 다 되시기 바랍니다.

21 온유한 자 6

1 예수께서 무리를 보시고 산에 올라가 앉으시니 제자들이 나아온지라 2 입을 열어 가르쳐 가라사대 3 심령이 가난한 자는 복이 있나니 천국이 저희 것이요 4 애통하는 자는 복이 있나니 저희가 위로를 받을 것임이요 5 온유한 자는 복이 있나니 저희가 땅을 기업으로 받을 것임이요(마 5:1-5)

예수님의 산상설교 스물한 번째 시간입니다. 온유한 자, 여섯 번째 시간입니다. 오늘은 산상설교의 온유한 자와 존 오웬(John Owen, 1616-1683)의 성화론에 대해서 더 배우도록 하겠습니다. 우리가 기독교 신앙의 진수로 가려면 청교도를 배우지 않을 수가 없습니다. 우리가 앞으로 청교도의 귀한 유산을 하나씩 배워가겠지만, 그 누구보다도 존 오웬을 배워가야 합니다. 더 시간이 지나면 17세기 개혁주의 정통신학자인 프란시스 튜레틴(Francis Turretin, 1623-1687)에 대해서도 다루도록 하겠습니다. 우리는 개혁신앙의 좋은 신앙 속에 있으면서도 칼빈 이후의 개혁신앙에 대해서는 거의 침묵하기 때문에 하나씩 배워가면 더 풍성한 신앙으로 자라갈 수 있습니다.

존 오웬의 성화론을 배워갈 때 '존 오웬의 성화론이란 이것이다', 아니면, '존 오웬의 책 어디에 성화론이 이렇게 나온다.'라고 단정적으로 말하기보다는 그 역사적 배경을 함께 알아가는 것이 유익합니다. 지난 시간에 존 오웬을 비롯한 청교도들이 "눈에 똑똑히 드러나는 성도"(Visible Saints)를 추구하였다고 말했습니다. 그 말의 뜻은 "우리 심령 속에 있는 구원의 은혜가 외형적으로 똑똑히 드러나는 성도"를 의미합니다. 김홍만 목사는 『해설 천로

역정』 서문에서, "세상에서 눈으로 똑똑히 확인할 수 있는 그리스도인"이 되어야 한다고 말했습니다.171) 저 영국국교회처럼 명목상의 교인이 아니라 참된 성도가 되어야 한다는 것입니다. 그것은 중생의 경험을 고백하고 언약의 말씀을 자발적으로 순종하는 가시적인 성도가 되는 것입니다.

여기에 대해 원종천 교수가 잘 말해 주고 있습니다. 1569년에는 영국의 청교도 운동이 본격적으로 시작되는 해였습니다. 그 이전의 청교도 운동은 주로 외적인 것을 개혁하는 것이었습니다. 성직복 문제로부터 시작해서 예배의 형식적 요소를 개혁했습니다. 청교도는 갈수록 영국교회가 영적이고 윤리적인 문제가 심각하다는 것을 절감하게 되었습니다. 메리 여왕 때 핍박을 피해 유럽 대륙으로 피난을 갔던 청교도 목회자들이 대륙의 개혁교회들을 보고 영국교회가 참된 교회가 되려면 교회 정치 제도가 개혁되어야 성도들의 영적 윤리적 개혁이 가능하다고 보았습니다.

그런 분위기 속에 있을 때 1569년 토마스 카트라이트(Thomas Cartwright, 1535-1603)가 케임브리지 대학의 교수로 선출되면서, 카트라이트의 교회 정치론 강의가 많은 사람에게 영향을 주었습니다. 카트라이트는 "회중이 교회의 목사를 선택해야 하며, 각 목사는 하나의 회중을 가지고 있어야 하며, 모든 목사들은 동등해야 한다"172)고 주장했습니다. 카트라이트의 이 말은 그 당시

---

171) 김홍만, **해설천로역정** (서울: 생명의말씀사, 2013), 6.
172) 원종천, **청교도 언약사상: 개혁운동의 힘** (서울: 대한기독교서회, 2002), 132; "장로교제도에 의하면, 각 회중은 회중의 멤버들로부터 선출된 장로들의 모임(당회, session)에 의하여 운영되어야 하며, 성공회의 왕정 중심의 감독제도는 거부하였지만 교회는 의회 중심으로 국가의 조직 하에서 전 국민을 대상으로 하고, 각 교회 위에 상위조직이 필요하다고 보았다. 이러한 장로교주의에 동참한 사람들 중에는 에드워드 더링(Edward Dering), 토머서 리버(Thomas Lever), 존 폭스(John Foxe) 등이 있었으며 이 시기부

영국교회로서는 매우 충격적인 발언이었습니다. 왜냐하면, 영국교회는 철저한 감독제도였기 때문입니다. 카트라이트의 주장은 교회와 정부의 분리를 주장하면서 교회 정치의 민주화를 외쳤기 때문에 영국교회로서는 심각한 위협이 되었습니다.

영국교회는 감독제도로 움직였습니다. 감독제도는 영국교회가 국가교회로서 왕이 교회의 수장이 되는 제도입니다. 왕이 나라를 다스리지만, 감독을 통해 교회를 다스렸습니다. 왕은 자기 아래에 대주교(Archbishop)을 두고 그 밑에는 감독(Bishop)을 두고 교회를 다스렸습니다. 그러니 말이 교회이지 대주교나 감독들이 왕의 시녀 노릇을 해야 했고 완전한 계급주의 교회 정치 체제였습니다. 카트라이트는 이런 영국교회의 감독제도에 반발했습니다. 이런 카트라이트의 주장은 칼빈의 영향을 받았습니다. 엘리자베스 여왕이 카트라이트를 좋아할 리가 없었습니다.

1570년 존 위트기프트(John Whitgift) 감독의 영향으로 카트라이트는 대학에서 퇴출당하였습니다. 카트라이트는 제네바 아카데미로 가서 강의하고 제네바의 교회 정치를 배워갔습니다. 그 이후 1572년에 청교도 지도자였던 토마스 윌콕스(Thomas Wilcox)와 존 필드(John Field)가 "의회에 드리는 권면"(An Admonition to Parliament)을 출판했습니다. 그 내용은 카트라이트가 말한 것과 비슷합니다. 이 책에서 존 필드는 청교도가 말하는 교회의 정의를 처음으로 내렸습니다. 그 내용은 다음과 같습니다.

터 케임브리지는 청교도 운동의 본산지가 되었고 수많은 청교도 지도자들이 케임브리지에서 배출되었다. 청교도 운동의 실질적 출발은 바로 이 교회 정치 제도 개혁운동이었던 것이다."

(교회는) 복음의 선포를 통하여 세상으로부터 불러 모여진 충성스러운 사람들의 모임으로, 참 종교를 추종하고 포옹하며 한 성령 안에서 서로를 격려하고 위로함으로 참믿음 안에서 매일 같이 성장하고 증가하여 그들의 삶, 교회 정치, 교회질서 그리고 교회예식들을 하나님의 말씀에 입각하여 틀을 잡는 회중이다.173)

존 필드의 교회 정의에는 세 가지 핵심이 있습니다. 그것은 1) 세상으로부터 구별, 2) 성도들의 교제, 3) 하나님 말씀의 순종입니다. 첫째로, 교회는 세상으로부터 구별됩니다. 이 말은 세상과 분리되어야 한다는 말이 아니라, 교회는 복음이 선포되었을 때 예수 그리스도를 믿은 성도들이 세상으로부터 구별되어서 자발적으로 모인 무리라는 뜻입니다. 이 말에서 '자발적'이라는 말이 매우 중요합니다. 이 말은 그 당시 영국교회의 시작174)이 매우 정

---

173) 같은 책, 134.
174) http://kcm.kr/dic_view.php?nid=38163; 잉글랜드의 장로교회. "영국의 종교개혁은 영국왕 헨리 8세의 이혼사건을 계기로 일어났다. Henry는 1509. 4. 22. 18세의 나이에 즉위한다. 아버지 Henry VII의 유언에 따라 2개월 후에 당시 24세의 Catherine of Aragon과 결혼한다. Catherine은 Spain의 공주로 이미 Henry VIII의 형인 Arthur와 16세 때에 정략 결혼한 몸이었다. 영국이 오랫동안의 전쟁(30, 100년, 장미전쟁)으로 인해 쇠약해진 국력을 회복하기 위하여 그 당시의 강국이었던 Spain과 손을 잡기 위해 Henry VII가 자기의 장남과 Catherine을 결혼시킨 것이다. Henry VIII는 건장한 미남이었고 모든 낭만적인 기질을 지니고 있었으며, 승마와 궁술에도 뛰어났다. 음악에도 상당한 조예가 있었고, 신학에도 깊은 관심이 있었던 괄목할 만한 학자였다. 만일 그의 형이 죽지 않았더라면 아마도 그는 영국의 대주교가 될 수도 있었을 것이다. 본래 헨리 8세는 그 시대 사람들과 같이 과격한 성격의 소유자로 잉글랜드 안에 있는 가톨릭교회를 매우 자랑스럽게 여기는 열렬한 가톨릭교도였다. Henry가 Catherine과 결혼한 이후 자녀를 7명을 낳았으나 6명이 사산, 혹은 어려서 죽고 오직 연약하고 신경질적인 딸 Mary만 남았다. 1525년 Catherine이 40세에 더 이상 임신할 수 없음을 안 Henry는 다음 세 가지 이유로 이혼을 고려한다. (1) 후계자 문제. (2) 형의 아내를 취한 점에 대한 양심의 가책. Henry는 자녀들의 죽음을 이 탓으로 돌림. (3) 시녀 Ann Boleyn과의 열애를 했던 것이다. Henry는 첫 결혼이 무효임을 선언해 주도록 교황 Clement VII에게 요청하고 교황도 이 요구에 대해 긍정적이었다. 그래서 교황은 영국 대주교인 Wolsey에게 이문제의 재판권을 부여한다. 그러나 Catherine의 완강한 거부로 이 문제는 다시 로마로 회부된다. 이때 Spain의 Chales V(Catherine의 조카)가 군대를 이끌고 로마를 점령하여 교황은 포로가 되고 결과적으로 Henry는 뜻을 이루지 못한다. 이에 Henry는 분노하여 Wolsey를 반역죄로 체포하고 자기의 보좌관으로 Thomas Cranmer(1489-1556)를 기용한다. 그리고 Ann을 황후로 대관하자 교황은 그를 파문한다. Henry는 잉글랜드 의회 (Se ven Years' Parliament, 1529-1536)를 소집하여 반 성직, 반 교황의 입장을

치적으로 시작되었기 때문에 '자발적인 모임'이 아니라는 의미입니다. 그러니 존 필드의 교회 정의는 처음 시작부터 로마교황청에 대한 정치적 문제로 시작한 영국국교회에 대한 반발을 의도하고 있었습니다. 둘째로, 교회는 한 성령님 안에서 성도들 사이에 교제가 있어야 합니다. 1534년에 헨리 8세가 로마 가톨릭과 분리를 선언했으나 성도들끼리 서로 돌보고 믿음 안에 성장하는 일이 없었습니다. 그것은 예수 그리스도를 믿은 성도들의 윤리적 성장을 의미하는 말이었습니다. 청교도들은 성도들이 성령님 안에서 교제하면서 윤리적인 변화가 일어나기를 열망했습니다. 셋째로, 개인과 교회, 사회와 정부가 모든 면에서 하나님의 말씀에 서야 합니다. 이것은 두 번째 항목이 더 확대된 것이고 실천적 순종을 의미했습니다. 개인적으로만이 아니라 사회생활에서도 성도들은 말씀에 순종해야 했습니다.

이렇게 가시적으로 확인될 수 있는 성도가 되려는 열망이 교회의 형태로 나타난 것이 회중 교회입니다. 그것을 제프리 너틀(Geoffrey Nuttall)이 『가시적 성도: 회중 교회주의 방식』(Visible Saints: The Congregational Way)라는 책에서 회중 교회주의 원칙을 1) 분리의 원칙, 2) 교제의 원칙 3) 자발성의 원칙

표명한다. 그리고 로마로 임직세를 바치지 못하도록 하고 수도원을 해산하여 수도원의 재산을 팔아서 평민들에게 나누어 주었다. 헨리 8세는 왕위를 계승할 태자를 낳기 위해서 궁녀 앤 볼린(Anne Boleyn)과 결혼하였고, 교황 클렌멘트 7세는 헨리 8세의 이혼을 인정해 주지 않았다. 헨리 8세는 캐더린과 결혼하여 여섯 아이를 낳았으나 유일한 생존자는 메리 공주뿐이었다. 후에 이 메리 공주는 개신교도를 박해하는 '피의 메리'가 된다. 1534년 헨리 8세는 [수장령](Act of Supermacy)을 발표하여 영국 성공회의 유일한 수장이 됨으로써 교회 독립을 꾀하였다. 그 후 헨리는 수도원을 해산시키고, 막대한 수도원의 재산을 소유함으로써 로마교회의 세력의 발판을 제어하였다. 3년 동안 헨리는 376개의 수도원들을 철폐하고 그곳의 유물들을 경매로 팔아치웠다."

4) 거룩성의 원칙으로 네 가지를 말했습니다. 엘리자베스와 위트기프트의 강한 반발과 탄압으로 청교도 장로교 운동은 그 뜻을 이루지 못했습니다. 그리고, 영국교회를 인정하지 않고, 영국교회와는 완전히 새로운 교회를 시작해야 한다고 생각하기 시작했는데, 그 사람들을 분리파(Separatists)라고 불렀습니다.[175] 그 분리파 청교도들이 메이플라워호를 타고 신대륙의 플리머스로 갔습니다. 윈스럽(John Winthrop, 1588-1649)을 비롯한 비분리파는 뉴잉글랜드의 보스턴으로 갔습니다.[176]

"눈에 똑똑히 드러나는 성도"를 추구한 청교도의 열망은 미국

---

[175] 원종천, **청교도 언약사상: 개혁운동의 힘** (서울: 대한기독교서회, 2002), 132; "로버트 브라운(Robert Brown)은 영국교회 목사로서 1579년부터 케임브리지에서 분리주의 경향의 설교를 했고 영국교회의 감독제도를 비난했다. 이것으로 그는 캔터베리의 대주교로부터 설교권을 박탈하겠다는 경고를 받고 1580년 그의 옛 동료 로버트 해리슨(Robert Harrison)을 따라 노르위치(Norwich)로 갔다. 1581년 1월경 해리슨은 브라운이 분리파 교회를 세우는 의견에 동참하기로 했고 동료들을 모으기 시작했다. 1581년 봄 로버트 브라운을 중심으로 약 40여 명의 무리가 형성되었다. 이것은 영국에서 불법이었고, 교회나 국가의 탄압이 있을 것이 분명했기에 많은 참여는 어려웠다. 이들은 날짜를 잡아 작성된 '교회언약'에 서약하는 절차를 거쳐 영국 최초의 분리파 교회를 세웠다. 교회언약에의 서약을 따라 교회 직분자들이 임명되었고 예배형식이 제정되었다."

[176] 오덕교, **언덕 위의 도시** (수원: 합동신학대학원출판부, 2004), 204-6; 〈플리머스: 양심의 자유와 경제적 번성; 분리주의자들에게 양심의 자유는 언제나 중요한 주제로, 언제나 양심의 편에 서기를 좋아했다. 이는 바로 그들이 의롭다는 것을 입증하는 것이었다. … 부패한 교회에 남아 있기보다는 양심의 자유를 위해 고난과 분리주의를 택한 것이다. 정부 당국이 분리주의의 확산을 염려하여 그들에게 가혹한 박해를 가하자, 분리주의자들은 양심의 자유를 얻기 위해 네덜란드로 도피하였다. 네덜란드에서는 모든 사람들이 종교의 자유를 누릴 수 있다."는 소문을 들었기 때문이었다(Bradford 1982, 10). 그렇지만 도피 생활은 아주 비참하였고, 어려웠다. 분리주의자들이 도착하였을 때, 네덜란드는 스페인으로부터 독립하기 위해 한창 전쟁 중이었다. … 경제적, 정치적으로 불안한 상황에서 양심을 지킨다는 것은 어려운 일이었다. 전쟁의 위협에 시달리던 피난민들은 일하는 것보다는 놀기를 일삼고, 그들의 자녀들은 영어를 잊고 네덜란드인처럼 행세하면서 영국인의 정체성을 잃어갔다. … 분리주의자들은 이와 같은 세속화의 도전을 피하고 양심을 지킬 수 있는 방법은 오염되지 않은 땅으로 이민하는 것이라고 생각하였다. … 분리주의자들이 신대륙으로 이민한 다른 동기는 경제적인 이유 때문이었다. … 보스턴: 종말론적 이상향; 플리머스의 필그림들(Pilgrims)이 양심의 자유와 경제적 풍요를 위해 신대륙으로 이민하였다면, 보스턴의 청교도들은 종말론 신앙 때문에 이민하였다.〉

으로 옮겨와서 지은 대학이 하버드 대학, 예일대학 등을 세웠지만 자유주의 신학으로 인해 무너졌습니다. 조나단 에드워즈가 죽고 난 이후로 회중 교회는 점차 개혁신앙에서 벗어났습니다. 이로써 회중 교회의 한계를 보여주었습니다. 회중 교회주의자들은 개체 교회가 하나님 앞에 바로 서면 국가 전체 교회가 바르게 된다고 생각했지만, 역사 속에서 이루어지지 않았습니다. 청교도의 열망이 미국에서 두 번째로 무너졌습니다.

또한, 비분리파 청교도의 이상향인 '언덕 위의 도시'도 실패했습니다. 계몽주의적 합리주의가 미국에 확산하기 시작했으며 자유주의 신학이 대학과 사회를 지배해 가는 흐름을 이겨내지 못했습니다. 그 무엇보다 다원주의와 성서 고등비평은 정통 기독교에 가장 큰 도전이었으며 거세게 일어나는 자유주의 신학으로 인해 청교도 신앙은 견디어낼 수가 없었습니다.177)

---

177) 윈턴 U. 솔버그, **미국인의 사상과 문화**, 조지형 역 (서울: 이화여자대학교출판부, 1996), 106-108; 〈신교주의는 1870년의 미국에서도 여전히 강력한 문화 요소로 남아 있었다. … 그러나 1890년대 말에 와서 개신교의 통일성이 깨지고 말았다. 왜 그렇게 되었던 것일까? 개신교 교회들은 도시와 산업 사회에 적응하기가 어렵다는 것을 깨닫고 있었고, 개신교 교인들은 1880년에 도래하기 시작한 가톨릭과 유태인의 대규모 이민에 대하여 위협을 느끼고 있었다. 그러나 기독교의 정통에 대한 가장 큰 도전은 지적 도전, 특히 다원주의와 성서고등비평이었다. 진화적 자연주의 이론은 비단 우주에서의 인간의 위치와 인간의 특별한 창조에 관한 이론뿐 아니라 성서의 권위, 기도의 교회, 기적에 대한 신앙을 파괴하였다. 다원주의는 코페르니쿠스 혁명 이래 어느 때보다 치열했던 다원주의적 논쟁과 함께 종교와 과학 간에 좀더 큰 충돌을 일으키는 촉매이자 상징이 되었다. 독일 학자들은 우선 역사 비평 방법을 성서 연구에 적용하고 발전 법칙을 기독교의 기원과 역사에 적용하였다. 성서 고등 비평은 성서에 대하여 매우 새로운 이해를 제시하여 주었다. 뿐만 아니라 비교 종교학, 철학적 관념론, 그리고 새로운 사회과학의 연구들로 기독교를 신선한 관점에서 보게 되었다. 그 결과 미국의 종교는 19세기 말 중대 국면에 접어들게 되었다. 그 위기는 개인적이면서도 제도적인 것이었다. 많은 사람들은 종교적 신념을 갖는다는 것이 불가능한 일이라고 간주하게 되었으며 종교적 회의주의가 이 시기에 확산되었다. 더욱이 기독교의 주류가 진보 진영과 보수 진영으로 나뉘었다. 신신학으로 알려진 기독교의 자유주의적 해석이 근대적 요소의 자극을 받아 등장하였다. 이러한 발전은 기독교가 문화와 관련되면서 유발된 논쟁의 한 국면 속에서 이루어졌다. 그 이유는 해리 에머슨 포스딕(Harry Emerson Fosdick, 1868-1969)이 말대로 자유주의가 "지성적인 근대인이면서

"눈에 똑똑히 드러나는 성도"를 추구한 청교도의 열망이 찰스 1세가 1660년에 다시 영국으로 복귀하여 왕이 되어 이전의 상태로 만들었기 때문에 청교도들의 뜻이 무너졌습니다. 그런 청교도의 열망을 포기하지 않은 사람이 존 오웬입니다. 오웬은 국가적으로 개혁하는 일은 저버리고 시골에 작은 교회를 목회하면서 성경적이고 초대교회적인 교회로 세우려고 했습니다. 그때 쓴 책이 『히브리서』입니다.

존 오웬은 『히브리서』에서, 이 땅에 있는 교회는 전투하는 교회(militant church)이며 천상의 교회는 승리한 교회(triumphant church)라고 묘사했습니다.[178] 두 교회는 한 교회이며, 하나의 신비적인 몸이며 서로 관심을 가지고 교제하고 있습니다. 그 교제가 이루어지는 방편은 그리스도 안에서 함께 하나님께 예배하는 것입니다. 그리스도께서는 지금도 예배를 통해 영광스럽게 자기 사역을 감당하십니다.

도 진지한 기독교인이 되는 것"을 가능하게 했기 때문이었다. 진보적 형태의 정통 기독교는 테일러와 부시넬에 의하여 수정 칼뱅주의의 형태를 띠게 되었고 낭만주의와 발전의 개념, 즉 진화설, 성서고등비평, 그리고 철학적 관념론에 의하여 수정되었다. 이러한 새로운 자유주의적 관점은 1880년 초에 출현하여 주요 신학교의 신학자들에 의해 옹호되고 19세기 말에 이르러 특히 북부와 중서부의 기독교 교회에 확산되었다. 이러한 현상은 자유주의자들이 기독교의 전문직과 편집자 직위의 절반을 차지하고 교직자의 3분의 1을 차지하였던 1918년에 절정에 달하였다.〉

[178] John Owen, *an exposition of the epistle to the hebrews*, THE WORKS OF JOHN OWEN VOL. 23. Ed., WILLIAM H. GOOLD (Albany: AGES Software, 2000), 413-414; 〈2. Whereas the catholic church is distributed into two parts, namely, that which is militant, and that which is triumphant, they are both comprehended in this description, with the respect of God and Christ unto them both. For the first expressions, as we shall see, of "ount Sion, the city of the living God, the heavenly Jerusalem," do principally respect that part of the church which is militant; as those that follow, the most of them, do that which is triumphant.〉

그리스도의 영광이 성도의 삶에 어떻게 효력을 미칠까요? 존 오웬은 『그리스도의 영광』에서 이렇게 말했습니다.

> 이곳 성전, 성소에서 주 그리스도께서는 계속해서 영광스럽게 보좌 앞에서 자기의 사역을 감당하신다. 히 4:14-16, 9:24절을 보라. 제사장이 성소에 들어가서 은혜의 보좌의 모형들인 법궤와 속죄소 앞에서 하나님을 향해 교회를 위해 사역했던 것처럼, 우리 대제사장은 우리를 위해 하나님 앞에서 실제로 나타나셔서 일하신다. 그는 영광의 방법으로 그곳에 머물기 위해서만이 아니라, 성전의 일을 하시기 위해 곧 하나님께 교회가 드려야 할 모든 영광과 영예와 예배를 드리기 위해 성소에 들어가셨다.179)

존 오웬에 의하면, 그리스도께서는 "하나님께 교회가 드려야 할 모든 영광과 영예와 예배를 드리"고 계십니다. 천상의 승리한 교회도 하늘에서 예배를 드리며, 이 땅에서 아직 전투하는 교회도 거룩한 규례에 따라 동일한 예배를 드립니다. 그 예배를 통해 지성소의 은혜의 보좌로 나아가 영적인 교제를 나눕니다. 예배는 이 땅의 모든 것이 끝날 때 성도들이 영원한 상태를 즐거워할 수 있도록 준비시키기 위해 하나님께서 임명하신 방법입니다. 우리가 예배를 드리는 것은 성부께서 장차 그 영광의 나라에서 주실 모든 것들의 상속자라는 특권을 가진 자로서 나아가는 것입니다. 그러니 어찌 예배를 귀하게 여기지 않을 수 있겠습니까! 예배의 핵심은 예수 그리스도와의 교제입니다.

이 땅에서 고난을 겪고 있는 성도에게 위로의 원천은 우리의 왕이요 제사장이요 선지자이신 예수 그리스도이십니다.180) 그런

---

179) 존 오웬, **기독론**, 박홍규 역 (강원: 개혁된신앙사, 2005), 404.
180) Martyn Cowan, "John Owen and English Puritanism: Experiences of Defeat," Themelios, 43(1) (Apr 2018): 29; "Does this mean, then, that Owen thinks Christ only partly regulates Christian worship—in its outward forms, perhaps—whilst leaving the inward moral aspect to the direct rule of

까닭에 이 지상에 전투하는 교회 성도들의 최대의 의무는 하늘에 계신 그리스도를 바라보면서 그리스도의 탁월하심을 묵상하는 것입니다. 성도의 경건은 예배를 통해 예수 그리스도 안에 있는 하나님의 탁월함을 보면서 그 말씀을 순종해 가는 것입니다. 그리스도께서는 환란과 유혹을 당하는 성도들에게 그리스도의 사랑과 동정과 긍휼과 돌봄을 행하시기 때문에181) 우리가 계속해서 순종해 갈 수 있습니다.182) 영광의 그리스도를 가까이하고 즐거워하는 것이 성도의 자세이며, 그렇게 그리스도의 영광을 바라볼 때 하나님을 향한 사랑이 나오게 됩니다. 그런 까닭에, 지상에서 드리는 성도들의 예배는 십자가의 피 흘림으로 구원하신 예수 그리스도께 달려가는 랜드마크(landmark)입니다.

성도들은 예배를 통해 천상에 계신 그리스도의 사역에 동참하고 그분의 영광을 보고 기뻐하고 즐거워하며 그분과 교제를 나눕니다. 그리스도께서는 성도들의 모든 기도를 성부 하나님께 중재의 향기로 드리면서 주의 모든 교회를 다스리고 계십니다. 하늘

---

natural law? For several important reasons, Owen believes the answer to this must be no. To Owen's mind, the kingly, priestly, and prophetic prerogatives of Christ's mediatorial office now grant him an exclusive domain over all acceptable worship. It is worth exploring these three dimensions in some more detail."
181) 17 그러므로 저가 범사에 형제들과 같이 되심이 마땅하도다 이는 하나님의 일에 자비하고 충성된 대제사장이 되어 백성의 죄를 구속하려 하심이라 18 자기가 시험을 받아 고난을 당하셨은즉 시험 받는 자들을 능히 도우시느니라(히 2:17-18)
182) 존 오웬, **기독론**, 박홍규 역 (강원: 개혁된신앙사, 2005), 404-5; "이것을 생각하는 것은 환란과 유혹을 당하는 신자들에게 위로를 준다. 이것의 결과들은 그들로 하여금 계속해서 순종할 수 있도록 은혜를 공급해 준다. 그는 그들을 위해 교회의 대표자로서 하나님과 모든 교회의 일들을 처리하신다. 그리고 그는 이것을 세 가지 목적을 가지고 행하신다. ① 그가 죄에 대해 제공한 구속이 효력이 나타나도록 하기 위함이다. ② 사단의 모든 비난에서 그들을 보호하고 벗어나게 하기 위함이다. ③ 모든 은혜와 영광의 공급과, 성령의 모든 공급과, 그들을 향한 언약의 모든 약속들의 성취와 관련해서 그들을 위해 중재 (intercede) 하시기 위함이다(요일 2:1-2)."

에서나 이 땅에서나 예배를 통해 그리스도와 교제하며 그리스도의 영광을 바라보며 달려가는 것이 성도들에게 주어지는 현재의 영광입니다. 우리에게 닥치는 유혹과 고난과 위험과 두려움을 이겨내려면 천상의 그리스도로부터 사랑과 돌봄을 받고 그리스도의 중보 사역으로 생명과 능력을 공급받아야 합니다. 그리스도의 생명과 능력을 공급받는 방식은 예배입니다. 왜냐하면, 그리스도의 중보 사역이 없이는 하나님께 나아갈 수 없기 때문입니다. 이런 모든 것은 '성경의 충분성'(sufficiency of Scripture)에서 나왔습니다.183)

여기서 중요한 것이 그리스도와의 연합입니다. 존 오웬은 『개혁주의 성령론』에서 우리가 그리스도의 칭의를 받고 그리스도와 연합되었다는 사실을 성령님의 역사라고 먼저 말했습니다.

---

183) John Owen, *an exposition of the epistle to the hebrews*, THE WORKS OF JOHN OWEN VOL. 23. Ed., WILLIAM H. GOOLD (Albany: AGES Software, 2000), 26; 〈Joel R. Beeke and Markjones have rightly observed that the full "sufficiency of Scripture" is one of the "great themes that forms John Owen's theology of worship." In the words of the great seventeenth-century English Puritan himself, the point may be stated simply: "Religious worship not divinely instituted and appointed is false worship, not accepted with God." It goes without saying, of course, that the application of this so-called "regulative principle logic" is likely to generate a good deal of heated discussion in contemporary Reformed circles, especially where it is considered a legalistic and, ironically, unbiblical incursion on Christian liberty and the natural God-given wisdom which remains intact after the fall. At the very least, it has often been regarded as a quaintly Puritan prerogative somewhat remote from the flexibility of the Magisterial Reformers, although Beeke and Jones make a good case for a widespread commitment to the general principle throughout the sixteenth- and seventeenth-century international Reformed community. While Owen's commitment to the exclusive rule of Scripture in worship is widely understood, what has often been overlooked is a vitally significant christological principle which both supports his convictions regarding worship and carefully shapes his application of scriptural authority to its practice. The immediacy of Christ's rule over the church is a theme to which Owen often returns when discussing the nature of its worship. Arguably this conviction grew out of years poring over the distinctive christological claims contained within the epistle to the Hebrews.〉

하나님의 택함을 받은 사람은 중생(regeneration)하고 회심(conversion)을 한다. 이것은 성령의 새로운 창조에 있어서 두 번째 부분(part)이라고 이미 설명한 바 있다. 성령께서는 사람들을 하나님의 아들로 삼기 위하여 먼저 몸을 입고 이 땅에 태어나게 하시고, 하나님의 뜻을 따라 순종하고 고난 받게 하시고, 신비스러운 몸을 준비하시고 영적으로 살아 있는 지체가 되도록 하신다. 그리고 우리의 생명 되시는 그리스도와 연합하여 그의 지체가 되게 하시고 그리스도는 우리의 머리가 되게 하셨다(골 3:4). 성령께서는 이러한 일을 시작하시고 계속해서 우리를 보호하시고, 온전하게 하시고 거룩하게 하신다.[184]

오웬에 의하면, 성령님께서는 우리를 거듭나게 하시고 그리스도와 연합시키셨습니다. 그리고, "계속해서 우리를 보호하시고, 온전하게 하시고 거룩하게 하"십니다. 성령님께서는 왜 이렇게 하실까요? 우리를 거룩하게 하기 위함입니다. 청교도들이 말했던 "눈에 보이는 성도"로 만들기 위함입니다. 그것은 사도 바울의 기도 속에 나타나 있습니다. 데살로가전서 5장 23절에서 사도 바울이 이렇게 기도합니다.

> 평강의 하나님이 친히 너희로 온전히 거룩하게 하시고 또 너희 온 영과 혼과 몸이 우리 주 예수 그리스도 강림하실 때에 흠 없게 보전되기를 원하노라(살전 5:23)

존 오웬은 이 말씀을 이렇게 해석했습니다.

> 평강의 하나님, 바로 이 하나님께서 너희를 온전히 거룩하게 변화시켜 주셔서 온 영과 혼과 몸이 흠 없이 보존되기를 원하노라.[185]

---

184) 존 오웬, **개혁주의 성령론**, 이근수 역 (서울: 여수룬, 2000), 326.
185) 같은 페이지.

데살로니가전서 5장 23절 말씀이나 존 오웬의 해석에서나 그 핵심은 그리스도와의 연합과 거룩에 있습니다. 그리스도와 연합되었기 때문에 거룩해야 합니다. 거룩은 하나님의 명령이고 성도된 우리의 의무입니다. 문제는 우리의 힘과 능력이 유한하다는 것입니다. 그런 까닭에, 하나님의 무한하신 능력이 우리에게 임하여야 그리스도의 사명을 감당할 수 있습니다. 그 무한하신 하나님의 능력을 누가 주시는가? 성령님께서 그리스도의 은혜와 능력을 우리에게 주십니다. 예배를 통해서 주어집니다. 말씀을 통해서 주어집니다. 그런 까닭에, 우리는 하나님의 명령을 따라 살아야 합니다.

사도 바울은 하나님께 데살로니가 성도들을 거룩하게 해달라고 기도했습니다. '왜 거룩해야 하는가?'라고 하면, 하나님께서 데살로니가 교회 성도들을 끝까지 지켜 주시는 믿을 만한 분이기 때문입니다. 그래서 데살로니가전서 5장 24절에서 이렇게 말합니다.

너희를 부르시는 이는 미쁘시니 그가 또한 이루시리라(살전 5:24)

이 말씀에서 "미쁘시니"라는 말씀은 '신실하다', '믿을 만하다'는 뜻입니다. 이 의미는 하나님께서 유효하게 부른 사람들을 끝까지 지키신다는 것을 전제로 하고 있습니다. '그렇게 지켜 가는 과정이 무엇이냐?'라고 할 때, 하나님을 경외하고 하나님을 신실하게 믿는 믿음으로 지켜 갑니다. 그렇게 하나님을 경외하며 믿음 안에서 거룩하게 살아가도록 함으로써 예수 그리스도께서 오실 때까지 온전하게 보존해 주십니다.

이렇게 말씀을 보면, 우리를 거룩케 하시는 분은 하나님이십니다. 하나님께서 거룩하시기 때문입니다. 하나님께서 거룩하시다는 것은 우리 편에서 보면, "하나님께서 거룩함의 영원한 샘이시고 기초가 되신다"186)는 뜻입니다. 그런 까닭에, 헬라 원문에서는 하나님을 강조해서 말했습니다(even God himself). 그 말은 하나님 외에는 우리를 거룩하게 할 수 없다는 뜻입니다. 그런 하나님을 오웬이 이렇게 표현했습니다.

> 하나님께서는 스스로, 은혜로, 당신의 능력으로, 당신을 위하여, 당신의 영광을 위하여 사람을 거룩하게 하신다.187)

존 오웬의 이런 표현은 매우 총체적인 표현입니다. 하나님께서 사람을 거룩하게 하시는 주체가 되시고, 과정이 되시고, 능력이 되시고, 목적이 되신다는 것을 표현한 말입니다. 죄인이 거듭나서 하나님의 백성이 되고, 거룩하게 되고, 영화 되는 전체적인 조망입니다.

여기에서, 또 한 가지 중요한 것은 그것이 그리스도를 믿는 우리에게 어떤 효력을 미치는가? 그것이 중요합니다. 그것은 '평강'입니다. 샬롬입니다. 평강이라는 것은 막연하게 기분이 좋다는 것이 아닙니다. 평강이란 관계적인 단어입니다. 원래는 전쟁을 끊임없이 하다가 종식되는 것을 의미했습니다. 평강은 하나님과 죄인된 우리의 관계가 그리스도의 피로 이룬 대속으로 구원을 받아 관계가 회복되어 우리의 본성이 새롭게 되고 거룩한 인격으로 변

---

186) 같은 책, 327.
187) 같은 페이지.

화되는 상태입니다. 하나님으로부터 온갖 은혜의 선물이 우리에게 주어져서 우리의 영혼과 삶이 부요해지는 것입니다. 그 부요함이 우리의 잘남으로 가고 나의 남다름으로 가는 것이 아니라 하나님을 경외하며 그 말씀에 순종하는 것으로 가게 됩니다. 그렇게 할 때 거룩이 유지됩니다.

하나님께서 "온전히 거룩하게 하"신다는 것은 우리 존재 전체가 하나님의 지배를 받는 것입니다. 하나님의 지배를 우리가 실질적으로 받고 있기 때문에 하나님의 계명에 순종함으로 그리스도의 인격을 닮아가게 됩니다. 그리하여 성령 하나님께서는 예수 그리스도께서 다시 오실 때까지 샬롬의 상태를 계속해서 유지해 가십니다. 이것이 존 오웬의 성화론의 시작입니다.

우리 믿음의 선배였던 청교도들이 "눈에 폭폭히 드러나는 성도"를 추구했던 것처럼, 우리도 개인적으로나 사회에서나 예수 그리스도를 믿는 성도답게 살아가야 합니다. 우리는 예수 그리스도와 연합되었기 때문입니다. 우리 존재가 우리의 삶을 지배합니다. 우리는 약하고 현실은 어렵습니다. '이 어려운 현실 속에서 우리 주 예수 그리스도께서 우리에게 어떻게 역사하시는가?'를 분명하게 해야 우리의 신앙이 엉뚱해지지 않습니다. 예수 그리스도께서는 예배를 통하여 우리와 교제하시고 우리에게 하늘 아버지의 은혜와 능력을 공급해 주고 계십니다. 우리는 이 지상에서 전투하는 교회의 성도입니다. 이 전투가 끝나고 하나님의 나라에서는 승리한 교회의 회원이 될 것입니다.

그때까지, 우리는 우리 주 예수 그리스도께서 아버지 하나님 앞에 이를 때까지 끝까지 지켜 주시기 때문에 이 싸움을 감당해 내고 이겨갈 수 있습니다. 성부 하나님께서 끝까지 우리에게 하나님의 은혜와 능력을 주심으로 거룩하게 하실 것이기 때문에 위로가 됩니다. 성령 하나님께서 이 모든 은택을 계속해서 공급해 주시고 확증해 주시기 때문에 우리 하나님은 우리에게 평강의 하나님이 되십니다. 이것 외에 다른 것으로 우리의 마음을 채우려고 하면 인생은 실패합니다.

우리의 고난이 그리스도의 은혜를 아는 길이 되며, 우리의 눈물과 아픔이 그리스도의 영광을 아는 통로가 되는 것이 우리 하나님의 은혜입니다. 그 은혜가 있어야 거룩하게 됩니다. 그 은혜는 그리스도께서 예배를 통하여 공급해 주십니다. 괴로울 때나 즐거울 때, 어느 때 어느 순간이라도 더 많이 하나님을 찾으며, 이 예배드림으로 그리스도와 교제하며 거룩해져 가는 주의 백성들이 다 되시기 바랍니다.

22 온유한 자 7

1 예수께서 무리를 보시고 산에 올라가 앉으시니 제자들이 나아온지라 2 입을 열어 가르쳐 가라사대 3 심령이 가난한 자는 복이 있나니 천국이 저희 것임이요 4 애통하는 자는 복이 있나니 저희가 위로를 받을 것임이요 5 온유한 자는 복이 있나니 저희가 땅을 기업으로 받을 것임이요(마 5:1-5)

예수님의 산상설교 스물두 번째 시간입니다. 온유한 자, 일곱 번째 시간입니다. 우리는 지금 온유한 자와 성화에 대해 배우고 있습니다. 오웬은 성화에 대해 말하면서 다음과 같이 말했습니다.

> 거룩한 요소와 거룩한 습관(habit)은 거룩한 행동을 하도록 하며, 그러한 성향을 갖도록 하며, 거룩한 일에 종속하도록 한다. 이것이 거룩한 요소의 본질이다. 거룩한 습관은 성화가 가지고 있는 재산이다. 이것은 또한 성화의 요소이다. 성화는 분명한 목적이 있고 행동의 방향도 분명하다.188)

미리 말해두자면, 오웬은 성화의 그 분명한 목적을 "우리가 하나님을 향해 살아드리는 것이다."라고 말했습니다. 오웬은 거룩한 습관에 대해 말했습니다. 오웬이 이렇게 말한 것은 성화는 하나님의 은혜로 초자연적인 습관이 형성된다고 보았기 때문입니다. 오웬이 초자연적 습관이라고 말한 것은 하나님을 모르는 일반적인 습관과 구별 짓기 위함입니다. 세상 사람들도 자연적인 덕성을 훈련하고 연습하여 높은 덕망을 가지게 되는 경우가 있습니다.189) 세상 사람들이 습관을 잘 형성해서 덕목을 만드는 것과는

---

188) 존 오웬, **개혁주의 성령론**, 이근수 역 (서울: 여수룬, 2000), 423.
189) 같은 책, 331; "덕성을 연습하여 유명하게 된 경우가 있는데 이들은 여러 가지 조건 하에서도 의롭고, 절제 있고, 평온하게 살아가고 있다는 것이다. 그리하여 그리스도인이라고 자처하는 사람들을 부끄럽게 하였다."

달리,190) 오웬이 말하는 습관이란 하나님의 은혜와 영적인 생활로 말미암아 주어지는 덕성입니다.191)

오웬은 우리가 그렇게 되기 위해서는 "우리의 영혼에 먼저 영적인 덕성과 영적인 능력과 영적인 원리들이 주입되어"야 한다고 말했습니다. 이것은 우리의 존재적 변화를 말합니다. 인간이 변화되려면 허물과 죄로 죽은 인간이 거듭나서 새롭게 변화되어야 합니다. 새로운 존재로 변화될 때 새로운 성향이 나타나게 됩니다. 오웬은 그런 변화가 "진실로 거룩한 행동의 모든 동인을 만들어"낸다고 말했습니다. 거룩한 행동이 무엇입니까? 그것은 언약의 말씀에 순종하는 것입니다.

오웬은 이렇게 말했습니다.

> 거룩한 사람은 먼저 거룩한 요소와 그와 비슷한 행동이 습관적으로 나타나게 되어 있다, 왜냐하면 진정으로 거룩하게 된 사람은 내적으로 초자연적 요소를 소유하고 있고 모든 행동 가운데 거룩함이 나타나기 때문이다. 진정으로 성화된 사람 속에는 언제든지 이러한 것이 있다. 따라서 거룩한 사람은 실제적으로 거룩한 훈련을 한다. 그래서 그들은 거룩한 의무를 항상 준비하며 그

---

190) https://m.blog.naver.com/PostView.nhn?blogId=apple488; 〈아리스토텔레스는 연습을 통해 얻어진 능력들은 미리 본성이 갖춰진 후에 그 본성을 발휘하는 것이 아니라, 오히려 그것을 미리 발휘해 봄으로써 그 본성을 얻을 수 있다고 한다. 이러한 점에서 위 인용문은 『니코마코스 윤리학』의 다음 구절을 연상시킨다. "정의로운 일들을 행함으로써 우리는 정의로운 사람이 되며, 절제 있는 일들을 행함으로써 절제 있는 사람이 되고, 용감한 일을 행함으로써 용감한 사람이 되는 것이다."(NE, 1103b) 이어지는 대목에서 아리스토텔레스는 이를 더 명료하게 표현한다. "품성들은 [그 품성상태들과 유사한] 활동들로부터 생긴다."(NE, 1103b22) 여기서 정의로운 일들을 행함으로써 정의로운 사람이 된다는 것의 의미는 무엇인가? 이는 반복되는 흉내가 내면화된다는 단순한 뜻일까?〉
191) 존 오웬, **개혁주의 성령론**, 이근수 역 (서울: 여수룬, 2000), 418; "성화는 은혜로 인한 초자연적인 습관을 갖게 하고, 또한 영적인 삶의 원리를 갖게 한다. 나는 여기에서 습관(habit)이라고 부르려고 한다. 이 습관은 일반적으로 가지게 되는 습관이 아니라 성화의 결과로 얻어지는 절대적인 것이다. 물론 생활의 습관과 공통점이 있을지는 모르나 성화에서 얻어지는 습관은 영적인 생활과 은혜 생활면에 덕성이 있고 능력이 있다."

들에게 임무가 부여될 때에는 거룩한 임무를 순종하면서 영향력 있게 잘 감당하는 것이다.192)

오웬은 거룩한 요소와 거룩한 습관의 예를 가인의 제사와 아합의 회개를 예로 들어 말했습니다. 두 사람 다 물질적으로나 외견상으로는 순종의 행위를 보여주었지만, 그들에게는 거룩한 행동이 없었다는 겁니다. 반면에, 아브라함이 자신의 독자 이삭을 한 번 드린 행위이지만 그 행위는 거룩했습니다. 가인이나 아합이나 그 사람들의 중심에 하나님께서 주시는 초자연적인 은혜가 없었기 때문에 일시적이었고 자신들의 안위를 위하는 것과 인간의 욕망을 위해 살아가는 것뿐이었습니다. 반면에, 아브라함은 하나님께서 부르셨으며 계속해서 자신의 삶에 믿음의 훈련이 계속되었습니다. 거룩한 사람으로서 거룩한 훈련을 했기 때문에 거룩한 습관이 생겨났습니다.

하나님께서 새 언약 시대에 새 영을 주시고 새 법을 새겨 주시겠다고 약속하셨습니다.193) 우리가 새롭게 태어났다는, 중생하였다는 것은 성령의 역사로 말미암은 것입니다. 성령님께서 죽었던 우리를 살려내실 때 영적인 능력과 원리를 주십니다. 그리하여 우리로 죄악을 견제하여 싸워가게 하십니다. 그것이 바로 하나님께서 주신 새로운 성품입니다. 그 성품이 예수 그리스도를 구주로 믿은 성도들의 모든 행동의 근본적인 능력이고 동기가 됩니다.

---

192) 같은 책, 418-419.
193) 나 여호와가 말하노라 그러나 그 날 후에 내가 이스라엘 집에 세울 언약은 이러하니 곧 내가 나의 법을 그들의 속에 두며 그 마음에 기록하여 나는 그들의 하나님이 되고 그들은 내 백성이 될 것이라(렘 31:33)

성령 하나님께서는 하나님께서 주신 새로운 성품, 그 새로운 성향이 우리 안에 계속해서 역사하도록 하여 "거룩하고 은혜스러운 습관과 요소를 가지게" 합니다.

성화에 대한 이런 설명을 통해서도 잘 볼 수 있듯이, 존재의 변화가 사명의 변화로 이어진다는 것을 알 수 있습니다. 우리가 우리 삶에 '거룩이다', '성화다'라고 말할 때 실수를 범하는 것은 '우리가 무엇을 해야 한다'는 압박을 느끼는 것입니다. 압박을 느낀다는 것은 하나님과의 관계에 있어서 무엇이 가로막힌 것이 있기 때문입니다. 생명의 원리는 변하지 않는다고 했습니다. 생명의 원리란 관계 속에 존재가 있고 그 존재가 사명을 이루어 간다는 것입니다. 성화라고 말하면, '우리가 무엇을 해야 한다'는 생각을 하기 이전에 '우리가 어떤 존재인가?'를 먼저 생각해야 합니다. 예수 그리스도의 십자가 피로 대속을 받고 의롭다 함을 받은 하나님의 양자라는 사실을 분명하게 알아야 합니다. 이 새로운 존재에 대한 기쁨, 감사가 있어야 합니다. 하나님의 양자가 되었다는 그 사실을 계속해서 확인하고 또 확인하고 살아가야 예수 그리스도 안에 있는 새 생명이 능력을 발휘하고 거룩한 습관을 형성하게 됩니다.

우리의 존재적 관점은 죄인이 거듭나서 새 생명을 얻고 그리스도와 연합되었다는 것입니다. 이것은 우리가 다만 구원을 얻었다는 것만이 아니라 우리의 명예입니다. 명예라는 것은 그 사람의 탁월함에 대한 품위를 높여 주는 것입니다. 자기에게 주어진 가치를 귀하게 여기는 것입니다. 우리에게 주어진 탁월함은 우리

스스로 만들어 낸 것이 아닙니다. 예수 그리스도의 십자가 피로써 우리에게 주어졌습니다. 십자가 대속으로 우리에게 주어진 그 명예에 걸맞은 말과 행동을 하고 살아가야 합니다. 그것이 우리에게 주어진 명예를 지켜 가는 것입니다. 그렇게 명예를 지켜 가는 것은 우리에게 명예를 주신 예수 그리스도를 존귀하게 높여드리는 것입니다. 인간은 지켜야 할 명예와 가치가 있을 때 거룩해 집니다. 그렇게 살아가는 것이 거룩이고 온유한 것입니다.

우리의 거룩, 우리의 성화는 우리 자신의 인격적인 변화로 한정되는 것이 아니라 우리 주 예수 그리스도를 명예롭게 하는 것까지 연결되어 있습니다. 예수 그리스도께서 우리의 주가 되신다는 것을 높이는 것입니다. '예수 그리스도가 나의 주시다'라고 고백하며 높여드리는 것이 성화의 주된 목적이 됩니다. 내가 영원히 경배하며 찬송할 대상이 있다는 그것이 나를 거룩하고 의롭게 만들어 갑니다. 오늘날 사람들의 마음이 강퍅해지는 것은 그렇게 명예롭게 해 드릴 대상이 없기 때문입니다. 하나님은 없고 오지 자기 자신밖에 없다고 소리쳤지만 결국은 자기가 죽어가기 때문입니다. 그런 까닭에, 오웬은 성화의 그 분명한 목적을 "우리가 하나님을 향해 살아드리는 것이다."라고 말했습니다. 늘 자신의 마음속에 살아 있고, 온 마음과 뜻을 다해 섬기는 주님을 위해서 살아가는 것이 성화입니다.

그 마음에 주 예수 그리스도를 향한 순전한 마음으로 살아가려고 하기 때문에 영적인 아름다움을 지켜 가고 더 깊이 알아가려고 합니다. 영적인 아름다움은 하나님께서 행하시는 모든 일을 기뻐하며, 하나님께서 자기 인생에 맡기신 일을 통해서 하나님의 성품에 일치하려는 열망으로 살아가면서 하나님의 성품을 닮아가는 것입니다. 그렇게 하나님의 성품을 닮아가는 것이 거룩이고 성화입니다. 그것은 성도의 성화가 인격적이라는 것을 말해 줍니다. 성화가 인격적이기 때문에 또한 명예로운 것입니다. 그렇게 성화가 인격적으로 변화되면서 우리 안에 거룩한 습관을 만들어 냅니다.

우리가 그런 거룩한 습관을 만들어 가려고 할 때 우리를 힘들게 하는 것은 우리가 직면하게 되는 삶의 고통입니다. 오웬은 그런 일에 대해서 다음과 같이 말했습니다.

> 죄로부터 정결케 되는 일은 또한 고통(afflictions)의 덕분이기도 하다. 따라서 우리의 불순물들을 없애주는 이 고통은 하나님의 풀무, 곧 그의 연단하는 그릇(fining-pot)으로 불리워진다(사 31:9; 48:10). 그것은 또한 불이라고도 불리워지는 데, 이 불에 의해 사람들은 그들의 공력(功力)을 시험받게 되고, 그들의 잡동사니들을 다 태워 순수한 금과 은을 연단하게 된다(고전 3:13). 그리고 그들은 성령께서 그들에게 전달해 주는 효력에 의해 이 일을 수행한다.[194]

오웬은 고통이 죄로부터 정결케 되고 우리에게 있는 불순물을 없애주는 풀무요 연단하는 그릇이라고 보았습니다. 그리고 고통은 자신의 공력을 시험받게 되는 불이요 자기 안에 있는 잡동사니를 다 태워 연단하게 하는 것이라고 말했습니다. 왜냐하면, 성령님께서 성도들에게 효력 있게 역사하시기 때문입니다. 그렇게 되는 것을 알고 자기의 명예를 지켜 가는 것이 성도입니다. 그 명예를

---

194) 존 오웬, **개혁주의 성령론**, 이근수 역 (서울: 여수룬, 2000), 402.

가치 없게 생각하면 장자의 명분을 팥죽 한 그릇에 팔아넘긴 에서와 같은 사람이 됩니다.195) 사람은 자기를 명예롭게 만들어 갈 가치 있는 명분이 있어야 합니다. 그 명분은 인간이 인간에게 주는 것으로는 안 됩니다. 오직 하나님께서 우리에게 주시는 천상의 명분이어야 합니다. 신적인 명분이어야 합니다. 그것은 오직 예수 그리스도의 십자가 피 흘림으로만 주어질 수 있습니다. 사람들이 '어떻게 너는 그런 인생을 살아내느냐?'라고 물을 때, '예수 그리스도의 피로 나를 대속하시고 의롭다 하시고 하나님의 양자로 삼으신 그 은혜를 가장 명예롭게 여기기 때문이다'라고 말하며 고통을 감내해 가는 것이 성도입니다. 고통이 없이 거룩을 만들어 낼 수 없습니다.196)

오웬은 성화를 말하면서 고통이 주는 유익에 대하여 네 가지로 말했습니다.197)

첫 번째로, "고통은 죄를 기뻐하지 않으시는 하나님의 모습을 상징해 주기 때문에 믿는 자들로 하여금 죄의 혐오스러움에 대해 신선한 관점을 갖게 해 준다."라고 말했습니다. 고통이 비록 우리를 힘들게 하지만 하나님께서는 그 고통을 통해서 우리가 죄에 빠지지 않게 하고 타락하지 않게 하신다는 것입니다. 오웬은 고통은 하나님의 징계(chastisement)로 보면서, 고통이 있다는 것은 자기에게 무언가 잘못된 것이 있다는 것으로 여기면서 자기에게

---

195) 야곱이 떡과 팥죽을 에서에게 주매 에서가 먹으며 마시고 일어나서 갔으니 에서가 장자의 명분을 경홀히 여김이었더라(창 25:34)
196) 자녀이면 또한 후사 곧 하나님의 후사요 그리스도와 함께 한 후사니 우리가 그와 함께 영광을 받기 위하여 고난도 함께 받아야 될 것이니라(롬 8:17) 우리의 잠시 받는 환난의 경한 것이 지극히 크고 영원한 영광의 중한 것을 우리에게 이루게 함이니(고후 4:17)
197) 존 오웬, **개혁주의 성령론**, 이근수 역 (서울: 여수룬, 2000), 403-404.

합당한 원인을 찾아내어 고치는 것이 가장 안전한 길이라고 말했습니다. 요즘은 이렇게 말하면 아주 큰 일 날 소리가 되었지만, 오웬은 고통과 죄를 연결하면서 자기를 돌아보는 계기로 삼아야 할 것으로 말했습니다. 우리는 오웬의 이런 말에 이의를 제기할 만한 괜찮은 사람이 아니라는 것을 고백할 수밖에 없습니다. 누가 큰소리치면서 이의를 제기하겠습니까? 아무도 없습니다. 고통이 있을 때 자기를 돌아보고 자기 죄를 회개하는 것이 고통을 당하는 성도의 참된 모습입니다. '나는 회개할 것이 하나도 없다'라고 자기 의를 내세우기보다는 겸손히 하나님의 말씀으로 자기를 돌아보는 것이 남다른 고통 속에서도 성화를 이루어가는 비결입니다.

두 번째로, "고통은 모든 창조된 선한 것들로부터 아름다움과 매력을 앗아가 버리는데, 이 때문에 우리의 성정은 그러한 미와 매력에 과도히 집착하게 된다. 하나님은 이 세상의 모든 꽃들을 고통에 의해 시들게 하심으로써 그것들이 위안을 줄 수 없다는 사실을 발견하게 하신다."고 말했습니다. 하나님께서는 우리가 세상의 것들에 우리의 마음을 빼앗기지 않게 하십니다. 우리는 고통을 통해서 '나에게 참으로 중요한 것이 무엇인가?'를 깨닫게 됩니다.

고통 가운데 있을 때 참된 친구가 누구인지 알 수 있습니다. 내가 넉넉할 때는 그렇게 나를 좋아해 주던 사람들도 내가 힘들거나 아프면 언제 그랬냐는 듯이 떠나가 버립니다. 고통 가운데 있을 때 나를 진정으로 위하는 사람이 누구인지 드러나게 됩니다.

나 자신도 나의 실체를 알게 됩니다. '내가 그동안 무엇을 위해 살았는지?'를 알게 되고, '내가 목숨같이 지켜야 할 것이 무엇인가?'를 새롭게 깨닫게 됩니다. 고통이 없었더라면 결코 알지 못하게 되었을 것입니다.

그 무엇보다도 고통 속에서 세상으로 향하던 것을 버릴 것은 버리고 절제할 것은 절제하면서 자기 영혼의 거룩함을 지켜 가기 위해 애쓰며 살아가는 것은 더욱 귀하고 복된 일입니다. 그것은 저 키르케고르처럼 실존적 결단으로 되는 일이 아니라 성령님께서 우리 안에 역하심으로 일어나는 은혜의 역사입니다. 은혜가 우리 속에 계속해서 일어나기를 기도해야 합니다. 고통 속에서 더 많이 예수 그리스도를 알아가며 닮아가기를 열망하는 자가 되기를 기도해야 합니다. 이 고통이 나를 하나님의 백성답게 만들어 가는 하나님의 오묘한 섭리라는 것을 믿을 때 나의 인격이 변화됩니다. 하나님의 섭리 속에 오늘 내가 여기 있고 이 고통을 감내함으로 세상의 보상이 아니라 하나님 앞에 더 신실하기를 소망하며 살아갈 때 안전함을 누리고 마음이 넓어지고 따뜻해집니다.

세 번째로, "고통은 마음과 육신의 부패 된 정욕을 일으키는 우리의 성정의 모난 부분을 둔화시켜 준다."고 말했습니다. 우리는 세월이 갈수록 거룩해져 가기보다는 죄를 짓기에 바쁘고 인간의 욕망에 지배받기 쉽습니다. 내가 더 주를 위해 살아가려 할수록 죄와 욕망은 내 곁에 더 가까이 다가옵니다. 그것이 인간의 실체입니다. 그것을 부인할 수 없습니다. 그런 본성으로 살아갈 때 우리가 고통을 만남으로 그런 죄악 된 것에서 멀어지게 됩니다.

모든 사람이 다 그렇게 된다는 것은 아닙니다. 고통을 만나서 더 아름답게 변해가는 사람이 있고 고통을 만나서 더 독하게 변질되어가는 사람이 있습니다. 왜 사람들이 그렇게 될까요? 그것은 우리의 천성이 그래서 그런 것이 아닙니다. 누구는 천성이 좋아서 좋은 성품으로 변하고, 누구는 천성이 악해서 독한 사람으로 변질된 것이 아닙니다. 인생을 살아보면, 그 사람 입장이 안 되어 보면 그 사람 욕할 수 없다는 것을 배우게 됩니다.

사람이 독하게 변하는 것에 대해, 성경은 우리가 하나님 앞에 독한 쓴 뿌리를 가지면 그렇게 된다고 말합니다. 그런 쓴 뿌리는 하나님을 원망하고 하나님을 거역하는 것입니다. 하나님을 거역한다는 것은 인간의 욕망을 추구하며 사는 것을 동시에 포함하고 있습니다. 하나님을 저버리면 우상에게로 가게 됩니다. 우상은 인간의 욕망을 채워주겠다는 투사체입니다. 저 광야의 이스라엘 백성들이 그랬듯이 하나님의 일하심에 대해 원망하면 옛 모습 그대로 살아가게 되고 더 나쁘게 변질됩니다. 성도는 하나님의 일하심을 신뢰해야 합니다. 하나님께서는 언약에 신실하신 분이시기에 그 약속하신 바를 이루시는 분이십니다. 그렇게 하나님께서 약속을 이루실 때 '거룩하다'고 말합니다(겔 25:25; 39:27).[198] 하나님의 백성 된 우리도 하나님을 신뢰하며 하나님의 약속을 따라 살아갈 때 거룩하다 인정을 받게 됩니다.

---

[198] 내가 너희를 인도하여 열국 중에서 나오게 하고 너희의 흩어진 열방 중에서 모아 낼 때에 내가 너희를 향기로 받고 내가 또 너희로 말미암아 내 거룩함을 열국의 목전에서 나타낼 것이며(겔 20:41)

고통을 만났을 때 나의 모난 것이 떨어져 나가는 계기가 되어야 합니다. 나의 인격의 모난 것이 사라져야 합니다. 어떻게 나의 성품의 못난 것이 없어질 수 있을까요? 그것은 마음에 자산이 있어야 합니다. 우리의 자산은 예수 그리스도를 믿고 하나님의 백성이 된 것입니다. 저세상처럼 인과율로 접근해서 부모 탓이고 누구 탓으로 말한다고 해서 내가 달라지지 않습니다. 예수 그리스도를 믿고 예수 그리스도 앞에 자기를 정결하게 드리고 살아갈 때 변화가 됩니다. 누구 말처럼, '내가 예수 믿은 것만 아니었더라면 오늘 일이 나도 크게 났을 건데'라고 말하는 것처럼 예수님을 믿은 것 그 하나 때문에 참음이 나오고, 그 사람을 위해 기도하고, 그 영혼을 위해 복을 빌어 줄 수 있는 성도가 되어야 합니다.

네 번째로, "이러한 고통들을 인하여 하나님께서는 성령의 모든 은혜들이 지속적이고도 부지런하며 활발하게 발휘되도록 자극하신다."고 말했습니다. 어떻게 그렇게 될까요? 오웬은 영혼이 죄의 더러움으로부터 씻겨지고 모든 은혜가 각별하게 발휘되기 때문이라고 말했습니다. 왜냐하면, 고통의 때에 각별한 은혜가 없으면 영혼은 스스로 지탱해 갈 수 없기 때문입니다. 오웬은 "고통의 기간은 모든 은혜들이 각별하게 발휘되는 기간이다"라고 말했습니다. 늘 말하듯이, '남다른 길을 가는 사람은 남다른 은혜가 필요합니다.' 남다른 고통을 받는 사람은 남다른 은혜를 받는 사람들입니다. 고통만 보면 은혜가 안 보입니다. 은혜가 손짓하고 기다리는 것을 못 보게 됩니다. 엎드리면서 고통 너머 은혜를 볼 수 있어야 합니다.

오웬은 이렇게 말했습니다.

> 고통의 때에 성령의 은혜 말고는 어떠한 위로도 소용없다. 아무리 달콤한 것이라 할지라도 고통을 당하고 있으면 괴롭고 쓰라린 것에 지나지 않게 되는 것이다. 따라서 우리는 고통의 때를 지날 때에 믿음과, 사랑과, 하나님 안에서의 기쁨에 의존해야 하는 것이다.199)

우리가 고통을 당할 때는 그 어느 것도 위로가 되지 못합니다. 그 고통은 나만의 것이기 때문입니다. 남들이 대신해 줄 수 있는 것도 있지만 대부분은 나 혼자 지고 가야 하는 짐입니다. 오웬의 말처럼 "고통을 당하고 있으면 괴롭고 쓰라"립니다. 그때, 우리가 기억해야 하는 것은 하나님을 향한 믿음과 사랑이고 하나님 안에서의 기쁨을 유지해 가는 것입니다. 왜냐하면, 고통의 세월이 지나고 보면 그때 하나님의 은혜를 가장 많이 받았다는 것을 고백하기 때문입니다.

고통의 세월 속에서 어떻게 하나님의 은혜를 가장 많이 받았습니까? 하나님께 나아가 간절하게 기도했기 때문입니다. '하나님께서 알아주지 않으시면 제가 어떻게 이 길을 가겠습니까?'라고 부르짖으면서 주님을 의지했기 때문입니다. 고통의 시간 속에서 하나님의 일하심을 바라보고 자기 길을 겸손하게 잘 걸어갔기 때문입니다. 하나님께서 아브라함을 이끄시고 요셉을 인도하심 같이 자기 백성을 인도해 가시는 것을 믿었기 때문입니다.

---

199) 존 오웬, **개혁주의 성령론**, 이근수 역 (서울: 여수룬, 2000), 404.

쉬운 인생을 사는 사람은 아무도 없습니다. 누구라도 쉬운 인생을 살면 그 값을 치르게 되어 있습니다. 쉬운 인생으로 살려고 마음먹는 사람은 자기는 고생 안 할 수 있어도 다른 사람들을 고생시킵니다. 성화는 고통 속에 피는 꽃입니다. 성화는 눈물을 머금고 맺어지는 열매입니다. 누구에게는 하루하루가 즐겁고 기쁠지라도, 누구에게는 하루하루가 고통이고 눈물입니다. 즐겁게 산다고 거룩해지는 것도 아니고 고통스럽게 산다고 해서 성화가 되는 것도 아닙니다.

'우리 주 예수 그리스도 앞에 얼마나 엎드리느냐?'가 거룩해지는 시작입니다. '우리 주 예수 그리스도의 말씀에 얼마나 순종하느냐?'가 거룩의 과정입니다. '우리 주 예수 그리스도의 영광을 위하여 얼마나 살아가느냐?'가 거룩의 목적입니다. 오늘 우리가 어떤 형편에 처해 있을지라도 예수 그리스도의 십자가 피로 구원하신 그 은혜를 명예롭게 높이며 살아가는 거룩한 주의 백성들이 되시기 바랍니다.

이제 우리가 살펴볼 것은 성화를 말하면서 습관을 말할 때, 저 세상이 말하는 것과 비교하며 생각해 보는 것입니다.

우리는 인생을 살아가면서 이상과 현실의 괴리를 경험하고 살아갑니다. 예를 들어, 우리나라 헌법 제11조 1항에서는 "모든 국민은 법 앞에 평등하다"고 말합니다. 대한민국의 모든 국민은 법 앞에서 평등하다는 뜻입니다. 헌법이 이렇게 말한다고 해서 세상 모든 것이 평등하게 이루어지는 것은 아닙니다. 우리는 현실에서 법 앞에 평등한 것을 보는 것은 아주 일부에 불과하고, 사실은 법 앞에 불평등한 현실을 더 많이 봅니다. 왜냐하면, 법 위에 군림하고 있는 것이 더 많기 때문입니다. 법 앞에 평등을 말해도 현실의 정치, 경제, 사회에서는 평등하지 않습니다. 그 불평등이 대표적으로 나타나는 것이 '특채'라는 것입니다. 원래 특채라는 것이 국가나 회사에서 전문성을 가진 사람을 채용해서 그 기관의 효율성을 높이려고 하는 것인데, 특채가 오용되어서 특채 사건이 생겨납니다. 정치 권력을 가진 사람이나 경제 권력을 가진 사람들이 자신의 자녀를 특채로 채용하기 때문입니다. 사람들은 그 일에 대해 어느 정도 암묵적으로 인정하고 있습니다.

세상은 왜 이런 일이 일어날까요? 그런 것을 밝혀내려고 한 사람이 많았습니다. 그중에 한 사람이 브르디외(Pierre Bourdieu, 프랑스, 1930-2002)라는 사람입니다. 칼 맑스의 계급이론에서는 자본주의 사회에서 생산수단을 소유한 자와 생산수단을 소유하지 못한 자로 나누어집니다. 전자는 자본가 계급이고 후자는 프롤레타리아 계급인데, 양 계급 사이에 착취와 피착취 관계가 형성된다고 보았습니다. 베버는 사회가 경제적 요인에 의해서 계급, 사회적, 문화적 차원으로 계급이 세분화 된다고 보았습니다.

여기에 부르디외는 칼 맑스나 베버의 계급 개념과 구별되는 '아비투스'라는 개념을 사용했습니다. 아비투스란 "인간 행위를 생산하는 무의식적 경향으로, 사회적 행위 주체의 행동원칙을 결정하는 일련의 획득된 기질 혹은 성향"이라고 말합니다. 다시 말해서, 아비투스는 특정한 사회적 환경에 의해 획득된 성향, 사고, 인지, 판단과 행동의 체계를 말합니다. 아비투스를 가장 쉽게 이해하자면, '취향'이라고 보면 됩니다. 아비투스는 개인의 문화적인 취향과 소비의 근간이 되는 성향을 의미합니다. 취향이란 문화적 습관을 포괄적으로 나타내는 말입니다.

어떤 사람은 클래식 음악을 들으면 행복해하지만 어떤 사람은 클래식 음악을 들으면 졸리고 하품만 쏟아집니다. 또 누군가는 원두커피를 좋아하지만 어떤 사람은 인스턴트커피를 즐겨 마십니다. 문제는 그런 것들이 계급을 형성한다는 것입니다. 문화의 차이가 계급의 차이를 형성하게 됩니다. 그런 클래식을 좋아하든지, 7080 포크송을 좋아하든지 그런 성향, 그런 아비투스가 계급을 대변합니다. 지배자는 지배자의 취향이 있고, 피지배자는 피지배자의 취향이 다르더라고 보는 것입니다. 그 취향의 차이가 '상징적 폭력'을 형성합니다. 클래식을 듣는 사람은 7080 포크송을 듣는 사람을 보면서 '수준이 낮아' 그런다거나, 원두커피 마시는 사람이 인스턴트커피 마시는 사람을 보면서 '레벨이 달라' 그러는 겁니다. 생수를 마셔도 누구는 700원짜리 마시면, 누구는 3만 원짜리 생수를 마시는 겁니다. 그런 것으로 문화를 지배하고 권력을 정당화하여 질서를 유지해 가는 겁니다. 그런 취향이 돈과 권력에서 나옵니다. 그 사람의 문화 취향을 살펴보면, 그 사람이 얼마나 정치적으로 경제적으로 능력이 있는가를 알 수 있습니다.

사람의 성향이란 사람이 천성적으로 타고나는 것이 아니라 사회적 위치, 교육환경, 계급 위상에 따라 후천적으로 길러진 성향입니다.

부르디외는 구조주의와 마르크스주의를 종합해서 문화적 불평 문제를 연구했습니다. 구조주의라는 것은 인간이 어떤 시대, 사회, 지역에 속해 있어서 그 속에서 설정되어있는 대로 살아가는 존재라는 것을 말합니다. 그러니 인간이 주체적이지 않더라는 것을 말해 줍니다. 마르크스주의는 인간을 노동자와 자본가로 나누어서 세상을 분석하고 투쟁으로 새로운 세상을 만들어 보자는 것입니다. 그러나, 구조주의나 마르크스주의로 세상을 분석해도 한계가 있습니다. 사람 사는 것을 어떤 이론 하나로 다 해명할 수 없기 때문입니다.

부르디외의 해결책은 무엇일까요? 그것은 '교육을 통한 변화'입니다. 예를 들어, 노동자 계층의 학생들이 일류대학에 들어가서 새로운 교육을 받고 새로운 취향을 형성하는 것입니다. 그런 것을 현대적인 말로, '사회화'(socialization)라고 말합니다. 교육도 돈이 있어야 가능한 경우가 대부분입니다. 일류대학에 가는 노동자 계층의 자녀들은 지극히 일부에 불과합니다. 더 심각한 것은, 내가 좋은 교육을 받고 돈을 많이 벌어서 좋은 취향을 가진다고 해서 그것이 행복한 것이라고 한다면 돈 많은 자본가를 비판하는 이유가 허탈해지는 것입니다. 세상은 이리 가나, 저리 가나 잘 먹고 잘사는 것이 행복이라고 말합니다. 남들이 잘 먹고 잘사는 것은 비판의 대상이고, 내가 잘 먹고 잘사는 것은 언제나 정당하다고 생각합니다.

부르디외는 아비투스로 세상의 문제를 분석하고 새로운 해결책을 찾아보려고 했으나, 결국은 모순과 한계를 가지고 있다는 것을 알 수 있습니다. 인간이 습관적으로 무엇을 행하는 것이 문화적 취향을 만들고 그것이 상징적 폭력이 되고 부와 권력을 정당화하는 이 현실을 해결할 길이 세상에는 없습니다. 그 해결책은 오직 인간이 자기 죄를 회개하고 예수 그리스도를 믿어야 합니다. 성령님께서 우리 안에서 새로운 성향을 주시고, 하나님 은혜의 역사로 새로운 습관이 형성되어 죄를 죽이고, 언약에 순종함으로 거룩한 삶을 살아가야 합니다. 그 길 외에는 없습니다. 예수님을 믿어야 고통 속에서도 거룩이 만들어지고 예수님을 믿어야 이 어려운 세상살이 속에도 경건하게 살아갈 수 있습니다. 어떤 형편 속에서도 거룩하게 살기 위하여 말씀과 기도로 살아가면서 경건한 습관을 유지해 감으로써 주님 오실 때까지 우리를 구원하신 예수 그리스도의 명예를 높여드리는 거룩한 성도들이 다 되시기 바랍니다.

마태복음강해설교시리즈 4

산상설교 1
팔 복(상)

지은이 정태홍

발행일 2020년 4월 20일

펴낸곳 RPTMINISTRIES

주소 경남 거창군 가조면 마상 3길 22

전화 Tel. 010-4934-0675

등록번호 제455-2011-000001호

홈페이지 http://www.esesang91.com

979-11-89889-16-6(03230) : ₩22,000

저작권ⓒ정태홍, 2020.